KATHREIN WEINHOLD
Selbstmanagement im Kunstbetrieb
Handbuch für Kunstschaffende

KATHREIN WEINHOLD

Selbstmanagement im Kunstbetrieb

Handbuch für Kunstschaffende

[transcript]

Bibliografische Information der Deutschen Bibliothek
Die Deutsche Bibliothek verzeichnet diese Publikation in der Deutschen
Nationalbibliografie; detaillierte bibliografische Daten sind im Internet über
http://dnb.ddb.de abrufbar.

© 2005 transcript Verlag, Bielefeld
Umschlaggestaltung & Innenlayout: Kordula Röckenhaus, Bielefeld
Umschlagabbildung: Ausschnitt aus *Der Morgen* (2001) von Alina Brunner
Lektorat: Andreas Hüllinghorst, Bielefeld
Herstellung: more! than words, Bielefeld
Druck: Majuskel Medienproduktion GmbH, Wetzlar
ISBN 3-89942-144-2

Gedruckt auf alterungsbeständigem Papier mit chlorfrei gebleichtem
Zellstoff.

Besuchen Sie uns im Internet: http://www.transcript-verlag.de

Bitte fordern Sie unser Gesamtverzeichnis und andere Broschüren an unter:
info@transcript-verlag.de

INHALT

Vorwort 9

Einleitung 11

1. Beruf Künstler 15
1.1 Eine Bestandsaufnahme 15
1.2 Der Arbeitsmarkt der Künste 26

Literatur und Service 29

2. Das Geschäft mit der Kunst:
   Markttransparenz gewinnen 37
2.1 Kunstbetrieb und Kunstmarkt: Eine Einführung 37
    Kunst oder Wahnsinn? 37
    Der Kampf um Aufmerksamkeitskapital 38
    Der Kunstbetrieb 42
    Der Kunstmarkt 47
2.2 Kunstmarktteilnehmer und ihr Marktverhalten 51
    2.2.1 Kunst und Gesellschaft: Eine soziologische Betrachtung
          des Marktes und der Marktteilnehmer von **Bettina Rech** ... 54
    2.2.2 Die sozialsten Institutionen der Welt: Die Galerien 63
    2.2.3 »The Place to be«: Die Kunstmessen 80
    2.2.4 Emotion, Show, Kalkül oder Lifestyle? Käuferwelten 87
    2.2.4.1 Kunst als Emotion & Passion – Der Kunstliebende 91
    2.2.4.2 Kunst als Inszenierung und Provokation –
            Der Showmaker à la Saatchi 93
    2.2.4.3 Kunst als Rendite – Der kühl Kalkulierende 98
    2.2.4.4 Kunst als Lifestyle und Anlage in Prestige –
            Der junge Hippe 99
    2.2.4.5 »Corporate Art« und persönliche Leidenschaft –
            Kunst im Unternehmen 101
    2.2.5 Pingpongspiele: Die Auktionshäuser 105
    2.2.6 »Good business is the best art«: Die Künstler 106
2.3 Mechanismen: Der »alte« und der »neue« Kunstmarkt 108
    Der »alte« Kunstmarkt (1890-1990) und der
    »neue« Kunstmarkt (seit 1990) 110
    Der »neue« Kunstmarkt im Zeichen von Trends und Stars 111
    Historie 116
    »Young German Art« (YGA) 118
2.4 Monopoly: Kunstmarkt und Börse 120
2.5 Marktpreise: Preisbildung und Bewertung 125
    Bewertungsfaktoren 127

Marktperformance	129
Reputation/Gesellschaftliche Übereinkunft	130
Faktoren des Einzelwerkes	132
Psychologische Faktoren	133
Besondere Strategien zur Einflussnahme auf die Preisbildung	134
2.6 Gesellschaftswandel. Marktwandel. Tendenzen	135
Literatur und Service	142

3. Selbstmanagement im Geschäft mit der Kunst.
Den eigenen Kurs bestimmen 163

3.1 Kult-Marketing und Selbstinszenierung	164
3.2 Zeitgenössischer Meister der Selbstinszenierung:	
Kult-Künstler Jonathan Meese	172
Meeses Kult-Welt	173
Kult-Storys und Mythen	181
3.3 Der Künstler als Marke? »The Art of Branding«	182
Die Marke »Picasso«	184
3.4 Identitätskatalysator, Imagedesigner, Markenmacher:	
Der Corporate-Identity-Management-Prozess	189
Was ist Corporate Identity?	190
Die Instrumente des Künstler-Unternehmens	201
Instrument 1: Corporate Design	201
Instrument 2: Corporate Communications	204
Instrument 3: Corporate Behaviour	205
3.5 Der »klassische« Marketing-Management-Prozess	206
3.5.1 Mission Statement	208
3.5.2 Der Ist-Zustand	210
3.5.3 Marketingziele	214
3.5.4 Strategieplanung	217
3.5.5 Marketingpolitiken	221
3.5.5.1 »Zusatznutzen verkaufen« –	
Die Produktpolitik	221
3.5.5.2 »Zur richtigen Zeit am richtigen Ort« –	
Die Distributionspolitik	223
3.5.5.3 »Was nichts kostet, ist nichts wert« –	
Die Preispolitik	224
3.5.5.4 »Sprachrohr des Marketing« –	
Die Kommunikationspolitik	227
»Networking«: der Schlüssel für persönliche Kontakte	
und persönlichen Verkauf	227
Kommunikation gegenüber Kunstvermittlern	229
Kommunikation gegenüber »opinion leader«	232
Kommunikation gegenüber Privatkäufern	232

Käufer- und Stammpublikum 237
Maßnahmenplanung: Werbung und Public Relations 237
Werbe- und Public-Relations-Mittel für Künstler 239
Selbst-Public-Relations 243
Presse- und Medienarbeit 245
Schritte einer Medienaktion 247
Online-Kommunikation 260
Die eigene Website – Planungsschritte 263
E-Mail-Kontakte/Newsletter 269
Permission-Marketing 269
Newsletter als Online-Marketing-Instrument 270

Literatur und Service 283

4. Der Business-Plan fürs Künstler-Unternehmen.
Mit einem Fahrplan in die Zukunft 289
4.1 Business-Plan – was, wie, warum? 289
4.2 Modell »Künstler-Business-Plan« 291

Literatur und Service 297

5. Selbstorganisations-Know-how 299
Starten und Durchstarten 299
Persönlichkeit 299
Persönliche Berufseignung 299
Kaufmännische Qualifikationen 300
Gründe, warum andere scheitern 300
Beratungsmöglichkeiten 301
Fördermöglichkeiten einer Existenzgründung 301
Status »Freiberufler« 301
Soziale Absicherung 303
Steuern 310
Steuern/Buchführung 312
Büro-Organisation 313

Literatur und Service 314

Zu den Autorinnen 317

Seminare und Künstlerberatung mit Kathrein Weinhold 318

→ VORWORT

Liebe Leserinnen und Leser,
als ich 1997 meine Galerie in Berlin eröffnete, wagte ich einen Sprung ins kalte Wasser. Die kühlen Strömungen wurden glücklicherweise mit der Zeit immer wärmer. In der Praxis des Kunstmarktes, der Kunstvermittlung und des Kunstmanagements zeitgenössischer Kunst habe ich wertvolle Erfahrungen gesammelt, die ich mit diesem Buch weitergeben möchte – denn nicht immer gelingt ein Sprung ins kalte Wasser. Existenzaufbau und Überlebenskampf in der Kunstbranche erfordern fundierte Branchenkenntnisse und das Wissen um Potenziale verschiedener Handlungsstrategien, die dieses Buch aufzeigen soll.

Um die Fragestellungen des Kunstmarktes soziologisch zu vertiefen, habe ich meine Galerieassistentin Bettina Rech um einen Beitrag gebeten. Ich danke der Autorin für ihre Texte und für ihr Engagement in meiner Galerie, das mir das Schreiben dieses Buches ermöglichte.

Mein Dank gilt zudem den Künstlern und Institutionen, die ich mit Instrumentarien und Erfahrungen in diesem Buch exemplarisch vorstelle. Für die Geduld während des Schreibprozesses danke ich dem transcript Verlag, hier besonders Dr. Karin Werner und Gero Wierichs, aber auch privat Dr. Hans Jürgen Legat aufs Herzlichste. Das praktische Sammeln meiner Erfahrungen im Kunstbetrieb wäre ohne meine Galeriearbeit nicht möglich gewesen; für die langjährige Unterstützung meiner Galeristentätigkeit danke ich deshalb dem Sponsor der Galerie, der Jost Hurler KG in München, insbesondere Gerhard Kanzler und Jutta Eggeling. An Bernhard Grieser herzlichen Dank für die technische und grafische Unterstützung, an Alina Brunner für das Titelmotiv. *Last but not least* danke ich den Seminarteilnehmern meiner »Kunstmanagement-Seminare«, die durch ihre Diskussionsbeiträge maßgeblich zur Entwicklung und kritischen Reflexion meiner Positionen beigetragen haben und entscheidendes Motivationsmoment für dieses Buch waren. Mein ganz besonderer Dank gilt allen Beteiligten, dass sie die erforderliche Geduld aufgebracht haben, bis dieses Buch erscheinen konnte.

Ich wünsche mir, dass die Inhalte dieses Handbuchs Künstlern dienen und möglichst vielfältige Impulse vermitteln, ihre Künstlerkarrieren fundiert zu planen und zu realisieren, aber auch Offenheit und Flexibilität für Kurskorrekturen zu entwickeln. Wenn ich vor wenigen Monaten gelesen habe, dass eine ehemalige Seminarteilnehmerin einer der Stars der *Armory Show* 2004 in New York war, dann weiß ich, dass meine Arbeit durchaus Sinn macht und Früchte trägt.

An Ihrer Meinung bin ich interessiert. Kontaktdaten finden Sie auf den letzten Seiten dieses Buches.

Berlin, im Januar 2005   *Kathrein Weinhold*

→ EINLEITUNG

Dieses Buch will ein Zeichen setzen. Es will Transparenz in den bewusst in-transparent gehaltenen Kunstmarkt bringen. Es knüpft damit an eine aktive Auseinandersetzung und wissenschaftliche Arbeit von Olaf Zimmermann aus den 1990er Jahren an. Kunstmarkt und Kunstbetrieb entwickeln sich, ähnlich weiten Teilen der Gesellschaft, in rasantem Tempo – Beschleunigungswandel ist angesagt. Deshalb ist es notwendig geworden, einen detaillierten Blick auf die Situation von Markt und Künstlern im beginnenden 21. Jahrhundert zu werfen.

Dieses Buch will aber auch ein Zeichen setzen und Mut machen, denn Klagen bringt niemanden voran – auch den Künstler nicht. Dass Kunst ein harter Beruf ist, in dem es häufig darum geht, etwas zu verkaufen, für das es keine Nachfrage gibt, ist allseits bekannt. Nur wenn der Künstler professio-nelles Selbstvermarktungs-Know-how besitzt, wird er seinen Beruf erfolg-reich ausüben können. Dieser Fakt wird sowohl von deutschen Kunstakade-mien als auch von ihren Studierenden gern ausgeklammert. Auch Berufsstar-ter, die nicht den akademischen Weg wählen, wollen diesen Umstand häufig nicht wahrhaben. Aber oft dauert es einige Jahre, bis eine oder mehrere Gale-rievertretungen für einen Künstler gefunden werden. In diesen Jahren ist der Künstler gezwungen, Kontakte zu verschiedenen Zielgruppen aufzubauen und Arbeitsmöglichkeiten für sich zu erschließen. Für einen ersten Eindruck bei einem Gegenüber aus dem Kunstbetrieb gibt es keine zweite Chance. Ist diese eine Chance verspielt, bleibt eine wichtige Tür womöglich ein Künstler-leben lang verschlossen. Deshalb ist es von Vorteil, organisiert, strategisch und mit entsprechenden Kenntnissen einen positiven ersten Eindruck beim Gegenüber zu hinterlassen.

Der erste Teil (Kapitel 1.1 und 1.2) malt ein Bild vom Beruf des Künstlers und seiner Arbeitswelt. Eine Bestandsaufnahme soll dem Leser helfen, sich selbst ins Verhältnis zu setzen und eine realistische Zukunftserwartung bei Berufsausübung und Karriereplanung aufzubauen.

Der zweite Teil (Kapitel 2) beantwortet die Frage: Wie funktionieren der Kunstmarkt und das Geschäft mit der Kunst? Nach einer Einführung in Kunstmarkt und Kunstbetrieb (Kapitel 2.1) werden die Kunstmarktteilnehmer in den Fokus gerückt. Ein soziologischer Beitrag von Bettina Rech stellt die Interaktionen und die Akteure vor (Kapitel 2.2.1). In den weiteren Kapiteln werden sie näher »gezoomt«: die Galerien (Kapitel 2.2.2), die Kunstmessen (Kapitel 2.2.3), die Käufer (Kapitel 2.2.4), die Auktionshäuser (Kapitel 2.2.5), die Künstler (Kapitel 2.2.6). Dem Anliegen, fundierte Informationen über Kunstkäufer zu vermitteln, widmen sich die Ausführungen in Kapitel 2.2.4.1 bis 2.2.4.5, in denen eine Kategorisierung in 4 Privatnachfragertypen vorge-nommen wird – der Kunstliebende, der Showmaker à la *Saatchi*, der kühl Kalkulierende, der junge Hippe – und Aspekte von Kunst im Unternehmen thematisiert werden. Aus verschiedenen Perspektiven werden in den dann folgenden Kapiteln (2.3 bis 2.6) nicht nur die Akteure, sondern auch die Mechanismen und Entwicklungen des Marktes vorgestellt.

Der dritte Teil (Kapitel 3) basiert auf den Ausführungen des vorangegangenen Kapitels und wendet sich den Möglichkeiten eines strategischen Selbstmanagements zu. Kult-Marketing und Selbstinszenierung (Kapitel 3.1) werden am Beispiel Jonathan Meeses (Kapitel 3.2) anschaulich gemacht. Wie der Künstler zur Marke wird, zeigt Kapitel 3.3. Der »klassische« Marketing-Management-Prozess (Kapitel 3.5) und der Corporate-Identity-Management-Prozess (Kapitel 3.4) liefern weitere Kernkompetenzen für das Selbstmanagement. Kapitel 3 lebt von dem Gedanken, während des Lesens erste Planungen vorzunehmen. Es beinhaltet zahlreiche Handlungsaufforderungen und Fragen, die diesem Kapitel den Charakter eines Arbeitsbuches geben.

Im vierten Teil des Buches (Kapitel 4) wird ein Business-Plan als Instrument des Selbstmanagements vorgestellt. Ein Business-Plan für Künstler? Ja! Denn »ein Unternehmen bauen« kann Spaß machen und so kreativ sein, wie ein Bild malen oder ein Buch schreiben (Phil Knight, Nike-Gründer). Ein Business-Plan für Künstler macht Sinn, nicht um Geld von den Banken zu bekommen, aber um einen persönlichen Fahrplan in die Zukunft zu gestalten. Immer dann, wenn man sich bemüht, Planungsgedanken und -momente schriftlich niederzuschreiben, werden Planungen fundierter und tiefgründiger. Darauf zielt dieses Kapitel ab.

Im letzten Teil (Kapitel 5) des Praxisleitfadens werden stichpunktartig Selbstorganisationselemente vorgestellt (Steuern, Künstersozialkasse und soziale Absicherung, Freiberuflerstatus etc.), die besonders für Berufsanfänger oder Wiedereinsteiger von Bedeutung sind. Sie sollen im Dschungel der Bürokratie zurechtfinden helfen.

Jedes Kapitel wird durch einen umfangreichen Literatur- und Serviceteil ergänzt. Er soll Anregung sein, »weiter zu arbeiten«, Themen und Fragestellungen zu vertiefen.

Das Handbuch für Kunstschaffende versteht sich als Praxishandbuch, das praktisches Insiderwissen und fachwissenschaftlich fundierte Erkenntnisse konglomerieren lässt. Es enthält zahlreiche Arbeitshilfen (Checklisten, Analyse- und Planungsmodelle) sowie praktische Beispiele, die sich an bereits etablierte Künstler, aber auch an junge Künstler wenden. Der Praxisleitfaden vermittelt verschiedenste Impulse und Denkansätze; er will Katalysator für den Bildenden Künstler sein. Patentrezepte liefert er nicht. Jeder Leser soll die Impulse, Ideen und Elemente festhalten und vertiefen, die für ihn persönlich bedeutsam erscheinen und sein individuelles Management befördern.

Eine Bitte: Alles, was Sie nach dem Lesen und Durcharbeiten dieses Buchs in Angriff nehmen wollen, setzen Sie es schnellstmöglich um. Lassen

Sie keine 48 Stunden verstreichen, sondern entwickeln Sie sofort einen ersten Plan, ein Konzept und Ihre Strategien.

In allen Texten werden Künstlerinnen und Künstler angesprochen. Geschlechtsspezifische Formulierungen wurden zu Gunsten der Lesbarkeit vereinfacht.

→ 1. BERUF KÜNSTLER

1.1 EINE BESTANDSAUFNAHME

Der »Run« auf den Beruf

Die Chancen für Nachwuchskünstler sind längst nicht mehr so golden wie in den 1980ern während des Kunstmarktbooms und dennoch: Bildende Kunst ist – neben Popmusik und Literatur – einer der künstlerischen Bereiche, der einen sagenhaften Aufstieg aus dem Nichts ermöglicht. Die Gesetze des Kunstmarktes nähern sich dabei immer mehr den Pop-Gesetzen des Musikbusiness (→ Kapitel 2.1 *Star-Kult*). Aber es gilt zu bedenken: der Markt ist stark begrenzt, das Angebot ist unbegrenzt. Daraus ergeben sich zahlreiche Probleme und eine große Konkurrenzsituation unter den Anbietern. Trotz dieser Situation und der im weiteren Verlauf dargestellten Barrieren findet eine wachsende Hinwendung zum Künstlerberuf statt. Um eine Aufnahme an Kunsthochschulen bewerben sich immer mehr Interessenten. Aber auch immer mehr Menschen versuchen ohne akademische Ausbildung dem Künstlerberuf erwerbsmäßig nachzugehen. Statistiken der letzten Jahre geben teilweise Wachstumszahlen der Berufseinsteiger von bis zu 118 Prozent wieder (vgl. Haak/Schmid 1999: 5f.). Andere Studien belegen zumindest Zuwachsraten, die deutlich über denen anderer freier Berufe liegen. Steigende Arbeitslosigkeit mag eine mögliche Intention sein. Es muss jedoch weitere Ursachen geben, in denen die Berufszuströme wurzeln. Schon Andy Warhol »prophezeite«:

»Der Beruf der Zukunft ist nicht Autoschlosser, sondern einmal berühmt zu werden« (frei nach Andy Warhol, vgl. auch Haak/Schmid 1999: 30).

Gibt es wirklich einen Zusammenhang zwischen dem Berufsfeld »Kunst« und dem Streben nach Ruhm? Vieles spricht dafür. Denn in unserer Gesellschaft gilt Bewunderung immer weniger für Leistung oder Talent, vielmehr für die Bekanntheit an sich.

»Ruhm ist zur begehrenswerten Währung geworden« (Matussek 2002: 17).

In seinem Buch »Ökonomie der Aufmerksamkeit« beschreibt der Philosoph Georg Franck, wie gesellschaftliche Aufmerksamkeit zu einem Spitzenreitergut unserer Gesellschaft expandiert und dem Geld die Topposition zunehmend streitig macht (vgl. Franck 1998 und → *Der Kampf um Aufmerksamkeitskapital*, S. 38). Es hat sich ein gesellschaftlicher Wettbewerb um Marktwerterwerb und Marktwertmaximierung entfaltet, der besonders in Wohlstandsgesellschaften zum immanenten Bestandteil des Existenzkampfes wird. Statt sorglosen Genusses gibt sich der nach Ruhm Strebende der Sorge hin, höchst beachtend wahrgenommen zu werden. Dabei kommt auch die Kunst ins Spiel. Kunst, so scheint es, erwächst zu einem Berufsfeld, von dem sich viele Berühmtheit und Glamour erhoffen. Nicht mehr ein bestimmter Beruf, sondern gesellschaftliche Reputation scheinen zunehmend Berufswahl bzw. Wahl des Betätigungsfeldes zu steuern. Zudem gilt zeitgenössische Kunst als Zeugnis des Zeitgeistes; damit ist sie für ein Streben nach Ruhm und Aufmerksamkeit prädestiniert. Aber auch unser allgemein hoher Bildungsstand weckt das Interesse, gesellschaftliche Zusammenhänge und Probleme künstlerisch zu untersuchen und einer breiten Öffentlichkeit zu vermitteln. Das kann über den Künstlerberuf gelingen. Selbstverständlich geben Künstler zudem weiterhin klassische Gründe für die Entscheidung zur selbstständigen Künstlertätigkeit an (vgl. BMWI 2003: 4):

- die Selbstbestimmung bezüglich der Arbeitsinhalte und Arbeitszeit,
- den Wunsch, »großes Geld« zu verdienen,
- die Notsituation, keine Anstellung zu haben.

Letztendlich sind dies Gründe für eine bewusste selbstständige Künstlertätigkeit. Die Wurzeln für den Künstlerberuf liegen jedoch tiefer. »Künstlersein« ist eine Obsession; Leidenschaft und Besessenheit bestimmen die Berufung. Wie hoch ist aber die Zahl derjenigen zwischen Obsession und Ruhmesstreben – der Produzenten – auf dem Kunstmarkt? Ein Bild davon kann man sich nur mit einer persönlichen Hochrechnung machen. Nach Einkommensteuer werden ca. 52.000 Bildende Künstler in Deutschland geführt (Haak/Schmid 1999: 24). Jedem sei selbst überlassen zu überschlagen, wie viele Künstler in dieser Rechnung nicht erfasst sind und mit welchem zahlenmäßig großen Kreis an Mitbewerbern es der selbstständige Künstler zu tun hat.[1]

Die Künstlersozialkasse (*www.kuenstlersozialkasse.de*) (→ Kapitel 5 *Selbstorganisations-Know-how*), in der auch wiederum nur ein Teil der tätigen Künstler erfasst ist, skizziert anhand ihrer Zahlen folgendes Entwicklungsbild des Produzentenvolumens:

Versichertenbestandsentwicklung in der Künstlersozialkasse

Bereich	2001	2002	2003	2004
Bildende Kunst	45.180	47.032	48.986	51.732

---

1 Statistiken wie die der Künstlersozialkasse erfassen stets »gemeldete« Teilnehmer im Kunstbetrieb, aber was ist mit denjenigen, die weder über die Künstlersozialkasse versichert noch über Berufsverbände erfasst werden?

KATHREIN WEINHOLD

→ Beruf Künstler   17

Die Berufsgruppe der Bildenden Künstler macht einen Anteil von 37,17 Prozent aller Versicherten der Künstlerkasse aus.

Versichertenbestand auf Bundesebene nach Geschlecht und Alter zum 01.01.2004 im Bereich »Bildende Kunst«

Bereich und Geschlecht	unter 30	30 – 40	40 – 50	50 – 60	über 60	insg.	in %
männlich	545	7.477	10.336	6.165	2.719	27.242	x
weiblich	823	8.560	8.661	3.366	1.141	22.551	x
insgesamt	1.368	16.037	18.997	9.531	3.860	49.793	37,17

Berufsanfänger auf Bundesebene nach Geschlecht und Alter zum 01.01.2004 im Bereich »Bildende Kunst«

Bereich und Geschlecht	unter 30	30 – 40	40 – 50	50 – 60	über 60	insg.	in %
männlich	452	2.472	670	184	24	3.802	13,96
weiblich	739	3.479	939	182	5	5.344	23,70
insgesamt	1.191	5.951	1.609	366	29	9.146	18,37

Quelle: *www.kuenstlersozialkasse.de*, 2005

Zugang und Voraussetzungen

Der Zugang zum Künstlerberuf ist offen. Die Berufsbezeichnung ist nicht geschützt, Bildungsabschlüsse sind zur Ausübung nicht notwendig; jeder kann als Künstler tätig werden. Wer den Weg über die Akademie wählt oder gewählt hat, weiß: wirklich berufsvorbereitende Ausbildungsgänge fehlen. Man kann »freie Kunst« oder »Malerei« studieren und wird im rein künstlerischen Sinne eine hervorragende Ausbildung erhalten. Aber zur Arbeit als Künstler gehört mehr als nur die Produktionsdimension. Wie rau der Wind auf dem Markt weht, davon wissen Quereinsteiger in der Regel nichts, und auch die Kunstakademie-Studenten beschäftigen sich damit nur wenig. Selbst gegen Studienende ist eine große Gelassenheit der Studierenden bezüglich zu erschließender Möglichkeiten und Aktivitäten auf dem Kunstmarkt zu beobachten. Dieter Hacker von der *Universität der Künste* in Berlin beobachtet:

»Die Quelle ihrer Gelassenheit ist aber weniger der unbeirrbare Glaube an die eigene Kraft, als vielmehr die Neigung, vor der möglicherweise unangenehmen Perspektive die Augen zu verschließen« (Hacker 1998: 8).

Das Verschließen der Augen macht lebensuntüchtig. Dabei gilt: Künstler sind in ihrem Beruf nicht nur als Künstler im Allgemeinen, sondern im Besonderen als »Lebenskünstler« gefordert. Wenn sich der »Lebenskünstler« professionalisiert, wird er ein »Künstler-Unternehmer«. Um das Unternehmertum unter Künstlern zu fördern und sie vor allem mit Wissen auszustatten, hat es bereits Modellprojekte an der *Hochschule für Künste* in Bremen (*www.hfk. bremen.de*) gegeben. Leider waren diese Projekte zeitlich begrenzt. Die *Universität der Künste* in Berlin ist jedoch mittlerweile dauerhaft auf diesem Gebiet tätig.

Künstler mit Business-Plan

Diese größte Kunsthochschule Deutschlands hat einen Preis als »Existenzgründer-Hochschule« gewonnen. Sie wurde als Ideenschmiede ausgezeichnet, weil sie sich nicht nur für ihre Studierenden während der Ausbildung engagiert, sondern Möglichkeiten der professionellen Planung der Karriere nach der Uni eröffnet. Sie hat mit Hilfe einer Anschubfinanzierung des Berliner Senats als einzige deutsche Kunsthochschule ein eigenes *Career and Transfer Service Center* eingerichtet. Was in den vergangenen Jahren an Technischen Hochschulen und Universitäten mit betriebswirtschaftlichen Studiengängen zum Standard erwuchs, tritt nun erstmals im Kontext einer künstlerischen Universität in Erscheinung. Das *Career Center* der *Universität der Künste* versteht sich als

• Know-how-Vermittler für Studierende,
• Kontaktstelle zu Unternehmen, die das kreative Potenzial der Hochschule besser kennen lernen wollen und sich für gemeinsame Projekte und Wettbewerbe engagieren.

Kooperationen mit großen Wirtschaftsunternehmen wie *Volkswagen, Deutsche Bank* oder *Opel* sollen ausgebaut werden, aber auch nach neuen Partnern wird gesucht. Die Koordinatorin und Diplom-Psychologin Angelika Bühler entwickelte zudem das Professionalisierungsprogramm »Toolbox for Work and Living« mit Seminaren zu den Themen »Karriereplanung«, »Bewerbungstraining«, »Schlüsselqualifikationen«, »Existenzgründung«, »Jobsuche«, »Bewerbung«, »Recht«, »Neue Medien« für die Studierenden. Dazu gibt es Weiterbildungsangebote, Studienberatung und Informationen über interessante Ausschreibungen. Das Besondere am *Career Center* ist sein individueller Ansatz. Das Kursangebot ist speziell auf die Bedürfnisse künstlerischer Ausbildung und Arbeitswelt zugeschnitten. Den Interessenten wird geholfen, durch eine Kombination aus individueller Beratung und Seminarangebot entsprechendes Wissen für die eigene Situation und für spezifische Vorhaben zu erwerben. Dabei müssen die Teilnehmer keine semestergreifenden Verpflichtungen eingehen und ganze Programme besuchen, wie dies an anderen Einrichtungen mitunter der Fall ist. Alles funktioniert frei und selbstbestimmt. Seminarmodule können nach individuellen Bedürfnissen zusammengestellt werden. Die Beratungsangebote sind komplett auf künstlerische Karriere-problemfelder ausgerichtet und stellen damit ein einzigartiges Programm der künstlerischen Professionalisierung vor, das hoffentlich viele Nachahmer an deutschen Kunsthochschulen findet. Die Unterstützung bei den ersten Schritten in den Beruf muss zukünftig zu den Aufgaben jeder Kunsthochschule gehören (→ *Literatur und Service*, S. 29).

Akademieausbildung oder Quereinsteigen?

Diese Frage gehört zu den Gretchenfragen für angehende Künstler. Berufs-verbände, aber auch Kunstmarktteilnehmer, z.b. Galeristen, sehen gern eine fundierte Ausbildung an einer Kunsthochschule – am besten bei einem nam-haften Professor, der jedoch nicht selten durch Abwesenheit glänzt. Aber können Kunstakademien etwas lehren, was eigentlich nicht zu lehren ist?

Bewerber, die den Hochschulweg favorisieren, gibt es an den 22 deut-schen Kunsthochschulen zahlreiche. Um einen Studienplatz zu bekommen, wird eine überzeugende Mappe und eine bestandene Aufnahmeprüfung[2] verlangt. Dass die Plätze limitiert sind, ist bekannt; so nimmt die *Kunsthoch-schule Kassel* (*www.kunsthochschulekassel.de*) jährlich nur ca. 35 bis 40 Kunst-studenten auf.

Aber sollen denjenigen, die keinen Studienplatz erhalten, und den auf den Markt strömenden Autodidakten alle Chancen verwehrt bleiben? Keines-falls, denn neben den Bildungsressourcen gibt es weitere Ressourcen, die für eine Platzierung am Markt wichtig sind. Teilweise haben Letztere sogar Priori-tät. Sie werden in → Kapitel 2.6 (*Gesellschaftswandel. Marktwandel. Tenden-zen*) und in → Kapitel 3.5.2 (*Der Ist-Zustand*) betrachtet.

Wie sieht nun die statistische Realität in Bezug auf diese Frage aus? Na-hezu jede zweite selbstständige Künstlerin gibt an, einen akademischen Ab-schluss zu besitzen – bei den männlichen Kollegen ist dies nur etwa jeder Dritte. Jeder fünfte Künstler weist mehrere Ausbildungsabschlüsse nach. Der Schluss, mit steigendem Bildungsniveau steige der Hang zur Selbstständig-keit, liegt nahe. Aber zahlt sich das überdurchschnittliche Bildungsniveau der Künstler aus? Oder ist es die Versicherung des eigenen Gewissens gegen das hohe Einkommensrisiko der künstlerischen Selbstständigkeit?

---

2 Je nach Ausbildungsstätte: Kombination aus Gespräch, praktischen Aufgaben, schriftlicher Klausur.

Wirtschaftliche Risiken

Zu den Einkommensverhältnissen können nur bedingt verlässliche Aussagen getroffen werden. Aussagekräftige Zahlen über diejenigen, die mit und von ihrer Kunst leben, gibt es wenige. Einen Anhaltspunkt bilden die Zahlen der Künstlersozialkasse, kurz KSK (*www.kuenstlersozialkasse.de*). Rund 9.000 Berufsanfänger in der Sparte »Bildende Kunst« mit einem durchschnittlichen Jahreseinkommen von ca. 8.000 € wurden zum 01.04.2004 ermittelt. Insgesamt sind hier über 49.000 Bildende Künstler Mitglied und deren durchschnittliches Jahreseinkommen liegt bei rund 11.000 €. Allerdings: Gezählt werden hier auch diejenigen, die freiberuflich mit den Neuen Medien zu tun haben, z.B. Webdesigner.

Innerhalb der freien Berufe bildet der des Bildenden Künstlers anhand von konkreten Einkommenszahlen das Schlusslicht. Sichtbar wird in vielen Studien ein Bild der zwei Extrem-Einkommensklassen: Niedrigsteinkommen oder Spitzeneinkünfte, »Malerfürst« mit gut dotierter Professur und florierenden Umsätzen auf der einen – Bildhauer mit Job als Aushilfskellner auf der anderen Seite. Die Einkommenszahlen[3] verweisen auf einen fehlenden Mittelstand in der Berufsgruppe (vgl. Haak/Schmid 1999: 24):

- ca. 1 Prozent sind Großverdiener (sechsstellige Summen und aufwärts),
- ca. 80 Prozent haben Einkünfte in der Größenordnung 15.000 €,
- ca. 20 Prozent geben Negativeinkünfte an.

Staatliche Förderungen

Zuwendungen der öffentlichen Hand und ihre Höhe sind nur in Einzelfällen veröffentlicht und kaum statistisch erfasst. Fördermöglichkeiten für bildende Künstler bestehen »rein theoretisch« in Fülle. Zu nennen ist für einen ersten Überblick folgende Auswahl:

- Inanspruchnahme von Existenzgründungshilfen,
- Förderungsprogramme des Kunstfonds,
- Werkverträge für Kunstwerke über Senat, Kommunen und Gemeinden,
- Nachwuchsförderung,
- Sozialfonds,
- Förderpreise,
- Stipendien: Jahresstipendien, Aufenthaltsstipendien, Arbeitsstättenstipendien ...,
- Katalogförderung,

---

3 Die Einkünfte beziehen sich ausschließlich auf die selbstständige künstlerische Tätigkeit.

- Ankaufsprogramme,
- Projektgelder für Ausstellungen und Symposien,
- Atelierförderung.

Da die Künstlerförderung regional sehr unterschiedlich geregelt wird, ist es ratsam beim zuständigen Kulturamt und/oder dem Kultusministerium die individuellen Möglichkeiten zu erfragen (→ *Literatur und Service,* S. 29).

Um ein realistisches Bild zu entwerfen, muss jedoch bemerkt werden: Aufgrund finanzieller Mittelbeschränkung und hoher formaler Anforderungen an das Antragsstellungsverfahren kommen nur wenige Künstler in den Kreis der öffentlich Geförderten. Die Förderung durch privatwirtschaftliche Unternehmen gewinnt in Deutschland zunehmend an Bedeutung.

Dreifacher Arbeitsalltag

Nur ca. 10 bis 20 Prozent aller deutschen Künstler, so Schätzungen, können von den reinen Einkünften aus der künstlerischen Tätigkeit leben. Wenn keine Gelder über die Versorgung aus der Familie einfließen, müssen sich die Künstler mit zusätzlichen Arbeitstätigkeiten finanzieren. Oft wird hierfür eine Lehrtätigkeit gewählt.

Exemplarisch für die Struktur im Künstlerberuf ist das Ausüben unterschiedlicher professioneller Tätigkeiten in kombinierter Form. Koexistenz, Vielfalt und Kombination von Beschäftigungsformen kennzeichnen den Arbeitsalltag. Tätigkeitsvielfalt bildet nicht die Ausnahme, sondern die Regel. Zu sprechen ist hierbei von einer innerberuflichen Mobilität, die sich gleichzeitig entfaltet oder die bei Betrachtung des gesamten Berufslebens in vielen Karrieren zu beobachten ist. Diese besondere Mobilität findet vor allem zwischen benachbarten, verwandten Feldern statt. So kann sich ein Künstler als abhängig beschäftigter oder selbstständiger Kunstlehrer/Seminarleiter in Kombination mit Werkverträgen für Kunstwerke und dem selbstständigen Betrieb einer Produzentengalerie beschäftigen. Neben dem Mobilitätsaspekt kommt beim Künstlerberuf der Flexibilitätsaspekt zum Tragen. Eine hohe Flexibilität hinsichtlich der Tätigkeitsbreite ist beobachtbar. Die verschiedenen Tätigkeiten gruppieren sich in der Regel um eine Kernprofessionalität. Diese Professionalität ist häufig in einer Ausbildung fundiert. Zu diesem Tätigkeitsspektrum kommt in der Phase der Selbstvermarktung jedoch noch eine weitere Arbeit, die professionell ausgeführt werden will, hinzu: die Vermarktungsarbeit. Beim aufstrebenden Künstler ohne feste Galerieverbindung(en) gliedert sich die Arbeitsbelastung demnach wie folgt:

Dreifacher Arbeitstag des Künstlers

> Künstlerische Arbeit = Kunst
> Arbeit zur Existenzsicherung = Job
> Vermarktungsarbeit = Selbstvermarktung

Erst wenn eine Arbeitsteilung, z.B. durch die Zusammenarbeit mit Galerien, gelungen ist, verändert sich die Arbeitsstruktur zu Gunsten der künstlerischen Arbeit.

Rollenvirtuosität

Die Rollenerwartungen an den Künstler haben sich im 21. Jahrhundert gewandelt. Von der Rolle des verkannten Genies in der Vergangenheit muss er neuen und gleichzeitig mehreren Rollen gerecht werden, um Erfolg auf dem Kunstmarkt zu haben.

Rollenvirtuosität des Künstlers

> Rolle 1: Unternehmer im Atelier (später in der *Factory*[4])
> Rolle 2: Verkäufer seiner Arbeit am Markt
> Rolle 3: Selbstdarsteller auf den Ausstellungsbühnen
> optional Rolle 4: Pädagoge in der Vermittlung seiner Kunsthaltung

Es bedarf eines außergewöhnlichen Organisationstalents und hoher physischer und psychischer Belastbarkeit, um diesen vielfältigen Anforderungen gerecht zu werden.

Soziale Risiken

Nicht alle Künstler besitzen diese Drahtigkeit und Belastbarkeit in ausreichendem Maß. Für sie tritt möglicherweise die Kehrseite der Medaille mehr oder minder in Erscheinung. Diese andere Seite des Strebens nach Aufmerksamkeit, Ruhm, Selbstverwirklichung und einem freiheitlichen Leben im Künstlerberuf ist das Syndrom massiver ungelöster sozialer Probleme, die sich in folgenden Symptomen entäußern (vgl. Haak/Schmid 1999: 3):

- dauerhaft unterwertig verkaufte Arbeitsleistung,
- abrupte soziale und/oder wirtschaftliche Schwankungen – zumeist ins Negative, auch »Armutskarrieren«,

---

4 Z.B. Stefan Szczesny – *www.szczesny-online.com*

- permanenter Leistungsdruck,
- große Einkommensungleichheiten,
- Abhängigkeit und gegebenenfalls Erpressbarkeit trotz formaler Selbstständigkeit,
- soziale Isolierung durch Einzelkämpfertum,
- Burn-out-Syndrom.

Auch das Problem der Altersarmut stellt sich. Um von diesen Risiken nicht betroffen zu werden, bedarf es einer soliden und fundierten Planung der Künst-
lerkarriere und des Marketings (→ Kapitel 4 *Der Business-Plan*).

Künstlerinnen
Ca. 45 Prozent der Berufsausübenden sind Frauen (vgl. Schmid/Haak 1999:
10). In der Situation zweier Altersgruppen von Künstlerinnen sind große Unterschiede wahrnehmbar:

- die Altersgruppe über 40,
- die Altersgruppe unter 40.

Wenn Nachwuchs ein Thema ist, dann können sich Künstlerinnen mit ganzer
Kraft der Kunstkritik und der interessierten Öffentlichkeit oft erst zu einem
Zeitpunkt stellen, wenn ihre männlichen Kollegen schon längst Gelegenheit
hatten, Kunstpreise zu sammeln oder sich gar bereits »in Amt und Würden«
befinden. Der Weg zur überregionalen Anerkennung ist dann jedoch durch
scheinbar objektiv begründete Hindernisse verstellt. Viele, und oft gerade die
wichtigen Kunstpreise und Stipendien sind an Altersgrenzen wie »bis 30«,
»bis 35«, maximal »bis 40 Jahre« gebunden (vgl. Kapp de Thouzellier 2003).
Seit Mitte der 1980er Jahre konnten die Künstlerinnen nur ca. 14 Prozent der
Kunstpreise vereinnahmen (vgl. Binas 2003: 44), die jüngeren Künstlerinnen
hingegen erhalten jedoch gleich viele Preise wie ihre männlichen Kollegen:
ca. 44 Prozent (vgl. Binas 2003: 44).
   Es scheint, als ob die Künstlerinnen sich von den männlichen Kollegen
ausbremsen lassen. Nicht nur, dass sie durchschnittlich fast 33 Prozent weniger verdienen (vgl. *www.kuenstlersozialkasse.de*, 2004), ihre Sichtbarkeit auf
den Foren des Kunstmarktes ist weitaus geringer. Die Großausstellungen,
wie die *documenta (www.documenta.de)* registrieren in der Regel nur acht bis
zehn Prozent Künstlerinnen. In Ausstellungen mit geringerer Bedeutung sind
Frauen zu ca. 20 Prozent vertreten. Und das, obwohl an den Kunstakademien
die Hälfte der Studierenden weiblich ist. Aber wo finden sie Vorbilder? Der
Anteil weiblicher Professoren liegt unter zehn Prozent. Frauen ausklammern-
de Galerien gehören zur Tagesordnung des Kunstmarktes, z.B. *Galerie Zel-
lermayer*, Berlin (*www.zellermayer.de*): bei 45 Künstlern der aufgeführten

Künstlerliste finden sich sage und schreibe zwei (!) Frauen – das sind ganze vier Prozent. Die Galeristin aber ist eine *Frau!*

Die beschriebene Situation stellt sich insbesondere bei alteingesessenen, konservativen Akteuren des Kunstbetriebes so dar. Einen Lichtblick hingegen geben immer öfter die jungen, aufstrebenden Galerien, bei denen die weiblichen Akteure zunehmend ihre Chance erhalten, z.B. Ulrike Adler und ihre *Galerie BigArt* (*www.bigArt.de*). Unter 31 vertretenen Solokünstlern finden sich zehn Künstlerinnen – also knapp 33 Prozent. Deshalb wächst auch der Anteil der Frauen, die sich für eine professionelle Teilnahme am Marktgeschehen entscheiden (vgl. Binas 2003: 34f.).

Großstadtkünstler

Künstler leben vor allem in Großstadträumen. Studien zeigen Relationen von mehr als 46 Prozent erwerbstätigen Künstlern, die in Städten mit mehr als 100.000 Einwohnern leben, wobei Berlin und Hamburg eine besonders hohe regionale Konzentration zeigen (vgl. Schmidt/Haak 1999: 12). Köln und München werden Hamburg wohl mittlerweile nicht nachstehen. Berlin hat sich mit der Hauptstadtfunktion und einer starken internationalen Anziehungskraft eindeutig eine Spitzenreiterstellung als kultureller Schmelztiegel erobert.

Isolation

Jonathan Meese formuliert das Thema so: Kunst sei eine einsame Angelegenheit, »bei der man immer allein kämpft« (Knöfel 2004: 153). Entgegen viel diskutierter Network-Gedanken gehört Kunstproduzieren zu den einsamen, isolierten Berufen. Einsam und isoliert ist der Künstler jedoch nicht nur mit seiner Kunst, er muss zudem die Unsicherheit seines Berufs aushalten und sich stets selbst motivieren können – keine leichte Aufgabe.

Allerdings liegt er mit der »Unternehmensgröße Eins« voll im Trend. Trendforscher sagen der Gesellschaft die Unternehmensgröße »Eins« als Zukunft voraus. Dies bedeutet im Klartext: Jeder ist sein eigener Unternehmer – es wird im virtuellen Networking zusammengearbeitet. Diese Anforderung stellt den Künstler in große Freiheiten, aber vor allem vor die Aufgabe, seine Arbeitswelt in ihrer Komplexität zu bewältigen. In die Komplexität muss eine Struktur hineingebracht werden, besonders in der Anfangsphase, also während der Existenzgründung. Deshalb wird am Ende des Buches ein Business-Plan erarbeitet, der eine Strukturierung und Planung, aber auch ein Controlling leisten kann (→ Kapitel 4 *Der Business-Plan*).

»Achterbahnfahren«

Die Lebensläufe vieler etablierter Künstler weisen häufig die Dynamik von Achterbahnen auf (vgl. Zimmermann/Schulz 2002: 12). Phasen großer Anerkennung und Aufmerksamkeit werden von Abschnitten quälender tiefer

Selbstzweifel abgelöst. Neben dem Glück, einfach zur richtigen Zeit am richtigen Ort zu sein und auf die richtigen Leute zu treffen[5], benötigt der Künstler in seinem Beruf vor allem Ausdauer, Selbstbewusstsein und Durchsetzungskraft (vgl. Zimmermann/Schulz 2002: 12). Eine tiefe künstlerische Obsession liefert in der Regel die Grundlage, um durchzuhalten und »dranzubleiben«.

Aussteigerquoten

Erwerbstätige Künstler geben nicht so schnell ihren Beruf auf, was einen konträren Fakt zur Einkommenssituation darstellt. Es müssen also besondere Gegebenheiten vorliegen, die auf dem Künstlerarbeitsmarkt zum hohen Verbleib der Künstler im Beruf führen. Erfolg und Misserfolg liegen sehr eng beieinander. Der erfolglose Maler befindet sich in einer Situation, in der ihn seine Werke jederzeit zu großem Erfolg und Ruhm führen können. Dies kann eines der Kriterien für den Verbleib auf dem Markt sein. Die Frage stellt sich, ob Künstler von Natur aus das Risiko nicht scheuen oder ob es die Liebe zur Kunst bewirkt, den Beruf auch über längere Zeit ohne größere wirtschaftliche Erfolge ausüben zu können. Einerseits bieten sich also Identifikationsmöglichkeiten, die sehr reizvoll und erfüllend erscheinen; konträr zu ihnen stehen jedoch mangelnde Versorgungssicherheiten, geringe Einkommen bzw. Einkommensdefizite und Patchwork-Berufsbiografien anstelle geordneter, streng vorausplanbarer Karriereschritte. Hinsichtlich der Nachteile, die hier, gebündelt betrachtet, schwer ins Gewicht fallen, stellt sich die Frage, aus welcher Motivation heraus Künstler dennoch in diesem schwierigen Berufsfeld verbleiben und die Probleme in Angriff nehmen. Autoren wie Menger/Gurgand (1996) vermuten, dass es folgende Akzeptanzgründe gibt:

- Kompetenzerwerb durch Diversifikation der Tätigkeiten, damit verbunden sind:
  - Steigerung des Marktwertes im Zeitverlauf,
  - Selbstbestimmtheit der Arbeit,
  - Selbstbestimmtheit der Arbeitszeiten,
  - keine Rücksichtnahme auf Hierarchien im Unternehmen.

Während bei Wahl des erwerbsmäßigen Künstlerberufes außerhalb des Starterstadiums (also etwa nach den ersten fünf Jahren) eine geringe Fluktuation zu beobachten ist, so ist bei den »Startern«, den Absolventen, ein gegenläufiger Trend zu beschreiben. Olaf Zimmermann geht in seinen Vorträgen davon aus, dass zwei bis fünf Jahre nach Abschluss eines Kunsthochschulstudiums

---

5 Dieses »Glück« wird im Übrigen in allen Berufen benötigt.

nur noch ca. zwei bis drei Prozent der Absolventen im Beruf verbleiben; eine dramatische Bilanz, deren Zahlenmaterial unbestätigt bleibt und dennoch eine rein intuitive Bestätigung auf Expertenseite genießt. Deutsche Hochschulen belegen die Zahlen selbstverständlich nicht. Aber auch falls die Zahlenangabe zugespitzt sein sollte, verweist sie doch auf Züge einer realen Situation, in der Studium und Berufspraxis zwei gänzlich divergierende Bereiche sind und in der dringend Handlungsbedarf besteht. Einzelne Seminare, die an den Ausbildungsstätten organisiert und durchgeführt werden, reichen nicht aus. Die klassische Ausbildung an den Kunsthochschulen und Akademien in Deutschland muss um die Bereiche »Management«, »Recht«, »Marketing« und »Betriebswirtschaft« sowie um Seminare zum Kunstmarkt erweitert werden. Nur so kann eine umfassende Berufsvorbereitung, möglicherweise bereits vor Studienbeginn, gewährleistet werden. Die *Universität der Künste* in Berlin zeigt, dass ein solcher Weg beschreitbar ist. Studenten aller Kunsthochschulen sollten sich in ihren Einrichtungen dafür stark machen, die Ausbildungsinhalte zu erweitern!

1.2 DER ARBEITSMARKT DER KÜNSTE

Der gesamte Kultursektor, in dem auch die Bildenden Künste ihren Platz haben, ist in drei Teilbereiche zu unterscheiden (vgl. Zimmermann/Schulz 2002: 121):

- **Der öffentliche Kulturbetrieb**: Er umfasst Museen, Theater, Bibliotheken, Orchester sowie andere Institutionen. Das verbindende Merkmal ist die staatliche Trägerschaft.
- **Der gemeinnützige Kulturbetrieb**: Er umfasst Kulturstiftungen, Kulturvereine, kirchliche Kultureinrichtungen, Kulturverbände und den öffentlich-rechtlichen Rundfunk.
- **Der privatwirtschaftliche Kulturbetrieb**: Ihm gehören selbstständige Künstler, der Buchmarkt, der Tonträgermarkt, die Filmwirtschaft, der Kunstmarkt und das Privattheater an.

Historisch betrachtet, kam dem öffentlichen Kulturbetrieb in Deutschland in der Vergangenheit die größte Bedeutung zu. Die Entwicklungen der 1990er Jahre mit der Notwendigkeit massiver öffentlicher Sparzwänge, haben zu einem Bedeutungswandel geführt. Der privatwirtschaftliche Kulturbetrieb hat die Führung übernommen. Viele ehemals in öffentlicher Trägerschaft befindliche Einrichtungen wurden in privatwirtschaftliche Strukturen oder in Formen der Mischfinanzierung überführt. Zahlreiche Förderinstrumente, auch die Künstlerförderung, wurden massiv gekürzt. Die folgende Tabelle macht die Kürzung der Mittel in den einzelnen Bundesländern transparent. Die Zahlen erhob der *Bundesverband Bildender Künstler* (BBK) (vgl. Sotrop 2003: 8ff.). Er belegt damit in 12 von 16 Bundesländern eine negative Etatentwicklung, obwohl das Kulturstaatsministerium eine positive Entwicklung bekannt gab.

Öffentliche Kulturfinanzierung 2002 und 2003: Entwicklung der Kulturetats der Bundesländer

Ten-denz	Bundesland	2002 – Entwicklung: Etatverände-rung zum Vor-jahr	2003 – Entwicklung: Etatverände-rung zum Vor-jahr	Auswirkungen im Bereich Bildende Kunst
+	Baden-Württemberg	+ 2 Mio. €	k.A.*	k.A.
–	Bayern	– 4,1 %	– 1 %	keine Kürzungen, aber Entwicklung rückläufig
–	Berlin	– 11,5 %	– 4 %	Laut BBK wurden die Ausgaben für Bildende Kunst in den letzten 5 Jahren um 50 % verringert.
+/–	Brandenburg	+ 6,4 %	+ 1 %	Zunahme der Förderung: 2002 um 1 %, 2003 um 23 %
+/–	Bremen	0 %	0 % bzw. – 1,4 %	Widersprüchliche Angaben unterschiedlicher Quellen
–	Hamburg	Prozentsatz in Höhe der Preissteigerung Etat seit 1995 eingefroren	Prozentsatz in Höhe der Preissteigerung	Etat seit 1995 eingefroren, was Kürzung in Höhe der jährlichen Preissteigerung entspricht. – Ausstellungskürzung punktuell 30 bis 50 % – Stipendienanzahl wurde halbiert (auf fünf) – Kürzung Projektförderung, insbesondere Kunst im öffentlichen Raum, um 50 %.
+/–	Hessen	+ 5,2 %	k.A.	Erhöhung kam wegen erhöhter Denkmalschutzausgaben zustande. Bildende Kunst: Ausstellungsförderung stagnierend, Projektförderung wurde gekürzt.

* k.A. = keine Angaben

–	Mecklenburg-Vorpommern	k.A.	– 9,3 %	Kürzung Ausstellungsförderung in kommunalen u. vereinsgetragenen Galerien, Kürzung Projektförderung, Gruppen ohne Vereinsstatus können nicht mehr gefördert werden, Kürzung der Gelder für das vereinsgetragene Künstlerhaus
–	Niedersachsen	– 9, 7 %	– 1 %	Kürzung Projektförderung
–	Nordrhein-Westfalen	k.A.	– 13 %	Die Künstlerförderung sowie kommunale Ankäufe und Ausstellungen wurden auf bescheidene 431.000 € (!) gekürzt, was eine stark überschaubare Summe für ein Bundesland wie NRW ist. Die Künstlerinnenförderung war mit 20 % Kürzung ebenso betroffen, Projektförderung ebenfalls von Kürzungen betroffen, Verringerung der Ausgaben in der regionalen Künstlerförderung und der Förderung von Künstlerhäusern sowie sonstigen Künstlereinrichtungen um ca. 50 %.
+/–	Rheinland Pfalz	k.A.	k.A.	Es wurde jedoch für das Jahr 2001 eine Steigerung von 15,5 % angegeben.
–	Saarland	Erhöhung, keine Details	k.A.	Der BBK Saarland berichtet von 10-prozentigen Kürzungen bei der Förderung einzelner Künstler, bei Gruppen und Künstlerhäusern u.a. Einrichtungen.
–	Sachsen	– 5,4 %	– 500.000 €	Von diesen gekürzten 500.000 € wurden 200.000 € bei der Ausstellungsförderung (Zuschuss an den Sächsischen Künstlerbund) gespart, bei den Ankäufen haben sich 50.000 € bemerkbar gemacht, bei der Projektförderung 250.000 €. Die Kürzungen fallen um so mehr ins Gewicht, da der Kunstmarkt in Sachsen mit der Hochwasserkatastrophe einen schweren Einbruch erlitten hat.

–	Sachsen-Anhalt	Erhöhung	k.A.	Es wurden flächendeckende Kürzungen im Bereich der Bildenden Kunst vorgenommen.
–	Schleswig-Holstein	– 14,7 %	k.A.	Betroffen waren die Ausstellungsförderung mit 10 %, die Förderung von Künstlern sowie die Projektförderung mit 30 %.
–	Thüringen	Kürzung	Kürzung	Für den Bereich der Bildenden Kunst waren für 2003 nur noch 205.400 € vorgesehen.

Ein Großteil der Künstler bezieht Einnahmen aus dem privatwirtschaftlichen Kulturbetrieb, also aus dem Kunstmarkt. Deshalb wird dieser in → Kapitel 2 (*Das Geschäft mit der Kunst*) transparent gemacht. Die Einnahmen werden überwiegend durch den Verkauf von Kunstwerken und Dienstleistungen erzielt. Dies trifft vor allem für Künstler zu, die in den klassischen Techniken arbeiten und Gemälde, Druckgrafiken und Skulpturen produzieren. Ein anderer, kleinerer Teil der Künstler finanziert sich aus dem im gemeinnützigen bzw. öffentlichen Kulturbetrieb angesiedelten Stipendienwesen. Dieses Thema wird im Weiteren immer wieder tangiert.

→ LITERATUR UND SERVICE

LITERATUR

Binas, Susanne (2003): *Erfolgreiche Künstlerinnen*, Essen.
Bundesministerium für Wirtschaft und Arbeit (Hg.) (2003): *Wirtschaftspolitik für Kunst und Kultur, Tipps zur Existenzgründung für Künstler und Publizisten*, Berlin.
Franck, Georg (1998): *Ökonomie der Aufmerksamkeit. Ein Entwurf*, München.
Haak, Carroll/Schmid, Günther (1999): *Arbeitsmärkte für Künstler und Publizisten – Modelle einer zukünftigen Arbeitswelt?*, Berlin.
Hacker, Dieter (Hg.) (1998): *Wie überlebt man als Künstler?*, Berlin.
Kapp de Thouzellier, Annemarie (2003): *Studie zur Situation der Bildenden Künstlerinnen unter besonderer Berücksichtigung der Pläne der Bundesregierung*, in: http://www.verdi.de/oetv_2/intranet/fachbereiche/08_medien_kunst_kultur_druck_papier_industrielle_dienste_und_produktion/ bildende_kunst/materialien/
Knöfel, Ulrike (2004): »Siegeszug der Kraut Art«, in: DER SPIEGEL 15/2004, S. 152-154.
Matussek, Matthias (2002): »Mick Jaggers Rasierwasser«, in: Dieter Herbst (Hg.): *Der Mensch als Marke*, Göttingen.
Menger, Pierre-Michael/Gurgand, Marc (1996): »Work and Compensated Unemployement in the Performing Arts. Exogenous and Endogenous Uncertainty in Artistic

Labour Markets«, in: V.A. Ginsburgh/P.-M. Menger (Hg.), *Economics of Arts – Selected Essays*, Amsterdam usw.

Sotrop, Hans Wilhelm (2003) : »Öffentliche Kulturfinanzierung«, in: *Kulturpolitik* 3/2003, S. 8ff.

Zimmermann, Olaf/Schulz, Gabriele (2002): *Traumberuf Künstler*, Nürnberg.

SERVICE

Kultusministerien der Länder/Senatsverwaltungen der Städte/ Künstlerförderung

Baden-Württemberg

www.mwk-bw.de/Kunst_Kultur/index.html

Ministerium für Wissenschaft, Forschung und Kunst Baden-Württemberg
Königstraße 46
70173 Stuttgart

Harald Gall
Fon: (+ 49) 711-279-2983
Fax: (+ 49) 711-279-3213
harald.gall@mwk.bwl.de

Bayern

www.stmwfk.bayern.de/foerderung/kuenstlerfoerderung.html

Bayerisches Staatsministerium für Wissenschaft, Forschung und Kunst
Salvatorstraße 2
80333 München

Siegfried Preibisch
Fon: (+ 49) 89-2186-2377
Fax: (+ 49) 89-2186-2813
Siegfried.Preibisch@stmwfk.bayern.de

Berlin

www.senwisskult.berlin.de

Senatsverwaltung Wissenschaft, Forschung und Kultur
Brunnenstraße 188-190
10119 Berlin

Manfred Fischer
Fon: (+ 49) 30-90228-750
Fax: (+ 49) 30-90228-457
manfred.fischer@senwfk.verwalt-berlin.de

Brandenburg
www.brandenburg.de

Ministerium für Wissenschaft, Forschung und Kultur
Dortustr. 36
14467 Potsdam

Bärbel Melzer
Fon: (+ 49) 331-866-4960
Fax: (+ 49) 331-866-4903
baerbel.melzer@mwfk.brandenburg.de

Bremen
www.rathaus-bremen.de

Freie Hansestadt Bremen
Der Senator für Kultur
Herdentorsteinweg 7
28195 Bremen

Rose Pfister
Fon: (+ 49) 421-361-5776
Fax: (+ 49) 421-361-5745
rpfister@kunst.bremen.de

Hessen
www.hmwk.hessen.de

Hessisches Ministerium für Wissenschaft und Kunst
Rheinstraße 23-25
65185 Wiesbaden

Dr. Klaus Arzberger
Fon: (+ 49) 611-32-3470
Fax: (+ 49) 611-32-3499
k.arzberger@hmwk.hessen.de

Mecklenburg-Vorpommern
www.kultus-mv.de

Ministerium für Bildung, Wissenschaft und Kultur
Werderstraße 124
19055 Schwerin

Margrit Dähmlow
Fon: (+ 49) 385-588-7423
Fax: (+ 49) 385-588-7087
m.daehmlow@kultus-mv.de

Niedersachsen

www.mwk.niedersachsen.de

Niedersächsisches Ministerium für Wissenschaft und Kultur
Leibnizufer 9 (Postfach 261)
30002 Hannover

Ulrich Beran
Fon: (+ 49) 511-120-2563
Fax: (+ 49) 511-120-992563
ulrich.beran@mwk.niedersachsen.de

Nordrhein-Westfalen

www.mswks.nrw.de/Kultur/foerderungen/index.html

Ministerium für Städtebau und Wohnen,
Kultur und Sport des Landes Nordrhein-Westfalen
40190 Düsseldorf

Theda Kluth
Fon: (+ 49) 211-3843-565
Fax: (+ 49) 211-3843-73565
theda.kluth@mswks.nrw.de

Renate Ulrich
Fon: (+ 49) 211-3843-436
Fax: (+ 49) 211-3843-73436
renate.ulrich@mswks.nrw.de

Rheinland-Pfalz

www.mwwfk.rlp.de

Ministerium für Wissenschaft, Weiterbildung, Forschung und Kultur
Postfach 3220
55022 Mainz

Dr. Ariane Fellbach-Stein
Fon: (+ 49) 6131-16-2935
Fax: (+ 49) 6131-16-4151
ariane.fellbachstein@mwwfk.rlp.de

Saarland

www.saarland.de/3521_4779.htm

Landesvertretung Saarland
In den Ministergärten 4
10117 Berlin

Dr. Anton Markmiller
Fon: (+ 49) 30-726-290-120
Fax: (+ 49) 30-726-290-099
landesvertretung@lv.saarland.de

Sachsen
www.smwk.sachsen.de

Sächsisches Staatsministerium für Wissenschaft und Kunst
Wigardstraße 17
01097 Dresden

Christoph Meier
Fon: (+ 49) 351-564-6240
Fax: (+ 49) 351-564-640 6240
Christoph.Meier@smwk.Sachsen.de

Schleswig-Holstein
www.landesregierung.schleswig-holstein.de

Ministerium für Bildung, Wissenschaft, Forschung und Kultur
Brunswiker Straße 16-22
24105 Kiel

Dr. Andreas von Randow
Fon: (+ 49) 431-988-5845
Fax: (+ 49) 431-988-5857
andreas.randow@kumi.landsh.de

Thüringen
www.thueringen.de/de/tmwfk/foerderprogramme/fkuk/

Thüringer Ministerium für Wissenschaft, Forschung und Kunst
Werner-Seelenbinder-Straße 8
99096 Erfurt
Postfach 101352
99013 Erfurt

André Schubert
Fon: (+ 49) 361-379-1621
Fax: (+ 49) 361-379-1699
aschubert@tkm.thueringen.de

KATHREIN WEINHOLD
Selbstmanagement im Kunstbetrieb

Weitere Recherchemöglichkeiten für Förderungen

Bundesverband Deutscher Stiftungen
Postfach 33 03 38
14173 Berlin
Fon: (+ 49) 30-897947-0
Fax: (+ 49) 30-897947-11
bundesverband@stiftungen.org
www.stiftungen.org

Stiftung KunstFonds zur Förderung der zeitgenössischen bildenden Kunst
Weberstr. 61
53113 Bonn
Fon: (+ 49) 228-91534-11
Fax: (+ 49) 228-91534-41
info@kunstFonds.de
www.kunstFonds.de

Zentrum für Kulturforschung
Dahlmannstr. 26
53113 Bonn
Fon: (+ 49) 228-2110-58
Fax: (+ 49) 228-2174-93
redaktion@kulturpreise.de
www.kulturpreise.de

Internationale Gesellschaft der Bildenden Künste (IGBK)
Rosenthaler Str. 11
10119 Berlin
Fon: (+ 49) 30-2345-7666
Fax: (+ 49) 30-2809-9305
art@igbk.de
www.igbk.de

Career & Transfer Service Center, UdK Berlin

Das Career & Transfer Service Center der Universität der Künste Berlin (CTC) ist bundesweit das erste Career Center an einer künstlerischen Hochschule; es informiert und berät die Studenten und die Absolventen der Berliner Künstlerischen Hochschulen über ihre Perspektiven auf dem Arbeitsmarkt, auf dem Weg in die Selbstständigkeit und unterstützt die Weiterbildungsoffensive an der UdK. Auch wenn die Studenten bereits während des Studiums Kontakte zu Galerien, Opernhäusern und anderen Kultureinrichtungen sowie zu Unternehmen geknüpft haben: Zusätzliche arbeitsmarktrelevante Fähigkeiten erleichtern den Übergang zwischen Studium und Beruf. An dieser Stelle setzt das Angebot des CTC an. Seine Beratungs- und Informationsdienstleistungen ermöglichen es, gemeinsam mit den Studenten und Absolventen individuell günstigste Wege ins Arbeits- bzw. Erwerbsleben zu eruieren und die nötigen Schritte zur

Erweiterung ihres überfachlichen Kompetenzprofils einzuleiten. Vor diesem Hintergrund arbeitet das CTC mit den Schwerpunkten »Individuelle Beratung« und »Kompetenzerweiterung« durch Workshops und Kurse (Toolbox for Work and Living).

Individuelle Beratung: »Find Your Individual Pathway!«
Für die Studenten kreativer Studiengänge ist der Einstieg ins Berufsleben mit vielen Fragen, Aufgaben und evtl. Hindernissen verbunden. Bei der Suche nach ihrem Weg ins Berufsleben unterstützt das CTC die Studenten durch Beratung und durch Coaching. In der Einzelberatung werden Kompetenzen, Kenntnisse, Erfahrungen, Wünsche und Stärken ermittelt und daraus das persönliche »Fähigkeitsprofil« erstellt. Der daraus gemeinsam entwickelte Plan (*Individual Pathway*) zeigt auf, welche Kompetenzen marktfähig sind, welche noch erworben werden müssen, um konkurrenzfähig zu sein, und wo solche Kompetenzen erworben werden können.

Kompetenzerweiterung: »Toolbox for Work and Living«
Im Rahmen der eigens entwickelten Veranstaltungsreihe »Toolbox for Work and Living« können Studenten und Absolventen der *Universität der Künste* zusätzliche Qualifikationen und »Werkzeuge« für den Berufseinstieg und die berufliche Selbstständigkeit erwerben. Die »Toolbox for Work and Living« umfasst Workshops, die in variabler Reihenfolge besucht werden können. Die Teilnahme wird durch das Kompetenzen-Portfolio bescheinigt.

Vor Ort und virtuell können beim CTC weitere Serviceleistungen genutzt werden:

- Praktika- und Stellenbörse,
- Online-Recherchen zu aktuellen Ausschreibungen von Stipendien und Wettbewerben,
- Vermittlung von Kontakten zu Gründernetzwerken,
- Unternehmensdatenbank,
- Literatur zur Berufsorientierung und Bewerbung (offen zugänglich für alle), virtuelle Infothek zu Themen wie Einstiegsgehalt, Ateliersuche etc.,
- Online-Bewerbungen,
- offene, moderierte Abendveranstaltungen zum Erfahrungsaustausch,
- Informationen über Weiterbildungen und Masterstudiengänge.

Kontakt:
Career & Transfer Service Center der UdK Berlin
Angelika Bühler
Bundesallee 1-12
10719 Berlin
Fon: (+ 49) 30-3185-2064
Fax: (+ 49) 30-3185-2382
career@udk-berlin.de
www.careercenter.udk-berlin.de

→ 2. DAS GESCHÄFT MIT DER KUNST: MARKTTRANSPARENZ GEWINNEN

2.1 KUNSTBETRIEB UND KUNSTMARKT: EINE EINFÜHRUNG

Kunst oder Wahnsinn?

Ende Juli 2001, Areal der *Backfabrik* in Berlin-Prenzlauer Berg: Nachts, eine Baustelle, eine Techno-Band, ein Streich-Quartett der *Berliner Philharmoniker*, an einem Kran ein nackter Mann, darüber ein Hubschrauber mit einer toten Kuh im Schlepptau kreisend. Dieses Szenario entstammt einer 30-minütigen Performance zum Thema »Fleisch« des österreichischen Aktionskünstlers Wolfgang Flatz (*www.flatz.net*). Die tote Kuh wurde dann aus 40 Metern Höhe abgeworfen. 2.000 Menschen sahen zu und beobachteten, wie der Kadaver des Tieres am Boden explodierte. Mit dieser Performance wollte der Künstler den Umgang des Menschen mit seinem Körper und der Nahrungskette in Frage stellen. Die Aktion wurde von Protesten zahlreicher Tierschützer begleitet.

Der Sammler Charles Saatchi (*www.saatchi-gallery.co.uk*) hat 1999 rund 250.000 € für ein zerwühltes Bett der Künstlerin Tracey Emin bezahlt. Emin hat nach eigenen Angaben vier Tage in diesem Bett gelegen und über einen Selbstmord nachgedacht, bevor sie sich entschloss, aus ihrer Liegestatt ein Kunstwerk zu machen. Saatchi erwarb das Bett, inklusive beschmutzter Laken, einer Flasche Wodka und einem benutzten Kondom, um es in seiner Londoner Galerie auszustellen. Der Millionär hatte zuvor bereits ein anderes Kunstwerk von Emin erworben: ein verziertes Zelt mit eingestickten Namen und dem Titel: ›Alle, mit denen ich je geschlafen habe‹.

Anlässlich des jährlichen *Burning Man Festival* (*www.burningman.com*) in der Wüste von Nevada errichteten Künstler eine Installation, die den Namen *The Golden Tower Project* trug. Das Kunstwerk bestand im Wesentlichen aus einem Turm von 400 Einmachgläsern, die mit dem Urin zahlreicher Künstler gefüllt waren und elektrisch in den Farben blassblau und gold luminesziert wurden.

Barcelona, Central Station, vier Uhr morgens: ca. 7.000 Menschen strömen ins Zentrum Barcelonas. Sie legen ihre Kleider ab und nehmen verschiedene Stellungen ein, um sich fotografieren zu lassen: dicht aneinander liegend oder kniend, vor der Kulisse der spanischen Metropole. Der Fotograf ist Künstler. Er liebt Nackte. Spencer Tunick, 1967 in New York geboren (*www.spencertunick.com*), inszeniert sie weltweit: in Buenos Aires, Santiago, New York, Wien ... und London: In London lud der amerikanische Foto-Konzept-Künstler 160 Unbekleidete zur Eröffnung der neuen *Saatchi Gallery* ins ehemalige Londoner Rathaus am Themse-Ufer ein; das VIP-Publikum nahm es gelassen. »Body Craze« war der Name einer weiteren britischen Nudistenveranstaltung im Londoner Kaufhaus *Selfridges*. Einer der Höhepunkte der offensiven Verkaufsshow war eine Inszenierung von Spencer Tunick: auf sein Geheiß drängelten sich Hunderte Nackte auf allen Rolltreppen.

Die Frage »Kunst oder Wahnsinn?« stellt sich angesichts extremer Erscheinungsformen und Spielarten des zeitgenössischen Kunstbetriebes und Kunstmarktes. Es stellt sich auch die Frage »Und warum das alles?«. Als Malewitsch sein schwarzes Quadrat malte, Duchamp sein Pissoir zum Kunstwerk erklärte und Warhol seine Persil-Schachteln ins Museum stellte, waren primär gesellschaftliche und ästhetische Fragestellungen intendiert. Aber was wird mit den zeitgenössischen Aktivitäten intendiert? Aufmerksamkeitsakkumulation!

Im Kontext von Kunstbetrieb und Kunstmarkt ist der Output eines Künstlers nicht mehr nur das Werk selbst, sondern insbesondere seine Fähigkeit, sich effizient innerhalb des Kunstbetriebes zu bewegen und Aufmerksamkeit zu erzeugen (vgl. Omlin 2003: 19). Jeder möchte möglichst viel vom knappen Gut der Aufmerksamkeit erhaschen. (Medien-)Wissenschaftlicher[1] beschreiben in ihrer noch jungen Aufmerksamkeitsökonomie den Kampf um diese gesellschaftliche Ressource. Er soll im Folgenden einführend dargestellt werden.

Der Kampf um Aufmerksamkeitskapital

»Aufmerksamkeit« ist das Schlagwort des 21. Jahrhunderts. Nicht zu Unrecht, denn die Aufmerksamkeit ist zu einem bedeutenden Faktor im Wirtschafts- und Mediensystem geworden. Grund dafür ist der täglich wachsende Informations-Overload, der auf den Einzelnen in der Gesellschaft einströmt; hervorgerufen durch Veränderungen der Medien – hier sei die Entwicklung des Internets und die Explosion von Unterhaltungs-, Nachrichten- oder Werbeangeboten zu nennen. In der Aufmerksamkeitsökonomie wird nun davon ausgegangen, dass das herkömmliche Marktgesetz »Angebot und Nachfrage bestimmen den Preis« in der veränderten Gesellschaft nicht mehr gilt. Immer häufiger, z.B. im Netz, müssen Nachfrager gar nicht mehr bezahlen. Einnahmen werden über Werbung erzielt. Dabei fließt symbolisches Geld. Das neue Zahlungsmittel heißt Aufmerksamkeit.

»Geld, dieser Eindruck verdichtet sich, ist nicht mehr alles. Die Entmaterialisierung des Wirtschaftsprozesses geht weiter als nur zum Ersatz materieller Produkte durch Informationsprodukte. Die Entmaterialisierung hat auch vom Zahlungssystem Besitz ergrif-

---

1 Gedacht wird u.a. an Georg Franck, Siegfried J. Schmidt, Michael Goldhaber und Florian Rötzer.

fen. Das Geld ist auch und gerade als Form des Einkommens nicht mehr alles« (Franck 1999: 148).

Das Kapital und seine Verkörperung, das Geld, konkurrieren[2] mit dem neuen, »immaterielle[n] Gut« (Schmidt/Zurstiege 2000: 82), einer anderen Art von Kapital: die Aufmerksamkeit. Privatfernsehen und Internet agieren und entwickeln sich so erfolgreich, weil sie in der Lage sind, eine immense Menge an Aufmerksamkeit zu binden. Beide Medienbereiche verkaufen die Aufmerksamkeitsbindung dann als Dienstleistung an Werbefirmen. Einschaltquoten, also mehr oder weniger genaue Publikumszahlen, bilden die Preisberechnungsgrundlage. Aber nicht nur in der Medienwelt, sondern gesamtgesellschaftlich ist ein Drang nach dem Gut, ja ein »Kampf« um Aufmerksamkeit entstanden. Wer bestehen und sich entwickeln will, sowohl persönlich als auch unternehmerisch, muss, so scheint es, die knappe Ressource vereinnahmen, koste es, was es wolle. Ansonsten erhält er nur geringe Chancen, persönlich und unternehmerisch beachtet und rezipiert zu werden.

Nichts macht erfolgreicher als Aufmerksamkeit

Was zieht der Aufmerksamkeitserfolg nach sich? Als Regel gilt: *Je höher das Einkommen an Aufmerksamkeit, desto größer die Option auf materielles Einkommen, Prominenz und Ruhm.* Ein Mittelmaß gibt es dabei wohl nicht. Entweder erhält man Aufmerksamkeit und die Folgewerte oder man gehört zum Kreis der Informationsanbieter, die keine Aufmerksamkeit erhalten. Dann hat man es schwer, überhaupt etwas zu verdienen. Aufmerksamkeit ist der Schlüssel zum Erfolg im 21. Jahrhundert. Mit ihm lassen sich weitere Türen öffnen, z.B. zu Geld und Macht. Aufmerksamkeit wird deshalb auch als »Leitwährung« (Schmidt 2000: 5) bezeichnet oder als »Meta-Medium«, von dem die Wirkung anderer Medien abhängig ist (vgl. Schmidt 2000: 6).

Evolutionäre Wurzeln

Der Wunsch nach Beachtung und Zuneigung durch Mitmenschen ist in jedem Individuum evolutionär verwurzelt. Durch Aufmerksamkeit, die man von seinen Mitmenschen erhält, werden das persönliche Ansehen und das individuelle Selbstwertgefühl stark geprägt (vgl. Franck 1998: 79ff.).

»Sind die Grundbedürfnisse des Leibes einmal befriedigt, dann rückt die Rolle, die die eigene Person in anderem Bewußtsein spielt, ins Zentrum der Lebensinhalte. Der

---

2 Manche Theoretiker gehen davon aus, dass das Zahlungsmittel »Geld« von Aufmerksamkeit sogar abgelöst wird.

Grund ist, daß dann die Selbstwertschätzung wichtiger wird als das leibliche Wohl« (Franck 1999: 149).

»Die Aufmerksamkeit anderer Menschen ist die unwiderstehlichste aller Drogen. Ihr Bezug sticht jedes andere Einkommen aus. Darum steht der Ruhm über der Macht, darum verblaßt der Reichtum neben der Prominenz« (Franck 1998: Klappentext).

In Wohlstandsgesellschaften ist der Wunsch nach Immateriellem besonders stark. Je mehr die Primärbedürfnisse des Einzelnen befriedigt sind, umso stärker richtet sich der Fokus auf Immaterielles. Es wird wichtig, Beachtung zu finden, Ansehen und Erfolg zu haben oder Wissen, Macht, Reichtum oder Ruhm zu erlangen. Vor allem geht es immer häufiger darum, eine öffentlich beachtete »Identität« zu »besitzen«. Nur mit einer unverwechselbaren Identität glaubt der Einzelne wirklich zu leben und nicht als No-Name in der Masse unterzugehen.

Stars, Fans und No-Names

Auf der höchsten Stufe des Bekanntheitsgrades, also durch große vereinnahmte Mengen an erhaltener Aufmerksamkeit und Beachtung, ist man prominent. Die Prominenz bezeichnet so etwas wie die »Großverdiener an Beachtung« (Theis-Berglmair 2000: 317). Nach Franck steht der Drang, Ruhm zu erlangen, der wiederum nichts anderes als ein »nie versiegender Strom an Beachtung« ist (Theis-Berglmair 2000: 317), oft noch über dem Streben nach materiellem Reichtum (vgl. Franck 1999: 148ff.; 1998: Klappentext). Auf die gesamtgesellschaftliche Ebene übertragen, sind dementsprechend in einer Aufmerksamkeitsökonomie vor allem zwei Klassen ökonomisch relevant. Sie unterscheiden sich in ihren Einkommensverhältnissen, und zwar ist damit primär die Aufmerksamkeitseinkommensklasse gemeint:

»In dieser neuen Ökonomie gibt es nur noch zwei Klassen: *Stars* (sozusagen komprimierte Aufmerksamkeitsaggregate) und *Fans* (sozusagen anonyme Aufmerksamkeitsadressen) […]« (Schmidt/Zurstiege 2000: 83).

Diejenigen, die begütert durch Aufmerksamkeit sind, also Prominente oder Stars, ziehen weitere Aufmerksamkeit auf sich und werden auch im klassischen Sinne, also materiell, reich. Für die ausgelösten Kettenreaktionen der Aufmerksamkeit gilt auch: Aufmerksamkeit erzeugt nicht selten neue Aufmerksamkeit. Es gibt eine Art Aufmerksamkeitsspirale. Für den Künstler im Kunstmarkt gilt: In diese muss er hineingelangen. Er muss durch das Nadelöhr gehen, denn alles, was nicht Aufmerksamkeit erwirkt, existiert nicht, weil es nicht wahrgenommen wird. Allerdings gibt es in der Aufmerksamkeitsökonomie noch eine dritte Klasse von Mitspielern: die No-Names, die Anonymen.

Während nämlich die Aufmerksamkeit »Aufmerksamkeitskapital« bei den einen anhäuft, macht sie andere arm. *Nichts macht erfolgloser als keine Aufmerksamkeit.*

Probleme: Knappheit und Kurzlebigkeit

»Die Kapazität unserer Aufmerksamkeit zur Informationsverarbeitung ist organisch begrenzt« (Franck 1998: 49).

»[Der] einzige Faktor, der in einer Welt des Überflusses knapp wird, ist menschliche Aufmerksamkeit« (Kelley 1999: 86).

Aufmerksamkeit ist ein grundsätzlich knappes Gut. Nur Informationen und Ereignisse, die Aufmerksamkeit trotz Overload-Zustandes (→ Kapitel 2.6 *Informations-Overload*) auf sich ziehen, haben eine breite Wahrnehmungschance. Aber Aufmerksamkeit ist auch kurzlebig. Ist etwas durch Länge oder Wiederholung bekannt, gewohnt, alltäglich geworden, dann erregt es kaum noch Aufmerksamkeit oder gar Aufsehen. Es bedarf also immer neuer Informationen, Ereignisse oder Additionen zu Informationen und Ereignissen, um Aufmerksamkeit in hohem Maße zu erzeugen. Deshalb heißt eines der Markteinstiegskriterien des Kunstmarktes: etwas Neues, Spektakuläres, nie Dagewesenes bieten (→ Kapitel 2.3 *Regeln für den Markteinstieg*).

Strategien im Aufmerksamkeitskampf

Der Wettbewerb um die Gewinnung der Ressource wird immer härter. Eine der Strategien, die primär im Mediensystem wachsende Anwendung findet, ist der Auftritt von Prominenten und Stars. Die Medien werden personalisiert. Warum? Bereits bestehende Aufmerksamkeitsakkumulationen versprechen eine erfolgreiche Aufmerksamkeitsbindung nach sich zu ziehen. Eine weitere Strategie, Aufmerksamkeit zu erzeugen, ist das thematische Kreisen um Themen wie Sex, Gewalt etc. Die dritte Strategie ist eine ideelle Ebene. Es wird beim Nutzen eines Produktes vom ideellen Mehrwert gesprochen. Zusatznutzen liegt dabei im Prestigegewinn oder in besonders emotionalen Erlebnissen, die eine Befriedigung von Bedürfnissen der Wohlstandsgesellschaft versprechen. Alle Strategien sind im Kunstbetrieb nachweisbar, besonders die zweite Strategie, wenn es heißt »Provokation über alles« und Seziertes, Leichenschauartiges, Gewalttätiges, Sex-Thematisierendes, Nudistisches öffentlich schockt: Kunst und Wahnsinn in Kombination.

Lebensweltästhetisierung

Die Art der Inszenierung des Medienangebotes wird beim zunehmenden Kampf um Aufmerksamkeitskapital immer bedeutender. Ästhetik nimmt dabei einen besonderen Stellenwert ein, wird zum Erfolgskriterium: je schöner die Bilder von Werbespots oder das Äußere einer Website, desto höher die Chance einer Aufmerksamkeitsbindung.

»Weil die Ästhetik als Gestaltung von Information in allen Bereichen immer mehr in den Vordergrund rückt, zerfällt auch die traditionelle Arbeitsteilung zwischen Kunst und der Wirklichkeit [...]« (Rötzer 1999: 57).

Die Gesellschaft schreibt Ästhetischem zunehmend die Aufgabe zu, Aufmerksamkeit zu binden. Künstlerische Gestaltung durchzieht alle Lebensbereiche und wird neuer Wertmaßstab. Darin liegt zweifelsohne eine Chance für den Künstler. Er kann sich im 21. Jahrhundert mehr denn je neue Arbeitsfelder erobern.

Die Betrachtung der Aufmerksamkeitsökonomie legt Grundlagen für den weiteren Blick auf den Künstler im Gefüge des Kunstbetriebes und Kunstmarktes. Dabei sollte die Aufmerksamkeitsökonomie stets im Raum stehen. Denn der Künstlerberuf gehört zu den Berufen, die in besonderem Maße durch ein Ringen nach Aufmerksamkeit gekennzeichnet sind.

Der Kunstbetrieb

Was verbirgt sich nun aber hinter dem Wort »Kunstbetrieb«? Eine in Gang gesetzte Maschinerie? Einige Notwendigkeiten um das Geschäft mit der Kunst? Die Summe dessen, was mit Kunst angestellt und inszeniert werden kann? Das immense Drumherum, das die Kunst erhöhen und das Publikum verführen soll? Oder soll sie dem Publikum nur vorgeführt werden? Es gibt ein festes System rund um die Kunst. Dieses heterogene System, innerhalb dessen sich Künstler und Werk bewegen, ist relativ hermetisch in sich abgeschlossen. Es gibt in ihm fest besetzte Positionen, von denen aus über den Wert der Arbeit anderer geurteilt wird: Akteure des Kunstmarkts werden selektiert, kontrolliert, konglomeriert, befördert und verletzt. Die Urteilenden sind die Sammler, die Galeristen, die Kuratoren, die Kritiker – auch Insider genannt; ein großes Netzwerk, das man recht verschieden betrachten kann; was für die einen schwarz ist, erscheint den anderen weiß. Sind Galeristen nun Künstlerausbeuter oder die sozialste Institution der Welt? Haben Museen und Kunstvereine diskriminatorische Strukturen aufgebaut oder zeichnen sie sich durch ihre »soziale Gedächtnisleistung« aus? Mischen Künstler im Kunstbetrieb mit »Kunstmarktkunst« *hip* mit oder können sie sich Trends entziehen und trotzdem erfolgreich sein?

Rational betrachtet, ist der Kunstbetrieb ein Umschlagplatz kultureller Ware und ein Statthalter kulturellen Erbes. Im Kontext der Verbindung von Ökonomie und Kultur soll der Begriff wie folgt verwendet werden:

> Der Kunstbetrieb ist der marktmäßig orientierte Betrieb rund um die Kunst.

Alles eine Frage der Macht

Medien, die über Kunst berichten, erreichen nie alle Menschen, sondern nur einige. Deshalb muss es Menschen geben, die Nachrichten filtern und an andere weitergeben, die selbst keine Medienangebote wahrnehmen. Die Informationen im Kunstbetrieb verbreiten sich zuerst über die Massenmedien und dann im Rahmen persönlicher Kommunikation. Eine zentrale Funktion, die des *gatekeepers*, kommt im Kunstbetrieb dem *opinion leader*[3] zu. Es handelt sich hierbei um die Meinungsführer, also um tonangebende Individuen, die maßgeblich an Meinungsbildungsprozessen in sozialen Gruppen verantwortlich sind. Sie haben großen Einfluss an der Schnittstelle von Massen- und interpersonaler Kommunikation. Sie besetzen strategische Positionen und Rollen innerhalb des Kommunikationsprozesses. Im Sinne der Theorie der zweistufigen Kommunikation[4] lenken sie den Kommunikationsfluss, indem sie Medieninhalte filtern und diese in persönlichen Gesprächen an weniger starke und zumeist weniger medieninteressierte Mitglieder der sozialen Gruppe weiterleiten. Wirkungen auf die Handlungsebene resultieren viel öfter aus persönlichen Kontakten als aus Medienangeboten.

Die *opinion leader* sind in das Insidersystem des Kunstbetriebes involviert. Die Interessen der Insider werden verfolgt und dementsprechend Nachrichten gefiltert. *Opinion leader* sind Repräsentanten der vorherrschenden Meinung in einem System. Da Kunst und der Betrieb um sie herum sehr viel mit persönlichen, individuellen Urteilen zu tun hat, kommt den Meinungsführern eine besonders entscheidende Rolle zu. Sie geben Meinungen als Verteiler weiter oder äußern selbst meinungsbildende Statements. Dies funktioniert nur, wenn sie in Positionen verankert sind, die es ihnen ermöglichen, die Empfänger ihrer Aussagen zu beeinflussen. Zugespitzt kann man sagen: Die *opinion leader* vertreten nicht die öffentliche Meinung, sondern die Meinung einer Elite. Diese Meinung muss sich, wenn sie neu ist, nicht durchsetzen. Aber zumindest gibt es viele Beispiele versuchter und gelungener Durchsetzung neuer Positionen. Wer sind nun aber die *opinion leader* des Kunstbetriebes? Welche Positionen nehmen sie ein? Welche Interessen, welche Interessensgruppen vertreten sie? Wessen Sprachrohr sind sie? Wessen Meinungen filtern sie?

---

3 Der Begriff stammt von Paul Lazarsfeld, Radioforschung, 1944.
4 *Two-step-flow of communication* (Zwei-Stufen-Modell)

Die Bewertung und Vermarktung der Ware »Kunst« wird über kommunikative Prozesse gestaltet, die Internes sichtbar machen. Die These, im Kunstbetrieb spiegele sich das gesellschaftliche System im Kleinen wider, trifft ins Schwarze. Es gibt im Kunstbetrieb Akteure, die sich stärker mit den Mächtigen in Wirtschaft und Politik arrangieren, und andere, die sich mit den Nichteinflussreichen verbünden. Es gilt also in etwa das Prinzip: *Zeige mir deine Allianzen* (im Kunstbetrieb), *und ich sage dir, ob du Erfolg haben wirst!*

Opinion leader im Kunstbetrieb sind die Träger der Macht in Institutionen; sie sind Personen, die aufgrund ihres Wirkungsvermögens als *opinion leader* auftreten. Als Meinungsführer sind sie Entscheidungsträger in Sammlungen, Museen, Kunstvereinen, Galerien, *art-consulting*-Firmen, Kunstzeitschriften, Auktionshäusern etc. In der Regel haben die agierenden Personen mehrere wichtige Posten; neben ihrer Haupttätigkeit werden sie als Juroren für Stipendien, Preise etc. geladen. Sie halten die Schalthebel der Macht in den Händen und entscheiden darüber, mit welchen Personen neue Stellen besetzt werden.[5] Sie verfügen zudem in der Regel über ein Netz internationaler Kontakte. Ihnen kommt kettenreaktionenartig erneut immer wieder die Aufgabe der Beeinflussung öffentlicher Meinungsbildungsprozesse zu. Ihre Macht besteht darin, Kunst zu definieren und Meinungen zu verbreiten. Prominentestes Beispiel dieser Spezies scheint mir in Deutschland Kasper König zu sein. Er ist Quereinsteiger, jedoch mittlerweile Leiter des *Museums Ludwig* in Köln und in viele Entscheidungs- und Meinungsbildungsprozesse des nationalen und internationalen Kunstbetriebes involviert. Laut einem »Macht-Ranking« der *Kunstzeitung* (1998), ist der Kunstbetrieb fest in Männerhänden, obgleich die Jury bewusst geschlechtlich paritätisch besetzt war. Erst am Schluss der ermittelten Top 100 tauchten 6 weibliche Namen auf: Bice Curiger, Sybille Ebert-Schifferer, Isabelle Graw, Irene Ludwig, Pipilotti Rist und Luminita Sabau.

Nach der Einführung in die Aufmerksamkeitsökonomie mag es nicht verwundern, wenn eine weitere Regel im Kunstbetrieb lautet: *Kunst wird erst zu Kunst, wenn sie in einer Kunstzeitschrift publiziert wird.* Dabei tritt folgender Effekt ein, der auch »*labeling*« genannt wird: der Ruf eines bekannten Kunstkritikers überträgt sich auf die künstlerischen Arbeiten, über die er schreibt. Dieser Effekt ist dualer Art, d.h., der Imagetransfer kann auch in entgegengesetzter Richtung stattfinden: Kritiker schreiben gern über Künstler, die bereits ein hohes Aufmerksamkeitskapital akkumuliert haben. Dies gilt sowohl für

---

5 In der Regel werden diese mit Personen besetzt, die dem Selbstbild des entsprechenden Positionsinhabers am ehesten entsprechen. Dabei geht es um Beherrschbarkeit und Selbstbestätigung. Schließlich werden Positionen auch nicht selten »vererbt« (Binas 2003: 54).

Zeitschriften als auch für wissenschaftliche Veröffentlichungen.[6] Also formt sich eine weitere Regel: *Zeige mir, wer über dich schreibt, und ich sage dir, ob du Erfolg haben wirst.*

Ein weiteres Definitionselement der *opinion leader* ist ihre Unsichtbarkeit. Machtzentren der Kunst sind konkret schwer auszumachen. Noch im 21. Jahrhundert gibt es Kunstpreisausschreibungen, Stipendiengremien etc., bei denen die Namen der Jury-Mmitglieder nicht auszumachen sind. Auch werden über geschlossene Wettbewerbe von vornherein Künstler ausgewählt und andere ausgeschlossen. Und schließlich wurde das Betriebssystem »Kunst« bewusst über Jahrzehnte intransparent gehalten. Noch heute erhalten Absolventen der Kunstakademien in den seltensten Fällen in ausreichendem Umfang das Wissen, das sie für ihre künstlerische Arbeit und ihr unternehmerisches Handeln dringend benötigen. Es ist jedoch davon auszugehen, dass der enge Kreis um die *opinion leader* dieses Spezialwissen bekommt und der Nachwuchs aus den eigenen Reihen, also elitär, rekrutiert wird. Plätze, die im Kunstbetrieb erst einmal besetzt sind, sind es für lange Zeit. Wenn sie wieder frei werden, wird gesteuert, mit wem sie wieder besetzt werden. Deshalb ist eine Gestaltung des Verhältnisses von Jury, Kunstkritik, Ausstellungsmachern, Käufern und Auftraggebern als *Syndikat* in der Regel notwendig. So sitzen z.B. im Organisationskomitee der *documenta* Museumsdirektoren, die mit den Ausstellungen ihrer eigenen Häuser die *documenta* vorbereiten und hinterher »aufarbeiten«, namhafte Kunstjournalisten, die mit ihren Artikeln Sprachkonventionen für alle Berichterstatter schaffen, Galeristen, die ihre Künstler protegieren, und schließlich Vertreter der Politik. Gesamtanliegen aller Beteiligten ist die Schaffung eines Kontrollinstrumentariums, um die Ausstellung in ihre gewünschte Richtung lenken zu können und die Marktfähigkeit »ihrer« Kunst zu erhöhen. Jeder *pusht* so gut er kann seine Künstler, seine Preise und die Aufmerksamkeitsvereinnahmung.

Das etwas zugespitzt dargestellte Erscheinungsbild des Kunstbetriebes unterliegt stetigen Veränderungen. Viele Prozesse verschärfen sich. Wohl auch deshalb, weil in Zeiten allgemeiner Rezession der Gürtel generell enger geschnallt werden muss. So werden zunehmend Ansätze von Systemkritikern und Systemaussteigern laut. Die Ex-Galeristin Paula Böttcher (*Galerie Paula Böttcher*) schreibt in ihrem Abschiedsbrief an den Kunstbetrieb:

»Als Galeristin bin ich Teil in einer Maschinerie geworden, die äußerlich zwar bunt und lieblich erscheinen mag, aber an Monstrosität den größeren Konstruktionen, denen sie

---

6 Junge Kunstwissenschaftler hoffen stets, mit einer Dissertation über einen populären zeitgenössischen Künstler die eigenen Karrierechancen nachhaltig verbessern zu können.

devot auch zu Diensten ist, in keiner Weise nachsteht. Die Galerie als Element des Kunstmarktes dient rein wirtschaftlichen Zwecken. Vermeintlich auch jenen wirtschaftlichen Zwecken, die das Überleben der zum Künstlersein Berufenen sichert. Das ist ein gut funktionierendes Alibi für eine Maschine, die fließbandartig marktorientierte Trivialästhetik und opportune Haltung produziert bzw. produzieren lässt, Trends vorgibt und bedient, die nichts anderem dienen, als dass die Kontrolle der Kultur durch Ökonomie und Ideologie gewährleistet ist. Längst sind Kunstwerke zu spekulativen Wertpapieren degradiert worden und die Kunstwelt selbst ist nur mehr als Puffer- und Spekulationszone für Wirtschaft und Politik ein Funktionsteil« (Böttcher 2003).

»Gibt es einen Weg da heraus? Diese Maschine angreifen und sie vernichten könnte nur eine Form, die autark ist. Die sich jenseits von Abhängigkeiten und korrupten Verbandelungen mit lauter Stimme erhebt. Geschichte und Gegenwart führen uns immer wieder vor, dass solche Formen von der Maschine vereinnahmt und für ihre Zwecke manipuliert werden – und: sich vereinnahmen und manipulieren lassen. Und als nivellierter, gefügig gemachter Schmuck dienen. Oder sie werden verstoßen, annulliert. In beiden Fällen sind sie vernichtet« (Böttcher 2003).

»Die heutige Kunstszene suggeriert den auf modernen Hochglanz polierten morbiden Hauch dekadenter Lebensart ebenso wie den leichten und schnellen merkantilen Erfolg. Säuselt von Glamour und Ruhm. Sie ist eine hübsch und sauber verkleidete Armee, die von bestimmten imperialen Mächten der ersten Welt formiert, finanziert, gesteuert wird und in einen Feldzug zieht, das mediale Spektakel zu propagieren und Formen, die sich dem und somit diesen Mächten widersetzen, einzunehmen oder zu vernichten« (Böttcher 2003).

»Gibt es jenseits des Spektakels noch ein kulturelles Bewusstsein und in wie weit impliziert es gesellschaftliche Verantwortung? Ist es die Tragödie der Kunst, dass sie nur mehr Komödie sein darf?« (Böttcher 2003)

»Ich bin der Überzeugung, [...] dass sich der Kunstbetrieb, so wie wir ihn kennen, in absehbarer Zeit bis zur Unkenntlichkeit auflösen bzw. verflüchtigen wird. Nicht nur aus ökonomischen Gründen und Zwängen, sondern weil mittlerweile auch noch die letzten Reste des Kredits, von dem der Kunstbereich noch immer zehrt, verspielt werden. Ein Kredit, der noch religiöser Natur und avantgardistischer Herkunft ist: der Kunstbereich als gesellschaftliche Speerspitze, als Zukunftslabor etc. Das Gegenteil ist mittlerweile der Fall: es gibt kaum einen gesellschaftlichen Bereich, der konservativer und konformistischer ist« (Roob, zit. nach Berg 2003).

Der Kunstbetrieb lebt zweifelsfrei von Übertreibung, von Rummel und gewolltem Glamour, von Show und Inszenierung und hat sich zu einem System des Trendsettings entwickelt. Als Antwort auf diese Entwicklung werden die kritischen Stimmen immer lauter (vgl. Müller-Mehlis 2003). Doch wirklich vernünftige Alternativen scheint es kaum zu geben. Kunstbetrieb und Kunstmarkt sind Systeme mit einem Kräftespiel, das von wirtschaftlichen Interessen dominiert wird. Die Systeme unterliegen den Strukturen der spätkapitalistischen Gesellschaft, die auch in anderen Lebensbereichen bestimmend sind. Wichtig ist jedoch, sie für den Einzelnen transparent zu machen (Wissen ist Macht!), um dessen optimale Positionierung und Entwicklung zu ermöglichen.

Der Kunstmarkt

»Die Kunst als Ware: ich bekenne gern, damit keine Probleme zu haben. [...] Wir beobachten ja mit Betroffenheit, wie steril, wie stagnierend die Kunst in anderen Systemen ihr Dasein fristet, wo dank der totalen Abstinenz von Markt, Galerien, Kunstmessen und dergleichen Immobilismus herrscht. Ich ziehe [...] die geistige und auch materielle Fluktuation, inmitten derer wir leben, als Ausdruck größerer Freiheit und mit der Chance der Anarchie vor, diese ungezügelte Mobilität mit ihren Anstößen und ihren Anstößigkeiten, mit all ihren Ausstellungen, ihren Galerien, ihren Auktionen, ihren Messen und ganz einfach mit ihrem dynamischen Prinzip, die Kunst als Ware in Bewegung zu halten« (Werner Schmalenbach in: Müller 2003: 34f.).

Um den Kunstmarkt zu begreifen, ist eine grundsätzliche Trennung zweier Systeme notwendig. Es gilt eine Systemunterscheidung in das System »Kunst« und das System »Kunstmarkt« zu treffen. Im System »Kunst« ist Kunst = Kunst. Im System »Kunstmarkt« ist Kunst = Handelsware. Es wäre falsch anzunehmen, der Kunstmarkt macht Kunstwerke zu Waren. Richtig ist: Er handelt mit der Ware »Kunst«. Das System »Kunstbetrieb« stellt das Konstrukt her, das zum Handeln mit der Handelsware »Kunst« notwendig ist. Kunstbetrieb und Kunstmarkt sind deshalb ineinander verwoben. Hingegen entstehen viele Konflikte in persönlichen Denkmodellen, wenn Kunst als Kunst und Kunst als Handelsware nicht strikt getrennt werden. In beiden Systemen herrschen neben unterschiedlichen Bewertungsmodellen hinsichtlich der Qualität weitere Unterschiede vor.

Gegenüberstellung verschiedener Kontextsysteme

System »Kunst« →	Kunst als Kunst
System »Kunstmarkt« →	Kunst als Handelsware
System »Kunstbetrieb« →	Kunst als Ausgangspunkt des marktmäßig orientierten Betriebes

Terminologische Grundlagen

In der Betriebswirtschaftslehre wird das Aufeinandertreffen von Angebot und Nachfrage in Bezug auf ein bestimmtes Gut als »Markt« bezeichnet. Dass diese allgemeine Definition auf den Kunstmarkt nicht hinreichend anwendbar ist, wird nun gezeigt. In Anlehnung an Christophersen (1995: 6) soll folgende Definition Arbeitsgrundlage sein.

> Der Kunstmarkt ist ein ökonomischer Ort des Austausches der Handelsware »Kunst«.[7]

Damit Kunst auf dem Kunstmarkt ausgetauscht werden kann, bedarf es in vielen Fällen eines Pushens.

Der ökonomische Ort des Austausches ist nicht räumlich, sondern abstrakt zu fassen im Sinne einer Gesamtheit aller Umsatzbeziehungen – bezogen auf Güter, (Dienst-)Leistungen etc. Es existiert kein in sich geschlossener, einheitlicher Kunstmarkt (vgl. Christophersen 1995: 7; Herchenröder 1990: 20). Zu betrachten ist stattdessen ein Konglomerat zahlreicher Einzelmärkte, die ein unterschiedliches Waren- oder auch (Dienstleistungs-)Angebot aufweisen. Exakterweise wäre von *den* Kunstmärkten zu sprechen; geläufiger ist jedoch die verallgemeinernde Singularbezeichnung »Kunstmarkt«.

Eine Marktdifferenzierung ist bezüglich der Geschäftsfelder (selektierbare Angebote an Produkten oder Leistungen) sowie der lokalen, nationalen, internationalen Geschäftstätigkeit vollziehbar. Zu beachten ist jedoch, dass der Kunstmarkt nur im Bereich von »Spitzenobjekten« eine sechs- bis siebenstellige – internationale – Nachfrage hervorruft (vgl. Herchenröder 1990: 8).

Der Zeitgenossenmarkt als Einzelmarkt

Der Kunstmarkt ist im Vergleich zu anderen Märkten ein kleiner und überschaubarer Markt (vgl. Gonzalez 2002: 83). Die existierenden Einzelmärkte können nach Gattungen und Epochen differenziert werden. Für die weiteren Ausführungen wird der Blick auf den *Zeitgenossenmarkt* der Bildenden Kunst fokussiert. Er umfasst den Zeitraum 1945 bis heute und beinhaltet Werke der Gattungen »Fotokunst«, »Installation«, »Konzepte«, »Malerei«, »Skulptur« und »Video«.[8] Auch bezüglich der Preisliga, in der gehandelt wird, kann eine Unterscheidung getroffen werden: Der Zeitgenossenmarkt kann in drei Sektionen unterteilt werden.

---

7 Kunst wird in diesem Kontext als Bildende Kunst im engeren Sinn gefasst.
8 Nicht erfasst, weil schwer handelbar, ist an dieser Stelle Cyberkunst oder Netzkunst.

1. Der »untere Markt« handelt Werke in der Preisklasse bis ca. 2.500 €. Diese Sektion ist die zahlenmäßig größte Gruppe. Man trifft auf diese Werke im privaten Einzelhandel und im Selbstmanagement des Künstlers.
2. Der »mittlere« Markt bewegt sich in etwa in der Preisspanne 2.500 bis 100.000 €. Die Kunstwerke werden in Galerien und Auktionen gehandelt.
3. Der »internationale« Markt wird durch große, weltweit agierende Auktionshäuser (*Christie's* und *Sotheby's*) und Kunsthändler repräsentiert, die Kunstwerke in der Preisliga ab ca. 100.000 € handeln.

Marktcharakteristikum: Alles andere als nüchterne Betriebswirtschaft

Worum geht es auf dem Kunstmarkt? Es geht im betriebswirtschaftlichen Sinn darum, »die im Hinblick auf Höhe des Preises divergierenden Interessen der Marktparteien zu koordinieren« (Christophersen 1995: 7). Koordinatoren dieser Prozesse sind in der Regel die Galerien und andere Vermittler (siehe das Schema auf S. 51). Aber obwohl viele Betriebswirtschaftler sich mit Markterklärungen auseinandersetzen und diese auch den Kontext des Buches bilden, um den Künstler an betriebswirtschaftliches und unternehmerisches Denken heranzuführen, gilt, dass sich der Kunstmarkt nur bedingt betriebswirtschaftlich erklären lässt. Viele Vorgänge unterliegen Eigenheiten, die anders zu fassen sind: »Der Kunstmarkt unterliegt den Gesetzen sozialer Phänomene« (Dörstel 2002: 15).[9] Es ist charakteristisch, dass der Markt und das Handeln der Mehrzahl der Marktteilnehmer durch »Profit, Passion, Besitz, Prestige, Nutzen« (Dörstel 2002: 16) geprägt ist. Weiterhin ist das Denken der Akteure wesentlicher Bestandteil der Situation des Kunstmarktes (vgl. Soros 1994). So gibt der *Capital-Kunstkompass* vor, eine jährliche Erfolgsrangliste der 100 »Besten« widerzuspiegeln. Aber besteht seine Funktion nicht in einer Handlungs- und Entscheidungsanweisung, die das Kauf- und Sammelverhalten der Kunstmarktgemeinde beeinflussen und prägen soll (vgl. Dörstel 2002: 15)? Das Marktgeschehen wird durch die Marktteilnehmer in hohem Maße manipuliert und beeinflusst. In der Öffentlichkeit wird dieser Umstand jedoch nur ungern zugegeben. Bezüglich der Manipulationsvolumina funktioniert der Kunstmarkt ähnlich dem Börsengeschäft. Was dort »Erwartung«, »Analyst«, *blue chips*, »Story« heißt, ist auf dem Kunstmarkt als »Kunsthändler«, »transzendentales Meisterwerk«, »Provenienz« bekannt (vgl. Dörstel 2002: 15).

---

9 Eine detaillierte Darstellung der sozialen Interaktionen wird im → Kapitel 2.2.1 *Kunst und Gesellschaft* von Bettina Rech geleistet.

Aus Soros' Annahme, der Kunstmarkt verhalte sich äquivalent zur Börse, ließe sich schlussfolgern, dass sich alle Mitteilungen (Überzeugungen, Mutmaßungen, Prognosen) der Marktteilnehmer über Künstler und Kunstwerke auf den Geschäftsverlauf, d.h. auf die Bewertung von Kunst und Künstler auswirken (vgl. Dörstel 2002: 17). Das System gründet nicht auf Wissen, sondern auf Glauben, Vertrauen, Erwartungen, Spekulationen – es ist ähnlich der Börse ein »chaotisches System« (Dörstel 2002: 17), bei dem kleine innere oder äußere Faktoren das System zum Crash bringen können. Deshalb sind stets nur kurzfristige Prognosen über Markt und Marktentwicklung möglich, alles andere wäre unseriös. Dennoch: Ein Großteil der Galeristenkollegen will seinen Kunden und ihren Werken die Zukunft in zehn Jahren exakt voraussagen und wissen, dass die Kunstwerke Rendite bringen.

Die Handelsware »Kunst«

An der Tatsache, dass Kunst auf dem Kunstmarkt zur Handelsware wird, kommt kein Künstler vorbei. Nur Kunst, die »freigegeben« ist, Ware und marktmäßig absetzbare Kunst zu werden, hat auf dem Markt eine Chance (vgl. Christophersen 1995: 7).

Das Spezifische an der Ware »Kunst« auf dem Kunstmarkt ist: Sie wird als eine nicht beliebig zu vermehrende Ware gehandelt. Weitere Faktoren, welche die Handelsware »Kunst« charakterisieren, sind: Kunstwerke sind Luxusgüter, Wertgegenstände, Warenposten (vgl. Dörstel 2002). Sie zählen zur Gruppe wirtschaftlicher Güter, die unvermehrbar und einmalig sind sowie einen individuellen Charakter besitzen. Ihr Absatz wird durch Vermittler, zum Teil auch durch Produzenten gesteuert. Sie werden in Event und Lifestyle eingehüllt (vgl. Dörstel 2002: 18). Bezüglich ihrer Nachfrage gehören sie zur Gruppe der absolut superioren Güter, die mit wachsendem Einkommen potenzieller Käufer stärker nachgefragt werden. Eine herausragende Eigenschaft im Vergleich zu anderen Handelswaren ist ihre über den Besitzerwechsel hinaus andauernde Verbindung des Künstlers zum Gut, z.B. um Urheberrechte in Anspruch zu nehmen. Der Käufer erwirbt zwar das Kunstwerk als solches, ihm steht damit jedoch keine absolut freie Verfügung darüber zu. Das Kunstwerk unterliegt auch keiner Abnutzung, wie dies bei anderen Gütern der Fall ist. Es verliert daher auch nicht an Wert, sondern ist in vielen Fällen durch einen Wertzuwachs charakterisierbar. Es taucht aufgrund dieses Umstandes gegebenenfalls erneut oder mehrere Male auf dem Markt auf, um wieder gehandelt zu werden.

Die Handelsformen und Handelsorte

Das folgende Schema zeigt die Unterscheidung zweier Handelsformen auf dem Kunstmarkt: den *privaten Einzelhandel* und den *öffentlichen Auktionshandel*. Während die Umsätze des privaten Einzelhandels in der Regel nicht öffentlich verfolgt werden können, besteht beim Auktionshandel Umsatz-transparenz. Jeder Teilnehmer an einer Auktion, unabhängig davon, ob er als Bieter aktiv wird oder an der Veranstaltung nur passiv teilnimmt, geht mit der Kenntnis der Umsätze nach Hause. In Galerien kann zwar am letzten Ausstellungstag auch verfolgt werden, wie viele rote Punkte kleben, aber wer bürgt für deren Echtheit?

Handelsformen und Handelsorte

	Handelsformen	
	privater Einzelhandel	**Auktionshandel**
	Umsätze i.d.R. öffentlich nicht bekannt	*Umsätze öffentlich bekannt*
Handelsorte	Galerien Kunsthandlungen Antiquitäten-/Antiquariatsgeschäfte Kunst-/Antiquariatsmessen Büros (Agenturen, Art Consultants) privat (Privat Art Dealer) Internet	Auktionshäuser Internet-Auktionshäuser

Die Handelsorte des privaten Einzelhandels sind zu klassifizieren in Galerien, Kunsthandlungen, Antiquitäten- und Antiquariatsgeschäfte, Kunst- und Antiquitätsmessen, private Orte, Büros und Orte im Internet. Die Handelsorte des öffentlichen Auktionshandels sind zu klassifizieren in Auktionshäuser und Internetauktionshäuser.

2.2 KUNSTMARKTTEILNEHMER UND IHR MARKTVERHALTEN

Die folgende Grafik zeigt eine Unterteilung in drei Gruppen von Marktteilnehmern. Als Künstler auf dem Kunstmarkt agieren, heißt auf dem Markt in der Rolle des **Produzenten** tätig werden. Da die Bezeichnung »Künstler« weder geschützt noch ein anerkannter Ausbildungsberuf ist, kann jedes Mitglied der Gesellschaft auf dem Kunstmarkt als Produzent in Erscheinung treten.

Die Gruppe der **Vermittler** mit mehr oder wenig großer Bedeutung für den Zeitgenossenmarkt umfasst im betriebswirtschaftlichen Sinn kunsthändlerisch agierende Unternehmer, die ihre Absatzziele verfolgen. Sie sind entscheidende Schnittstellen des Kunstmarktes und stellen die Verbindung zwischen Kunst- und Wirtschaftssystem her. Charakteristisch, sowohl für die

Marktteilnehmer

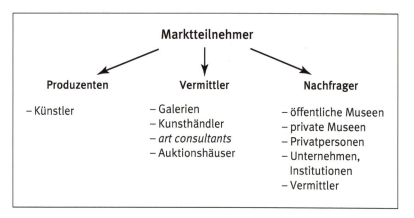

Vermittler- als auch Produzentenebene, ist die dezentrale Anbieterstruktur. Das bedeutet: Informationen zu Werken und Künstlern sind häufig schwierig, zeit- und kostenintensiv sowie unvollkommen zu erschließen. Marktintransparenz ist charakteristisch.

Eine Vermittlergruppe, der in diesem Buch kein eigenes Kapitel gewidmet wird, soll im Folgenden kurz dargestellt und abgegrenzt werden: **Kunsthandlungen**. In ihrem Absatzprogramm befinden sich oft Werke älterer Epochen oder etablierte Werke zeitgenössischer Kunst, die sich am Markt weitestgehend durchgesetzt haben – man spricht hierbei auch vom Sekundärmarkt. Es bedarf keiner Vermittlung oder Heranführung des Kunden an die Kunstwerke, da diese bereits in den Markt eingeführt sind. Galerien hingegen leisten die investitionsintensive Aufbauarbeit junger Künstler. Sie versuchen, einen Markt für ihre Künstler zu schaffen, für Interpretation der Werke zu sorgen, sie bei Sammlern und Kritikern zu propagieren. Galerien veranstalten regelmäßig Vernissagen und Ausstellungen. Sie bauen und stabilisieren den Primärmarkt. Deshalb werden sie auch »Erstgalerien« genannt. Ein weiterer, kleinerer Teil von Galerien bearbeitet – ebenso wie Kunsthandlungen – den Sekundärmarkt. Diese Galerien werden als »Zweitgalerien« bezeichnet. Eine klare Unterscheidung des Vermittlertypus »Kunsthandlung« und »Galerie« ist nicht immer möglich. In der Regel sind Kunsthandlungen jedoch vom professionellen Kunsthändler geführte Unternehmen des Einzelhandels mit Kunst, in denen eine kaufmännische Abwicklung von Angebot und Nachfrage geregelt wird. Gehandelt wird häufig nicht nur mit bildender Kunst, sondern auch mit Kunsthandwerk, Antiquitäten, Druckwerken und anderem. In aller Regel dient ein Ladengeschäft dem Unternehmenszweck, in dem es potenziellen Kunden ermöglicht wird, ungestört eine eingehendere Betrachtung der Werke vorzunehmen. Der klassische Kunsthandel orientiert sich an den Wünschen des Kunden und versucht, diese zu erfüllen. Der Kunde findet im Kunsthändler einen fachkundigen Berater beim Kauf von Kunst.

Neben den »Klassikern« unter den Vermittlern, hat das Experimentieren mit Distributionsformen Hochkonjunktur.[10] Deshalb findet die Gruppe der *art consultants*, Agenten und *private art dealer*[11] regen Zuwachs. Diese Akteure suchen ohne eigene Ausstellungsräume potenzielle Sammler aus der Wirtschaft, aber auch aus dem privaten Bereich. *Art consultants* verstehen sich in erster Linie als Kunstberater, die beim Kunstkauf kompetent und professionell zur Seite stehen und dafür ein Honorar vom Auftraggeber erhalten. Kunsthändler und Galeristen vertreten die selektierten Werke, um dann dafür Käufer zu akquirieren. *Art consultants* haben zuerst den Kaufinteressenten akquiriert, um dann für seine Bedürfnisse die möglicherweise passenden Werke und Künstler zu finden. Sie fördern keine Künstler – sie wählen nach rein kommerziellen Aspekten aus. Oftmals wünschen die Kunden des *art consultants* eine Marktübersicht, um sich dann für einzelne Künstler und Werke zu entscheiden. Wichtigste Kundengruppe der *art consultants* sind Unternehmen geworden, die ihre Firmengebäude mit Kunst in Verbindung bringen. Unabdingbar ist die Entwicklung eines kommunikatorischen Gesamtkonzepts[12] im Kundenauftrag geworden. Der *art consultant* entwickelt häufig in recht frühen Phasen des Entstehens neuer Firmengebäude vor Ort in Abstimmung mit dem Architekten ein Kunstkonzept. Einnahmen erzielen *art consultants* über Festhonorare, Provisionen auf Ankaufspreise oder Zeithonorare mit Kostenersatz. Bekannter Berufsvertreter ist in Deutschland Helge Achenbach mit Hauptsitz in Düsseldorf und Dependancen in Frankfurt a.M., München, Berlin und Paris. Er zieht sich jedoch zunehmend vom Geschäft zurück. Aktiv ist weiterhin die *TransArt Kunstberatung* in Köln; die Inhaberin ist Jeane Freifrau von Oppenheim. Jedoch wird dieses Beratungsgeschäft zunehmend von Galerien und sogar Museumsdirektoren als Geschäftsfeld erobert. Kasper König, heute Direktor des *Museums Ludwig* in Köln, stattete Berlins *Bewag*-Zentrale mit Kunst aus. Es handelte sich damals um eine »Nebentätigkeit«. Im Hauptberuf war er Rektor der *Städelschule* in Frankfurt a.M.

---

10 Der permanente Kostendruck durch die notwendige Infrastruktur der Kunsthandlungen, aber vor allem durch die permanente Ausstellungstätigkeit, durch aufwändige Presse- und Öffentlichkeitsarbeit und weitere Kosten der Galerien führen zu aggressiven Verteilungskämpfen unter den Vermittlern.

11 Auf diese spezifische Form wird nicht weiter eingegangen. Es sind in der Regel ehemalige Händler oder Galeristen ohne Räume, die Kunst an den Käufer bringen. Dazu nutzen sie primär ihren privaten Kontext, ihre Verbindungen.

12 Diese kann beispielsweise auf die Unternehmenstradition, den Standort oder auch den Unternehmensgegenstand Bezug nehmen.

Kunstmarktteilnehmer (vermittelnd und produzierend) nach prozentualem Auftreten am Markt (in Anlehnung an Redekker 2000: 35)

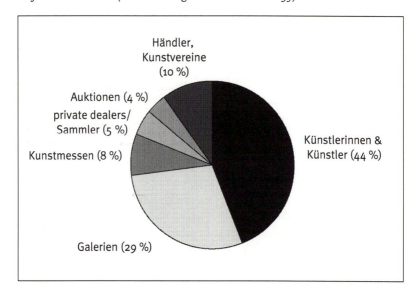

Die Gruppe der **Nachfrager** besteht aus öffentlichen und privaten Museen, Unternehmen und Institutionen, Händlern und Privatpersonen. Das Marktverhalten dieser Akteure ist von vielfältigen rationalen und irrationalen Eigenarten geprägt, die näher beleuchtet werden sollen. In → Kapitel 2.2.1 (*Kunst und Gesellschaft*) wird mit soziologischem Blick in die Thematik eingeführt und in den folgenden Kapiteln sollen die wichtigsten Akteure bzw. Orte detaillierter vorgestellt werden: die Galerien (→ Kapitel 2.2.2 *Die sozialsten Institutionen der Welt*), die Kunstmessen (→ Kapitel 2.2.3 *The place to be*), die Kunstkäufer (→ Kapitel 2.2.4 *Emotion, Show, Kalkül oder Lifestyle?*), die Auktionshäuser (→ Kapitel 2.2.5 *Pingpongspiele*) und schließlich die Künstler (→ Kapitel 2.2.6 *Good business is the best art*).

2.2.1 KUNST UND GESELLSCHAFT: EINE SOZIOLOGISCHE BETRACHTUNG DES MARKTES UND DER MARKTTEILNEHMER
von Bettina Rech

Was macht Kunst aus? Welche Bedeutung haben Kunstwerke? Für manch einen sind sie schiere Kapitalanlage und Investition, für andere erfüllen sie rein ästhetische und dekorative Zwecke und für andere wiederum haben sie eine ganz private und psychologische Signifikanz.

In jedem dieser Fälle erkennt der Betrachter etwas Einmaliges im Kunstwerk, einen besonderen Wert. Genau darin scheiden sich jedoch oft die Geister. Gegensätzliche Meinungen in der Beurteilung über Ästhetik, Bedeutung oder Wert prallen aufeinander. Unterschiedliche Interpretationen und Emotionen werden hervorgerufen. Verschiedene Geschmacksempfindungen geraten aneinander.

Kunstobjekte bieten seit jeher eine Plattform für Diskussionen einer Vielzahl von Personen. Es werden Fragen erörtert wie »Was ist Kunst?«, »Handelt es sich um ›gute‹ oder ›schlechte‹ Werke?«, »Würde ich mir das Objekt in meine Wohnung hängen?«; es geht darum, ob etwas z.B. ›schön‹, ›hässlich‹, ›anstößig‹ oder ›trivial‹ sei. Des Weiteren werden Stilfragen, Zuordnungen, Wertschätzungen und Interpretationen diskutiert. Je nach Personengruppe und Ausstellungsort werden die Debatten mit unterschiedlicher Leidenschaft, Gewichtung der Diskussionspunkte und unter Verwendung unterschiedlicher Jargons geführt. Dies veranschaulicht die soziale Dimension, die jedes Kunstwerk in sich birgt.

Kunst, egal in welcher Form, ist seit jeher Teil einer jeden Kultur. Kunstobjekte fungieren als Spiegel der Zeit und der Gesellschaft, in der sie entstanden sind. So lässt sich z.B. erkennen, wie eine Gesellschaft strukturiert war, welche Machtverhältnisse herrschten, und es lassen sich auch die daraus entstehenden Tendenzen erfassen, die den Kunstmarkt bestimmten. Am Beispiel der Kunst des Dritten Reiches in Deutschland wird klar, inwieweit die herrschende Gesellschaftsgruppe die Macht hatte zu bestimmen, was als Kunst und guter Geschmack gelten sollte und was nicht, und inwieweit sich darin ein Wandel durch ein wechselndes Regime vollziehen kann. Angesehene Werke von Dix, Klee, Beckmann, Nolde, Marc, Kandinsky und den Künstlern der *Bauhaus-Gruppe* wurden zu »Entarteter Kunst« degradiert, lächerlich gemacht und zensiert.

Hierin verdeutlicht sich die arbiträre Natur der Definition von Kunst. Bei einer Definition von Kunstobjekten spielt Geschmack eine große Rolle – ein Konzept, das sich ebenso wenig definieren lässt wie der Kunstbegriff an sich. Jedoch ist sicher, dass Geschmack eine große Rolle spielt. Zu jeder Zeit herrscht ein gewisser gesellschaftlicher Konsens darüber, was Kunst ist, und somit auch was »guter« Geschmack ist. Meist werden damit angesehene, etablierte Kunstwerke verbunden, die in den Institutionen des Kunstmarktes große Beachtung und Wertschätzung finden. Es lässt sich z.B. in westlich geprägten Kulturkreisen nicht bestreiten, dass die Werke von Picasso, Monet, Braque, Beuys, Dalí und van Gogh der allgemein gültigen Vorstellung guten Geschmacks entsprechen. Nicht umsonst halten sie ihre hohe Stellung auf dem Kunstmarkt schon seit mehreren Jahrzehnten. Man spricht hier auch von der Kunst der Hochkultur, die sich von der Populärkultur abhebt.

Eine Unterscheidung von Hochkultur und Populär- oder Massenkultur wird aufgrund des stetigen gesellschaftlichen Wandels immer schwieriger. Gerade bei den zuletzt genannten Künstlern wird das Aufweichen der Grenzen zwischen Hoch- und Populärkultur deutlich. Die Werke von Picasso und der anderen sind zu Massenprodukten in der Form von Kunstdrucken, T-Shirt-Prints, Logos auf Automobilmodellen, Motiven auf Sammeltassen und sonstigen Souvenirs geworden, während die Originale den Institutionen der Kunst-Hochkultur wie Museen, Sammlungen und Galerien vorbehalten sind. Aber auch innerhalb dieser Institutionen kristallisiert sich durch Super Shows wie das *MoMA in Berlin* ein Wandel heraus, für den der teils unerwartete Ansturm und das Interesse der Massen auf die Originale charakteristisch ist.

Museen, angesehene Sammlungen und Galerien bilden dennoch die höchste Instanz des Kunstmarktes und das erstrebenswerte Ziel eines jeden Künstlers. Die Kunstwerke der Künstler, die es in diese Institutionen geschafft haben, sind von großem Wert, in vielerlei Hinsicht. Bezugnehmend auf die Arbeit des französischen Soziologen Pierre Bourdieu können Kunstobjekte als unterschiedliche Formen von Kapital aufgefasst werden: ökonomisches Kapital, kulturelles Kapital und symbolisches Kapital. Das ökonomische Kapital entspricht dem hohen finanziellen Wert, den die Werke auf dem Kunstmarkt erzielen. Die Gruppe der Besitzer und potenziellen Käufer beschränkt sich auf einige wenige. Der kulturelle Kapitalwert bezieht sich auf den Status der Werke in einer Kultur. Sie gelten als höchstes Gut in der Welt der Kunst, werden allgemein geschätzt, und ihr kultureller Wert für die Menschheit gilt als unbestritten. Man kann sie als Objekte der Hochkultur verstehen. In Bildungsinstitutionen wie Schulen und Universitäten sowie in den Medien manifestiert sich diese Form von Kapital, da ihr kultureller Wert hier gelehrt und verbreitet wird. Man spricht in westlichen Kulturen z.B. von einer Bildungslücke bei einer Unkenntnis von van Goghs »Sonnenblumen«. Kulturelles Kapital ist damit eng mit Wissen und Bildung verbunden – dem Erlernen einer Wertschätzung von Werken, die der Hochkultur zugeordnet werden. Symbolisches Kapital resultiert aus kulturellem Kapital. Es bezieht sich auf die Ansammlung von Prestige, Berühmtheit, Ehre und den Anspruch einer damit verbundenen Kennerschaft und Wertschätzung eines Kunstwerkes. Kunst wird durch ihren Erwerb zum Gegenstand und Zeugnis des guten Geschmacks (vgl. Bourdieu 1982: 440f.). Der Käufer akkumuliert somit symbolisches Kapital durch die exklusive Aneignung eines Werkes und beweist dadurch seine Bildung und Vornehmheit sowie eine gewisse Art von Macht. Zusammenfassend lässt sich sagen, dass ein Kunstwerk nicht nur einen ökonomischen Wert besitzt, sondern auch kulturelles und symbolisches Kapital in sich trägt.

Parallelen bezüglich der verschiedenen Kapitalformen, die jedes Kunstwerk in sich vereint, bestehen im Zusammenhang mit Kunstinteressenten und -rezipienten: Einige wenige verfügen über ausreichend ökonomisches Kapital, um sich Kunst in Galerien und bei Kunsthändlern zu kaufen, und eine etwas größere Anzahl von Menschen besitzt das nötige kulturelle Kapital in der Form von Bildung und Wissen, weshalb sie Kunst schätzen, erkennen und genießen können. Dies bedeutet, dass Kulturgüter, wie z.B. Objekte der Kunst es sind, nur in direktem Zusammenhang mit ihren Wertschätzern bestehen können. Und nur der, der die Mittel dazu hat, kann an diesem Prozess teilnehmen. Doch auf die Rezipienten und Konsumenten von Kunstwerken möchte ich später genauer eingehen.

Zuerst einige Worte zur gesellschaftlichen Rolle des Künstlers. Die Produktion von Kunst ist immer eine soziale Handlung. Der Künstler übernimmt oft die Rolle des Rebellen oder Gesellschaftskritikers. Künstler gelten als Frei- und Querdenker, Nonkonformisten und Avantgardisten. Aber jeder Künstler ist auch ein Überlebenskünstler, der sich schwer daran tut, mit der Kunst seine Rechnungen zu bezahlen und von der Gunst seiner Gönner und Kritiker abhängt. Der Künstler besitzt einerseits eine gewisse ästhetische Macht, die er dadurch zum Ausdruck bringt, dass er unbedeutende Gebrauchsgegenstände zum Kunstwerk oder als Teil eines solchen deklariert – natürlich immer mit dem Risiko, auf dem Kunstmarkt zu »versagen«. Andererseits unterliegt auch er immer den verschiedenen Strömungen und Trends des Kunstmarktes, die bestimmen, was momentan gefragt ist. Das Dasein eines Künstlers kommt einem Hochseilakt zwischen Gefälligkeit und Außenseitertum gleich. Laut Bourdieu sind Künstler stets zwischen ihrem Interesse an der Eroberung des Marktes durch entsprechende Unternehmungen, sich einem breiten Publikum zu erschließen, und der ängstlichen Sorge um die Exklusivität ihrer Stellung im Kulturleben, die einzige Grundlage ihrer Außergewöhnlichkeit, hin- und hergerissen. Sie unterhalten daher eine äußerst ambivalente Beziehung zum Kunstmarkt (vgl. Bourdieu 1982: 361).

Die sozialen Dimensionen in jeglicher Produktion von Kunst sind eng mit den verschiedenen Kapitalformen, die jeder Künstler in sich trägt, verbunden (siehe die → Grafik *Kapitaltheorie nach Pierre Bourdieu* auf der nächten Seite). Die Positionierung eines Künstlers und seiner Werke auf dem Kunstmarkt ist stark vom kulturellen Kapital des Künstlers abhängig. Für die Rezipienten seiner Werke ist es oft von hoher Bedeutung, ob der Künstler an einer angesehenen Akademie studiert hat, ob und bei wem er Meisterschüler war, welche Stipendien und Auszeichnungen er bekommen hat, an welchen Orten er bisher ausgestellt hat etc. Die (Aus-)Bildung und der Werdegang eines Künstlers bilden dessen kulturelles Kapital, das wiederum Einfluss auf den kulturellen, ökonomischen und sozialen Wert seiner Werke hat (→ Kapitel 2.5 *Preisbildung*). Das kulturelle Kapital des Künstlers ist auf direkte und indirekte Art und Weise Teil seiner Kunst. Einerseits äußert es sich in seinem Können und Wissen, das im Werk sichtbar wird, andererseits spielt seine künstlerische Aura und das Hintergrundwissen zu seiner Person eine große Rolle für die Rezipienten seiner Kunst. Jedoch trägt auch das soziale Kapital eines Künst-

Kapitaltheorie nach Pierre Bourdieu

Kapitalart	Form	Einheit/ »Währung«	Symbole für Anerkennungsprozesse
ökonomisches Kapital	materielles Gut, nicht personengebunden	Einkommen, Besitz, Vermögen: Geld, Land, Immobilien	z.B. demonstrative (Luxus-)Güter
soziales Kapital	persönliches Gut, personengebunden übt einen Multiplikatoreffekt auf das tatsächlich verfügbare Kapital aus	Zugehörigkeit zu sozialen Kreisen und Beziehungen (Gruppe, Familie, Stamm, Klasse, Schule)	z.B. Adelstitel z.B. Zugehörigkeit zu angesehenen/ einflussreichen Familien z.B. Zugehörigkeit zu sozialen Netzwerken und Szenen
kulturelles Kapital inkorporiert	persönliches Gut, personengebunden	»Bildungsgüter«: Kenntnisse, Wissen, Fähig-, Fertigkeiten, gutes Benehmen, Manieren, gepflegter Umgangston	z.B. durch Veröffentlichungen, Promotion, Habilitation, eine gute Allgemeinbildung, aber auch kulturelle und soziale Kompetenzen wie das angemessene Verhalten in einer Vielzahl von gesellschaftlichen Situationen
objektiviert	juristisches Gut, nicht personengebunden	»Kulturgüter«	z.B. eigene Bibliothek, Gemäldesammlung, Kleidung, Einrichtungsgegenstände etc.
institutionalisiert	legitimiertes, persönliches Gut	»Kulturelle Kompetenz«: Zeugnisse, Bildungszertifikate, Titel, institutionalisiertes Wissen	z.B. Abitur, Diplom, Doktortitel
symbolisches Kapital	objektiviertes, kulturelles Kapital	Kulturgut als Machtsymbol und Zeugnis des persönlichen guten Geschmacks	z.B. (Privat-)Besitz eines allgemein geschätzten Kulturguts

lers maßgeblich zu dessen Erfolg auf dem Kunstmarkt bei. Künstlerische Netzwerke und Kontakte zu Förderern wie Galeristen, Künstlerkollegen, Journalisten und Kunstvereinen sind nötig, um sich auf dem Kunstmarkt etablieren zu können.

KATHREIN WEINHOLD
Das Geschäft mit der Kunst

Die Beziehung des Künstlers zu den Rezipienten und Käufern ihrer Kunstwerke gestaltet sich gleichermaßen komplex. Auch die Rezeption von Kunst ist eine soziale Handlung, da der Betrachter durch sein Urteil den Wert eines Kunstwerkes mitbestimmt. Dabei nehmen unterschiedlichste Arten der Rezeption verschiedene Stellenwerte ein. Die soziale und kulturelle Rolle der Kritiker, Kunsthändler, Galeristen, Kunstjournalisten, Käufer, Mäzene und Auftraggeber ist von hoher Bedeutung für den Künstler, während der gewöhnliche Ausstellungsbesucher und Museumsgänger eher unbedeutend ist. Galeristen und Händler, z.B., sind die Instanz auf dem Kunstmarkt, die eine Vorsortierung vornimmt und dabei im Wesentlichen bestimmt, welchen Stellenwert ein Werk in der Gesellschaft einnimmt. Was in den Augen des Galeristen oder Kunsthändlers als »schlecht«, »trivial« oder »laienhaft« erscheint, wird aussortiert und hat dadurch kaum mehr Chancen, auf dem Kunstmarkt wahrgenommen und beachtet zu werden. Galeristen und Kunsthändler agieren als so genannte *gatekeeper*. Ähnlich verhält es sich mit der Rolle des Kritikers, Journalisten oder versierten Galeriepublikums, wie z.B. Sammler und Kunstkenner. Wer vor ihnen nicht bestehen kann, erfährt geringe Wertschätzung und wird mit Sanktionen bestraft, die Kunst zur brotlosen Kunst macht.

Kunsthändler, Galeristen, Kritiker, Kunstjournalisten, Kunstkenner und Sammler bilden die so genannte Oberschicht der Kunstrezipienten. Sie sind die Meinungsbildner und -multiplikatoren (*opinion leader*) und bestimmen dadurch in gewisser Weise den guten Geschmack auf dem Kunstmarkt. Die Legitimität ihrer Stellung erscheint natürlich, da sie ein hohes Maß an inkorporiertem kulturellen Kapital besitzen. Kulturelles Kapital wird durch verschiedene Formen von sozialisationsbedingter Bildung erlangt: Dem einen wurde die Neigung zur Kunst sozusagen mit in die Wiege gelegt, d.h., es handelt sich um Personenkreise, die in einem sozialen Umfeld aufwuchsen, in dem Kunst geschätzt wird und etwas Selbstverständliches ist. Andere wiederum haben sich in ihrem schulischen und akademischen Werdegang Wissen und Fähigkeiten angeeignet, die sie nun dazu bemächtigen, Kunst zu erkennen, zu verstehen und darüber zu urteilen. Kunstkenner und Kunstliebhaber müssen keine Kunsthistoriker sein, kennen aber dennoch die Regeln und Spielarten der Kunst. Man könnte behaupten, dass sie eine Art intuitives Geschmacksempfinden durch jahrelanges Training erlangt haben.

Auch ökonomisches Kapital legitimiert ein gewisses Mitspracherecht auf dem Kunstmarkt, da sich die Aneignung von Kunst auf unterschiedliche Art und Weise vollzieht: Durch kulturelles Kapital kann man sie verstehen, begreifen und über guten Geschmack urteilen, während ökonomisches Kapital das notwendige Mittel zur materiellen Aneignung darstellt (vgl. Bourdieu 1982: 287). Diese beiden Formen des Kapitalbesitzes verteilen sich in unterschiedlichen Gewichtungen. Es gibt Personengruppen, die höchstes kulturelles und niedrigstes ökonomisches Kapital besitzen; man denke an Akademiker. Andererseits existiert auch das Gegenteil: Personen, die im hohen Maße über finanzielle Mittel verfügen, aber über wenig kulturelles Kapital. Ebenso lassen sich auch reiche, gebildete und arme, ungebildete Kunstinteressenten finden. Die ungleiche Verteilung von ökonomischem und kulturellem Kapital bewirkt, dass Kunstobjekte nicht nur zum Gegenstand einer exklusiven materiellen Aneignung werden können, sondern ihnen auch die Funktion von objektiviertem oder inkorporiertem kulturellen Kapital zukommt (vgl. Bourdieu 1982: 359).

Die Zuwendung zur Kunst bedeutet nicht nur sozialen Gewinn für Käufer, sondern auch für geübte Kunstrezipienten, die in der Lage sind, den der Kunst immanenten Code dechiffrieren zu können (vgl. Gerhards 1997: 18). Für Bourdieu existiert das Kunstwerk im Sinne eines symbolischen Gutes überhaupt nur für diejenigen, die die Mittel besitzen, es sich anzueignen, d.h., es zu entschlüsseln (vgl. Bourdieu 1974: 169). Diese kulturelle Kompetenz wird zum Distinktionsmittel für all jene, die nicht über das nötige ökonomische Kapital verfügen, Kunst tatsächlich zu besitzen. Ihre Appropriationsmittel der Kunstaneignung spielen sich auf einer rein intellektuellen Ebene ab.

Wenn man nun das Verhältnis von Käufer/Sammler und Kunstwerk näher betrachtet, kann man feststellen, dass die Motivation Kunst zu kaufen, größtenteils sozial bedingt ist. Der Käufer erwirbt ein Kunstwerk nicht nur, weil es ihn in seiner ästhetischen Form und Ausführung anspricht oder bestimmte Emotionen und Erinnerungen hervorruft, sondern auch, weil er durch den Kauf sich selbst und seinem sozialen Umfeld beweist, dass er über finanzielles Kapital verfügt, dass er Wert auf Kultur legt, dass er sich mit Kunst auskennt, dass er einen gewissen Grad an Bildung vorweisen kann und dass er in angesehenen Kreisen verkehrt und sich dort behaupten kann. Ein Kunstwerk ist ein symbolisches Mittel zur gesellschaftlichen Distinktion. Kunst wird zum Symbol eines gewissen Lifestyles. Wer über die nötigen Mittel verfügt, Kunst zu kaufen, hebt sich von der breiten Masse ab und verschafft sich dadurch Status, Prestige und soziales Ansehen. Diese Stellung legitimiert den Käufer gleichzeitig dazu, als Verfechter des guten Geschmacks zu gelten, selbst wenn er nicht denselben intellektuellen Zugang zu Kunstwerken hat wie z.B. ein Akademiker.

Diese soziale Dimension des Kunstmarktes wird oft vergessen oder vernachlässigt, aber der Künstler sollte sich immer vor Augen führen, dass sein Werk ein hohes Maß an sozialer Symbolik in sich trägt, von der der Künstler natürlich auch profitieren kann. Kunst und Konsum von Kultur erfüllen die Funktion der Legitimation sozialer Unterschiede (vgl. Bourdieu 1984: 6f.). Man betrachte das Umfeld, in dem sich der Konsum von Kultur bzw. Kunst abspielt. Zu den unausgesprochenen Regeln des Museumsbesuches gehört es, sich einem kultivierten Verhaltenskodex anzupassen. Das liegt daran, dass das Kunstmuseum, die zur Institution gewordene ästhetische Einstellung eines bestimmten Teilbereiches einer Gesellschaft geworden ist (vgl. Bourdieu 1982: 60).

Bei Ausstellungseröffnungen in Galerien herrscht ebenfalls ein kultivierter Umgangston. Die Gesellschaft, die sich zu einer Vernissage einfindet, ist meist von sozialem Ansehen. Zu diesem Anlass treffen sich Personen mit einem gewissen Intellekt, mit Bildung, Geschmack und ökonomischem Kapital. Man achte z.B. auf das Ambiente, die Kleidung der Gäste, ihre Gespräche, die musikalische Untermalung, oder die Getränke, die gereicht werden. Kultivierte Veranstaltungen wie diese bilden den gesellschaftlichen Gegenpol zu populären Massenveranstaltungen wie Fußballspiele, deren Umgangsformen, Riten und Gepflogenheiten immer noch ein gewisser Barbarismus zugeschrieben wird. Das Umfeld der Galerie und soziale Anlässe wie eine Vernissage bilden den Rahmen dafür, dass sich Kunst in guter Gesellschaft abspielt. Selbst bei den Eröffnungen zu Ausstellungen von jungen, wilden Künstlern herrscht eine gewisse Etikette, die zwar der der etablierten Kunstszene nicht entspricht, aber dennoch als Mittel zur Distinktion fungiert.

Die Galerie als Ort der Betrachtung neuer Kunstwerke schafft eine soziale Situation, in der meist kulturell Gleichgesinnte und sozial Gleichgestellte aufeinander treffen und sich durch den Anlass der Vernissage von anderen Bevölkerungsgruppen abheben und somit signalisieren, einer gewissen Schicht oder Szene anzugehören. Es geht, salopp gesagt, ums Sehen-und-Gesehen-Werden, wovon auch der Künstler profitieren kann, denn die Gegenwart von Persönlichkeiten der Kunstszene wertet das Event der Vernissage und somit auch die Stellung des Künstlers auf dem Kunstmarkt auf. Vermögende Sammler, Museumsdirektoren und Kritiker gehören ebenso zu dieser für den Künstler förderlichen Personengruppe, wie junge Künstler und Kreative der ortsansässigen Kulturszene. Eine Vernissage dient nicht nur dem Verkauf von Werken, sondern auch dazu eine Kommunikationsplattform zwischen bildender Kunst und Gesellschaft zu schaffen, wodurch der Künstler die Chance erhält, sich gesellschaftlich etablieren zu können. Damit ist die charakteristische Funktion einer Galerie, eine soziale Sichtbarkeit von ihr vertretenen Künstler zu schaffen und folglich den Marktwert der Künstler zu erhöhen (vgl. Alemann 1997: 217).

Galerien bieten das passende Ambiente für diese sozial bedeutsamen Events, da sie Teil der Welt des Luxushandels sind – wenn auch nur für die wenigen Glücklichen, die sich Kunst materiell aneignen können. Laut Bourdieu ist die Beziehung zum Kunstwerk tatsächlich insgesamt anders, wenn ein Bild, eine Plastik oder Keramik zum Bereich der käuflich erwerbbaren Objekte zählen.

»Sie reihen sich dann in die Luxusgüter ein, an deren Besitz man sich erfreut, ohne den von ihnen gewährten Genuß und den mit ihrer Hilfe bezeugten Geschmack noch auf eine andere Weise beweisen zu müssen, unter die Güter also, die, besitzt man sie auch nicht selbst, als Dekorationsstück im Büro oder in den Salons derer, mit denen man Umgang pflegt, sozusagen zu den Statusmerkmalen der Gruppe zählen, zu der man selber gehört oder deren Zugehörigkeit man anstrebt« (Bourdieu 1982: 426f.).

Kunstwerke zählen somit zu der Gruppe der Konsumgüter, die einem bestimmten »ästhetischen Code« (Schulze 1997) zuzuordnen sind, und durch die deren Konsumenten einen bestimmten Lebensstil zum Ausdruck bringen. Die materielle aber auch ideelle Aneignung eines Kunstobjektes trägt zur persönlichen Verwirklichung eines Lifestyles bei. Kunst wird dadurch zu einem Symbol, an dem sich die soziale Stellung des Konsumenten ablesen lässt, ähnlich wie dies bei der Wahl jeglicher Einrichtungsgegenstände geschieht. Die Gesellschaft gliedert sich in bestimmte Lifestyle-Gruppen, die sich durch ästhetische Codes voneinander unterscheiden. Kunstwerke werden deshalb meist nicht zu dekorativen Zwecken erworben, sondern um die Distinktion des eigenen Geschmacks zu unterstreichen. Jede Inneneinrichtung verrät in einer eigenen codierten Sprache den gegenwärtigen sowie auch den vergangenen Zustand seiner Bewohner (vgl. Bourdieu 1984: 77). Sie erzählt Geschichten von der eleganten Selbstsicherheit ererbten Reichtums, von der protzerischen Arroganz der Neureichen, von aufstrebenden Bildungsbürgern und auch von missglückten Versuchen der Nachahmung eines bestimmten Lifestyles.

In Wohnzimmern findet man Beispiele einer sozialen Hierarchie, die sich allein an den Wänden abspielt: Sie reicht vom billigen Massenprodukt Poster, über Kunstdrucke und Prints, bis hin zum Original eines Werkes. In allen Fällen kann es sich beispielsweise um das gleiche Kunstwerk handeln, jedoch ist der Distinktionswert des Originals im Vergleich zum Posterdruck maßgeblich in der Zuordnung des Besitzers, seines Geschmacks und seiner sozialen Stellung. An der Wahl des Wandschmucks lässt sich das kulturelle und ökonomische Kapital des Bewohners erkennen. Es wird deutlich, ob jemand Kunst als solche versteht und schätzt oder ob Kunstwerke als rein dekorativ angesehen werden. Dekorative Wandfüller und naive Landschaftsschinken, Laienmalerei von Freunden und Verwandten oder billig erworbene Werke diverser Straßenkünstler finden sich in vielen Wohnzimmern und werden von Kunstkennern oftmals mit einer hochgezogenen Augenbraue kommentiert und als keine »echte« Kunst abgewertet. Manchmal wird auch der »unsachgemäße« Umgang mit Kunstwerken mit der sozialen Geringschätzung des Besitzers bestraft. Wenn z.B. offensichtlich ist, dass ein Kunstobjekt bewusst und ungeschickt in Szene gesetzt wurde, verrät dies, dass der Besitzer und Dekorateur nicht wirklich in der Welt der Kunst zu Hause ist, sondern erstmalig ein Werk erworben hat, mit dem Ziel durch dessen Präsentation einer bestimmten Lifestyle-Gruppe anzugehören.

Für den Künstler ist es deshalb von großer Bedeutung, wenn eines seiner Werke von einem langjährigen und angesehenen Sammler mit guten Kontakten erworben wird. Das Werk wird durch die Platzierung im sozialen Umfeld eines Kunstkenners aufgewertet. Die Präsentation des Kunstobjektes findet zwar in rein privatem Rahmen statt, kann aber dennoch dazu führen, dass dem Künstler dadurch die Aufmerksamkeit weiterer Sammler und Kunstkenner zuteil wird.

Aus diesem Grund sollte sich der Künstler auch die sozialen Dimensionen der Kunst stets in Erinnerung rufen, nicht um sich anzubiedern, sondern um den Kunstmarkt, seine Akteure und Institutionen sowie die gesellschaftlichen Hintergründe besser verstehen und für sich selbst nutzen zu können.

2.2.2 Die sozialsten Institutionen der Welt: Die Galerien

Galerien sind Entdecker, Vermittler, Türöffner, Hersteller von Öffentlichkeit und Aufmerksamkeit, wichtige »Fädenzieher« im Gefüge von Kunstbetrieb und Kunstmarkt. Je nach Perspektive werden sie teilweise negativ konnotiert (z.B. aus Künstlerperspektive) und ihr Wert für Künstler und Gesellschaft sowie ihr persönlicher und unternehmerischer Aufwand unterschätzt. Aus einer positiven Konnotation heraus können sie aber auch als die »sozialste Institution der Welt«[13] betrachtet werden, weil sie häufig über Jahre, sogar Jahrzehnte hinweg Künstler fördern, protegieren, in sie investieren – ohne eine angemessene materielle Gegenleistung zu erhalten. Sie organisieren mit Hingabe und aller zur Verfügung stehenden Kraft Ausstellungen für die Gesellschaft. Diese nutzt sie unentgeltlich – Eintrittsgelder, wie in jedem Museum – sind nicht zu entrichten. Der Gegenwert, den Galeristen bekommen, ist ein ideeller. Er besteht aber auch aus »gesellschaftlicher Anerkennung«. Sie akkumulieren Ruhm und Ehre in einem Ausmaß, das sie mitunter schon ganz schiefschultrig durch die Welt schreiten lässt, weil man ihnen so oft auf die Schulter klopft.[14]

Die Welt der Galerien unterscheidet sich in die Welt der *Erstgalerien* und der *Zweitgalerien*. **Erstgalerien**, auch Programmgalerien genannt, widmen sich der Entdeckung und Förderung junger Kunst. Sie verfolgen in der Regel einen Programmschwerpunkt, z.B. einen Dialog mit Osteuropa. Sie sind Preissetzer und »bauen« dem Künstler einen Markt. Sobald der Markt »gebaut« ist, steigen **Zweitgalerien** ins Geschäft ein. Sie verbreiten die bereits am Markt platzierten Künstler weiter. Auch Sammler und Auktionshäuser steigen nun in den Sekundärmarkt ein. Meine Ausführungen in diesem Kapi-

---

13   Frei zitiert nach dem Großsammler Rolf Hoffmann
14   Frei zitiert nach Olaf Zimmermann

tel beziehen sich auf Erstgalerien, da sie im Interessensmittelpunkt des sich selbst vermarktenden Künstlers stehen.

Die Aufgabe der Galerie besteht darin, Meinungsbildungsprozesse über Kunst zu initiieren. Ziel ist dabei das Herstellen einer gesellschaftlichen Übereinkunft über einen Künstler und sein Werk. Die Meinungsbildungsprozesse versucht die Galerie auszulösen, zu überwachen und zu stabilisieren. Damit wird der Künstler aufgebaut und seine Kunst marktfähig gemacht. Es wird eine Nachfrage aufgebaut, auf die Galerien regulierend einwirken – über Preisbildungsprozesse und Preisstabilisierung (→ Kapitel 2.5 *Marktpreise: Preisbildung und Bewertung*).[15]

Die Galerie agiert über Austauschkontakte mit neuen und bekannten Kunden. Kunden, die regelmäßig Kunst kaufen, werden als »Sammler« bezeichnet (→ Kapitel 2.2.4 *Käuferwelten*). Sie erwarten von »ihrer« Galerie die »Erhöhung der Kunst« durch eine stilvolle, einladende Atmosphäre und für sie passende Öffnungszeiten. Der Trend geht derzeit in die Abendstunden hinein – das wachsende junge und hippe Publikum hat einen neuen Rhythmus. Galerien müssen sich also flexibel auf die Bedürfnisse ihrer Zielgruppen einstellen. Für Sammler müssen Galerien Informationsangebote zu deren Identifizierung mit Ausstellungen und Künstlern bereithalten, Galerien bauen sozusagen Mentalitätsbrücken zu ihrem Publikum (vgl. Shaw 2002: 350ff.). Die Galerie gilt für den Sammler aber auch als Experte. Deshalb kennzeichnet sie die Ware »Kunst« klar und eindeutig: Angaben zum Künstler, Titel, Entstehungsjahr, zur Technik, zu den Maßen, zur Signatur, Werkverzeichnisnummer, gegebenenfalls zur Auflagenhöhe und Exemplarnummer werden gemacht. Zu den Spielregeln gehört: Werke können für Nachfrager reserviert werden – innerhalb eines bestimmten Zeitraumes. Dies wird in der Regel durch einen orangenen, grünen oder halben roten Punkt, der neben das Werk geklebt wird, signalisiert. Ein Werk, das verkauft wird, verbleibt in der Regel bis zum Ende der Ausstellung in der Galerie. Sein Verkauf wird durch das Kleben eines roten Punktes kommuniziert.

Die Unternehmensziele bestehen häufig aus einem Konglomerat ökonomischer Interessen und idealistischer Ziele. Kunst und Kommerz sollen mit Hilfe des entsprechenden Händchens, Köpfchens und mit Stil und Klasse verbunden werden. Jedoch ist das Erreichen ökonomischer Ziele die Basis, um die idealistischen Ziele der Kunst- und Künstlerförderung – wie z.B. Kunst der Öffentlichkeit zugänglich machen, Kunstverständnis in der Gesellschaft we-

---

15 In der Regel sind beim jungen Künstler zu Beginn einer Zusammenarbeit noch keine Preiskonventionen vorhanden. Erst durch die gestalterische Kraft der Galerie können Preise aufgebaut und durch das Vorhandensein entsprechender Käufer bestätigt und stabilisiert werden.

cken und beleben, die Situation der Künstler verbessern, künstlerisches Schaffen fördern – zu ermöglichen.[16] Die Galerienwelt besteht häufig aus einem unternehmensinternen Spagat zwischen Marktgängigkeit und Eigensinn. Zwischen dem, was Galerien zeigen wollen, und dem, was sie zeigen müssen, um die Bedürfnisse der Nachfrager zu befriedigen und um wirtschaftlich überlebensfähig zu sein, liegen manchmal Welten. Wichtige deutsche Galerien, die den Spagat erfolgreich meistern, sind: *Galerie Schultz*, Berlin (*www.galerie-schultz.de*), *Galerie Karsten Greve*, Köln, Mailand, Paris, St. Moritz (*www.galerie-karsten-greve.com*) und *EIGEN+ART*, Berlin, Leipzig (*www.eigen-art.com*).

Betriebswirtschaftlicher Kosmos

Eine private Galerie ist ein vom professionellen Galeristen geführtes Einzelhandelsunternehmen mit Kunst.[17] Wichtigstes Kriterium in der Beurteilung einer Kunstgalerie ist das Verfolgen einer regelmäßigen Geschäftstätigkeit.

Die wirtschaftlichen Infrastrukturdaten, die für die späten 1990er Jahre ermittelt werden konnten, sind (vgl. BVDG 2000): Der jährliche Galeriedurchschnittsumsatz betrug ca. 380.000 €[18], allerdings fällt das betriebswirtschaftliche Ergebnis, also der Gewinn, mit rund 9 Prozent (in Zahlen ca. 34.000 €) recht gering aus. Ein Grund dafür ist die Investition in ein Warenlager. Der Galerist hält im Durchschnitt ein solches im Wert von ca. 385.000 € nach Einkaufspreisen; rund 50 Prozent der Galerien halten jeweils mehr als 200 Kunstwerke im Lager, was auf den Aufbau eines Künstlermarktes hindeutet und als Beleg des Berufsbildes als »Entdecker und Förderer« gilt.

Der Galerist ist in der Regel als Einzelunternehmer organisiert, der Kommissionsgeschäfte durchführt oder Kunstwerke bis zu 5.000 € kauft und verkauft. In fünf bis acht Ausstellungen investiert er jährlich mindestens 100.000 €, zumeist in besonders kostenintensive Erstausstellungen junger Künstler (Ausgaben für Public Relations, Ausstellungsrealisierungen, Katalogproduktionen, Vermittlungsarbeit etc.). Um dies realisieren zu können, benötigt er eine nicht zu unterschätzende Kapitaldecke.

Kunstmessen sind für Galerien von großer Bedeutung. Auf ihnen werden

---

16 Diese Tatsache ist vor allem den Berufsanfängern unter den Künstlern häufig unbewusst.

17 In der Regel handelt es sich um Einzelhandelsbetriebe, bei denen selten eine Filialbildung stattfindet. Kooperationen (national oder international) mit angestammten Galerien sind hingegen häufiger anzutreffen.

18 69 Prozent des Umsatzes wurde mit deutschen Künstlern, 31 Prozent mit ausländischen Künstlern erzielt.

zum Teil große Anteile des Jahresumsatzes erzielt.[19] Allerdings sind die Messekosten dabei recht hoch – es wurde ein Durchschnittswert für jährliche Messeausgaben in Höhe von 34.000 € ermittelt. Nicht jeder Messeauftritt wird ein wirtschaftlicher Erfolg; ca. 15 Prozent der Galerien erzielen keine Umsätze auf Kunstmessen. Dennoch kann das Geschäft durch Messeauftritte auf lange Sicht befördert werden; Kontakte zu Sammlern und potenziellen Kunden lassen sich aufbauen. Es ist nachvollziehbar, dass angesichts der Barrieren zum *white cube*, dem Galerieraum, in einer Woche Kunstmesselaufzeit mehr Sammler und Neugierige erreicht werden als in der heimischen *location* in einem gesamten Ausstellungsjahr. Allein zur Eröffnung einer Messe wie der *Art Cologne* kommen in wenigen Stunden mehr als 12.000 Besucher. Galeristen bereitet es mitunter schon Probleme, 100 bis 200 Besucher in den eigenen Räumen zu erreichen.

Wie groß ist die Galerienbranche in Deutschland? Der *Bundesverband der Galerien in Deutschland* gibt an, dass bei einer Schätzung auf Datenbasis der *Künstlersozialkasse* ein jährliches Marktvolumen von ca. 1,1 Mrd. € zustande kommen müsste. Jedoch wird diese Zahl relativiert – der *Bundesverband Deutscher Galerien* gibt als Ergebnis einer konservativen Schätzung rund 300 Mio. € als Datengrundlage an.

Ein Gründungsboom vieler, noch heute bestehender, Galerien fand in den 1980er Jahren zur Zeit des Kunstmarktbooms statt (→ Kapitel 2.3 *Kunstmarktboom*). Vor allem in Köln siedelten sich viele Galerien an. In der Nachwendezeit fand ein Galerienboom in Berlin statt. Die Landschaft, sowohl in Köln als auch in Berlin und in anderen Orten, zeichnet sich durch einen festen Kern aus, den etablierte Galerien bilden. Um sie herum erwächst eine reiche Landschaft neu erblühender, aber oft genauso schnell verblühender Unternehmen – ein junger Galerienmarkt, der vor allem durch seine hohe Fluktuation gekennzeichnet ist. In den Galerienolymp schaffen es nur die wenigsten. Ein Grund dafür ist primär die stark unterschätzte Kapitaldecke. Sie ist notwendig, um professionell arbeiten und Marketinginvestitionen in die jungen, aufzubauenden Künstler leisten zu können.

Ca. 50 Prozent des Publikums einer Ausstellung werden über die Vernissage erreicht; des Weiteren konstituiert sich das Publikum zu ca. 17 Prozent über Laufpublikum. Deshalb siedeln sich viele Galerien in Galerienvierteln oder -zentren an. Laut Studie der *Universität Köln* kommen ca. weitere 24 Prozent des Publikums als Kunstinteressierte in die Ausstellung, und gar jeder zehnte sei ein Käufer. Das letztgenannte Untersuchungsergebnis muss in Frage gestellt werden. Wenn jeder zehnte Besucher ein Käufer wäre, dann

---

19 Rund 43 Prozent der befragten Berufsverbandsgalerien erzielen zwischen 25 bis 50 Prozent des Jahresumsatzes auf Kunstmessen.

ginge es der Branche blendend. Gerade bei jungen Galerien fällt diese Quote aber anders aus. Wenn jedoch Nachfrager akquiriert werden, aus welchen Nachfragergruppen kommen sie? Die Statistik besagt: 54 Prozent der Kunden sind laut Angabe der befragten Galerien Privatkunden, 20 Prozent Firmenkunden, 13,5 Prozent der Kunsthandel selbst, 8 Prozent Museen und rund 0,7 Prozent Auktionen.

Professionalitätskriterien und Erfolgs-Know-how

Besonders für den jungen Künstler stellt sich die Frage: Nach welchen Kriterien ist eine Galerie auf Professionalität zu beurteilen? Die Fragestellung bezieht sich insbesondere auf junge Galerien, die vielleicht im Fabrikloft oder wie und wo auch immer ihre ersten Schritte gehen.

Galerie-Check

- **Kontinuität:** Übt der Galerist seine Tätigkeit hauptberuflich aus?
- **Erfahrungsschatz:** Seit wie vielen Jahren wird die Tätigkeit hauptberuflich ausgeübt?
- **Eigene Ausstellungsräume:** Werden eigene Galerieräume zur Veranstaltung von Ausstellungen unterhalten?
- **Umfang der Ausstellungstätigkeit:** Gibt es in diesen Räumen mindestens vier wechselnde Ausstellungen pro Jahr?
- **Öffnungszeiten:** Sind übliche Öffnungszeiten (in der Regel halbtags, mindestens 20 Stunden pro Woche, an mindestens fünf Wochentagen) garantiert? Oder handelt es sich vielleicht nur um einen *showroom*, in dem ausschließlich nach Vereinbarung Termine wahrgenommen werden können?
- **Corporate Design:**[20] Welche Qualität haben die Einladungen zu den Ausstellungen?
- **Künstlerförderung:** Gibt es Indizien der Künstlerförderung (Kataloge)[21]?
- **Medienarbeit:** Was sagt der hausinterne Medienspiegel über die Medienarbeit aus? Wird über die Galerie und ihre Ausstellungen kontinuierlich berichtet?

---

20 Siehe → Kapitel 3.4 *Identitätskatalysator, Imagedesigner, Markenmacher*
21 Hochwertige Kataloge können sich nur wenige regelmäßig leisten. Die positive Beantwortung der Frage wäre bereits eines der größten Professionalitätsindizes.

Je mehr Fragen positiv beantwortet werden können, desto höher ist die Professionalität der Galerie einzustufen. Zudem können weitere Aspekte für eine Beurteilung herangezogen werden, z.B. die Erfahrungen von Sammlern. Auf einer Kunstmesse befragte Sammler beurteilen einzelne Aspekte der Galeriearbeit nach folgender Hitliste:

»Seriosität/Qualität der Kunst/Echtheit der Werke/Diskretion/Kunstkennerschaft/ Werkpräsentation/Service und Info/Stammkundenbetreuung/Kunsthistorisches Wissen/Ausstellungsinfo/Ausstellung neuer künstlerischer Werke/Dokumentation und Katalog/Künstlerdokus/Marktgerechte Preise/Gezielte Werkbeschaffung/Ökonomische Kenntnisse/Entdeckung von Künstlern/Vermittlung von Künstlern/Allgemeine Marktinformationen« (Fesel/Holzweißig 2000: 54).

Die Sammler wurden auch um eine Bewertung der ihnen persönlich bedeutsamen Leistungen und Angebote von Galerien gebeten. Genannt wurden:

»Öffentlich zugängliche Ausstellungen/Ausstellungen junger Kunst/Anerkennung im Fachkreis/Gut sortiertes Warenlager/Fähigkeit, Künstler durchzusetzen/Internationales Angebot/Vernissagen/Spezialisierung/Ausstellungen anerkannter Künstler/Förderung regionaler Künstler/Teilnahme an Kunstmessen/Museums-/Kritikerkontakte/Individuelle Zahlungsmodalitäten/Internationale Kontakte/Marktinformationen/Atelierbesuche/Kunstpolitische Initiative/Wiederverkaufsoption über Galerie/Stilvielfalt im Programm/Gesellschaftlicher Kontakt/Exklusivität/Umtauschmöglichkeit/Gute Rendite/Symposien/Medienpräsenz« (Fesel/Holzweißig 2000: 54).

Betriebswirtschaftlich betrachtet determinieren die nachfolgend genannten Faktoren den Erfolg eines Galerieeinzelhandelsunternehmens (vgl. Christophersen 1995: 16ff.):

Networking
Zur Beschaffung und zum Absatz der Kunstwerke verfügt der Galerist über ein ausbaufähiges Netz enger Kontakte zu den Marktteilnehmern. Besonders positiv in der Erfolgswaagschale zählen Anzahl und Spezifik seiner Kontakte sowie die Fähigkeit zu einer kontinuierlichen Kontaktpflege.

Galeristenpersönlichkeit

»Ein Blick und ein Netz: Die Formulierung kann auf jede professionell und seriös betriebene Kunstgalerie angewandt werden auf Grund der Arbeit, die sie für die Künstler einerseits, für die Sammler andererseits leistet« (Marguerat 2003: 51).

Der Erfolg einer Galerie steht und fällt mit dem Galeristen. Es handelt sich um ein stark personengebundenes Geschäft, in dem es insbesondere auf die _soft skills_ des Galeristen ankommt: Wie gut kann er sich auf andere Menschen einlassen? Wie sympathisch und seriös finden ihn seine Nachfrager? Kann er gesellschaftliche Verbindungen herstellen? Kann er Vernissagen als gesellschaftliche Ereignisse inszenieren? Hat er das gewisse Feeling für Künstler und Trends? Etc. Darüber hinaus muss er Kunstexperte sein, Wissen über Qualität und Authentizität seiner Kunstwerke besitzen. Zudem zeichnet es ihn aus, einen festen Kundenstamm zu besitzen. Aus der Summe dieser Ressourcen entsteht sein Image. Thurn (2002: 325ff.) weist darauf hin, dass in vielen erfolgreichen Galeristenbiografien ein durch Geschäftssinn geprägtes Herkunftsmilieu entscheidend war. Aber auch die Einstellung zu Kompetenzerwerb und die nötige Ausdauer prägen die Geschäftsentwicklung und sind Basis für Erfolg oder Nichterfolg.

Wie werden Galeristen zu Galeristen? Sie sind häufig mehr oder weniger leidenschaftliche Kunstsammler, passive Künstler oder ehemalige Mitarbeiter anderer Galerien. Viele von ihnen sind aber auch aus anderen, bürgerlichen Berufen umgestiegen und haben ihr früheres Hobby zum Full-Time-Job ausgebaut – was sie nebenbei auch zu guten, eben nicht betriebsblinden Geschäftspartnern macht. Über den notwendigen wirtschaftlichen Erfolg hinaus zählt für sie vor allem zu Beginn ihrer Tätigkeit der ideelle Gewinn, den die Ware »Kunst« im Gegensatz zu anderen Handelsprodukten zu vermitteln vermag, und die Bestätigung der von ihnen früh erkannten Talente durch eine breite Öffentlichkeit. Der Beruf gehört zu den wenigen Berufsgruppen, für die es keine einheitliche Ausbildung gibt. Dementsprechend reich coloriert ist die Landschaft der Galerien und ihrer Betreiberpersönlichkeiten – vom Hobbybetrieb[22] bis hin zur Galerie, die als _global player_ mit internationalem Sammlerpublikum agiert. Alle Ausführungen beziehen sich auf die seriös geführte, private Galerie, deren Galerist ernsthaft im Haupterwerb der Galerietätigkeit nachgeht und den bereits genannten Professionalitätskriterien genügen kann.

Darüberhinaus spielen die Faktoren der Standortentscheidung, der Finanzdecke[23] und des betriebswirtschaftlichen Know-hows eine Rolle für die Entwicklung des Galerieunternehmens.

---

22 Ein Beispiel: der kunstinteressierte Anwalt, der Ausstellungen in seinen Räumen oder angrenzenden Örtlichkeiten durchführt und sich gern in der Rolle des Galeristen gibt, aber eben in erster Instanz doch dem Beruf des Juristen nachgeht, ist und bleibt ein Hobbygalerist. Auch wenn er seine Gattin in die Galerie setzt, die ohne das erforderliche Charisma die Öffnungszeiten bestreitet, bleibt das Unternehmen ein Hobbybetrieb, es sei denn, er hängt irgendwann den Advokatenberuf an den Nagel und ist nur noch für die Kunstvermittlung da.

23 Laufende finanzielle Belastungen durch Miete, Versicherungen, Personal, Wer-

»Fifty-fifty« – das Geschäft zwischen Künstlern und Galerien

»Vertrauen, Leidenschaft, Freundschaft« (Marguerat 2003: 52) – kann man das Verhältnis von Galerien und Künstlern in dieser Charakteristik fassen? Wenn man es um das Wort »Business« ergänzt, dann schon. Oft erhoffen sich Künstler von der Beziehung zu Galeristen jedoch mehr als Business und finanzielle Einkünfte:

- Öffentlichkeit, Aufmerksamkeit, Renommeesteigerung,
- gesellschaftliche intellektuelle Auseinandersetzung.

Das ist auch gut so, jedoch sollen sich Künstler darüber im Klaren sein: Das Ziel zu verkaufen, finanzielle Einkünfte zu erzielen, verfolgen Galerien mit aller Konsequenz und ordnen ihm viele Entscheidungen unter. Der Künstler hingegen räumt dem Verkauf nicht immer die oberste Prioritätsstufe ein, oftmals ist es für ihn wichtiger, z.B. inhaltliche Positionen in den Mittelpunkt zu stellen. Dies hat seine Berechtigung, wenn er eigene Ausstellungen und Events produziert. Wird er hingegen von einer Galerie eingeladen und vertreten, dann sollte er zu einem Perspektivwechsel in der Lage sein, sich in die Galerienwelt »eindenken« und gemeinsam mit der Galerie »an einem Strang« ziehen, um das gemeinsame Ziel des Verkaufens zu erreichen. Das Verkaufen von Kunst ist kein leichtes Geschäft. Die Zahl der Nachfrager ist trotz erfolgversprechender Gesamtmarktlage eher klein, sie wollen umworben sein und müssen überzeugt werden zu kaufen. Galerien setzen vielfältige Mittel und Strategien ein, um Verkäufe zu realisieren. Wenn der mühevolle Akt gelungen ist, verdienen sowohl Galerie als auch Künstler an diesem Verkauf. Wie das Teilungsverhältnis der Umsatzeinnahme aussieht und wie sich die Beziehungen bzw. Spielregeln in diesem Geschäft in der Praxis darstellen, soll nun thematisiert werden.

Das Kommissionsgeschäft – »Wenig Risiko, viel Geduld«

Das Kommissionsgeschäft wird zwischen Künstlern und Galerien vorrangig praktiziert. Der Galerist nimmt die Ware des Künstlers entgegen (»in kommissarischen Verkauf«) und bietet sie in dessen Auftrag seinen Kunden an. Der Künstler profitiert so vom Know-how des Vermittlers und von seinen Geschäftsbeziehungen bzw. dem Vermögen, gezielt für diese Kunstwerke Beziehungen aufzubauen. Im Gegenzug muss der Künstler einen vorher festge-

---

bung und Ausgaben für den Aufbau des akquisitorischen Potenzials müssen gedeckt werden.

legten Prozentsatz des Verkaufserlöses an den Galeristen abgeben. Nachteil dieser Vereinbarung ist der Umstand, dass ein Verkauf durch die Galerie nicht garantiert werden kann und der Künstler (z.B. bei unbegrenzter Kommission) womöglich lange Zeit auf den Abschluss des Geschäftes warten muss. Falls eine Ausstellung kein wirtschaftlicher Erfolg wird, gibt der Galerist dem Künstler die Kunstwerke zurück. Gelder sind in diesem Fall nicht an den Künstler zu entrichten. Für Künstler und Galerie empfiehlt es sich, über jede Kommission einen Lieferschein anzufertigen. Falls über den Zeitraum einer Ausstellung hinaus einzelne Werke in einer Galerie verbleiben, sollte eine zeitliche Begrenzung der Kommission stattfinden, z.B. für drei oder sechs Monate. Eine »unbegrenzte Kommission bis zum Widerruf« führt nicht selten zum »Einstauben« und »Vergessen« der Werke, deshalb ist davon abzuraten.

Provisionen – »Fifty-fifty«

Die geltende Grundregel heißt »Fifty-fifty«. Was in der Wirtschaft gilt »Einer produziert und Einer verkauft«, findet auch auf dem Kunstmarkt Anwendung. Dabei ist »Produzieren« genauso wichtig wie »Verkaufen«. Deshalb sollen beide Marktteilnehmergruppen gleich beteiligt werden, wenn ein Produkt umgesetzt wird. Als Ausnahme gilt: Bei sehr kostenintensiven Herstellungsverfahren (z.B. Bronzegüssen) oder Aufträgen (z.B. Kunst am Bau) können vor Anwendung des Teilungsverfahrens die Material- und Fremdkosten des Kunstwerkes abgezogen werden.

Praxisbeispiele für Provisionsfestlegungen zwischen Künstlern und Galerien/Vermittlern im Kommissionsgeschäft:

Provisionen

Art der Zusammenarbeit	Prozent Vermittler	Prozent Künstler
einmalige Galerie-Zusammenarbeit	50	50
wiederholte Galerie-Zusammenarbeit	50	50
dauerhafte Galerievertretung	50-70	50-30
art consulting, Agenten, ...	30	70

Was ist unter einer **einmaligen Galeriezusammenarbeit** zu verstehen? Damit wird eine temporäre Zusammenarbeit bezeichnet, z.B. im Rahmen einer Einzel- oder Gruppenausstellung. Oft wird das Ziel verfolgt, sich kennenzulernen – der Galerist testet Kunst und Künstler bei seinen Kunden an. Diese Form der Zusammenarbeit beinhaltet in der Regel eine Ablaufklausel, die bis zu einem Jahr nach Ausstellungsende eine Verkaufsexklusivität der gezeigten Werke beim Galeristen belässt. Das Ziel dieser Regelung besteht darin, Atelierverkäufe, an denen der Galerist nichts verdient bestmöglichst zu unterbinden.

Was ist unter einer **dauerhaften Galerievertretung** zu verstehen? Damit wird eine Zusammenarbeit, z.B. über einen Zeitraum von fünf Jahren, bezeichnet, landläufig nennen Künstler diese Form der Vertragsfindung gern »Knebelvertrag«. Der Galerist investiert bei diesem Geschäft kräftig in »seine« Künstler. Aber dafür sind die Spielregeln streng und fordernd: Er will immer dann verdienen, wenn Kunst »seiner« Künstler in einem bestimmten Gebiet, das er sich exklusiv zur Vertretung gesichert hat, verkauft wird. Die Extremform der Zusammenarbeit, die ebenfalls in der Praxis angewandt wird, ist die Auflage an den Künstler, alle (!) Verkäufe über die Galerie abzurechnen: national und international. Der Künstler ist dann stark gebunden, was im Gegenzug heißen muss, dass der Galerist ihm Mindestumsätze garantiert.

Die Gewerkschaft *ver.di* gibt für Künstler folgende Anhaltspunkte als Empfehlung heraus, die jedoch in der Praxis nur bedingt anwendbar sind:

Provisionsempfehlung von ver.di

Art der Zusammenarbeit	Prozent Vermittler	Prozent Künstler
einmalige Galerie-Zusammenarbeit	30-40	70-60
wiederholte Galerie-Zusammenarbeit	40-50	60-50
dauerhafte Galerie-Vertretung	50	50

Kauft eine Galerie bei einem Künstler Kunstwerke an, erhält sie also keine Kommissionsware, liegt die Provision bzw. der Galerierabatt für den Galeristen erheblich über 50 Prozent.

Leistungen, die Galerien für ihre Prozente erbringen

Grundleistungen bei »Fifty-fifty«:

1. Durchführung einer oder mehrerer Ausstellung(en) – inklusive Eröffnungsveranstaltung[24],
2. Herstellung und Versand von Einladungskarten,
3. Übernahme des Transports für einen Weg (Hin- oder Rücktransport),
4. Öffentlichkeitsarbeit für die Ausstellung(en),
5. Vertretung des Künstlers gegenüber Museen, Sammlern, anderen Galerien,
6. Versicherung der Werke in der Ausstellung (gegebenenfalls auch »von Nagel zu Nagel« – also inklusive Transporte).

Erbringt ein Galerist diese Grundleistungen nicht, ist die »Fifty-fifty«-Regelung in Frage zu stellen. Wenn der Künstler beispielsweise beide Transporte übernehmen soll, wäre eine Verständigung auf 40 Prozent der Verkaufssumme für den Galeristen angemessen.

Zusatzleistungen (Kostenbeteiligung des Künstlers erforderlich):

- Katalog: Beteiligung nicht in Form von Bargeld, sondern mit Werken
- Anzeigen in Kunstzeitschriften
- Herstellung von Plakaten in Großauflage
- Repräsentanz auf Kunstmessen

Gebietsschutz/Exklusivitätsrechte – »Überleben sichern«

Damit Galerien wirtschaftlich überleben können, wünschen sie in der Regel Vertretungen von Künstlern mit einem Exklusivitätsanspruch, der sich auf ein Bundesland bzw. mehrere Bundesländer bezieht, z.B. eine Vertretung für Rheinland-Pfalz, das Saarland und NRW. Der Gebietsschutz beinhaltet, dass alle Verkäufe, Auftrags- und Ausstellungsvermittlungen mit z.B. 50 Prozent an die Galerie provisionspflichtig sind. Dies hat seine Berechtigung, da der Nachfragerkreis von Kunst recht klein ist und Überschneidungen in der Ansprache unvorteilhaft wären.

Für den Künstler ist jedoch zu bedenken, dass er durch den Exklusivitäts-

---

24 Vorsicht! Nicht überall wo »Galerie« dransteht, ist auch Galerie drin. Wenn ein Unternehmen, das sich Galerie nennt, keine Vernissage veranstaltet, wie will es dann Geschäfte machen? Diese Unternehmen sind jedoch in der Praxis anzutreffen, z.B. in Gegenden mit viel Laufpublikum (Strandpromenaden) – es sind mehr oder weniger kunsthändlerisch agierende Läden, die sich »Galerie« nennen, weil es schick klingt. Mit Künstleraufbau und -förderung haben sie in aller Regel wenig zu tun.

anspruch im definierten Gebiet keine weiteren Galerien gewinnen kann. Sind die Umsätze der Galerie, die den Exklusivitätsanspruch stellt, auch überzeugend? Zu Zeiten des Kunstmarktbooms hat man Summen für garantierte jährliche Mindestankäufe durch Galerien festgelegt. Im 21. Jahrhundert wird man kaum noch Galerien finden, die das wirtschaftliche Risiko allein auf ihren Schultern tragen. Es ist für den Künstler jedoch genau zu prüfen, ob weitgehendere Exklusivitätswünsche, z.B. bundesweite oder europaweite Vertretungen, eine Berechtigung haben. In der Regel überschätzen Galerien, die diesbezüglich Angebote unterbreiten, ihre Fähigkeiten.

Verkäufe aus dem Atelier – »Je höher die Sphäre, desto dünner die Luft«

Wenn Galerien und Künstler einmalig zusammenarbeiten, wird das Verkaufen aus dem Atelier wenig thematisiert werden. Doch je höher die Sphären der Zusammenarbeit sind, desto intensiver stellt sich die Frage »Wer verdient, wenn übers Atelier verkauft wird?«. Viele Galerien betrachten es als sinnvoll, Gebietsschutz und Verkauf aus dem Atelier zu koppeln – wenn es sich um eine dauerhafte Zusammenarbeit mit einer Galerie handelt (z.B. ein Zeitraum von fünf Jahre = »dauerhafte Vertretung«). Die von Galerieseite gestellte Forderung, immer dann zu verdienen, wenn Kunst ihrer Künstler in einem bestimmten Gebiet verkauft wird, hat ihre Berechtigung. Denn Galerien investieren kräftig in den Aufbau ihrer Künstler. Weshalb sollen sie also keine Tantiemen bekommen?

Preisdisziplin – »Vereinbarte Preise garantieren«

Keine Galerie kann erfolgreich arbeiten, wenn der Künstler unter der Hand, also direkt aus dem Atelier, preiswerter verkauft. Galerien legen großen Wert darauf, dass vereinbarte Verkaufspreise gehalten werden. Bei der Zusammenarbeit mit einer Galerie lässt sich diese meist mündlich bestätigen, dass auch bei Verkäufen in anderen Galerien sowie bei Atelierverkäufen die vereinbarten Preise gültig und verbindlich sind. Die Regel lautet: Vereinbarte Preise gelten grundsätzlich für jeden und überall. So kann das Atelier im Grunde keine Distributionskonkurrenz für den Galeristen darstellen. Allerdings ist in der Bevölkerung der Irrglaube weit verbreitet, dass Galerien »aufschlagen« und Werke mehr kosten als beim Künstler direkt. Dies kann jedoch nur passieren, wenn nicht mit dem Rabatt-, sondern mit dem Aufschlagsystem gearbeitet wird: Es stecken in jedem Werk 50 Prozent fürs Produzieren und 50 Prozent für den Vertrieb. Wo soll also etwas aufgeschlagen werden?

Rabatte – »Nachfrager ist nicht gleich Nachfrager«

Einflussreiche Kunden (*opinion leader*) können manchmal nur zum Kauf animiert werden, wenn ihnen ein Rabatt eingeräumt wird. Er sollte nicht mehr als zehn Prozent (bei Privatnachfragern) bzw. bis zu 30 Prozent (bei Groß-sammlern/Museen) betragen. Diesen Rabatt sollten sich Galerie und Künstler teilen.

Da Galerien oft mit Partnergalerien (z.B. in einem anderen Bundesland) zusammenarbeiten, müssen auch diese bei Verkauf am Verkaufserlös (in der Regel mit 40 Prozent) beteiligt werden. In solchen Fällen erhält also die »Hauptgalerie« die restlichen 10 Prozent (des gesamten 50-Prozent-Galerie-rabatts).

Zahlungszeitpunkt – »30 Tage nach Zahlung des Kunden«
In Musterverträgen, z.B. vom *Bundesverband Bildender Künstler* (2003), wird vorgeschlagen, dass der Künstler 30 Tage nach Ausstellungsende Anspruch auf Auszahlung seines Verkaufsanteils hat. Eine solche Regelung ist theoretisch tragbar, entspricht jedoch nicht der Praxis. Üblicherweise zahlen Galerien 30 Tage, nachdem sie selbst vom Käufer das Geld erhalten haben, den Anteil an ihre Künstler aus. Dies hat z.B. zur Konsequenz, dass der Künstler bei Ratenzahlung über mehrere Monate ebenfalls in Raten seinen Anteil ausgezahlt bekommt.

Umsatzsteuer – »7 Prozent«
Galerien verkaufen ihre Ware in der Regel mit 7 Prozent Umsatzsteuer (Ausnahme: Fotografien und Siebdrucke 16 Prozent). Diese Umsatzsteuer weisen sie auf der Rechnung aus. Sollte der Künstler nicht umsatzsteuerpflichtig sein, schlägt die Galerie die Steuer auf ihre Provision auf.

> **Hier ein Beispiel:** Ein Bild wird für 2.000 € über eine Galerie verkauft. Der Erlös wird »fifty-fifty« geteilt.
>
> **Fall 1:** Der Künstler ist umsatzsteuerpflichtig. In seinem Anteil stecken 7 Prozent Umsatzsteuer, die er gegenüber der Galerie auch auf der Rechnung ausweist (1.000 € abzgl. 70 € Steuern, netto 930 €).
>
> **Fall 2:** Der Künstler ist nicht umsatzsteuerpflichtig. Die Galerie wird veranlasst, dass 7 (bzw. 16) Prozent vom Endpreis abgezogen werden und die Nettosumme »fifty-fifty« geteilt wird (2.000 € brutto abzgl. 140 € Steuern, netto 1.860 €, dividiert durch 2 = 930 €).

Zu den Forderungen der bei »ver.di« organisierten Künstler
Auf der Homepage der Interessenvertretung *ver.di* (*http://www.verdi.de/oetv_ 2/intranet/fachbereiche/08_medien_kunst_kultur_druck_papier_industri elle_dienste_und_produktion/bildende_kunst/allgemeine_geschaeftsbedingungen*) wird ebenfalls über entsprechende Regelungen informiert. Es sind Empfehlungen, die auf eine Verbesserung der Situation der Künstler ausgerichtet sind. Das ist für den Künstler gut, denn eine Verbesserung seiner Situation ist

dringend notwendig. Jedoch soll an dieser Stelle das Bewusstsein für die Realität der derzeitigen Zusammenarbeit zwischen Galerie und Künstler in Deutschland geschärft werden. Diese lässt den wenigsten der *ver.di*-Forderungen im kommerziellen Galeriebereich eine Chance – warum, zeigen die folgenden Ausführungen.

Reisekosten

»*Der Kunde/Veranstalter muss die dafür anfallenden Kosten – wie Reisekosten, Übernachtung, Spesen – tragen*« (*ver.di*). Reisekosten tragen Galerien nur, wenn sie in der allerersten Liga spielen. Ansonsten gilt: Der Künstler trägt entstehende Kosten selbst.

Ausstellungsaufbau

»*Die Mitarbeit am Aufbau der Ausstellung ist gesondert zu vergüten*« (*ver.di*). Eine Vergütung der personellen Leistungen, die vom Künstler erbracht werden, ist unüblich.

Transport

»*Die Kosten für den Transport (ab und an Atelier bzw. Lager) sowie die Versicherung der Werke während des Transports, sind in voller Höhe vom Aussteller/Veranstalter zu übernehmen. Dies gilt für Galerien, Institutionen (Kommunen und Kunstvereine) sowie für private Aussteller*« (*ver.di*). In der Praxis werden die Wege geteilt, der Künstler übernimmt einen Weg, der Galerist den anderen.

Versicherungsschutz

»*Die Ausstellungsversicherung ist vom Aussteller/Veranstalter in voller Höhe zu übernehmen. Die Versicherung muss nachgewiesen werden. Bei Rücklieferung der Arbeiten ins Atelier/Lager ist auf Schäden zu achten und die Annahme unter Vorbehalt zu quittieren*« (*ver.di*). Es wäre ein großer Fauxpas, den Galeristen um Nachweis seiner Versicherung zu bitten. Professionelle Galerien sind selbstverständlich versichert. Bei Startern oder Hinterhofgalerien ist das Thema in einem offenen Gespräch zu klären.

»*Der Versicherungswert ist von Künstlerin/Künstler und Aussteller einvernehmlich festzulegen und soll dem zu erzielenden Verkaufspreis entsprechen. Ein geringerer Versicherungswert sollte auf keinen Fall akzeptiert werden*« (*ver.di*). Der Versicherungswert, der im Schadensfall (häufig mit Nachweispflicht) an den Künstler ausgezahlt wird, kann in Galerien niemals äquivalent dem Verkaufspreis angesetzt werden. Dann würde der Galerist an jedem Versicherungsfall verdienen. Welche Versicherungsgesellschaft wäre wohl mit solch einem Deal einverstanden? Den Versicherungswert bilden z.B. die 50 Prozent, die der Künstler im Verkaufsfall bekäme – also sein Anteil. Dies hat für ihn die Konsequenz, dass das Werk im Schadensfall nicht mehr in der Öffent-

KATHREIN WEINHOLD
→ Das Geschäft mit der Kunst   77

lichkeit wirken kann und der Künstler eben auch nur seine 50 Prozent vereinnahmt. Eine andere Lösung für dieses Problem gibt es jedoch nicht.[25]

Präsentation (Zahl und Platzierung der Werke, Rahmung bzw.Sockelgestaltung)

»*Über den Umfang der Ausstellung entscheiden Künstlerin/Künstler und Ausstellerin/Aussteller einvernehmlich. Rahmen, Sockel etc. werden vom Aussteller besorgt, eine Übernahme durch die Künstlerin/den Künstler wäre denkbar, wenn sie als integrierte Teile des Werkes gesehen werden*« (*ver.di*). Es gilt jedoch: Das »letzte Wort« hat die Galerie. Sie ist der Veranstalter und trägt die Kosten. Einige Galerien besitzen einen eigenen Fundus an Equipment wie Sockel oder Rahmen. Es ist jedoch nicht primär Aufgabe der Galerie, sich um Rahmen oder Sockel zu kümmern. Jeder Künstler muss seine Werke so vorbereiten, dass eine Ausstellung damit durchgeführt werden kann. Jedes Produkt in der Marktwirtschaft bekommt eine »Verpackung«, die der Produzent mitliefert. Bei einigen Werken ist eben eine »Verpackung« in Form einer Rahmung erforderlich. Diese liefert selbstverständlich der Produzent. Anders verhält es sich bei Installationen, deren Präsentation finanzieren Galerien häufig mit, wenn sie sich auf ihren speziellen Galerieraum einlassen.

Auftragsarbeiten

»*Wenn nach der ersten Kontaktaufnahme Interesse besteht, kann ein kostenpflichtiges Angebot vereinbart werden, bei dem man die folgenden Leistungen anbieten kann*« (*ver.di*). Selbstverständlich gibt es Auftraggeber, die für Entwürfe von Künstlern Honorare budgetiert haben. Die Regel ist es aber noch längst nicht. *ver.di* versucht, den Künstlerberuf an dieser Stelle dem Architektenberuf gleichzustellen. Das funktioniert in der täglichen Praxis jedoch nur begrenzt, weil das gesellschaftliche Bewusstsein für die Wertschöpfung des Künstlers oft nicht ausreicht (→ Kapitel 3.5.5.3 *Preispolitik*).

Schriftliche Vereinbarungen

Der Bundesverband der Galerien, der *Bundesverband Deutscher Galerien*, sieht für seine Mitgliedsgalerien eine Bindung an bestimmte Berufscodexe u.a. an den der *Federation of European Art Galleries Associations* (F.E.A.G.A.; *www.feaga.org*) vor (vgl. *www.bvdg.de*). Die Charta der *F.E.A.G.A.* regelt, dass schriftliche Verträge zwischen allen Geschäftsbeteiligten vorzunehmen sind. Aber wie sieht die Praxis aus? Der Kunstmarkt ist leider noch immer eine Branche, die vornehmlich mit Handschlag arbeitet. Beschämend aber wahr:

---

25 Bei Ausstellungen in der Wirtschaft etc. ist jedoch auf die Regel »Versicherungswert = Verkaufspreis« großen Wert zu legen.

Galeristen erdreisten sich im Rahmen öffentlicher Vorträge eines Hochschul-auditoriums zu »gestehen«, »sie hätten keine Zeit, den Künstlern stunden-lang das Kleingedruckte zu erklären«.[26] Über den Hintergrund einer solchen Äußerung mag sich an dieser Stelle jeder für sich Gedanken machen. Der Be-rufscodex, der vom *Bundesverband Deutscher Galerien* und anderen Verbän-den zur Durchsetzung vorgesehen ist, möchte die gegenseitigen Interessen beim Geschäft zwischen Künstlern und Galerien jedenfalls gewahrt sehen. Dazu gehört zweifelsohne eine schriftliche Vereinbarung, die für beide Seiten die mündlich besprochenen Geschäftsdetails abbildet. In der Praxis wird häu-fig der Galerist anzutreffen sein, der eine schriftliche Fixierung für überflüssig hält. Der Künstler sollte in seiner Selbstorganisation dennoch großen Wert auf schriftliche Vereinbarungen legen (→ Kapitel 5 *Schriftliche Vereinbarun-gen*).

Wie regulieren Galerien den Markt oder: Wie versuchen sie es?

Strategie 1: Nicht jeder darf kaufen!
Diese Strategie praktiziert z.B. die Galerie *Andrea Rosen* in New York mit den Werken und Kaufinteressenten von Andreas Gursky. Mittels Wartelisten oder Anforderungen, denen die Sammler entsprechen müssen, wird reguliert, ob und wer ein Werk erwerben darf. Auf diesem Wege sollen die Arbeiten in be-stimmte Sammlungen hineingelangen. Was passiert aber, wenn die selektier-ten Käufer wieder verkaufen wollen? Die Galerie versucht, sie an einen Kauf-vertrag zu binden, der ihr das Vorkaufsrecht zusichert. Das Problem beim Vorkaufsrecht: Die Arbeit muss zu einem »fairen« Preis angeboten werden. Aber was ist ein »fairer« Preis?

Strategie 2: Eigene Museen betreiben!
Eine ganze Anzahl der neuen Privatmuseen beruht direkt oder indirekt auf Aktivitäten von Kunsthändlern oder Galeristen, z.B. *Hauser & Wirth*, aber auch *Beyeler*, die eigene Museen gegründet haben, zudem das Schaulager der *Daros Collection*, die auf der Sammlung von *Thomas Ammann* gründet. Wenn Galeristen, die im klassischen Marktverständnis Anbieter bzw. Partner von Museen sein wollen, nun eigene Museen betreiben und neben dem Galeris-tenberuf auch noch dem des Museumsdirektors nachgehen, wie verändert sich dann zukünftig der Markt? Bewirkt wird eine gezielte Preissteigerung »ihrer« Künstler und Werke. Die Strategie dürfte aufgehen und ihnen Macht-potenzial geben, das öffentliche Museen zunehmend abgeben müssen.

---

26 Kyra Maralt 2001 im Rahmen einer Podiumsdiskussion an der damaligen *Hoch-schule der Künste* in Berlin, heute *Universität der Künste*.

Zukunftsszenarien: Kunstvermittlung als Dienstleistung

Wie sieht die Zukunft der Galerien aus? Galerien kämpfen zunehmend mit Bedeutungsverlust. Waren sie noch vor wenigen Jahren alleinige *gatekeeper*, Selektierer des Kunstmarktes, die darüber bestimmten, was als Kunst anerkannt und die Chance einer öffentlichen Präsentation erhält, so werden andere Marktteilnehmer zunehmend bedeutsamer: allen voran die Großsammler, private Museen aber auch Wirtschaftsunternehmen und *art consultants*. Steigende Mobilität (vgl. Fesel 2002: 323f.) auf dem Kunstmarkt ist ein wachsendes Problem. Während Großsammler auf der ganzen Welt zu Hause sind, fällt es Galerien durch verschiedenste, insbesondere ökonomische Zwänge nicht immer leicht, dieser Anforderung gerecht zu werden und selbst weltweit präsent zu sein bzw. ein globales Netz aufzubauen.

Die Galerie wird zukünftig als reiner Ausstellungsort zunehmend an Bedeutung verlieren. Galerie-Unternehmen müssen Kommunikations- und Dienstleistungsknotenpunkte werden, die auf gesellschaftliche Veränderungen und neue Erfordernisse flexibel reagieren, wenn sie überleben wollen. Dies betrifft vor allem junge Galerien bzw. Neugründungen. Sie müssen nicht sofort in der Lage sein, eigene Museen zu betreiben, aber den Blick auf das Erobern zusätzlicher Geschäftsfelder zu fokussieren, wird ihr Thema der Zukunft sein. Die rasante Entwicklung neuer Informations- und Kommunikationstechnologien und das sich damit eröffnende Vertriebs- und Marketingpotenzial kommt ihnen zugute, Public-Relations- und Marketing-Leistungen anzubieten, die über *art consulting*[27] weit hinausgehen. Im Folgenden einige Beispiele:

»Um ihren Vermittlungsanspruch auch in anderen Bereichen der Kunst- und Kulturarbeit erfüllen zu können«[28], hat die in Berlin ansässige Galerie *Arndt & Partner* (*www.arndt-partner.de*) 1998 die Agentur *artservices* gegründet. Unabhängig von der Galerie entwickelt ein Team Beratungsleistungen und Vermittlungsplattformen im Kunst- und Kulturbereich: zuletzt hat *artservices* die Führungs- und Besucherdienste der *documenta X*, der *Expo2000* und der *Autostadt Wolfsburg* konzipiert. In Berlin betreut *artservices* beispielsweise die Vernetzungs- und Kommunikationsplattform *Kunstherbst Berlin* (*www.kunstherbst.de/04/*).

Die Galerie *Lindinger + Schmid*, Regensburg und Berlin (*www.lindinger-schmid.de*), hat über viele Jahre klassische Geschäftsfelder mit neuen Galerieaufgaben verbunden.[29] »Zeitgenössische Kunst engagiert zu beschreiben,

---

27 *Art consulting* wird von vielen Galerien bereits als Dienstleistung angeboten.

28 Zitiert nach *www.artfacts.net*.

29 Mittlerweile wurde der Galeriebetrieb eingestellt.

KATHREIN WEINHOLD
Selbstmanagement im Kunstbetrieb

den Kunstbetrieb kompetent und kritisch zu analysieren« (*www.lindinger-schmid.de/frames/home_verlag/alles.htm*), dieses Anliegen hat die Galeriearbeit in den 1990ern ergänzt:

- An ein großes Publikum wendet sich die seit 1996 erscheinende *KUNST-ZEITUNG*. Sie berichtet über Ausstellungen und stellt Künstler, Kunstvermittler und kunstsinnige Unternehmen vor. Monatlich wird die über Anzeigen finanzierte *KUNSTZEITUNG* überall dort verteilt, wo kunstinteressierte Menschen versammelt sind.
- Einmal pro Jahr wird Bilanz gezogen – mit der 320-Seiten-Zeitschrift *KUNSTJAHR*. Im Großformat werden wichtige Ereignisse aus Kunst, Architektur, Design, Mode sowie aus den Museen und der Kulturpolitik dokumentiert.
- Außerdem wird der Branchenbrief *Informationsdienst KUNST* produziert.
- Ein Buchprogramm wird herausgegeben: Im Mittelpunkt steht die Statement-Reihe, für die Autoren wie Jean-Christophe Ammann oder Harald Szeemann gewonnen werden konnten.
- Neben der Verlagstätigkeit werden – im *Büro für Kunst und Öffentlichkeit* in Berlin Beratungsleistungen angeboten, wobei Presse- und Kommunikationsaufgaben für Kulturproduktionen oder Unternehmen (z.B. *boesner gmbh*) übernommen werden.

Auch die Galerie *Barbara Wien* (*www.barbarawien.de*) betreibt neben dem klassischen Galeriebetrieb ein weiteres Geschäftsfeld: eine Buchhandlung für Künstlerbücher. Das Angebot umfasst Künstlerbücher seit den 1960er Jahren, ausgewählte Kataloge und Texte von Künstlern.

Die Gewinne, die mit den Dienstleistungen oder zusätzlichem Handel erwirtschaftet werden, dienen in den meisten Fällen der Mitfinanzierung der Ausstellungstätigkeit. Denn nicht jede Ausstellung führt zum wirtschaftlichen Erfolg.

2.2.3 »THE PLACE TO BE«: DIE KUNSTMESSEN

Kunstmessen sind die mächtigsten Räume der Kunst, um Öffentlichkeit und Aufmerksamkeit herzustellen. Im ökonomischen Sinn sind Kunstmessen (je nach Profil) regionale, nationale und internationale Marktplätze für den Handel mit Kunst. Sie sind aber auch Orte der Begegnung, Foren für die Vermittlung und Rezeption zeitgenössischer Kunst, Barometer aktueller Strömungen und neuester Nachfrage. Die Kunstmessen, die das Interesse eines Fachpublikums und aller Marktteilnehmer wecken, sind Galeristenmessen. Das heißt: Eine direkte Teilnahme von Künstlern ist ausgeschlossen. Es werden nur Galerien und Editeure, gegebenenfalls weitere vermittelnde Akteure, wie z.B.

Kunstverlage, zugelassen. Eine Teilnahme von Auktionshäusern oder deren Töchterunternehmen ist ebenfalls ausgeschlossen.

Für Künstler ist es viel wert und es zahlt sich für sie aus, auf einer Kunstmesse vorgestellt zu werden; es gehört zum Instrumentarium der Etablierung, das Galerien anwenden. Für den Galeristen ist es zunächst ein wirtschaftliches Risiko, auf einer Kunstmesse auszustellen; die Präsentation ist mit hohen Kosten verbunden. Seine Chancen liegen im möglichen finanziellen Gewinn und im Zuwachs an eigenem Renommee. Für den Galeristen ist es wichtig, wer die Messe ausrichtet. Es gelingt nicht jeder Messegesellschaft, die Kunstmesse zum Erfolg zu führen. Professionalität auf diesem Gebiet zeigt sich dadurch, das richtige Angebot mit einer identischen Nachfrage zusammenzubringen, so wie es bei der *Art Basel* und bei der *Art cologne* alljährlich seit mehr als 30 Jahren gelingt. Wie entwickelte sich die Welt der Kunstmessen in Deutschland (vgl. Dörstel/Jacobs 2000: 12ff.)?

Kunstmarkt Köln 1967

1967 fand die erste Messe für moderne Kunst Europas in Köln-Gürzenich statt; initiiert wurde sie von Hein Stünke[30] und Rudolf Zwirner, die gemeinsam mit anderen Galerien den *Verein progressiver deutscher Kunsthändler* gründeten. Die Notwendigkeit dafür sahen sie vor allem in der Konstitution des damaligen Marktgefüges, das eben anders als in New York, London und Paris in eine Vielzahl von Teilmärkten ausdifferenziert war, was letzendlich zu einer Bedeutungsminderung des deutschen Kunstmarktes im internationalen Kontext führte. Dies musste verändert werden, indem ein Markt für junge Kunst geschaffen wurde und junge deutsche Galerien wirtschaftlich gestärkt werden sollten.[31] Die nun erstmalig stattfindende Kunstmesse *Kunstmarkt Köln* vom 13. bis 17.9.1967 genoss die Unterstützung der Stadt Köln und gab mit ihrem überraschenden Erfolg in publizistischer und wirtschaftlicher Hinsicht für alle Akteure Anlass zu hoffen. Doch zunächst nahm eine für die folgenden Jahre symptomatische Entwicklung ihren Lauf: Düsseldorf bekundete bei den Veranstaltern Interesse, im nächsten Jahr ausrichtende Stadt des

---

30 Hein Stünke war damaliger Betreiber der Galerie *Der Spiegel*.

31 Dabei wurde die Messe von einem recht exklusiven Konzept getragen: Mit nur wenigen Ausstellern wollte man eine Messe mit hoher Qualität veranstalten – und dies in einer Zeit der großen deutschen Studentenunruhen! Auseinandersetzungen waren vorprogrammiert. Dennoch, um das Ziel der Stärkung des deutschen Kunstmarktes zu erreichen, waren die Mittel richtig gewählt. Auch eine Beteiligung ausländischer Galerien wurde von vornherein ausgeschlossen. Der deutsche, kränkelnde Markt sollte vor ausländischen Mitbewerbern geschützt und behütet aufgebaut werden.

Messenovums zu sein. »Rivalität, Konkurrenz und Abgrenzungen treiben die Kunstmessen und stehen hinter Neugründungen und Veränderungen ihrer Strukturen« (Dörstel/Jacobs 2000: 12ff.).

prospect 68

Düsseldorf setzte sich durch – mit einer Gegenmesse. Die *prospect 68 – Internationale Vorschau auf die Kunst in den Galerien der Avantgarde* wurde vom 20. bis 29.9.1968 in der *Düsseldorfer Kunsthalle* mit Unterstützung der Stadt Düsseldorf initiiert und gefeiert. Offen diskutierte Handlungskatalysatoren für die Einrichtung der Messe waren wohl der Ausschluss der Internationalität sowie die Eliminierung avantgardistischer Kunst[32] bei dem vorangegangenen *Kunstmarkt Köln*. Insbesondere die damals schwer handelbaren Kunstströmungen der *Land Art*, *Conceptual Art* und *Minimal Art* standen im Mittelpunkt des Messeinteresses. Die Leistung dieser »Gegeninitiative« für die Zukunft des Kunstmarktes lag darin, fortan weltweit Impulsgeber zu sein. Einer der Impulse landete direkt im benachbarten Köln: Von nun an lud auch der Kölner Kunstmarkt ausländische Ausstellergäste zu Messeteilnahmen ein.

IKI 1970

Eine zweite Gegenbewegung zum *Kunstmarkt Köln* entstand: die am 28.9. 1970 initiierte *IKI*, getragen durch den so genannten *Kunstmessenverein*, den *Verein Internationale Kunst und Informationsmesse*. Initiative zeigten vor allem die Galerien, die nicht vom *Verein progressiver deutscher Kunsthändler* zum *Kunstmarkt Köln* eingeladen worden waren. So funktionierte die Messe ohne Auswahlgremium, einzig und allein mit der Maßgabe, eine rechtzeitige Anmeldung abgeschickt zu haben. 1971 fand die *IKI* in Köln parallel zum *Kölner Kunstmarkt* statt; 1972 etablierte sie sich schließlich als Düsseldorfer Pendant zum *Kölner Kunstmarkt*. Als sich 1975 die ehemals konkurrierenden Kunsthändlerverbände und Messebetreiber zum *Bundesverband Deutscher Galerien* zusammenschlossen, wurde der Weg für die 1984 stattfindende Fusion der *IKI* und des *Kunstmarktes Köln* geebnet. Durch die Fusion entstand eine neue Messe, die *Art Cologne*.

Art Cologne

Seit 1984 heißt die traditionsreichste und bedeutendste deutsche Kunstmesse *Art Cologne*. Sie wurde über viele Jahre hinweg vom *Bundesverband Deutscher Galerien* ausgerichtet. Die Einrichtung und Etablierung dieser Messe

---

32 Wem immer man subjektiv dieses Kriterium zuschreiben darf.

erwies sich als entscheidender Konsolidierungs- und Etablierungsfaktor für den Kunstmarkt in Deutschland.

Dennoch fanden erneut Gegenbewegungen einen Raum. 1992 veranstalteten einige junge Galeristen zeitgleich zur *Art Cologne* eine Kunstmesse mit dem Titel »Unfair – the real art fair«. Beweggründe für die Initiatoren war die Größendimension der *Art Cologne*, die mittlerweile auf ca. 250 Aussteller angewachsen war, aber auch die Politik der Veranstalter, die »Innovationen verhindern und nicht mehr den Anforderungen der neunziger Jahre entsprechen würden« (Dörstel/Jacobs 2000: 14).

Insbesondere die politischen Entwicklungen zu Beginn der 1990er Jahre (die Deutsche Wiedervereinigung und der Golfkrieg) minderten das Interesse an zeitgenössischer bildender Kunst. Anliegen der jungen Messe mit 27 Avantgarde-Galerien war es, nach neuen Ausstellungs- und Vermittlungsformen mit internationaler Ausstrahlung zu suchen. Die *Art Cologne*-Veranstalter begrüßten das Vorhaben und integrierten schließlich 1994 die junge Messe.

art forum berlin

1996 wurde erneut Kritik laut, es entstand wiederum eine neue deutsche Kunstmesse. Initiatoren waren einige der Stamm-Aussteller der *Art Cologne*, die jedoch die Größe und Unübersichtlichkeit der Kölner Messe kritisierten. Außerdem war Mitte der 1990er Jahre absehbar, welches Entwicklungspotenzial Berlin als internationale Metropole von Kunst, Kultur und Kunsthandel in sich barg. Spezialisierung war das Anliegen: eine Messe, die internationale Avantgarde zeigt und überschaubar ist. Die Umsetzung war erfolgreich, und der Olymp der deutschen Kunstmessen schien schnell erreicht.[33] Mittlerweile verkleinert sich die Messe wieder. Der Messegigant im internationalen Vergleich ist und bleibt die *Art cologne*, die zu den fünf größten internationalen Kunstmessen zählt und derzeit nach der *Art Basel* auf Platz 2 rangiert. Dank großer Shows wie der *Art Basel* und anderer Messen haben sich

»[...] Kunst und urbane Lebensart auf eine unvordenkliche Weise angenähert. [...] Und die Kunstmesse ist zu einem grandiosen Spiegel dieser Lebensart geworden. Ein Spiegel für die Umarmung der Künste, für ihren Einschluss ins Leben, für ihre Bereitschaft, die alte Abständigkeit, das gefährliche Anderssein aufzugeben und lieber die Rolle des gut verträglichen Geschmacksverstärkers zu spielen« (Müller 2003: 36).

---

33 Ob die erfolgreiche Entwicklung fortgeführt werden kann, ist abzuwarten. Die 2003 gestartete Londoner *Frieze* bewegt sich in adäquatem Terrain.

Bewerberselektion

Zu den Messeveranstaltungen werden ausschließlich Bewerbungen von kommerziellen Galerien zugelassen. Beispielsweise müssen für die *Art Cologne* folgende Nachweise erbracht werden: »Nachweis einer ständigen Galerietätigkeit« (seit mindestens drei Jahren, in eigenen Ausstellungsräumen, mit regelmäßigen Öffnungszeiten – 24 Stunden an fünf Tagen in der Woche, im Hauptberuf), »dauernde Propagierung von Kunst« (mindestens vier öffentliche Ausstellungen pro Jahr), »Nachweis, dass das angemeldete Programm den Erfordernissen und dem Ziel der *Art Cologne* entspricht«. Um bei der *Art Frankfurt* eine Bewerbung vornehmen zu können, muss der Galerist zudem eine regelmäßige Katalogpublikation nachweisen.

Neue Wege zum Publikum

Kunst*museen* expandieren – sie erreichen ein immer größeres Publikum. Verhält es sich mit den Kunst*messen* ebenso? Immer neue Messen schießen wie Pilze aus dem Boden und müssen sich mit vielen anderen das Publikum teilen. Oder erweitern neue Messen den Markt statt ihn zu strapazieren (vgl. Müller 2003: 36)? Welche Strategien setzen Kunstmessen ein, um neues Besucher- und Käuferklientel zu akquirieren?

Die parallel zur *Art Cologne* in der gleichen Kunstmetropole startende *art fair* will insbesondere jungen potenziellen Käufern und Sammlern Schwellenängste vor dem Kunstbetrieb nehmen. Die Preise für Kunstwerke beginnen hier bei 30 €. Kein Exponat soll die 5.000-€-Grenze übersteigen. Den Käufern wird vor allem junge Kunst angeboten. 80 Prozent der Künstler sind nicht älter als vierzig Jahre. Die Messe-Location ist keine nüchterne Messehalle, sondern eine mehr als hundert Jahre alte Gründerzeit-Industriehalle, die *after-work-party-like* bis 22 Uhr geöffnet hat. Coffee- und Sandwichbars sowie Lounges mit Jazzmusik laden ein, die Messe am Abend zum Verweilpunkt neuer, junger Käuferschichten zu machen. Ähnliche Strategien bestimmen das Handeln von Bernd Fesel. Der ehemalige Geschäftsführer des *Bundesverbandes deutscher Galerien* organisierte im Sommer 2003 die erste *european art expo*. Das Konzept der Messe: Angedockt an Publikumsmagneten, wie beispielsweise eine Helmut-Newton-Ausstellung, veranstaltet Fesel parallel eine kleinere Kunstmesse, bei der keine Arbeit die 2.500-€-Grenze übersteigt. Auch hier sollen eine so genannte *art party* sowie *art-after-work*-Führungen Barrieren abbauen und auf die Lebensgewohnheiten eines neuen anvisierten Zielpublikums der Eventkultur eingehen. Bei der *London Art Fair* geht man so weit, der jungen Käufergruppe, die häufig kein Kunst(markt)wissen besitzt, einen Shopping Service (*help*) zu offerieren. Mit einem persönlichen Einkaufsbegleiter geht es dann über das Messeterrain. Zuvor wird ein Fragebogen ausgefüllt, der dem Einkaufsassistent eine kleine Richtung in der Suche vorgibt. Die Londoner *Frieze Art Fair* schult hingegen ihre Besucher in »Contemporary Art«-Schnellkursen. Ein Rahmenprogramm mit Lesungen, Talks und Talkshows, Künstlergesprächen, Runden Tischen, Kunstpreisverleihungen und Filmen über Kunst ist bereits bei fast allen Messen an der Tagesordnung. Das *ARTforum Wiesbaden* zog mit dem *corporateARTcongress* Aufmerksamkeit auf sich, der einen Tag nach der *professional preview* startete. Er ist ein neues Instrument im Messegeschehen und soll einen wichtigen Beitrag zur Förderung und Intensivierung der Kommunikation zwischen Kunstbranche und Unternehmen durch Präsentationen, Vorträge, Diskussionsforen und Veranstaltungen von und mit leitenden Unternehmensvertretern, Wissenschaftlern, etablierten Galeristen und Ausstellungsmachern leisten.

Auf den alt eingesessenen Kunstmessen wie der *Art Cologne* oder der *Art Basel* trifft sich nach wie vor primär Insider-Publikum, Klientel aus der Zeit des »alten Marktes«. Messeumfragen zeigen, dass zwei von drei Besuchern Stammkunden sind, die ohnehin zehn Mal im Jahr »ihre« Galerie besuchen. Um den Anschluss an die Zukunft nicht zu verpassen, sucht jedoch auch die *Art Cologne* nach Innovationen für das Publikum. Derzeit werden folgende Services angeboten: VIP-Service, VIP-Lounge, Limousinen-Service, *professionell preview* und Führungsangebote (standardisiert und individuell). Außerdem ermöglicht der Internetauftritt der Messe dem Besucher im Vorfeld die Zusammenstellung des eigenen Messeprogramms. Auch die *Art Basel* bietet ein breites Dienstleistungsangebot für die Besucher: ein Gourmet-Restaurant, einen Kindergarten »art kids« und ein Wellness-Studio, in dem sich müde Messebesucher erholen können.

Neue deutsche Messekonzepte 2003/2004

2003 ist die *European Art Expo* gestartet, eine kleine Messe, die immer wieder mit neuen Akzentsetzungen an verschiedenen Standorten erblühen soll – so auch 2004 als *European Art Expo Fashion* auf der Modemesse *cpd_woman_man* in Düsseldorf. Ein Dialog zwischen Bildender Kunst und der Welt der Mode bestimmt das Profil. Ob er allerdings auf Dauer bestehen kann, wenn nur vier Galerien teilnehmen, ist fragwürdig.

Der bereits großen Messelandschaft Deutschlands erwuchsen 2004 noch einmal neue Mitbewerber. In Hamburg, Karlsruhe und Wiesbaden gingen Messe-Newcomer an den Start. Inhaltlich innovativ startete das *ARTforum Wiesbaden*. Es versteht sich als Messe für *corporate art*. Die Zusammenführung von Kunst und Unternehmen steht im Mittelpunkt. Die Messe wurde für Händler, die Kontakte zu Unternehmen mit eigenen Sammlungen suchen, und für Firmen, die ihr Profil mit Ausstellungen und etwaigen anderen Kunstprojekten ergänzen möchten, konzipiert. Sie füllt eine Lücke im Kunstmessegeschehen.

Außerdem startete die *Kunstmesse Hamburg*, die mit einer sehr über-schaubaren Händlerzahl Antiquitäten und Kunst in der *Deichtorhalle* präsen-tierte. Am anderen Ende Deutschlands versuchte eine weitere Messe für den Markt der Klassischen Moderne und der zeitgenössischen Kunst Fuß zu fas-sen: die *art Karlsruhe*. Ob die Experimente gelingen und die Messen über-dauern werden? Es stellt sich die Frage, ob neue Messen neue Besucher bringen oder ob die Veranstalter einfach auf Kosten der Aussteller gutes Geld verdienen.

Ausblick

Die Entwicklung des deutschen Kunstmessemarktes zeigt, dass das Messe-wesen einem steten Wandel ausgesetzt ist. Neben der quantitativen Zunah-me von Messen benötigt anscheinend fast jede große Messe alle drei, vier Jahre ein neues, differenziertes Profil, um zu überleben. Ansonsten besteht die Gefahr einer Gegenmesse. Nicht nur der nationale auch der internationale Konkurrenzkampf verschärft sich. Ein Blick nach London beweist, dass der Kunstmessemarkt wahrlich explodiert. So wurden 2004 zeitgenössische Wer-ke auf nicht weniger als 16 Messen angeboten (vgl. Waser 2004). Um Markt-führer zu bleiben und den amerikanischen Markt noch besser im Fokus zu haben, hat sich die erfolgreiche *Art Basel* einen recht medienwirksamen und perfekt in Szene gesetzten Ableger in Amerika zugelegt: die *Art Basel Miami Beach*.

Die weltweit gestiegenen Besucherzahlen der letzten Jahre zeigen, dass Messen zu den Hauptschauplätzen des Kunstmarktes geworden sind. Die Gegenwartskunst hat sich ihren festen Platz im Messehandelsgeschehen er-obert. Das Publikum zeichnet sich durch eine hohe Mobilität aus. Insbeson-dere dem neuen jungen, hippen Kunstpublikum versuchen sich viele Messe-veranstalter zu öffnen: Business mit Animation zu verbinden, aus der Messe ein Kunstfestival zu gestalten oder das Messeereignis als fünftägige Dauer-party zu zelebrieren. Begleitende Ausstellungen, Straßenfeste oder exklusive Privatdinner in der Messestadt sind schon längst nicht mehr vom internatio-nalen Parkett wegzudenken. Aber auch die Preispolitik ist im Wandel begrif-fen. Während die Flaggschiffe unter den Messen das obere Preissegment be-spielen, setzen neue Messekonzepte insbesondere auf Kunst im Niederpreis-segment.

Messegesellschaften sind maßgeblich am Reüssieren ihrer Produkte be-teiligt. Intensives Engagement der Veranstalter und der ausrichtenden Städte zahlt sich aus. Die *Arco* in Madrid gewinnt schnell an Aufmerksamkeit. Sie verpflichtet geladene Museen und Stiftungen, Kunst zu kaufen und bindet nach dem Vorbild der *Art Basel* Museen, Galerien, Hotels und VIPs ihres Um-feldes mit ein. Erfindergeist und Experimentierfreude sind also gefragt, um im internationalen Vergleich bestehen zu können.

Wenn man in die Messe-Schaufenster hineinschaut, werden sich dem Blick Dinge eröffnen, die in weiten Teilen des Kunstmarktes anzutreffen sind und am besten mit der Charakteristik »Spektakulisierung« zu fassen sind. Messekonzepte und ihr Geist gepaart mit veranstalterischem Know-how sind ein Indiz dafür, wie Kunst (in ihren Vermarktungsformen) zum Lifestyle-Element und festem Bestandteil einer weltweiten Eventkultur geworden ist.

»Noch entscheidender für den ›Art‹-Erfolg wurden jene neuen Eliten, die die anarchische Buntheit, die sie Jahr um Jahr erlebten, begierig in ihr Lebensgefühl integriert haben. Kunstmesse, das meint eben viel mehr als nur Handelsplatz. Kunstmesse, das ist der eminente Ort, wo die Kunst als schon gefestigter und noch zu festigender Wert, aber mehr noch im Outfit changierender Gegenwärtigkeit, als Zeitdesign, als große dekorative Versuchung auf eine konzentrierte Aufmerksamkeit stößt, wie sie sie sonst nirgends hat« (Müller 2003: 35).

Die, die sich auf den Messen tummeln, tun dies mittlerweile nicht mehr nur der Kunst wegen sondern wohl auch, um dort gesehen zu werden: *art fairs – the place to be.*

2.2.4 EMOTION, SHOW, KALKÜL ODER LIFESTYLE? KÄUFERWELTEN

Die solide, breite Basis des Kunstmarktes bildet historisch und zeitgenössisch betrachtet das Phänomen des Sammelns. Ohne den Sammler, der regelmäßig bereit und finanziell in der Lage ist, Geld für Kunst auszugeben, wäre der Kunstbetrieb ernsthaft gefährdet.

Erste Grundsteine für den Aufbau und die Ausgestaltung einer Beziehung zur Kunst legt das Elternhaus. Im Zusammenwirken mit der Schule kann es später einen bedeutenden Einfluss auf Geschmack, Offenheit und Engagement für Kunst ausüben. Es macht dabei durchaus einen Unterschied, ob der Heranwachsende Kunstwerke »nur« in Museen bewundert oder ob seine Familie sie selbst besitzt. Denn erst im direkten, unmittelbaren Kontakt mit künstlerischen Werten entfaltet sich die besondere Aura, die den Kunstsinnigen berührt, ihn elektrisiert, ihn treibt. Wie sich Sammelleidenschaft detaillierter ausgestaltet und mit welchen weiteren Merkmalen sie sich paart, soll nun beschrieben werden.

Als Käufertypen auf dem Kunstmarkt sind zu klassifizieren:

1. Privatpersonen: Mäzene, Liebhaber, Sammler (Klein- und Großsammler), Spekulanten und Lifestyle-Käufer. Dabei treten Mischformen auf.
2. Unternehmen, Institutionen (z.B. Bundesbehörden) und Händler
3. Museen: öffentlich und privat

Motive der Kunstnachfrage (unter Einbeziehung von Fesel/Holzweißig 2000: 56)

nicht-ökonomische Motive	ökonomische Motive
– Kunstliebe	– Investition
– Besitzmotiv	– Spekulation
– ästhetisches Motiv	
– Entdeckermotiv	
– dekoratives Motiv	
– intellektuelles Motiv	
– Sammlungsaufbau	
– persönliche Beziehung zu Künstlern	
– Anschlussmotiv	
– sozialer Vergleich	
– Kontakt/Kommunikation	
– Geltungs-, Prestige-, Aufmerksamkeitsmotiv	
– Ersatz- und Partizipationsmotiv	
– Erlebnismotiv	
– Medici-Motiv	
– Trendsetter-Motiv	
– Risikofreude	
– Verantwortung für Kunst	
– Förderung künstlerischer Richtungen	
– stilbildende Wirkung	
– Beraterempfehlung	
– Familientradition	
– Freude an Sammeltätigkeit	

Die Bedürfnisse und Motive, aus denen heraus Kunst bei Privatpersonen nachgefragt wird, zeigt die links stehende Grafik. In welchen »Welten« Unternehmen leben und Kunst nachfragen, klärt → Kapitel 2.2.4.5 *Kunst im Unternehmen.* Museen, vor allem öffentliche, fragen Kunst in der Regel ausschließlich über Galerien nach. Sie kaufen abgesicherte Werte, die bereits vielfach gesellschaftliche Übereinkunft akkumuliert haben, um ihrer Hauptaufgabe, der sozialen Gedächtnisleistung gerecht zu werden. Mit Fokus auf die Selbstvermarktung des Künstlers wird auf diese Nachfragergruppe im Weiteren nicht explizit eingegangen.

Die Motive der Kunstnachfrage lassen sich in nicht-ökonomische und ökonomische Motive kategorisieren. Die ökonomischen Motive bestehen primär aus Investitions- und Spekulationsabsichten. Die nicht-ökonomischen Bedürfnisse gestalten sich primär psychologisch und soziologisch und differenzieren sich zunehmend aus. Es treten bei vielen Nachfragern Mischungen aus verschiedenen Bedürfnissen auf. Als Spitzenreitermotive der Nachfragergruppe lassen sich die hervorgehobenen Motive der Kunstliebe, das *Besitzmotiv,* das *Lifestyle-Motiv, ästhetische Motive* und das *Entdeckermotiv* nennen.

Die einzelnen Motive der nicht-ökonomischen Gruppe werden nun kurz vorgestellt.

- **Die Kunstliebe:** (→ Kapitel 2.2.4.1 *Der Kunstliebende*)
- **Das Besitzmotiv:** Entgegen denen, die Kunst nur anschauen und darüber Befriedigung erlangen, tritt beim Nachfrager der Wunsch, Kunst zu besitzen, in eigenen Räumen zu präsentieren, sie jederzeit für einen Dialog zur Verfügung zu haben, in Erscheinung. Außerdem tritt bei Käuferschichten, die sich alle materiellen Wünsche erfüllen können, häufig der Wunsch und ein Interesse an ungewöhnlichem Besitz auf. Kunst ist prädestiniert, dieses Verlangen zu stillen.
- **Das Lifestyle-Motiv:** (→ Kapitel 2.2.4.4 *Der junge Hippe*)
- **Ästhetische Motive:** Der Genuss oder die Ablehnung von Kunst bzw. von Schönem oder Hässlichem steht im Vordergrund.
- **Das Entdeckermotiv:** Käufer möchten junge Künstler, neue Themen, neue Medien etc. entdecken. Damit wird Abgrenzung von anderen Sammlern gesucht und ein Szenario, neue Trends zu setzen, projiziert.
- **Das dekorative Motiv:** Kunst wird als komplettierender Einrichtungsgegenstand erworben. Zugespitzt: Für die rote Couch wird ein rotes Bild gesucht.
- **Das intellektuelle Motiv:** Die geistige Herausforderung im Dialog mit der Kunst wird gesucht.
- **Der Sammlungsaufbau:** Kunst wird nachgefragt, weil sie zum Sammlungsschwerpunkt passt, z.B. thematisch.
- **Persönliche Beziehungen zu Künstlern:** Durch eine persönliche Beziehung zum Künstler eröffnen sich Kunst und Kunstwerke anders und bedeutsamer. Der Nachfrager ist leichter bereit, die Kunst zu erwerben.
- **Das Anschlussmotiv:** Der Käufer möchte zu einer attraktiven Gruppe gehören und verspricht sich vom Kunstkauf einen Gewinn an sozialer Identität (vgl. Kulak/Gößl 1997: 14).
- **Sozialer Vergleich:** Durch den Kauf wird eine Abgrenzung von anderen gesucht (vgl. Kulak/Gößl 1997: 14) (→ Kapitel 2.2.1 *Kunst und Gesellschaft*).
- **Kontakt und Kommunikation:** Über den Kunstkauf eröffnen sich neue Kontakte. Gespräche mit der Insider-Welt bringen Resonanz und vermitteln soziale Verstärkung (vgl. Kulak/Gößl 1997: 14).
- **Geltungs-, Prestige-, Aufmerksamkeitsmotiv:** Der Zugang zur Kunst gilt noch immer als exklusiv; Kunst verkörpert das Elitäre. Der Käufer verspricht sich eine Selbstwerterhöhung und Aufwertung seines Ansehens (vgl. Kulak/Gößl 1997: 14). Der gewünschte Effekt setzt für den Nachfrager jedoch nur dann ein, wenn sein gesellschaftliches Umfeld dem Werk die entsprechende Bedeutung beimisst, oder aber er muss selbst

dafür sorgen, die Bedeutung und Aufmerksamkeit für »seine« Künstler und Werke herzustellen (→ Kapitel 2.2.4.2 *Saatchi*).

- **Ersatz- und Partizipationsmotiv:** Nachfrager suchen nicht selten nach einer authentischeren Lebenserfahrung, als sie ihnen selbst möglich ist. Das erworbene Kunstwerk verkörpert für sie ein Puzzleteil einer Welt, die sie selbst nicht erleben. Es kann auch zum Symbol eines verloren gegangenen, grenzüberschreitenden Verhaltens werden, das der Künstler vermeintlich oder offensichtlich an den Tag legt.
- **Erlebnismotiv:** In der Erlebnisgesellschaft wird der emotionalen Aufladung, Freude, Überraschung, Spannung besondere Bedeutung belgemessen. Durch Kunstwerke und das Konstrukt um sie herum sind intensive Erlebnisse möglich (vgl. Kulak/Gößl 1997: 14). Richtig »mitspielen« kann aber nur derjenige, der Kunst auch kauft.
- **Medici-Motiv:** Künstler zu fördern, ein moderner Medici zu sein, ist ein Motiv, das gelegentlich bei besonders begüterten Käufern vorzufinden ist.
- **Trendsetter-Motiv:** Originale oder Werke eines Künstlers zu kaufen kann durch das soziale Umfeld intendiert werden. Weil es dort gerade trendy ist, muss der Trendsetter »nachziehen«.
- **Risikofreude:** Es kann ein Spiel mit einem gewissen Spannungsmoment sein, viel Geld für Kunst auszugeben und nicht zu wissen, wie viel das Ganze in zehn Jahren wert ist.
- **Verantwortung für die Kunst/Förderung von künstlerischen Richtungen/Stilbildende Wirkung:** Auch diese Momente werden gern von Käufern als Beweggründe angegeben.
- **Beraterempfehlung:** Empfehlungen zu vertrauen, das zu kaufen, was Experten für gut befunden haben, fließt oft in das Motivkonglomerat mit ein.
- **Familientradition:** Kunst oder einen bestimmten Künstler oder Kreis von Künstlern zu kaufen, kann im konservativen Milieu aus der Familientradition heraus erfolgen.
- **Freude an der Sammeltätigkeit:** Vorzufinden sind auch Sammler, die des Sammelns wegen sammeln. Sie lieben die Tätigkeit als solche, haben eine Affinität zu Ordnungs- und Klassifizierungssystemen und fragen deshalb bestimmte Künstler oder Werke nach.

Als bedeutende Nachfrageakteure des Zeitgenossenmarktes sollen nun exemplarisch betrachtet werden: der kunstliebende Privatsammler, der Showmaker, der Spekulant, der Lifestyle-Käufer und das Unternehmen, das Kunst kauft.

2.2.4.1 KUNST ALS EMOTION & PASSION – DER KUNSTLIEBENDE

Es beginnt mit Emotion und Liebe. Der Kunstliebhaber gönnt sich ab und an eine Freude; er kauft ein Kunstwerk, aus dem Affekt heraus. Seine persönliche Begeisterung und seine Liebe zu Kunst und Ästhetik stehen im Mittelpunkt seiner Handlungen. Mit zunehmender Wiederholung des Kaufvorganges nimmt die Affektion womöglich ab. Wenn weniger Affektion und mehr Systematik die Handlung bestimmen, dann spricht man von einem *Sammler*.[34] Dieser zeichnet sich durch fundiertes Fachwissen und ein sicheres Urteil aus. Er besitzt Kenntnisse über sein Terrain, sein Sammelgebiet, seinen Teilmarkt. Das Forschen, Recherchieren, Finden und die Auseinandersetzung mit dem Gefundenen macht einen großen Reiz seines Sammelns aus. Er will Neues entdecken oder Altes neu erleben. Er informiert sich nicht nur über die Kunst, sondern auch über Preisgefüge und Preisentwicklungen. Dennoch hat er zu Geld und Vermögen ein eher gleichgültiges, zumindest entspanntes Verhältnis. Aber sein Anliegen ist es, alles im Blick zu haben.

Er ist häufig in der Kunstszene verwurzelt, mit Künstlern und Galeristen bekannt oder verbandelt, oft in regionalen oder überregionalen Kunstinstitutionen verwurzelt. In der Regel baut er eine langfristige Bindung an eine oder mehrere Galerien auf. Im Zeichen des Generationenwechsels auf dem Kunstmarkt scheint er sich zu einer aussterbenden Spezies zu entwickeln.

»Ginge man dabei einfach vom Grobstofflichen aus, brauchten Kunstliebhaber nur genügend Geld mitzubringen und dankenswerterweise dafür Kunst zu kaufen. Als puren Luxus. Wie soll man es auch sonst nennen, wenn jemand eine mehrstellige Summe in fünf Blatt Papier mit luftigen Zeichnungen steckt? Oder in einen gemeinen Feldstein investiert, kindskopfgroß, mit seltsamer Schraffur? Oder in ein Video mit nervtötenden Geräuschen? Aber um diese Art von Gleichung geht es beim Kunstsammeln eben nicht. Das kann man nicht laut genug sagen, auf dass es sich weiter herumsprechen soll: Kunst zu sammeln hat immer mehr verlangt, als den schlichten Austausch von Geld und Ware« (Herold 2002).

Nicht selten geht es beim Sammeln darum, einen Bezug zur eigenen Persönlichkeit herzustellen. Daraus erwächst Verständnis fürs Werk. Für den einen oder anderen Privatsammler kann die Kunstsammlung »eine elegant verschlüsselt memoriale Kramkiste für gegangene Lebenswege« (Herold 2002) sein. Verschlüsseltes, Komprimiertes, das in enger Verbindung zur eigenen

---

34 Neben dem Kunstliebhaber werden jedoch auch viele anfängliche Pseudosammler (Prestigekäufer) später zu echten Sammlern.

Lebenserfahrung, zu eigenen Lebensstationen steht, weckt das Sammelinteresse.

»Der Betrachter, und nur einer kann schon genügen, muss das Kunstwerk verstehen. Und sich von ihm verstanden fühlen« (Herold 2002).

Es geht um den Moment, der den Sammler unter Strom setzt, im Englischen sagt man »to be inspired«. Von diesem Augenblick an lässt ihn das Werk nicht mehr los. Er ist besessen, Leidenschaft kommt ins Spiel, und er muss das Werk haben. Es führt kein Weg daran vorbei.

»Hier warteten Botschaft und Mitteilung, dort hat ein vorbereiteter Geist danach gesucht. Die Kunstorte sind die Lagerfeuer der global nomadisierenden Geister geworden. Wenn man auf ein Bild trifft, kann es passieren, dass es zu einem spricht. Wortlos – aber es geschieht. Frei von Zeugen legen Bild und Betrachter gegenseitig Zeugnis ab. Dieser Austausch gefällt, oder er gefällt eben nicht. Manchmal kommt so eine Begegnung der besonderen Art ganz unverhofft. Meistens ist sie aber vielmehr das Ergebnis allseits offener Augen. Belohnung für einen gut vorbereiteten Wanderer in der Kunstwelt, für die Liebe zu einer Ausdrucksform, einer künstlerischen Sprache« (Herold 2002).

Ein Kunstwerk ist ein Erlebnis. Ein Erlebnis kann es auch durch seinen Kontrastcharakter zu unserer übermaterialisierten Welt werden. Dialog und Austausch, die Hinterfragung und Auseinandersetzung mit der Aussage eines Kunstwerkes stehen für den passionierten Sammler im Mittelpunkt. Dass soziale Geltung als Motiv des Sammelns bei dem einen oder anderen schließlich mit ins Spiel kommt, ist bekannt. Die Großsammler (mit Interesse für Werke ab 30.000 €), bei denen dieses Motiv anzutreffen ist, können wie folgt beschrieben werden:

»Sie lieben das Ungewöhnliche, kennen sich untereinander gut und treffen sich regelmäßig an festlichen Anlässen im Rahmen von Kunstmessen, Biennalen oder Vernissagen. Und nicht zu vergessen: Sie sind so reich, dass eine Wirtschaftskrise praktisch keinen Einfluss auf ihr Kaufverhalten hat« (Bellet 2003: 2).

Durch das fast familiäre Agieren vieler Großsammler, kommt es zu einer starken gegenseitigen Beeinflussung mit der Konsequenz einer Nivellierung des Geschmacks. Kaum einer hat noch den Mut, einen eigenen Stil zu entwickeln. Das ehemals autarke Agieren der Sammler entwickelt sich zunehmend zu einem trendorientierten Handeln, das wiederum bis in die heiligen Hallen der Museen ausstrahlt. Denn nicht selten lebt dieser Akteur auch seine mäzenatische Seite aus und stellt – ganz »uneigennützig« – Leihgaben seiner Sammlung einem Museum zur Verfügung.[35]

Neben dem Typus des Großsammlers existiert der Kleinsammler (mit Interesse für Werke unter 30.000 €). Dessen ökonomische Handlungsfähigkeit ist in Deutschland jedoch derzeit stark eingeschränkt. Denn der ehemals wohlhabende Mittelstand, Ärzte und Rechtsanwälte, vermindert sich – durch die wirtschaftliche Rezession – als Käuferschicht zunehmend.

Wer aber bestimmt das Sammelgeschehen der Sammlerfamilie weltweit? Welche Nationen geben den Ton an? Wer sind die wichtigsten Sammler im deutschsprachigen Raum? Die Länder mit den meisten Sammlern sind in folgender Reihenfolge zu fassen: Amerika, Frankreich, Schweiz, England, Deutschland. Zu den großen deutschen Sammlern gehören Udo Brandhost (Köln), Harald Falckenberg (Hamburg), Erika & Rolf Hoffmann (Berlin), Anna und Joseph Froehlich (Stuttgart), Ingvild Goetz (München), Hans Grothe (Bremen), UN Knecht (Stuttgart), Arendt Oetker (Köln), Inge Rodenstock (Grünwald), Ute und Rudolf Scharpff (Stuttgart), Reiner Speck (Köln), Eleonore und Michael Stoffel (Köln) und Reinhold Würth (Niedernhall). In Österreich gibt das Sammlerehepaar Agnes und Karlheinz Essl (Wien) den Ton an, und in der Schweiz sind Monique und Jean-Paul Barbier-Mueller (Genf), Christa und Thomas Bechtler (Zürich) und David Bowie (Lausanne) zu den großen Sammlern zu zählen.

Die deutsche Sammlerin Ingvild Goetz sieht einen geschlechtsspezifischen Ansatz beim Sammeln. Sie sagt stellvertretend über das weibliche Geschlecht: »Wir sind weniger auf Außenwirkung bedacht« (Karcher 2002). Hingegen das männliche Geschlecht will, wie Hans Grothe, ein anderer deutscher Großsammler, offen zugibt, am liebsten Trophäen vorführen: »Ich möchte mit meiner Sammlung vor allem angeben« (Karcher 2002). Wie weit dieses »Angeben« gehen kann, zeigt ein weiterer Sammlertypus: der Showmaker.

2.2.4.2 Kunst als Inszenierung und Provokation – Der Showmaker à la Saatchi

Am prominentesten Vertreter dieses Typs, Charles Saatchi, soll eine Charakteristik aufgestellt werden. Charles Saatchi, geboren in Bagdad, aufgewachsen in London, jüdisches Einwandererkind, heute 60 Jahre alt und britischer

---

35 Hier werden oft Manipulationen in Form von Blockleihgaben versucht. Wenn das Museum einen sehr begehrten Künstler haben will, dann muss es einen oder mehrere andere mit ausstellen – das Prinzip »Kuckucksnest«.

Multimillionär. Er verdiente sein Geld als Werbemogul[36] und ist seit Ende der 1980er fast ausschließlich als ehrgeiziger Kunstsammler tätig. Er reist gern um die ganze Welt und »entdeckt« Kunst. Er gibt sich »publikumsscheu«, besitzt aber eine eigene Kunsthalle, die Saatchi Gallery (www.saatchi-gallery.co. uk). Er ist eine ambivalente Persönlichkeit: Pate und Promoter, Mäzen und Macher, Scout und Spekulant. Einer seiner höchstgefeierten Künstler aus den 1990er Jahren, Damien Hirst, sagt über ihn, er sei ein

»arroganter und raffgieriger Shopaholic, der nicht süchtig nach Kunst, sondern nur nach dem Kaufen derselben ist« (Gündüz 2003).

»Kein anderer in der Kunstwelt wird gefürchtet wie dieser Sammler, viele erschrecken vor seiner Gier, vor seiner nervösen Unerbittlichkeit« (Rauterberg 2003).

»Saatchi liebt das große Publikum, er mag es, wenn alle über ihn reden, wenn sie über seine Macht spekulieren, sich erzählen, wie er ganze Ausstellungen aufkauft, wie er Künstler groß macht und wenig später ihre Werke wieder abstößt. Über keinen anderen Sammler wird so viel gemunkelt und gewispert, und er schürt das Geraune noch, indem er den Geheimnisvollen spielt. Gern lädt er ein zu ausladenden Champagnerpartys, über 1.000 Gäste kommen, nur er nicht; gern inszeniert er für seine Kunst die dicksten Schlagzeilen und ist doch selbst derart pressescheu, dass es fast keine Fotos von ihm gibt. Saatchi überall – und nicht zu fassen« (Rauterberg 2003).

1997 begann er Kunstmarkt-Weltgeschichte zu schreiben. Er war es, der die Spektakulisierung zu forcieren begann: als er die Ausstellung *Sensation* – eine Supershow – inszenierte und um die ganze Welt schickte. Damien Hirst, Sarah Lucas, Tracy Emin und einige andere Künstler und Künstlerinnen wurden über Nacht zu Shooting Stars, und fast jeder kennt heute Damien Hirsts in Formaldehyd eingelegtes Schaf und Tracey Emins zerwühltes Bett. Die *Young British Artists*, eine Gruppe junger Akademieabsolventen vom *Goldsmiths College*, waren endgültig »in«.

Saatchi bedient sich der Methoden der Werbewelt. Seine Sammelthemen sind an Schockpotenzialen orientiert – alles muss radikal, provokativ, nervtreffend und einfach zu verstehen sein. Kunst und Gruselshow dürfen nah beieinander liegen. Das sichert höchste Einnahmen am knappen Gut der

---

36 Seine Agentur *saatchi & saatchi*, einer DER *global player* der Werbebranche, gründete er mit 27 Jahren gemeinsam mit seinem Bruder. Sie wuchs unter seinem Management zu einem der erfolgreichsten Kampagnenkonzerne weltweit heran. Er hatte das Händchen für erfolgreiche Slogans. Margaret Thatcher zählte zu seinen Kunden und gewann drei Wahlkämpfe.

Aufmerksamkeit. So sind in seiner neuesten Show *New Blood*[37] (2004) neben einem Seil aus 1,6 Kilometern Toilettenpapier, ein Haufen in Harz präparierter toter Fliegen, Skulpturentürme aus toten Ratten und Mäusen, Altarbilder für neue Götter, jede Menge gespenstisch zelebrierter Figuren und auch eine stöhnende und zitternde Mumie im Sterbezimmer zu sehen. Das Spektakulärste für England jedoch: ein Porträt der blutüberströmten *Prinzessin Diana* wird präsentiert. Aus der Werbung übernimmt *Saatchi* die Methode, die Welt einfach zu sehen, »sie herunterzubrechen auf Botschaften, die nicht erst verdaut werden müssen« (Rauterberg 2003). Alles muss im Einzeiler und sofort zu verstehen sein. Sein Künstlercasting folgt diesem Gesetz.

Nicht nur die Kunst schockt, auch über die Darsteller seiner Shows gibt es stets öffentlichkeitswirksame Geschichtchen zu erzählen. Durch *New Blood* kennt die Öffentlichkeit nun Stella Vine, eine ehemalige Klosterschülerin, 35jährig, allein erziehende Mutter, die zuvor zeitweilig ihren Lebensunterhalt als Nackttänzerin verdiente und sich nun künstlerisch mit Lady Di auseinandersetzt.[38]

Nicht nur die Ausstellungen selbst, auch seine Events rund um die Shows weiß er perfekt zu inszenieren. Eingeladen wird und anwesend ist alles, was im Kulturleben Rang und Namen hat. Es wird nur in der allerersten Liga gespielt. Dass er dann selbst nicht erscheint, macht die Inszenierung noch spektakulärer.

Renommierte Partner (»strategische Allianzen«) bringen Synergieeffekte. So wurde die *Tate Modern* ins Boot geholt, um das Sensationsspektakel Mitte der 1990er marktfähig zu machen. Generell lief die Zusammenarbeit zwischen staatlichen Kulturinstitutionen und dem Kunstsammler Saatchi sehr gut. Die Werbekampagne seiner Agentur für Margaret Thatcher schien Tür und Tor geöffnet zu haben.

Sein Museum ist einzigartig. Die *Saatchi Gallery* ist nicht einfach ein Sammlermuseum; sie und ihre Exponate befinden sich in guter Gesellschaft: im ehemaligen Amtssitz der Londoner Stadtverwaltung – gegenüber den Parlamentsgebäuden, in unmittelbarer Nähe zur *Tate Modern*. Die Kunst Saatchis hat Einzug gehalten in gediegene ehemalige Bürozimmer, in eichengetäfelte Sitzungssäle mit Kuppeldecken und in herrschaftliche Treppenaufgänge. Alles ist minimalistisch gehängt und steht in starkem Kontrast zu den ehemaligen Amtsräumen, in denen es präsentiert wird. Wo gibt es das sonst? Selbst

---

37 Deutsche Künstler sind derzeit auch bei Saatchi angesagt: Jonathan Meese, Daniel Richter, Martin Kippenberger und das deutsch-israelische Team Muntean & Rosenblum gehören dazu.

38 Seit Saatchi ihr Diana-Bild für umgerechnet 900 € kaufte, kann sie sich vor Aufträgen nicht mehr retten.

die Erklärungstafeln zu den Werken sind nicht, wie gewohnt, kunsthistorisch belehrend und informativ, sondern verspielt, ironisch, philosophisch oder boshaft.

Aus der Welt der Werbung übernimmt er das Kampagnenkonzept, organisiert einen weltweiten, kalkulierten Skandal, der unter einem Label auftritt: Marke *Young British Artists*. Als *Sensation* in New York Station machte, wurde Bürgermeister Rudolph Giuliani zum Schockopfer. Er hatte an einem Bild des Turner-Preisträgers Chris Ofili Anstoß genommen, das die »Heilige Jungfrau Maria« als Collage mit Elefantendung und Pornoschnipseln darstellt. »Krank« nannte Giuliani das Bild und wollte den städtischen Museumsetat von 7,2 Mio. Dollar einfrieren. Ofilis Galerie nannte dieses Vorgehen »faschistisch«, und auch der tapfere Direktor des *Brooklyn Museum* erkannte den Public-Relations-Wert der Show und stellte auf stur. Ein Gericht entschied gegen Giuliani, und Saatchi bekam unbezahlte Öffentlichkeitsarbeit. Kunst? Wahnsinn?

Saatchi ist durch und durch ein Freund des Kalküls, der Superlative und vor allem ein guter *showmaker* – aber keiner, der im Rampenlicht steht, sondern einer, der hinter der Bühne subtil die Fäden zu ziehen vermag. Seine Künstler werden zu Stars – für eine gewisse Zeit. In der Londoner Kunstszene nennt man ihn den *Starmaker* oder spricht vom *Saatchi-Effekt*.

Wie macht man einen Star? Z.B., indem man vier Männer engagiert, die einen wundervollen, gesunden Tigerhai in Australien töten. Dann tauft, konserviert und gefriert man das tote Tier und bringt es nach London. Fang, Reise und »Herrichten« werden aus der Portokasse bezahlt (45.000 Pfund). In Zusammenarbeit mit einem jungen aufstrebenden Künstler treibt man die Inszenierung voran und bringt »Shirley Shark«[39] nun in einen Tank mit Formaldehyd und schließlich in eine Ausstellung. Es geht dabei inhaltlich angeblich um »Die Unvorstellbarkeit des Todes für einen Lebenden« (*Damien Hirst* in Gadient 2002). Nun ja.

»Sie lächelt das schärfste Lächeln der Schau. Sie hängt leicht schief im Scheinwerferlicht, grinst und lässt keinen ganz nahe heran. Sie ist ein Star, kein Sternchen, ein großer Star, vier Meter lang [...]« (Gadient 2002).

Vielleicht stellt die Haiin das augenscheinlichste Mahnmal für die unvorstellbare Maschinerie und Absurdität des Kunstbetriebes dar. Denn seit 1991 ist Shirley viel gereist: nach London, Berlin, Paris und New York. Aus Saatchi hat Shirley (ungefragterweise) den größten *showmaker* auf der Bühne des Kunstbetriebes gemacht und dem ehemals völlig unbekannten Damien Hirst zu weltweitem Ruhm und dem Status des hippsten Künstlers der 1990er verholfen.

---

39 Große Stars benötigen große Namen.

Aber Saatchi macht nicht nur Künstler und Shows. Er steckt auch andere mit seiner Art von Leidenschaft an. In London ist derzeit ein wahrer Privatsammler-Galerien-Boom zu beobachten.

Das öffentliche Zugänglichmachen der Kunstbesitztümer ist auch für andere Sammler ein Thema geworden: Sir Elton John beauftragte zu diesem Zweck einen neuen Anbau bei seiner Villa in Windsor[40], Sir Peter Moores, Ex-Chef der Littlewoods-Warenhäuser, will nächstens seine eigene Galerie eröffnen und ebenso Frank Cohen, ein Selfmade-Business-Mann aus Manchester. In Deutschland baute Frieder Burda gerade ein gigantisches Museum für seine Sammlung (*www.burda-museum.de*).

Ebenso raketenhaft wie Saatchi seine Sterne in den Himmel schießt, verglühen sie jedoch mitunter wieder. Mit plötzlichen Großverkäufen kann er den Kult um Künstler schnell wieder zum Stillstand bringen. So geschehen bei Sandro Chia, dessen Arbeiten Saatchi 1985 veräußerte und damit Chias Marktwert für längere Zeit auf Null brachte. Damit Saatchi selbst nicht abstürzt, bedarf es immer neuer Ideen. So plant er, den renommierten *Turner-Preis* der *Tate Gallery* den Rang streitig zu machen. Er will einen *Saatchi-Preis* ins Leben rufen. Die Dotierung soll sich um ca. 40.000 Pfund bewegen, was das Doppelte des *Turner-Preises* ist. Kritiken an seinem Sammel- und Marktverhalten bleiben nicht aus:

»Wenn etwa ein Marktbeherrscher wie der britische Werbemogul Charles Saatchi sein Auge auf junge Künstler wirft wie derzeit in seiner museal inszenierten Londoner Ausstellung mit dem schreienden Titel ›New Blood‹, frisches Künstler-Blut also –, dem kann sich keiner entziehen. Hierin manifestiert sich ein Verfall: Verlieh dem Künstler einst der Meister das Zertifikat, so nobilitiert heute allein schon das Herkunftsschildchen eines Saatchi um mehrere Nullen. Ihn selber treibt gewiss kein mäzenatischer Impuls, eher die britische Jagdlust, mit sicherem Instinkt zur Beute zu erklären, was erst durch ihn Beute wird; ein prächtiger Kreislauf, der vor allem ihm selber nützt. Denn keiner traut sich zu rufen: Dieser Kaiser hat ja nur deshalb Macht, weil er es behauptet!« (Willems 2004)

Auch Populismus wird ihm vorgeworfen: Sein Umzug ans südliche Themse-Ufer, einer beliebten Londoner Ausflugsgegend, sei genau kalkuliert. Nur dort kann er Touristenattraktion sein und durch intensive Eintrittsgelder (7 Pfund) das Ganze auch zum wirtschaftlichen Erfolg führen.

»Dem ehrgeizigen Sammler steht der Sinn nach Volksmassen, weniger nach spezialisiertem Publikum« (Ruthe 2004).

---

40 Ihm gehören Picassos, Warhols und Hirsts.

»Impulsiver Spekulant« und »Marktbeherrscher« sei er, und Geschmacksver-
irrungen gehören zu seiner Sammeltätigkeit wie das Salz in der Suppe. Vieles
sei »Kitsch« (Ruthe 2004). Prophylaktisch sagt *Saatchi* selbst:

> »90 Prozent meiner Sammlung sind möglicherweise in zehn Jahren für jeden außer mir
> selbst wertlos« (Ruthe 2004).

Als Mensch der Werbewelt weiß er, dass alles Neue seinen Zauber hat, dieser
aber sehr kurzlebig sein kann. Darum bedarf es immer wieder neuer Strategien, wie der eines *Saatchi-Preises*. Auf die dazugehörige Show darf man gespannt sein.

2.2.4.3 Kunst als Rendite – Der kühl Kalkulierende

Der kühl kalkulierende Nachfrager wird primär durch ökonomische Nachfra-
gemotive geleitet. Die extremste Form des kühl kalkulierenden Typus bildet
der Spekulant. Er hat einen schlechten Ruf, keine Kunstkenntnisse und kennt
sich auf dem Kunstmarkt nicht aus. Er tritt immer dann konzentriert in Erscheinung, wenn der Kunstmarkt blüht. Er will die Chance nutzen, um auch
seine Geschäfte erblühen zu lassen – durch Spekulation. Unter einer Spekulation ist das frühzeitige, preisgünstige Erwerben von Werken eines noch
nicht etablierten Künstlers zu verstehen, um es innerhalb kürzester Zeit mit
hoher Rendite wieder zu verkaufen. Die kurzfristige Gewinnmaximierung
steht im Vordergrund; die Kunst wird Mittel zum Zweck. Wenn der Wiederverkauf von Werken mit Gewinn nach fünf bis zehn Jahren gemeint ist, wird von
einer langfristigen Geldanlage und von einem *Investor* gesprochen. Im Gegensatz zum Spekulanten sucht er den Expertenrat, zudem ist er ein Stück weit
näher dran an Kunst und Künstler als der Spekulant. Gelegentlich entwickeln
sich aus Kunstinvestoren auch echte kunstliebende Sammler.

Viele Überlegungen dieser Akteure ähneln strategischen Überlegungen
beim Aktien- und Immobilienkauf (→ Kapitel 2.4 *Monopoly*). Es stellt sich die
Frage: Sind Kunst und Rendite wirklich miteinander vereinbar? Der Gedanke
an Investition und Gewinn war latent wohl in allen Jahrhunderten des Kunst-
sammelns wirksam. Nur ist er bei einer bestimmten Personengruppe seit
dem Kunstmarktboom zunehmend in den Mittelpunkt des Interesses gerückt.[41] Eine Ursache dafür ist der Einbruch des Aktienmarktes weltweit.
Wenn die Rendite der traditionellen Geldanlage schrumpft oder sich auflöst,
suchen Investoren nach neuen Möglichkeiten, ihr Kapital zu vermehren. Die

---

41 Gelegentlich ist auch beim Fokus der Kunst als Wertanlage ein Motivkonglomerat vorhanden, in das weitere Motive hineinspielen.

Vermögensanlage in Kunst ist eines der neuen Betätigungsfelder. Aber nach welchen Werken sucht der typische Kunstinvestor? Er wünscht anerkannt wichtige Kunstwerke, »Museumsstücke«, man spricht in diesem Zusammenhang auch gern von gesicherten Werten: *blue chips*. Eine andere Möglichkeit ist für ihn das Erstehen von aus der Mode gekommenen Kunstrichtungen und -gattungen, von denen er sich längerfristig ein Revival verspricht. Um richtig auszuwählen, vertraut er dem Rat von Experten.

Dass sich ein Investment in Kunst unter Umständen »auszahlen« kann, zeigen Arbeiten von Richter und Baselitz, die ihren Wert in den vergangenen Jahren verdrei- bis verfünffacht haben. Und selbst Werke, die mit geringem finanziellen Einsatz[42] erworben werden, können eine Wertsteigerung erfahren.

Erstaunlich ist jedoch, dass sogar führende Köpfe der Fachwelt dem renditeorientierten Nachfrager empfehlen, zu den »Königswerten« seiner Kaufentscheidung das Werk selbst und die eigene Begeisterung für dasselbe zu machen. Nur so könne man sich etwas sichern, was Bestand habe, unabhängig vom Markt und seinen Entwicklungen. Wer sich nur von Trends leiten lasse, zahle unter Umständen drauf: Denn was heute gefragt ist, kann morgen schon wieder *out* sein (Claudia Steinfels, Geschäftsführerin des Auktionshauses *Sotheby's* in Zürich, zit. nach Sigrist 2003). Auch die im Jahr 2000 fast still und heimlich stattgefundene Auflösung des ersten *Global Art Funds*, den die Luxemburger *DG-Bank* im Jahr 1997 auflegte, ist ein Indiz dafür, wie wenig reines Investmentstreben mit zeitgenössischer Kunst gelingen muss.

2.2.4.4 KUNST ALS LIFESTYLE UND ANLAGE IN PRESTIGE – DER JUNGE HIPPE

Im Zeichen des Generationenwechsels tritt dieser Typ immer stärker auf die Bühnen des Kunstmarktes. Er versteht von Kunst und dem Kunstmarkt nicht wirklich viel, aber er ist gut betucht, mit entsprechenden Luxusgütern von Philippe Starck bis Louis Vuitton ausgestattet und außerdem bereit, für ein Werk eines zeitweilig angesagten Künstlers einen surrealen Preis zu bezahlen. Im Gegensatz zu den älteren und kunstverständigen Käufern macht der Vertreter dieser Altersgruppe, in der Regel zwischen 25 und 40 Jahre alt, keine Zukunftsplanung. Er lebt im Jetzt. Dabeisein ist alles. Und als Kunstkäufer mitmischen, ist noch mehr als *alles*.

---

42 Fast 90 Prozent aller Werke werden an den internationalen Auktionen unter 10.000 € verkauft, so schreibt der auf den Kunstmarkt spezialisierte Internetinformationsanbieter *Artprice*.

KATHREIN WEINHOLD
Selbstmanagement im Kunstbetrieb

»Zugleich zeigen die jungen Sammler einen neuen Stil. Sie wollen mit der Kunst das Pulsieren ihrer Zeit erspüren. Und die hat mit schnellem Erfolg und viel Geld zu tun. Es ist bezeichnend, dass viele der Sammler in Marketing- oder Medienberufen arbeiten. Sie favorisieren Kunst, die schockt und irritiert« (Lüddemann 2001).

Favor ist aber auch Kunst, in die man ein wenig investiert. Kunst als Investition ist »in«, zumindest vermitteln diese Botschaft viele Hochglanzmagazine, die vor lauter Schreck über den zusammengebrochenen Aktienmarkt überhaupt nicht wissen, womit mit sie die ehemals boomenden Finanz- und Anlageressorts bestücken sollen. Also warum nicht Kunst empfehlen, um das Geld der jungen Erben und Unternehmer auszugeben?

Insbesondere die blühenden jungen Kunstmessen ziehen immer mehr junges Publikum an. Entfällt doch dort die Schwellenangst, die menschenleere, sterile Galerieräume mit kritisch über die Brille lugendem Personal all zu häufig vermitteln. Und als »feines Kunstpublikum« sind die jungen Unternehmer von heute in ihrem Studentenlook, natürlich mit teuren Markenlabels, auf den ersten Blick nun wahrlich nicht zu identifizieren. Die jungen Messen geben sich offen und sind gut auf das neue Klientel eingestellt (Auf der *London Art Fair* wurde, wie gesagt, ein *help* genannter Shopping-Service eingerichtet. Wer diesen in Anspruch nahm, füllte erst einen Fragebogen aus und machte sich darauf in der Begleitung eines Einkäufers auf die Suche nach dem für ihn perfekten Kunstwerk). So einfach wie beim Shopping im Supermarkt kann man heute zum Kunstsammler werden! Leicht macht es den Besuchern auch die *Frieze Art Fair*. Von Experten wird ein *contemporary-art*-Schnellkurs angeboten, der *insider knowledge* vermitteln und Absolventen helfen soll, ihren Lebensstil »durch maßgeschneiderte Kunst« zu ergänzen (vgl. Waser 2004). Auch in Amerika wird der neue Typus augenscheinlich. Ein Messebericht der *Armory Show* 2004 in New York zeigt den neuen Sammler und sein Erscheinungsbild:

»Was ich beobachtete, war ein neuer Typus des Sammlers, der sich vom Typus des ›Connaisseurs‹ radikal unterscheidet, weil er keine Kennerschaft mehr anstrebt. Stattdessen legt er ein Kaufverhalten an den Tag, das nach demselben Muster erfolgt wie der Erwerb eines Markenartikels, dessen Marke für sich spricht und von dem man nichts weiter wissen will« (Graw 2004).

»Allenthalben vernahm ich spitze Schreie, es wurde ›*wonderful*‹ oder ›*Oh my God, it's amazing!*‹ gerufen – ein Verhalten, das mich an die aufgepeitschte Atmosphäre hipper Boutiquen erinnerte. So, wie man sich in Boutiquen auf schiere Begeisterung verlegt, schien auch hier – im Angesicht von Gegenwartskunst – kein Anlass zu weiteren Nachfragen zu bestehen. Eine Galeriemitarbeiterin erzählte mir im Vertrauen, sie dürfe auf keinen Fall etwas Inhaltliches über die in der Koje angebotenen Arbeiten sagen – das verderbe das Geschäft. Allein der Hinweis darauf, dass der Künstler »jung« sei, sei dem Verkauf förderlich – er müsse genügen. Wer also immer noch glaubt, Kunst müsse zu denken geben oder gar Probleme machen, der wurde hier eines Besseren belehrt. Man hätte sich ebenso gut auf einer Boots-, Champagner- oder Schmuckmesse befinden können. Die traditionelle Vorstellung von Kunst als einer relativ autonomen Sondersphäre lässt sich jedenfalls unter diesen Umständen nicht länger aufrecht erhalten« (Graw 2004).

Der Kauf von zeitgenössischer Kunst scheint, insbesondere beim amerikanischen Publikum, derzeit dem gesellschaftlichen Status ebenso förderlich zu sein, wie »ein europäisches Auto zu fahren« oder vorzugeben, »französische Philosophen gelesen zu haben« (Bellet 2003: 2). Kein einziger dieser Käufer macht sich wirklich Gedanken über tief greifende Inhalte oder um eine möglichst bedeutende finanzielle Wertsteigerung. Der Kunstkauf ist eher eine sichere Anlage in das Prestige des Käufers. Es ist auch eine Zugehörigkeitserklärung zu sozialen Gruppen und deren Status (→ Kapitel 2.2.1 *Kunst und Gesellschaft*). Für den neuen Käufertypus ist die Kunst ein mehr oder weniger normaler Konsumgegenstand (vgl. Waser 2004). Ebenso wie über angesagte Modelabels Informationen eingeholt werden, gilt das Interesse nun der Kunst. Sie wird zum Label an der Wand. Allerdings werden nicht wirklich tiefgründige Begegnungen von Werk und Rezipient oder gar Produzent und Rezipient erwünscht.

»Die Ebene der Produktion wird vollständig ausgeblendet, was die auffällige Abwesenheit von Künstler/innen auf der Armory-Show-Eröffnung illustrierte« (Graw 2004).

Großveranstaltungen wie die *documenta* oder die internationalen Kunstmessen spiegeln mit ihren Besucherzahlen die Nachfrage am Event, am Tummelplatz der Kunst selbst wider. Folge der Entdeckung des neuen Terrains ist eine wachsende Transparenz des Marktes. Immer mehr Literatur für den jungen hippen Konsumenten entsteht, da er eine gewisse Information und Orientierung in der Welt der Kunst sucht (vgl. Karcher 2002).

2.2.4.5 »CORPORATE ART« UND PERSÖNLICHE LEIDENSCHAFT – KUNST IM UNTERNEHMEN

Neben den genannten Privatkäufern sind es vor allem Firmen, die als Sammler und Käufer am Markt auftreten. Zwei Grundrichtungen sind zu unterscheiden (vgl. Neumüller 1998: 40):

1. Unternehmen, die Kunst auf der Grundlage persönlicher Vorlieben ihrer Entscheider sammeln,

2. Unternehmen, die Kunst mit Bezug zu ihrer Unternehmensidentität sammeln.

Die Kunstanschaffungen von Unternehmen mit einer personalistisch ausgerichteten Sammeltätigkeit kunstbegeisterter (Mit-)Eigentümer-Unternehmer und angestellter Manager weisen in der Regel wenig Bezug zum Corporate-Identity-Prozess des Unternehmens auf. Vielmehr ist es so, dass primär die persönlichen ästhetischen Vorlieben der Entscheidungsträger zum Zusammentragen von Sammlungen entscheidend sind. Die finanziellen Ressourcen des Unternehmens werden dann persönlichen Sammelinteressen geopfert.

Das Kunstsammeln als Bestandteil der Corporate Identity – sozusagen *corporate art* – findet statt, indem der Sammelfokus auf Inhalten der Unternehmenskultur basiert. Dabei wird junger, zeitgenössischer Kunst immer mehr Raum eingeräumt, weil häufig Zukunftsbezogenheit über die Kunstsammlung transportiert werden soll. Allerdings ist junge Kunst eben auch ein großes und preisgünstiges Marktsegment. Zu unterscheiden ist in Panorama-Konzepte (Überblick über Haupttendenzen der Gegenwartskunst) und Monografie-Konzepte (zeitlicher, thematischer oder prozessualer Ausschnitt aus dem Schaffen eines Künstlers oder einer Gruppe) (vgl. Neumüller 1998: 42). Die Sammeltätigkeit der *corporate art* zielt auf eine gelungene Selbstdarstellung des Unternehmens. Das Kaufverhalten wird hauptsächlich durch Ziele der Unternehmenspolitik bestimmt; es geht um interne und externe Kommunikation mit Kunst. In der *corporate art* können nach einer Studie des Lehrstuhls für Organisations- und Wirtschaftspsychologie der *Ludwig-Maximilians-Universität* in München vier Hauptmotive, aus denen heraus die Nachfrage nach Kunst entsteht, unterschieden werden (vgl. Müller 2004):

1. Neue geistige Werte als wesentliche Faktoren der Unternehmenskultur,
2. Kunst als Investition in Motivation und Kreativität der Mitarbeiter,
3. Imagepflege und Kommunikation als zeitgemäßes Marketing,
4. Vermögenszuwachs.

Sie sollen im Folgenden transparent gemacht werden (vgl. Müller 2004).

Neue geistige Werte als wesentliche Faktoren der Unternehmenskultur

Innere Vorstellungsbilder sind unmittelbar mit visuellen Eindrücken verbunden, sie zeigen Wunsch- bzw. Traum-Idealbilder, aber auch tiefste Ängste. Kunstwerke vermitteln häufig ähnliche Bilder: Szenarien einer möglichen Gesellschaft und ihrer Zukunft. Sie eröffnen Unternehmen damit die Möglichkeit, mit ihren Mitarbeitern über Kunst auf elegante Art und Weise in einen Diskurs gesellschaftlicher Fragen einzutreten. Eine Diskussion ethischer Fragen erwächst, in der es um Schwächen und Potenziale der Gesellschaft gehen kann. Häufig werden in Kunstwerken auch offiziell gültige Regeln oder Tabus gebrochen – auch hierzu kann das Gespräch aufgenommen werden.

Da sich die Produkte und Dienstleistungen vieler Unternehmen immer mehr ähneln, wird versucht, sich über andere Werte abzugrenzen und aus der Vielzahl der Masse herauszuheben. Dies geschieht über die Unternehmenskultur. Sie ist das Unterscheidungsmerkmal, um Zugehörigkeit zu bestimmten gesellschaftlichen Gruppen, und damit potenziellen Kunden, zu dokumentieren.

Da Unternehmen der gesamtgesellschaftlichen Wandlungsbeschleunigung ebenso unterliegen wie andere Systeme, bedarf die Veränderungsfähigkeit und Kraft von Unternehmenskulturen immer neuer Impulse. Die Befragten der Studie glauben, dass gute Künstler in der Lage sind, Veränderungen und Strömungen unserer Zeit besonders sensibel aufzunehmen und diese wie Trendforscher oder Seismografen in ihren Werken frühzeitig thematisieren. Die Kunst wird also gekauft, um eine zeitgemäße bzw. adäquate Unternehmenskultur zu entwickeln, um damit Wettbewerbsvorteile zu sichern. Beschäftigung mit zeitgenössischer Kunst offeriert eine Möglichkeit, sich neue Wege der Zukunftsfähigkeit zu eröffnen.

»Innehalten, nachdenken, betrachten. Etwas das man im Tagesgeschäft nicht mehr so einfach kann. Entscheidungen müssen aus dem Bauch getroffen werden« (Müller 2004).

Erfolgreiche Unternehmen benötigen kreative Denkräume mehr denn je. Kreative Denkräume können auch Räume im Sinne von *think tanks*[43] sein, die von Meditations-, Kraft-, Stille-Elementen leben und Wert auf eine bestimmte Aura in ihrem Arbeitsumfeld legen. Ein Vergleich in prosperierenden Unternehmen zeigt, dass diese proportional häufiger Kunst in ihre Unternehmenskultur einbeziehen als weniger erfolgreiche.

Kunst als Katalysator für Mitarbeitermotivation und -entwicklung

Unternehmen holen Kunst nicht selten mit der Erwartung ins Haus, ihrer Unternehmenskultur kulturelles Leben, intellektuellen Geist und ihren Mitarbei-

---

43 *Think tanks* sind *hip*. Ursprünglich war der Begriff eine Bezeichnung des britischen Slangs für das menschliche Gehirn. Heute werden Ideenagenturen, Orte, an denen konzentriert und interdisziplinär nachgedacht wird, um Problemlösungen für Politik und Wirtschaft zu finden, so bezeichnet. Aber auch Künstler, z.B. der Popstar Madonna, versammelt ein Begleitteam unter der Bezeichnung *Artistic Think Tank* um sich.

tern neue Denkimpulse einzuhauchen. Die Mitarbeiter, die täglich, monatlich, jährlich viel Lebenszeit an ihrem Arbeitsplatz verbringen, sind zunehmend wichtigste Zielgruppe bei der Kunstkaufentscheidung vieler Unternehmen. Sie sollen einen interessanten, kommunikativen, anregenden Arbeitsplatz haben. Die Kunst soll sie »beflügeln«, motivieren, Perspektivwechsel ermöglichen, Katalysator für neue Denkansätze, Innovation und persönliches Engagement sein. Sensibilisierung der Sinne gehört zum Mitarbeitertraining moderner Unternehmen. Aber auch die Leistung, zwischenmenschliche Barrieren zu überwinden, habe ich selbst in meiner Beratungspraxis in Unternehmen erlebt. Kunstwerke sprechen die Gefühlsebene des Mitarbeiters an und gehören zu den so genannten *soft skills,* den weichen Faktoren einer erfolgreichen Firmenpolitik. Sie verstärken auch die Bindung von Unternehmen und Mitarbeitern, was wiederum positive Grundlage vieler bereits genannter Prozesse bildet. Unternehmen dokumentieren mit ihrem Kunstkauf letztlich den hohen Stellenwert, den sie ihren Mitarbeitern einräumen. Neben den rational geschäftsbezogenen Bindungen soll eine emotionale Basis der Zusammenarbeit geschaffen werden.

Imagepflege und Kommunikation als zeitgemäßes Marketing
Der Aufbau einer Kunstsammlung macht ein Unternehmen in der Regel bekannter und verleiht in der Öffentlichkeit einen hohen Sympathiefaktor, insbesondere dann, wenn junge Kunst gesammelt wird. Die Aktivität wird in der Public-Relations-Arbeit genutzt, um Aufmerksamkeit zu erzielen – häufig mit Erfolg. Kunst und Kultur sind von öffentlichem Interesse und werden von Journalisten als Themen aufgegriffen. Das Image wird sowohl nach außen als auch unternehmensintern gepflegt. Wird der Kunstproduzent gar eingeladen, um ein Kunstwerk vor Ort zu realisieren, so besteht für die Mitarbeiter die Möglichkeit, den Schaffensprozess von Anfang an zu verfolgen und der Belegschaft einen unmittelbaren und authentischen Eindruck von Künstler und Werk zu vermitteln.

Vermögenszuwachs
Wertzuwächse erreichen Unternehmen mit Kunst vor allem im Immobilien- und Anlagebereich. An moderne Büro- und Gewerbeimmobilien werden hohe Ansprüche gestellt. Deshalb werden Werke in Auftrag gegeben, die mit der Immobilie kommunizieren (Kunst am Bau, Kunst im halböffentlichen Raum, Kunst im öffentlichen Raum etc.). Nur wer hier Besonderes bietet, kann Mieter und/oder Käufer binden. Die klassische Anlage einer Sammlung, die renditebringend wieder veräußert werden soll, ist ein wenig anzutreffendes Motiv von Unternehmenskunstkäufen.

2.2.5 Pingpongspiele: Die Auktionshäuser

Der Einfluss von Auktionshäusern auf dem Kunstmarkt ist seit der zweiten Hälfte der 1980er Jahre gestiegen. Von diesem Zeitpunkt an haben Auktionshäuser das Terrain der zeitgenössischen Kunst entdeckt. Damit explodierten auch die Preise für junge zeitgenössische Kunst – und Galerien gerieten in Turbulenzen. Wenn ein Künstler bei einer Auktion plötzlich 80.000 Dollar erzielte, aber zeitgleich in »seiner« Galerie noch mit 10.000 Dollar gehandelt wurde, dann gerät der Markt schon mal in Schieflage. Positiv für die zeitgenössische Kunst ist an dieser Entwicklung, dass durch die Auktionshäuser viele neue Käufer »ins Boot kamen« und den zeitgenössischen Markt für sich »entdeckten«.

Nur übernahmen Auktionshäuser auch das Ruder; durch ihre Politik steuerten sie, wer »oben« und wer »unten« war. Wenn die Preise für einen Künstler gigantisch hoch sind, stimulieren sie den Markt und beeinflussen das Verhalten der Sammler. Die öffentlich bekannten Auktionsergebnisse werden dann auch als Faktor der Preisbildung auf dem Kunstmarkt herangezogen. Für die Auktionshäuser ist es dann nicht von allzu großer Bedeutung, ob der Künstler kurz- oder langfristig im Auktionsgeschäft gehandelt wird, sein Markt erhalten bleibt oder einbricht. Sie sind im Produktmanagement flexibel und bieten schnell etwas anderes an. Was aber wird aus den Galerien, die viel Geld in den Aufbau »ihrer« Künstler investiert haben? Ihre Flexibilität ist eher gering. Möglicherweise kostet das Agieren der Auktionshäuser in den Geschäftsbereichen der Galerien nach wie vor zahlreiche Galeristenexistenzen.

Wonach werden die Werke selektiert? Gehandelt wird auf internationalen Auktionen in London und New York mit Kunstgegenständen, die einen internationalen Auktionswert haben und die man im Börsengeschäft als *blue chips* bezeichnen würde. Internationale Ausstrahlung ist das Kriterium. Sie zu erreichen, ist Aufgabe von Museen und Galerien. Es ist entscheidend, ob Kunstwerke den Weg in öffentliche Ausstellungen finden und auch in Katalogen renommierter Auktionshäuser anzutreffen sind. National bekannte, gute Werke werden mit Erfolg lediglich in nationalen Auktionen gehandelt. Erst wenn Künstler weltweit bekannt und etabliert sind, ihr Wert gesichert ist (durch Museen, Kritiker etc.), werden sie für Auktionshäuser interessant.

Die Giganten und *global player* im internationalen Auktionsgeschäft sind *Sotheby's* und *Christie's*, die sich etwa 90 Prozent des Weltmarktes für Kunst- und Juwelenauktionen teilen. Sie agieren weltweit und verfügen über Experten. Ihnen wird nachgesagt, ihr Urteil falle neutraler und in einem gewissen Sinne objektiver aus als das der Galerien: »Ein gutes Auktionshaus gleicht einer guten Schweizer Bank« (Guex 2003: 40). Das Zitat stammt von Peter Wilson, dem Mann, der *Sotheby's* zu einem der zwei einflussreichsten *global player* im Auktionsgeschäft weltweit aufsteigen ließ. Allerdings haben die *global player* schon längst keine saubere Weste mehr: Die *EU-Kommission* in Brüssel hat Preisabsprachen zwischen den weltweit führenden Kunstauktionären *Sotheby's* und *Christie's* mit einem hohen Bußgeld geahndet. Dabei kam *Christie's* aber wegen seiner Selbstanzeige straflos davon, während *Sotheby's* sechs Prozent seines Jahresumsatzes und damit 20,4 Millionen (!) € zahlen sollte. Auch in den Vereinigten Staaten war *Sotheby's* bereits verurteilt worden. Mit den Preisabsprachen hätten *Sotheby's* und *Christie's* Anfang der 1990er Jahre ihren erbitterten Wettbewerb beendet, schrieb die EU-Kommission. Verabredet worden seien Kommissionsgebühren und Abschlagszahlungen an Verkäufer sowie Preisgarantien. Die heimlichen Verabredungen seien 1993 auf höchster Ebene eingefädelt worden. Die Verabredenden waren *Sotheby's*-Chef Alfred Taubman und *Christie's*-Boss Sir Anthony Tennant – zwei Pingpongspieler (vgl. Fischermann/Jungclaussen 2002).

2.2.6 »Good business is the best art«: Die Künstler

Künstler als Unternehmer: Mit den gesellschaftlichen Transformationsprozessen (→ Kapitel 2.6 *Gesellschaftswandel. Marktwandel. Tendenzen*) haben sich auch die Anforderungen an den Künstler gewaltig verändert. Der Künstler ist nicht mehr das farbbekleckste, einsam schaffende Genie, das im schlecht beheizten Atelier Werke schöpft, sondern gefragt ist der Unternehmertyp, der im Atelier, im Büro und auf den Ausstellungsbühnen agiert. Er muss gut vernetzt sein und zwischen Kunstproduktion, Selbstrepräsentation und Vermarktungsstrategien jonglieren können. Ein Beispiel, wie dieser Balanceakt erfolgreich zu meistern ist, liefert der Künstler Stefan Szczesny (*www. szczesny-online.com*).

»Es war immer schon sein Ziel, ein Profi zu sein. Für ihn bedeutet das, sein Kreativunternehmen zur führen wie eine mittelständische Firma. Er hat sein Ziel erreicht. Sein Unternehmen, ›szczesny-factory‹, hat fünf bis sechs Angestellte, dazu kommen noch freie Mitarbeiter im Ausland. Denn allein kann Stefan Szczesny seine Arbeit gar nicht mehr bewältigen. Bis zu zwanzig Ausstellungen hat er jährlich. Nur wenige seiner Gemälde, Grafiken, Keramiken und Glasarbeiten verkauft er in Deutschland. ›Glücklicherweise‹, meint Szczesny, da der deutsche Markt zurzeit nicht gerade floriere« (Hoffmans 2003).

»In den letzten Jahren hat sich neben seiner malerischen und grafischen Produktion ein weiteres Aufgabenfeld eröffnet. Immer häufiger wird er gebeten für Hotels, Firmensitze und Privatwohnungen Entwürfe für die Ausgestaltung der Räume zu machen. So hat er beispielsweise für das Kempinski Ressort Hotel Estepona in der Nähe von Marbella Kacheln, Vasen, Glasarbeiten, Gemälde entworfen. Die ›szczesny-factory‹ arbeitet zusammen mit Fachfirmen aus ganz Europa: Keramikwerkstätten in Sevilla und Grimaud, Glasbläsereien in Murano. Bei solchen Aufträgen wird der Künstler Szczesny automatisch zum Unternehmer« (Hoffmans 2003).

Sich als Unternehmer, der eine Firma führt, zu begreifen, ist Grundlage des Erfolgs im 21. Jahrhundert. Wenn der Künstler in einem Stadium großer Etabliertheit Angestellte beschäftigt, kann man von einer *factory* sprechen. Das *Interaktionsmodell des Kunstmarktes* (auf S. 124) und die *Erfolgspyramide* (auf S. 113) zeigen, welche Prozesse sich bis dahin vollziehen müssen.

Der Künstler ist, betriebswirtschaftlich betrachtet, ein »marktabhängiger Künstlerunternehmer« (Hirsch 2001: 2) – auch wenn er diesen Satz sehr ungern wahrnimmt. Aber er kann noch so »gute Kunst« machen, wenn es dafür keinen Markt gibt bzw. der Aufbau einer Nachfrage und eines Marktes nicht gelingt, dann wird seine Kunst nicht verkauft, und er wird entsprechend erfolglos agieren.

Hat der Künstler Erfolg, bringt dieser finanzielle Freiheit mit sich, aber auch Risiken. »Der Künstler gerät unter Druck, schnell zu arbeiten, sich in seinen Bildern zu wiederholen und selbst zu zitieren« (Stange 2003: 161 über *Franz Ackermann)*. Das was im Marketing die Entwicklung einer konsequenten Trademark genannt wird, hat im künstlerischen Sinn keinesfalls eine ausschließlich positive Konnotation. Eine Trademark birgt auch immer die Gefahr der Wiederholung statt Weiterentwicklung in sich. Die Sammlerschicht, die Künstler selektiert, bestimmt mit ihrem Geschmack auch die Produktion von Künstlern und animiert nicht selten zur Wiederholung.

Neben der Rolle als Unternehmer ist der Künstler des 21. Jahrhunderts jedoch in weiteren Rollen zu sehen:

- **Event- und Entertainmentproduzent**: War der Künstler in der Vergangenheit Produzent seiner Kunst, so ist er im 21. Jahrhundert mehr denn je als Produzent von Events, Entertainment und Kommunikation rund um seine Kunst gefragt. Nicht mehr die Produkte, sondern die Konstrukte um die Produkte herum, stehen im Mittelpunkt des Publikumsinteresses. Dem Künstler, der sich selbst vermarktet, wird gesellschaftsbedingt die Rolle des Event- und Entertainmentproduzenten zugeschrieben, wenn er Aufmerksamkeit und Erfolg vereinnahmen möchte.
- **Kulturkonsument**: Für seine Kunstproduktion sucht der Künstler zunehmend nach Themen, die bereits im kulturellen Kontext Aufmerksamkeit und Publikum gewonnen haben. Er dockt sich an oder nimmt diese auf, verändert sie, wird Themen- oder Trendsetter, aber auch Sammler, Selektor, Geschmacksdesigner, Regisseur, Kurator, DJ (vgl. Groys 1998: 48ff.). Damit ist er näher am Publikum und in der Alltagswelt als je zuvor. Kunst und Künstler werden lebensweltlich universell.

Siebenhaar beschreibt den Künstler der Zukunft auch als »One-Man- oder -Woman-Entrepreneur, der seine Kunst in ein komplettes ›Dienstleistungs-paket‹ integriert: Kunst + Selbstinszenierung + Facilitating Management + Medienauftritte« (Siebenhaar 2002: 50).

Warhols Worten verleiht das 21. Jahrhundert neues Leben: *Good business is the best art.*

2.3 Mechanismen: Der »alte« und der »neue« Kunstmarkt

Eine Analyse des Kunstmarktes zu Beginn des 21. Jahrhunderts macht augenscheinlich, dass kein allgemein verbindlicher Diskurs mehr existiert. Die Zeit der großen Diskussionen, was nun Kunst sei und was nicht, ist vorbei. Den Beuys'schen Worten »Jeder ist ein Künstler« verleiht die Gegenwart zunehmend reales Leben[44] – allerdings auf eine sehr eigene Weise, nicht primär im Beuys'schen Sinne. Aber was geschieht mit dem gegenwärtigen Kunstmarkt, wenn es keinen Kunstdiskurs mehr gibt?

Der Kunstmarkt, so scheint es, erfindet sich seit den 1990er Jahren immer wieder neu. Alles ist im Wandel, gar in einer Wandlungsbeschleunigung begriffen, sodass das einzig Beständige die Unbeständigkeit zu sein scheint. Dennoch gibt es einige wenige verbindliche Elemente zu beobachten, nach denen der Markt verlangt. Sie gelten für den Markteintritt des Künstlers (vgl. Beat Wyss, Olaf Zimmermann):

Regeln für den Markteintritt

Regel Nr. 1: Jung sein
Regel Nr. 2: Etwas Neues bieten
Regel Nr. 3: Eine leicht wiedererkennbare Trademark haben

Was verbirgt sich hinter diesen neuen Spielregeln?

Regel Nr. 1: Jung sein: Die heutigen Newcomer bewegen sich in der Altersspanne zwischen 28 und 35 Jahren.[45] Eigentlich muss man's mit 30 schon

---

44 Dieser Umstand muss nicht nur negativ betrachtet werden: »Ohne Zweifel ist Toleranz gegenüber jeglicher Kunst eine Stärke der bürgerlichen Demokratie« (Grasskamp 1992: 133).

45 Etwa die *Young-German-Art*-Vertreter auf der *Armory-Show* 2004: Christoph Schellberg (30), Tatjana Doll (33), Ulrich Lamsfuß (33), Martin Eder (35), Tim Eitel (32), Matthias Weischer (30) Thoralf Knobloch (41), Eberhard Havekost (35), Jonathan Meese (34), Coco Kühn (34).

fast geschafft haben.[46] Werden also diejenigen, die Lebenserfahrung besitzen und wirklich etwas über dieses Leben wissen und zu erzählen haben, vom Markt systematisch ausgegrenzt? Besetzt empirisches Wissen gar die Regionen im Gehirn, die offen sind, Neues aufzunehmen? Was Marktregel Nr. 2 entgegenstünde. Oder geht der Kunstmarkt einfach nur konform mit dem allgemeinen Jugendwahn und der Angst vorm Altern, die in unserer Gesellschaft allgemein grassieren? Zwei ernst zu nehmende Gründe scheinen zu sein:

1. Der Kunstbetrieb sucht sich immer jüngere Jahrgänge, um seinem zunehmend eventhaften Charakter entwickeln zu können.
2. Der Kunstmarkt steht im Zeichen des Generationenwechsels. Junge Galeristen interessieren sich für junge Kunst – nichts Ungewöhnliches; noch entscheidender: *junge erfolgreiche* Käufer, die den Markt neu betreten, wollen *junge erfolgreiche* Kunst kaufen.

Regel Nr. 2: Etwas Neues bieten: Spektakulisierung ist angesagt. Der Newcomer muss irgendetwas Neues, Unerwartetes, Unerklärliches, Phänomenales, Spektakuläres, Außerordentliches, nie Dagewesenes, am besten einen völlig neuen Weltblick, zu bieten haben.[47] Häufig wird Tabuisiertes in Verbindung mit einer strategisch geplanten Inszenierungstaktik in den Mittelpunkt gestellt. Aber zugleich fordert der Markt mit seinen Teilnehmern eine Repetition, die eine Stil-, Epochen- oder Trendzuordnung möglich macht. Völlige Losgelöstheit von allem ist unerwünscht. Aufmerksamkeit entsteht für ein Werk oder einen Künstler immer dann, wenn eine wechselseitige Steigerung von Neuheit und Redundanz erfolgt.

Regel Nr. 3: Eine leicht wiedererkennbare Trademark haben: Vor allem für den Markteintritt. Später kann man sich vieles leisten, zumindest, wenn man es in den Olymp des Kunstmarktes geschafft hat und in der Gerhard-Richter-Liga spielt. Angesichts der Überschwemmung des Kunstmarktes mit Handelsgegenständen – auch deshalb, weil jeder ein Künstler sein und alles Kunst sein kann – wird ein persönliches Kennzeichen mit leichtem Wiedererkennungseffekt, eine Trademark, existenzielle Marktbedingung.[48] Leicht wie-

---

46 Es herrscht zugleich eine Dynamik des Paradoxen vor: »Die Kunst besteht darin, jung zu sterben, das aber so spät wie möglich« (Ecker 2002).

47 Das war schon auf den Pariser Salons des 19. Jahrhunderts so und gilt bis heute.

48 Die Gefahr des Abdriftens ins Klischeehafte entsteht durch die »Markenartikeleigenschaften«. Aber ein Künstler mit festen Galerieverbindungen muss sich zu-

KATHREIN WEINHOLD
Selbstmanagement im Kunstbetrieb

dererkennbar muss die Trademark auch deshalb sein, weil das Publikum genau wie der Künstler unter einem Informations-Overload leidet. Alles, was
nicht in zwei bis drei Sätzen (oder gar im Einzeiler) verpackt werden kann,
sodass es auch der Laie begreift und sich schnell merken kann, hat nur
schwer eine Chance auf dem Markt. Komplizierte Erklärungen treffen nicht
den Nerv einer Gesellschaft, die mit Werbeeinzeilern bombardiert wird und
nicht nur aus intellektuellen Befindlichkeiten, auch aufgrund natürlicher Auf-
nahmekapazitäten, nur begrenzt Infos erfassen und verarbeiten kann.»Bana-
lisierung ist unzweifelhaft ein Anpassungsreflex an die Massenkultur, der
Zerstreuungsindustrie, es ist eine anbiedernde Verbeugung vor den Massen«
(Ecker 2002).

Weitere Optionen für eine erfolgreiche Marktpositionierung können sein:

- Eine interessante Herkunft des Künstlers: *»Wer aus einem exotischen Land
  stammt und bizarr aussieht ...«*
- Vorhandene Ruhmespunkte gesellschaftlicher Übereinkunft (→ Kapitel
  2.5 *Pingpongspiele*): *»Auf fahrende Züge aufspringen ...«*[49]
- Ein Konglomerat aus Zufall, Strategie und den richtigen Geschäftspartnern: *»Zur richtigen Zeit am richtigen Ort ...«*

Was hat zur Ausprägung eines solchen Erscheinungsbildes des Kunstmarktes
geführt?

Der »alte« Kunstmarkt[50] (1890-1990) und der
»neue« Kunstmarkt (seit 1990)

Die Sammler als bedeutende Protagonisten des Marktes und ihre Interessen
haben sich verändert. Damit hat sich auch der Markt verändert. Man kann
von einer Wende vom »Tauschhandel zum Kapitalismus« (Wyss 2002) sprechen. Während im beginnenden 20. Jahrhundert zum Anlegen von Sammlungen Geld als Tauschmittel eingesetzt wurde, wird nun die Sammlung zur
Renditeerzielung und Gewinnmaximierung eingesetzt. Während beim »alten«
Markt die Kunst an erster Stelle kam und erst dann das Geld, ist es nun um-

---

mindest temporär auf die Vermarktung ganz spezieller beruflicher Leistungen, auf
die so genannte »künstlerische Handschrift« konzentrieren, um Erfolg zu haben.

49 Das ist die Einstellung vieler Galerien.

50 Beat Wyss nennt ihn auch in Anlehnung an die Aktienmärkte und deren wahr-
nehmbare Analogien zum Kunstmarkt *old art economy* – das Pendant heißt dementsprechend *new art economy* (vgl. Wyss 2002).

gekehrt. Seit den beginnenden 1990ern, also mit dem »neuen« Markt, kommt an erster Stelle das Geld, und erst danach geht es um die Kunst.

Tauschprinzip alter und neuer Markt
(basierend auf dem Erklärungsmodell von Beat Wyss)

Tauschprinzip »alter« Markt	Tauschprinzip »neuer« Markt
Ware-Geld-Ware	Geld-Ware-Geld
Ware gegen Geld gegen Kunst=Ware	Geld gegen Kunst=Ware gegen Geld
Ziel: Sammlung aufbauen	Ziel: Gewinnerzielung

Den altehrwürdigen Sammlern von Kunst, die den »alten« Markt bestimmten, wäre es nicht in den Sinn gekommen, sich kurzfristig von ihren geliebten Sammlungsstücken zu trennen. Sammlungen wurden fast immer vererbt und dann möglicherweise gewinnbringend aufgelöst. Nachdem jedoch ein neuer Sammlertypus, zu dessen berühmtesten Vertretern Charles Saatchi gehört, den Kunstmarkt entdeckt haben, sieht die Welt etwas anders aus. Der Markt ist ihr Revier, und sie wollen sich in diesem Gebiet behaupten, ihre Person und ihr Unternehmen wirkungsvoll in Szene setzen. Vorgegebene Sammelleidenschaft, die gegebenenfalls vorhanden ist, wird instrumentalisiert und auf Rendite programmiert. Sammlungen, wie die der *Young British Artists*, werden in kürzester Zeit aufgebaut, mit Mitteln der Inszenierung einnahmen- und medienwirksam um die Welt geschickt, um auf dem Zenit des Erfolges mit maximalem Gewinn verkauft zu werden. Die *Young British Artists Collection* bestand gerade einmal sieben Jahre. Der Gewinn bei der Inszenierung betrug 1,6 Millionen Pfund Sterling und reichlich Aufmerksamkeitskapital.

Der »neue« Kunstmarkt im Zeichen von Trends und Stars

> »*Doch man sieht nur die im Licht.*
> *Die im Schatten sieht man nicht.*«
> *(Frei nach Bertolt Brecht)*

In allen Jahrhunderten gab es berühmte, weniger berühmte und namenlose Künstler. Dass das Publikum im Brecht'schen Sinne seinen Fokus lieber auf die Berühmten als auf die Namenlosen richtet, ist ebenfalls keine Erfindung des neuen Kunstmarktes. Jedoch steigt die Ignoranz gegenüber Künstlern ohne Namen und die kultische Verehrung und Inszenierung derer mit großem Namen seit den 1990ern rasant an. Verwundert muss man darüber nicht sein, denn »Ruhm ist zur begehrenswerten Währung geworden« (Matussek 2003:

17) (→ Kapitel 2.1 *Der Kampf um Aufmerksamkeitskapital*). Vom Versprechen des Ruhmes, der Verehrung von Berühmtheit und dem pubertären »Einmal-ein-Star-sein-Wunsch« wird die Eventgesellschaft bestimmt. Auf dem Kunstmarkt ist das »Starsystem« (vgl. Huber) ebenso verbreitet wie in anderen Teilen der Gesellschaft. Die Auswirkungen für Kunstbetrieb und Kunstmarkt sind gravierend. Das Publikum ist zunehmend unmotiviert, eine Ausstellung anzuschauen, wenn nicht irgendeine Berühmtheit dabei ist, wobei der Vernissagebesucher flexibel ist, ob sich die Berühmtheit auf die Personengruppe der Produzenten, Vermittler oder auf das Publikum bezieht – Hauptsache: Stars!

Mit einer besonders problematischen Situation sieht sich der Künstler, der den Markteintritt sucht, konfrontiert. Er erfährt die **Markteintrittsbarrieren**, die der Markt selbst konstruiert, in aller Härte und Konsequenz. Als *No-Name* ist es schwer, eine Galerie oder einen Kunstverein für sich zu begeistern. Der Künstler stößt in der Regel auf ein hohes Maß an Desinteresse und Ignoranz, dessen Ursache oft in seinem geringen Bekanntheitsgrad liegt.[51] Jedoch ist es für den Künstler unumgänglich, eine professionelle Plattform zur Präsentation seines Werkes in der Öffentlichkeit zu suchen und zu finden. Dass er, wenn er keinen Ruhm vorweisen kann, an der einen oder anderen Stelle sein eigenes Geld investieren muss, ist nicht schwer nachzuvollziehen. Seine Hoffnung, irgendein Mensch von Bedeutung würde vorbeischauen und etwas kaufen oder ihn sogar weiterempfehlen, erfüllt sich dabei jedoch nicht immer. Gelingt es, einen Protektor aus dem Insiderkreis zu finden, werden sich möglicherweise verschiedene Türen öffnen lassen. Wie vollzieht sich dann die künstlerische Karriere? Welche »Erfolgstreppchen« sind wichtig?

Das Starsystem ist ein System der **Trendsetter**. Insbesondere *opinion leader* wie Museumsdirektoren, -kuratoren oder Kunstvereinsentscheider »agieren nicht, sie reagieren« (Ecker 2002) – entgegen ihrer öffentlichen Verpflichtung. Reagiert wird auf aktuelle Trends, die wiederum durch andere *opinion leader* vorgegeben wurden. Für eigene Ideen oder Experimente ist kaum noch Raum. Woher kommen aber die Trends? Wer macht sie? Letztlich entstehen sie durch eine Übereinkunft eines Konglomerats aus Insidern mit Einfluss, die ihre »Trends« wiederum durch Kunstjournalisten über die Medien massenhaft verbreiten lassen. Ein Massenpublikum nimmt diese Trends dann auf,

---

51 Erschwerend kommt hinzu, dass viele Künstler aus kleineren Städten in die Großstädte ziehen (→ Kapitel 1 »Beruf Künstler«). Die Großstädte sind zwar kulturelle Schmelztiegel, aber das Publikum außerhalb der Großstädte ist kulturell nicht so stark übersättigt, die Chance eine Ausstellung und ein Publikum zu bekommen, ist in der Regel größer. Die Präsentation geht in der Masse der Veranstaltungen nicht so unter wie in Metropolen (vgl. Huber).

Erfolgspyramide (in Anlehnung an Olaf Zimmermann)

Kommentar zur Erfolgspyramide:

Am Anfang steht eine meist selbst organisierte und selbst inszenierte Ausstellung. Sie ist eine erste Übung zur Präsentation und Inszenierung. Das Ziel der Veranstaltung besteht in der Öffentlichkeitswirksamkeit und Aufmerksamkeitsakkumulation. Der Künstler muss alles dafür tun, einen Zeitungskritiker aus dem Kunstbetrieb auf sich aufmerksam zu machen, sodass ein Beitrag in einem wichtigen Kunstmedium entsteht und das Interesse eines Galeristen weckt. Nur über einen einflussreichen Galeristen kann der Künstler, entsprechende weitere »Treppenstufen« beschreiten: in Museen und auf Kunstmessen präsent sein, weitere Galerievertretungen finden, wichtigen Ausstellungsmachern und Institutionen vorgestellt werden, welche die Verbreitung seines Werkes unterstützen und fördern. Wenn die Teilnahme an Großausstellungen und ein erfolgreiches Bewegen auf den internationalen Bühnen des Kunstmarktes ins Haus stehen, dann ist der große, internationale Durchbruch gelungen.

konsumiert sie, und die Trends und ihre Künstler erhalten dadurch erneut Verstärkung. Die Konsequenz: Es gibt nur einen relativ eng begrenzten Kreis an Stars, die man kennt und die immer und überall im Kunstbetrieb auftauchen. Sie befinden sich nach ihrer Selektion, ähnlich den aktuellen durch die Medien transportierten Songs im Musikbusiness, in einer Rotationsschleife. Die Rotationsschleife findet ihren Endpunkt, wenn der Trend durch einen neuen ersetzt wird. Dass das Insider-Konglomerat einen Kartellcharakter aufweist, wurde bereits ausgeführt. Diese Kartellstruktur protegiert Absprachen und Ausgrenzungen – Ausgrenzungen von Künstlern, von Galerien, von Kuratoren. Alles eine Frage der Macht. Die Spielregeln des Kunstkartells basieren auf Ungleichmachung als Grundvoraussetzung, durch die das Starsystem des internationalen Kunstmarktes funktioniert. Ausformuliert heißen die Spielregeln:

1. Die höchsten Profite erzielt man, wenn man in die kleinst möglichste Anzahl von Künstlern investiert. Diese sind die »Stars«.
2. Stars gibt es nur dann, wenn die Mehrheit der produzierenden Künstler ausgeschaltet wird (vgl. Huber; Sennett 1986: 369).

»Wenn 500 Menschen berühmt sind, ist keiner berühmt. Um also erkennbare Persönlichkeiten, herausragende Gestalten zu schaffen, muß man von den 500 mindestens 490 in den Hintergrund drängen. Dabei handelt es sich nicht nur um ein wohlwollendes Übersehen – jenen 490 muß aller Lohn für ihre Mühen entzogen werden, um ihn den 10 Glücklichen zukommen zu lassen« (Sennett 1986: 367).

Das Starsystem sorgt auch dafür, dass Supershows wie *Das MoMA in Berlin* oder die Saatchi-Shows explodierende Besucherzahlen erbringen und gleichzeitig die Aufmerksamkeit für noch unbekannte Künstler immer geringer wird. Die Distanz zwischen den Stars und No-Names vergrößert sich. Die Folge: Es entwickeln sich zunehmend Barrieren für den Markteinstieg und weniger Chancen für junge Künstler, um in den ersten Jahren von der künstlerischen Arbeit leben zu können. Zusätzlich setzt das System die Künstler unter einen extremen Erfolgszwang. Nicht selten leidet die künstlerische Arbeit darunter, da sie nicht mehr authentisch ist, sondern inszeniert sein muss, auf eine Bedürfnisbefriedigung des trendsettenden Zielpublikums ausgerichtet: *Kunstmarktkunst*. Mitunter beginnt das Verlassen des autarken Schöpfungsprozesses zu Gunsten eines inszenierten, bedürfnisorientierten bereits an den Kunstakademien.

Was zeichnet den kulturellen Statuswandel vom verkannten Genie zum Star aus? Wohl vor allem, dass die Kunst zweitrangig wird und die Künstlerperson im Mittelpunkt steht. Warum will der Künstler aber ein Star sein?

»Der Künstler als Star will vor allem geliebt werden. Das ist der Reflex des Darstellers. Es geht somit um die exzellente Darstellung und nicht unbedingt um das Authentische der Dinge. Auf die Weise findet eine eigenartig überhöhte und überholte Realismus-Debatte statt. Andererseits ist es aber auch der Reflex des ›Kinderzimmers‹, der von der Autorität, den Eltern, geliebt werden will. Nur so lässt sich für mich eine große Anpassungstendenz in der Kunst erklären, deren Interesse mehr jene Anpassung ist und weniger die Formulierung von Differenzen. Die Massenkultur, dieser misslungen geklonte fette Zwilling der bildenden Künste, nimmt aber immer mehr Raum ein, verstellt Situationen, beschleunigt und verspricht alles mögliche« (Ecker 2002).

Um als Star bestehen zu können, ist neben der gefragten Kunst eine gewisse Telegenität notwendig. Sie gilt als das Hauptkriterium für ein Dasein als Star oder Superstar, insbesondere in den Medien. Telegenität ist auch auf den Bühnen des Kunstmarktes nicht zu vernachlässigen. Diese Tatsache liefert einen weiteren Anhaltspunkt dafür, warum sich der Markt hauptsächlich aus den »ganz Jungen« rekrutiert.

Das Starsystem in der Kunst ist etabliert. Ähnlich den Boygroups in der Musikindustrie wird es Künstlern im »neuen« Kunstmarkt perspektivisch immer seltener möglich sein, langfristig ein Star zu bleiben. Erfolg und Ruhm bauen sich zeitlich sehr schnell auf. In der Regel sind vier bis acht Jahre ab Eintritt in den Markt zu rechnen. (Im »alten« Markt waren es zwanzig bis dreißig Jahre!) Wem es innerhalb dieser Zeit nicht gelingt, ein Star zu werden und bei Sammlern, Kuratoren, Museen bedeutungsvoll verankert zu sein, wird einen Bedeutungs- und Öffentlichkeitsverlust erfahren. Wenn es funktioniert, wird der Künstler merken, wie schnell die gemachten Stars und Sternchen mitunter wieder verglühen. Ihre Namen kennt man wenige Jahre später schon nicht mehr: »[...] es ist wie beim Durchlauferhitzer, heiß machen und schnell durchschießen [...]« (Ecker 2002). Womöglich funktioniert das System auch deshalb so, weil die Plätze, die soliden, langfristigen Verkaufspositionen durch die »mittlere« Generation der *Richters, Baselitzes* und *Polkes* besetzt sind. Und gute Plätze, die erst einmal besetzt sind, werden so schnell nicht frei. Warum sollte das auf dem Kunstmarkt anders sein als in weiten Teilen der Gesellschaft?

Grundlage für die Entwicklung dieses Mechanismus ist auch die Not der öffentlichen Hand. Museen können mit ihren allerorts gekürzten Etats schon lange nicht mehr ihrem gesellschaftlichen Auftrag nachkommen. Stattdessen bestimmen die potenten Privatsammler, vorausgesetzt sie sind gute Showmaker à la Saatchi und bedienen sich der Werbewelt und ihrer Strategien, was in den Mittelpunkt des öffentlichen Interesses rückt und was außen vor bleibt. Dass einzelne Museen den Warenkreislauf dennoch unterbrechen und Werke wirkungsreich selektieren, ist gut. Immerhin haben sie im Gefüge des Betriebssystems »Kunst« die Aufgabe, Wertmaßstäbe zu bilden. Dabei wird den Museumsdirektoren, Kuratoren und Sammlungsleitern gern unterstellt, dass sie aufgrund ihrer öffentlichen Funktion ein neutrales Urteil über Kunst und Künstler abgeben und *political correctness* auf diesem Terrain angesagt ist. Wie auch immer, sie wirken kanonbildend, und das allein überzeugt die Gesellschaft und die Kunstmarktgemeinde. Vieles hat auf diesem Markt mit Glauben zu tun, und sei es der Glaube an Loyalität und das Gute im Menschen. Bei Entscheidern aus öffentlichen Museen ist dieser Glaube jedoch nicht immer anwendbar. Immerhin lassen sie sich nicht ungern für Laudatio-

nes und Katalogtexte »einkaufen«.[52] Eine Rücksichtnahme auf öffentliche
Aufgaben und die Authentizität öffentlicher Meinungsbildung scheint es dabei wohl kaum zu geben.

Historie[53]

Um ein korrektes Bild der Marktgefüge »alt« und »neu« abzugeben: Dass der
»alte« Markt Strategien um Spekulation, Investition und Manipulation nicht
kannte, ist so nicht richtig. Sie wurden nur nicht so breit angewandt wie im
»neuen« Markt. Doch bereits zu Zeiten des Impressionismus ging es um Profit. Die Galerien kauften Werke junger, noch unbekannter Künstler und hoff-
ten sehnsüchtig auf einen Skandal rund um die Ausstellung. Mit einem schönen Spektakel war schon damals Erfolg, selbstverständlich verbunden mit
Wertsteigerung, vorprogrammiert. Oder aber man verknappte das Angebot
an Kunstwerken, also an handelsfähiger Ware, was sich ebenfalls direkt aus-
zahlte. Den Markt am besten im Griff hatte man jedoch mit einer Monopol-
stellung. Die Preise waren hübsch kalkulierbar, und die Gewinne aus dem
Geschäftsaufbau mussten mit niemandem geteilt werden.[54] Doch in der
zweiten Hälfte der 1980er Jahre entdeckten die Auktionshäuser das Terrain
der zeitgenössischen Kunst. Das veränderte den Markt. Die Preise für junge
Gegenwartskunst explodierten. Ein Julian Schnabel wechselte plötzlich den
Besitzer mit einem Preis von 80.000 Dollar, während er in den Galerien zeitgleich mit der Hälfte des Preises gehandelt wurde. Durch die neue Politik der
Auktionshäuser wurde der Markt breiter und internationaler. Jedoch verlor
sich die Wertbeständigkeit des »alten« Marktes immer mehr. Indem die Auktionshäuser die Handelsware »Kunst« weltweit verbreiten, legen sie mit ihren
Auktionsergebnissen zunehmend das Preisgefüge fest.[55] Wenn die Preise
gigantisch hoch sind, stimulieren sie den Markt und beeinflussen das Verhalten der Sammler. Für die Auktionshäuser ist es dann nicht von all zu großer
Bedeutung, ob der Markt erhalten bleibt oder einbricht. Sie sind im Produktmanagement flexibel und bieten schnell etwas anderes an. Was aber wird

---

52 Käufer bzw. Auftraggeber sind in diesem Fall die Galeristen, mitunter auch die
    Künstler oder ihre Protegés.
53 Vgl. Herchenröder 2000.
54 Angewandt beim Geschäftsaufbau der Pop-Art vom Ehepaar Leo Castelli und Ile-
    ana Sonnabend.
55 Der Aufstieg des Mediums »Fotografie« wäre in der zweiten Hälfte der 1990er
    ohne die Auktionshäuser nicht möglich gewesen. Große Fotografien von Thomas
    Struth kosteten noch 1990 rund 6.000 €. Ende desselben Jahrzehntes gab es be-
    reits Auktionsergebnisse, die bei 100.000 Dollar lagen.

aus den Galerien, die viel Geld in den Aufbau »ihrer« Künstler investiert haben? Ihre Flexibilität ist eher gering. Möglicherweise kostet das Agieren der Auktionshäuser in den Geschäftsbereichen der Galerien zahlreiche Galeristenexistenzen.

Der »alte« Markt wuchs bis 1982 langsam, dennoch kontinuierlich. Kunst genoss in Anlegerkreisen zum damaligen Zeitpunkt das Ansehen eines konservativen, aber sicheren Investments.[56] Als Mitte der 1980er Jahre durch die erfolgreiche Entwicklung der Weltbörsen immer größere Gewinne freigesetzt wurden, floss ein Teil dieses Geldes auch in das Geschäft mit der Kunst. Neue Wohn- und Geschäftsräume mussten ausgestattet werden. Die Entwicklung dauerte bis zum großen Börsencrash von 1987 an, bei dem die Finanzkurse um 33 Prozent fielen. Nach dem Börsenabsturz ging man davon aus, dass die Kunstmarktentwicklung davon negativ betroffen sein würde. Doch das Gegenteil traf ein. Die von den Finanzmärkten enttäuschten Großanleger suchten nach neuen Anlagemöglichkeiten und entdeckten die Kunst bzw. das Kunstinvestment. Der Börsensturz war die Initialzündung für eine neue Blüte des Kunstmarktes. Für Impressionisten, klassische Moderne, Moderne und zeitgenössische Kunst wurden nun exorbitante Preise erzielt. Es brach weltweit ein ansteckendes Investitionsfieber aus. Selbst scheinbar seriös kalkulierende Geschäftsleute stiegen ohne den notwendigen Sachverstand mit hohen Summen in den Markt ein. Bis 1990 expandierte alles – immer während de Wertzuwächse wurden festgestellt und Nachfragern garantiert. Nach Angaben des *Zentrums für Kulturforschung* in Bonn haben die Umsätze auf dem Kunstmarkt von 1980 bis 1988 um 233 Prozent zugenommen. Die Investition in Kunst entwickelte sich zu einer der besten Geldanlagen dieses Jahrzehnts. Die rasante Entwicklung hat den 1980ern zur Bezeichnung als »Zeit des Kunstmarktbooms« verholfen. Aber der Markt überhitzte sich. Ein großer Crash beendete den Boom.

Die Marktakteure, insbesondere die Vermittler, hatten sich und ihre Künstler in einen Zugzwang gebracht. Der Kunstmarkt wurde als kraftvolles, immanent expandierendes System inszeniert, vermarktet und noch viel größer gemacht, als er eigentlich schon war. Um immer neue, noch größere Gewinne erzielen zu können, mussten permanent neue Vermarktungserfolge demonstriert werden. Bei Ausstellungseröffnungen wurde skrupellos »abgepunktet« – nur dass nicht alle abgepunkteten Werke wirklich verkauft waren. Vielmehr mussten sie in großen Lagern der Kunstspeditionen verschwinden, da ihr Auftauchen den Kreislauf durcheinandergebracht und manipulatives Geschiebe preisgegeben hätte. Die Kosten, die diese Inszenierungsmaschinerie verschlang, waren immens, sodass ein Crash die logische Konsequenz

---

56 Wertzuwachs ca. fünf bis zehn Prozent pro Jahr

war. Galerien fielen ihm zum Opfer, aber auch viele Sammler, die in das System involviert waren und auf eine Wertsteigerung ihrer Sammlung gehofft hatten. Der Zusammenbruch des Kunstmarktes hatte allerdings nicht nur marktinterne Gründe, die ungünstige Entwicklung der gesamten Weltwirtschaft hatte ebenfalls großen Einfluss.

Der Kunstmarktcrash von 1990 hat eine neue Ära eingeleitet. Eine »enge Verflechtung der Kunstmärkte mit dem Wirtschaftsleben« (Herchenröder 1990: 35) entstand. Eine seismografenartige Reaktion des Marktes auf politische Weltereignisse begann – und zwar mit dem Kunstmarktcrash, dessen äußerer Auslöser der erste Irak-Krieg war. Die politischen Probleme waren mit ökonomischen gekoppelt. Der schwachen Wirtschaft folgte eine laue finanzielle Weltlage, die sich auch auf den Kunstmarkt auswirkte. Diese Abhängigkeit hat sich im letzten Jahrzehnt verstärkt. Sie ist zwar nicht neu[57], Anfang der 1990er Jahre wurde der Markt aber zusätzlich von sehr hohen Zinsen belastet, die vor allem im Bereich der klassischen Moderne und der Impressionisten in Deutschland zu Preiseinbrüchen geführt haben. Der größte Einschnitt ist »9/11« – der tragische 11. September 2001. Der Markt hat durch dieses Trauma einen erheblichen Dämpfer erlitten – die Welt war lange Zeit wie gelähmt. Dann kam der zweite Irak-Krieg 2003, durch den zahlreiche Sammler ausfielen und die Bevölkerung weltweit erneut verunsichert war und eine Weile in Trance geriet. Der amerikanische Markt kam schneller aus seinem Trance-Zustand heraus als der europäische. Großsammler wie Saatchi lassen diese Ereignisse unbeeindruckt. Jedoch auf weite Marktteilnehmerkreise wirken sie sich aus.

2004 macht, zumindest in speziellen Segmenten, neue Hoffnung auf einen ernst zu nehmenden Aufschwung: »Kunst kaufen ist wieder hip« (Rump 2004), »Neuer Auftrieb in den Galerien« (Schmidt 2004). Die Messen liefen weltweit sehr erfolgreich – und insbesondere für die deutsche Kunst gab es eine außerordentlich positive Entwicklung.

»Young German Art« (YGA)

Der Begriff entstand, als 14 deutsche Galerien an der berühmten New Yorker *Armory Show* 2004 teilnahmen. Sie bekamen eine Messeförderung vom *Bundeswirtschaftsministerium* – verbunden mit einer Auflage. Diese bestand darin, ein (ungeliebtes) Schild mit dem Aufdruck »Young German Art« an den Ständen zu präsentieren und deutsche Künstler zu präferieren (vgl. Kutscher 2004). Schnell wurde aus dem Aufdruck ein Label. In Anlehnung an die Werbeidee der Briten »YBA« für »Young British Art«, die Saatchi Anfang der

---

57 Zu denken ist an die erste Rezession 1967 oder an die Ölkrise 1973.

1990er weltweit als Trademark etablierte, steht nun das Label »YGA« im Mittelpunkt des weltweiten Kunstmarktinteresses. Das Image ist *hip*. Nachdem das jüngere Kunst-Deutschland in den Museen weltweit durch Künstler der Neuen Medien repräsentiert wird, führt insbesondere die YGA zur Malerei und dem Tafelbild zurück. »Malerei aus dem Nachwende-Germany« (Knöfel 2004) steht im Mittelpunkt. Der Fokus richtet sich insbesondere auf Talente aus dem Osten Deutschlands – oder zumindest auf solche, die dort studiert haben und einen ähnlich nostalgischen Realismus wie Superstar Neo Rauch pflegen: »Ost-Realo-Look« (Knöfel 2004) – *Neue Leipziger Schule*, sinnlichkeitsbetonte Malerei, Allerweltsmotive, mal hyperrealistisch, mal ein wenig surreal, manchmal verspielt abstrakt, mal verlässlich bunt, mal bedrückend grau, auch mal ausgemalte Leinwand.

»Deutsche Kunst ist selten einfach, aber sie entfaltet eine besondere Schönheit und Kraft«[58] (Knöfel 2004).

»In den Jahren nach der Wende hat sich die gesamte Welt verändert, und womöglich bilden die Deutschen so etwas wie ein kollektives neues, ein skeptisches Lebensgefühl besonders überzeugend ab«,

meint Lehmann – und verrät, es gebe derzeit leider viele

»modeorientierte Sammler, die am liebsten alles kaufen würden, was nur entfernt nach junger deutscher Malerei aussieht, und ansonsten nicht weiter hingucken« (*Galerie Gebrüder Lehmann* zit. nach Knöfel 2004).

Dem zeitgenössischen Sektor des Auktionshandels geht es sehr gut (vgl. Bellet 2003: 2). Seit 2002 werden bei Auktionen Umsätze erzielt, die Impressionistenmarkt und Klassische Moderne fast neidisch machen. Dabei unterliegt die Quantität einem Abwärtstrend, die Preise hingegen einem Aufwärtstrend. Während der DAX, der noch vor wenigen Jahren der 10.000er-Marke zustrebte, mittlerweile weit unter 5.000 Punkten verweilt, zeigen die Indices vom *Art Sales Index* und von *Art Market Research* bei den *blue chips* des Kunstmarktes jährliche Zuwächse zwischen 20 und 40 Prozent. Die Kunst zeigt der Börse die Zunge, auf den Auktionen wie auf den Messen. Weil der Vergleich zwischen Kunstmarkt und Börse häufig von Experten als Bild genutzt wird, soll er an dieser Stelle Raum für eine eigene Darstellung bekommen. Die Aussagen basieren primär auf der Untersuchung von Moritz Neumüller (1998).

---

58 So äußerte sich das *Saint Louis Art Museum* über die Sonderausstellung *German Art Now*, die 2004 als eine Art Re-Import nach Deutschland geschickt wurde.

2.4 Monopoly: Kunstmarkt und Börse

In der 2. Hälfte des 19. Jahrhunderts, als Künstler mit Reproduktionen populär wurden, begann man in Kunst zu investieren.[59] Schließlich kamen im 20. Jahrhundert zwei neue Determinanten hinzu, die den Markt prägten (vgl. Neumüller 1998: 61, Herchenröder 1990: 40ff.; Hughes 1993: 511ff.; Bonus/ Ronte 1991: 84ff.):

1. Die große Liquidität des modernen Kapitals.
2. Die neue gesellschaftliche Betrachtungsweise des Kunstwerkes als Investitionsanlage.

Kunstmarkt und Aktienmarkt weisen seitdem Verwandtschaftsmerkmale auf, die nun im Mittelpunkt stehen sollen.[60]

Die Aktie und das Kunstwerk: Die Aktie kann als verbriefter Anteil am Grundkapital einer Aktiengesellschaft in der Höhe eines Nominalwertes betrachtet werden. Die Summe der Nominalwerte aller Aktien einer AG ergibt ihr Grundkapital (vgl. Neumüller 1998). Das Einzelkunstwerk kann möglicherweise in einem ähnlichen Verhältnis zum gesamten Œuvre eines Künstlers betrachtet werden. Exakter wird der Vergleich jedoch, wenn nicht ein Bild eine Aktie repräsentiert, sondern ein Quadratzentimeter eines Bildes (vgl. Neumüller 1998: 69). Nach diesem Denkmodell ist ein Erwerber eines großen Bildes entsprechend höher beteiligt am »Künstler-Unternehmen« als jemand, der ein kleines Format erworben hat.[61] Jedoch ist es verständlich, dass mit Wertzuwachs des Gesamtwerkes eines Künstlers auch das einzelne Bild im Wert steigt.

Die Börse und die Auktion: Der Finanzmarkt wird von verschiedensten Nachfragern und Anbietern breit geregelt; das Volumen der substituierbaren Güter ist ebenfalls groß. Der Kunstmarkt hingegen wird durch ein Ungleichgewicht bestimmt: Eine große Anzahl Produzierender steht einer kleinen Anzahl von Nachfragern gegenüber. Im Sekundärmarkt, also im Auktionshandel, sind die

---

59 Ursache dafür war die Aufhebung der Glassteuer, sodass Reproduktionen mit Glas gerahmt in hoher Quantität auf dem Markt angeboten werden konnten und reißenden Absatz fanden (vgl. Hughes 1993: 514ff.).

60 Gemeinsamkeiten stehen dabei im Vordergrund. Ein Anspruch auf Vollständigkeit wird nicht erhoben.

61 Aufgrund der weiteren Einflussfaktoren, die bei der Bewertung und Preisbildung eine Rolle spielen, kann diese Vergleichsthese nur bedingt Anwendung finden.

substituierbaren Güter stark begrenzt; im Primärmarkt oftmals in inflationärem Maß vorhanden.

Die Preis- und Kursbildung von Kunst- und Finanzmarkt ist divergent. Bei der gebräuchlichsten Form im Auktionshandel, der *Englischen Auktion,* erfahren alle Nachfrager (= Mitbieter) den Zuschlagpreis. Aber der Zuschlagpreis kann nicht direkt mit dem Handelspreis (= Kassa-/Einheitskurs) von Aktien an der Börse gleichgesetzt werden. Der Kurs wird nämlich entsprechend der Geschäftslage an der Börse berechnet. Er ergibt sich aus dem, was die Mehrheit der Käufer und Verkäufer aktuell bereit zu zahlen ist. Im Auktionsgeschäft hingegen kommt der Preis in der Regel über den Höchstgebot-Abgebenden zustande. Dieser Preis kann dann als neue Unterpreisgrenze (= Ausruf- oder Schätzpreis) bei der nächsten Auktion gelten, sodass sich die Preise zunehmend hochschaukeln, bis der Funke der Begeisterung für Werk und Künstler erloschen ist.

Ein weiteres abgrenzendes Charakteristikum bildet der Umstand, dass an der Börse die Handelsgegenstände nicht direkt anwesend sind, bei der Auktion hingegen stehen sie aufmerksamkeitsakkumulierend im Mittelpunkt – ihre Besichtigung ist zur Vorbereitung des Kaufs sogar zwingend notwendig. Durch die Anwesenheit der Werke schwingt einer Auktion auch stets ein stark ästhetisches Moment mit – dieses ist auf dem Aktienmarkt nicht vorzufinden (vgl. Neumüller 1998: 72).

Der Emittent und der Künstler: Ein Künstler schafft neue Werke, wann immer er seiner Berufung nachgeht. Was passiert aber durch eine Vielzahl neuer Werke, also Unternehmensanteile, die am Markt angeboten werden? Immerhin ist bei Aktiengesellschaften eine Satzungsänderung notwendig, wenn neue Aktien emittiert werden sollen, da sie das Grundkapital erhöhen. In Äquivalenz zum Börsenmarkt kann der Markteinstieg eines Künstlers, z.B. bei seiner ersten Verkaufsausstellung in einer Galerie, als *Erstemission,* d.i. die Erstausgabe von Anteilen, betrachtet werden. Die Preise für die Aktienanteile werden erstmalig festgelegt, in der Regel gemeinschaftlich durch Künstler und Galerie. Entweder bedient man sich bei dieser Marktpremiere niedriger Preise, um ein breites Nachfrageinteresse hervorzurufen oder aber man bedient sich recht hoher Preise für die Anteile des Newcomers, um das Besondere zu signalisieren und einen mit Bedacht eng begrenzten Kreis anzusprechen. Die Markteinführung durch die Galerie ist in der Regel durch einen hohen finanziellen Aufwand gekennzeichnet.[62] Nach der Markteinführung ist der Künstler »börsennotiert« (vgl. Neumüller 1998: 73). Er wird von Galerien

---

62 Infrastrukturelle Kosten sowie Verwaltungs- und Werbeausgaben müssen getragen werden.

vertreten, und die Anteile am Künstler-Unternehmen werden gehandelt. Erst in der Phase nach der Erstemission zeigt sich, ob der Künstler im Marktgefüge bestehen kann, denn schließlich sorgt immer neues Produzieren und Präsentieren zu einer Erhöhung des Angebots (möglicherweise auch zu einem Überangebot), was sich auf die Nachfrage negativ auswirken kann. Da jedes über den Primärmarkt verkaufte Werk durch den Sekundärmarkt in den Kunstmarktzyklus zurückgelangen kann und das Angebot auch dadurch erhöht wird, versuchen Galerist und Künstler nicht selten, das Angebot (bereits auf dem Primärmarkt) zu verknappen. Jasper Johns ist dafür bekannt, sein größter Sammler zu sein und dadurch die Preise in den Himmel getrieben zu haben (vgl. Neumüller 1998: 73).

Der Aktieninvestor und der Kunstinvestor
1. Institutionelle Anleger: Wenn institutionelle Anleger (z.B. Banken, Versicherungen, Investmentgesellschaften) Aktienkapital erworben haben, wird dies als positiver Indikator für die Aktie verzeichnet (vgl. Neumüller 1998: 74). Den Institutionen wird dabei die Kompetenz zugeschrieben, den Marktüberblick zu haben und ihr wirtschaftliches Involviertsein wird als Zeichen für die weitere positive Entwicklung der Unternehmen bewertet. Gibt es auf dem Kunstmarkt ähnliche Bewertungsinstanzen?

Die großen Museen übernehmen beim Geschäft mit der Kunst diese Rolle. Sie üben eine Katalysatorfunktion aus und beeinflussen mehr oder weniger das Handeln der anderen Marktteilnehmer. Dies gilt natürlich nur, wenn sie genügend Gelder für Ankäufe zur Verfügung haben. Möglicherweise wird diese Funktion, die in den letzten Jahrzehnten bei staatlichen Institutionen angesiedelt war, zunehmend das Privatmuseum übernehmen, da seine Finanzkraft zukünftig stärker anwachsen wird. Museale Bedeutung zahlt sich für den Künstler aus, seine Anteile werden sozusagen höher gehandelt, je mehr er davon nachweisen kann (→ Kapitel 2.5 *Preisbildung*).

2. Insider: Insiderwissen an der Börse auszutauschen, ist nicht in allen Staaten statthaft. Hingegen auf dem Kunstmarkt, insbesondere auf dem Primärmarkt, basiert das Marktgeschehen unter anderem auf dem Austausch dieses Wissens. Künstler, Kunsthändler, Galeristen, Museumsdirektoren, Kuratoren, Kunstkritiker, Sammler, *art consulter* etc. fungieren als Insider, die Informationen austauschen und Künstler machen. Nur im Zusammenspiel der Akteure des Kunstbetriebes können Künstler zu Stars gemacht werden, deren Unternehmensanteile temporär oder langfristig einen hohen Wert (er-)halten. Neben dem Informationsvorsprung gegenüber den Outsidern sind Insider zudem in der Lage, den Markt zu beeinflussen und Künstler zu pushen. Aussagen einflussreicher Insider können zur sich selbst erfüllenden Prophezeiung werden. Dieser Mechanismus wird auch als *hype* bezeichnet.

»Hype is a manipulation of the market. Hype is when a fraction will take an artist and will have all the right things done – cover the magazines, big articles in the newspapers, the right museum people having dinner with the artist, so they can talk about it and then the collectors follow and buy the work. And it becomes a powerful event that is triggered by hype« (Curt Marcus, zit. nach Klein 1993: 225).

Die Gruppe der Marktteilnehmer mit Insiderwissen hat sowohl auf dem Kunst- als auch auf dem Finanzmarkt Vorteile gegenüber anderen Nachfragern. Der Insiderkontext trägt zugleich in starkem Maß zur großen Faszination beider Märkte bei.

3. **Großanleger, Großsammler:** Großanleger (vermögende Privathaushalte, Selbstständige und Unternehmen mit hoher dauerhafter oder temporärer Investitionsbereitschaft) zeichnen sich auf dem Aktienmarkt dadurch aus, dass sie sehr große Aktienportfolios halten und auch dadurch auf den Markt Einfluss nehmen, z.B. bei größeren Umschichtungen. Auf dem Kunstmarkt verhält es sich ähnlich: Wenn Großsammler wie Saatchi die Sammlungspolitik verändern und Werke eines Künstlers *en masse* auf den Markt werfen, kann es zu enormen Preisverfällen kommen. Großsammler verzerren die Marktentwicklung. Eine Möglichkeit auf dieses Verhalten einzuwirken, können auf beiden Märkten Stützungskäufe sein. Durch sie wird das Angebot verringert. Jedoch müssen sich hierfür finanzkräftige und überzeugte Investoren finden, die diese Käufe übernehmen.

4. **»Börsenbienen« und »Trüffelschweine«:** Im Börsengeschehen werden mit diesen eigentümlichen Bezeichnungen Aktionäre betitelt, die nicht wegen der Kurschancen anlegen, sondern deren Hauptaugenmerk auf eine Teilnahme an Hauptversammlungen mit den Aktionären gerichtet ist. Auf dem Kunstmarkt gibt es einen vergleichbaren Personenkreis, der wegen des Events, der vielen Prominenten oder der Bewirtung an einer Vernissage teilnimmt, wohl aber nicht wegen des Künstlers, dessen Kunst oder gar mit Kaufabsichten. Es handelt sich dabei um Mitläufer, ohne direkt messbare Auswirkungen auf das Marktgeschehen.

Marktmechanismen: Dass sich der Wert und die Kursentwicklung einer Aktie am Wachstum und der Geschäftsentwicklung eines Unternehmens, aber auch an der Öffentlichkeit, die Unternehmen und Aktie erhalten, orientiert, ist seit dem Boom des Aktienmarktes bekannt. Ebenso wie auf dem Aktienmarkt stellt sich auf dem Kunstmarkt die Frage nach dem Zukunftspotenzial des Künstler-Unternehmens und seiner Anteile. Um eine individuelle, passgenaue Selektion der Aktie für den Nachfrager und die Kapitalbildung (auf dem Aktienmarkt) bzw. das Überleben (auf dem Kunstmarkt) für den Emittenten/

Künstler zu ermöglichen, helfen auf beiden Märkten Berater. Sie erklären den Nachfragern die Unterscheidung in solide und risikoarme bzw. in spekulative und risikoreiche Aktien. Ebenso führen die beratenden Kunstmarktberufe (Händler, Galerist, *art consultant*, Art-Banker) eine Beratung ihrer Kunden durch und zeigen, bei seriösem Geschäftsgebaren, Chancen und Risiken des Investments in junge Kunst im Vergleich zum Investment in etablierte Kunst. Die Leistung von Galerien besteht in diesem Kontext insbesondere darin, das Anleger-/Sammlerinteresse mit dem künstlerischen Überleben des Künstlers in Einklang zu bringen (und dabei selbst zu überleben bzw. Gewinne zu ziehen). Wie das Interaktionsmodell auf dem Kunstmarkt aussieht, das insbesondere Galerien herstellen, zeigt die folgende Grafik.

Interaktionsmodell des Kunstmarktes nach Klein (1993: 194)

Angebotsseite

                                              Nachfrageseite

Bedarf an ästhetischer Neuheit

Neuheiten werden zur Wahl gestellt

Aufmerksamkeit! ... Auswahl einer Neuheit durch Insider nach ästhetischen und ökonomischen Kriterien, Aufbau des Künstlers beginnt

Publizität steigt, Nachfrage steigt, Preise steigen, ökonomischer Erfolg des Künstlers setzt ein

ästhetisches Auge wird am ökonomisch erfolgreichen Werk geschult

steigender Bekanntheitsgrad, hohe Medienpräsenz

ästhetischer Wert erschließt sich immer mehr Schichten

kommerzielle Verwertung durch Reproduktion, Auflagenkunst, Auftragskunst und Merchandising, aber auch über angewandte Bereiche: Design, Mode, Kunst (*factory*-Status)

Für die Entwicklung des Preisniveaus während der Interaktion ist die Performance des Künstler-Unternehmens von Bedeutung. Unter der Performance, auch Marktperformance genannt, wird der Aufbau des Künstlers inklusive Trademark, Starkult, Provokation, Aufmerksamkeitspotenzial und Vermarktbarkeit gefasst. Erst durch die Vermarktung der eigenen Person und das Verfolgen eines »Corporate-Identity-Konzepts« (→ Kapitel 3.4 *Der Corporate-Iden-*

tity-Management-Prozess) ist eine Erhöhung des Bekanntheitsgrades und damit der Werke möglich (vgl. Neumüller 1998: 147). Die Nachfrage wird bestimmt durch die Performance, die Reputation/Gesellschaftliche Übereinkunft, Kunstweltakzeptanz, Kunstmarkttrends, bisherige Preise und psychologische Faktoren (→ Kapitel 2.5 *Preisbildung*). Durch dieses Zusammenspiel in Verbindung mit dem Angebot an Werken entsteht der Kurs, zu dem die Arbeiten gehandelt werden.

Der größte Unterschied zwischen Kunst- und Börsenmarkt ist: Während Börsen in erster Linie den Gesetzen der Kapitalströme unterliegen, beeinflussen neben Geldgesetzen ästhetische Momente mitunter auch Emotionen den Kunstmarkt. Die Ausführungen haben aber vor allem die zahlreichen Analogien zwischen dem Kunstmarkt und der Börse aufgezeigt. Sie komplettieren damit das aus unterschiedlichen Perspektiven dargestellte Modell vom Kunstmarkt und seiner Funktionsweise.

2.5 MARKTPREISE: PREISBILDUNG UND BEWERTUNG

»Bereits das Wort *Wert* beinhaltet eine begriffliche Knacknuss. Der Terminus ist keine Eigenschaft irgendwelcher Dinglichkeit, sondern eine durch die Fähigkeit des Wertens erkennbare Angelegenheit, zugleich die Bedingung für das Wertvollsein von Objekten. Die Fähigkeit des Wertens weist auf ein Differenzierungssystem hin« (Omlin 2003: 15).

In diesem Differenzierungssystem wird ein Tauschwert, ein *value of exchange*, für das Konglomerat aus ästhetischem und ökonomischen Wert festgelegt. In der Betrachtung allgemeiner ökonomischer Austauschprozesse nimmt das Kunstwerk eine Sonderstellung ein. Da es kein Gebrauchsgegenstand ist, sondern vom geistigen Schaffen lebt, ist sein Tauschwert symbolisch. Ein realer Tauschwert, der sich über Material- und Herstellungskosten zuzüglich Vertriebskosten berechnen ließe, würde Künstler und Kunstwerk nicht entsprechen.[63] Wertbeurteilungen von Kunstwerken entstehen vielmehr aufgrund einer hergestellten »gesellschaftlichen Übereinkunft« (Olaf Zimmermann) über Werk und Person des Künstlers. Dabei wird die kulturgeschichtliche Bedeutung und Beständigkeit bemessen. Alle Werke und Künstler, die eine museale Bedeutung nachweisen können, werden in eine andere Bewertungs- und Preisliga aufsteigen als jene, die diesen Nachweis nicht erbringen können. *To be* anstatt *not to be* reüssiert mit der »Haltbarkeit und Dauerhaftigkeit innerhalb der Geschichte, genauer der Geistesgeschichte« (Omlin 2003: 15). Wer stellt die gesellschaftliche Übereinkunft her? Die kollektive

---

63 Beziehungsweise ist an der Preisgestaltung zu erkennen, ob der Künstler Profi oder Laie ist. Sind es Handwerkerpreise oder Künstlerpreise?

Basis, die diese Werte verhandelt, besteht aus dem Insiderkreis von Sammlern, Kuratoren, Museumsentscheidern, Galeristen, Händlern und Künstlern.

»[Preise] entstehen im System, im ›Gespräch‹ des Kunstmarkts durch Behauptung, Erwartung, Platzierung, Spekulation, Bestätigung« (Dörstel 2002: 14).

Letztendlich bestimmt die Aufnahme in den Kanon, also der Ankauf von Kunstwerken durch Museen oder öffentliche Sammlungen, die Werke als kollektives Gedächtnis für die Nachwelt aufbewahren, über die kulturgeschichtliche Bedeutung und gesellschaftliche Übereinkunft. Mit wachsendem Einfluss von bedeutenden Privatsammlern wirken auch diese mit ihren speziellen Interessen auf die Wert- und Preisbildung ein, z.B. wenn sie eigene Museen betreiben.

Überprüft werden die Wertbeständigkeit oder -unbeständigkeit besonders über den Sekundärmarkt (Auktionen und Wiederverkauf). Auktionsergebnisse gelten in der Öffentlichkeit außerhalb des Insiderkreises nach wie vor als ein kaum zu manipulierendes Korrektiv.

Zwei Instrumente werden auf dem Kunstmarkt angewandt, um weit verzweigte Informationen über Werke und deren Wertentwicklung zu bündeln und eine Orientierung für Nachfrager zu schaffen: Indexe und *ratings*. Der *Mei/Moses-Index*[64] gilt vor allem für den Sekundärmarkt. Für den zeitgenössischen Primärmarkt rangiert der *Capital-Kunstkompass* an erster Stelle. Er ist ein Messinstrument der Aufmerksamkeit für einen Künstler und sein Werk. Seit 1970 veröffentlicht das Wirtschaftsmagazin *Capital* jährlich (in der Regel im November) dieses Instrument. Autorin Linde Rohr-Bongard (2001) analysiert mit dem Informations- und Bewertungssystem Rang und Ruhm zeitgenössischer Künstler – nach eigenen Aussagen – unabhängig vom Markt- und Verkaufserfolg. Dem Bewertungsinstrument liegt die These zugrunde, dass die Qualität von Kunst nicht messbar sei, wohl aber die Resonanz in der Fachwelt. Deshalb wird ein Punktedurchschnitt ermittelt, der das öffentliche Interesse an einem Künstler innerhalb des Kunstbetriebes widerspiegeln soll. Mit Ruhmespunkten versehen werden:

• Einzelausstellungen in rund 180 internationalen renommierten Museen und Kunstinstituten,

---

64 Mei und Moses haben einen Gesamtindex, aber auch je einen Index für impressionistische Kunst, einen Index für amerikanische Kunst, einen Index für alte Meister etc. geschaffen. Es werden bei ihnen stets die Werke erfasst, die über Auktionen verkauft wurden.

- Teilnahme an rund 130 wichtigen Gruppenausstellungen während der letzten zwölf Monate,
- Rezensionen in international renommierten Kunstmagazinen.

Neben dem Zeitgenossenmarkt lebender Künstler recherchiert die Autorin zudem eine »Rangliste der Unsterblichen« bereits verstorbener Künstler.[65]

Das Künstler-Ranking ist damit Gradmesser der Aufmerksamkeit, die der Künstler innerhalb der Öffentlichkeit des Kunstbetriebes erhält. Damit kann Georg Francks These von der neuen Ökonomie der Aufmerksamkeit bestätigt werden. Denn das Wertmaß in der Ökonomie der spätmodernen Informations- und Mediengesellschaft ist nicht allein an der Zahlungsbereitschaft für ein Werk festzumachen, sondern zunehmend am Fluss der Informationen, der Fähigkeit der Steigerung eines Wirkungsgrades an geistiger Energie und geistiger Arbeit (vgl. Franck 1998). Im Kunstkompass wird die Aufmerksamkeit an den Faktoren bewertet, die Öffentlichkeit im Kunstbetrieb herstellen.

Wesentlich dabei ist, dass die Bekanntheit von Künstlern nur innerhalb des Systems »Kunstbetrieb« ermittelt wird. Ein Künstler, der über die Prominentenszene und die Boulevardmedien hohe Aufmerksamkeit genießt und dessen Bilder zu stattlichen Preisen verkauft werden, hat in diesem Bewertungssystem kaum eine Chance.

Bewertungsfaktoren

Das Œuvre eines Künstlers kann auch als sein im Laufe der Zeit akkumulierter »künstlerischer Kapitalstock« (Frey/Pommerehne 1993: 88) betrachtet werden. Sein Wert wird durch Zunahme an Reputation erhöht. Dadurch wird der Wert des Gesamtwerkes erhöht, was wiederum eine höhere Bewertung des einzelnen Werkes zulässt.

---

65 Diese führte Joseph Beuys von 1987 bis 1998 mit großem Punktevorsprung an. Das Marktgeschehen um Beuys verläuft allerdings recht ruhig. Seine weltweit begehrten Filz- und Fettobjekte sowie seine empfindlichen Zeichnungen sind in festen Museums- und Sammlerhänden und werden von ihren Besitzern wie ihr Augapfel gehütet. Ende der 1990er verwandelte sich dann die »Nachruhm«-Chartliste: Der amerikanische Popkünstler Andy Warhol löste Beuys ab und belegt seither den ersten Platz. Warhol gilt zudem auf den internationalen Auktionsmärkten als erfolgreichster Zeitgenosse mit millionenschweren Preisen.
Warhol und Beuys sind derzeit die unumstrittenen »Helden des Nachruhms«; sie führen mit großem Punkteabstand das Ranking der Autorin an. Ihnen folgt dann als weiterer Deutscher Martin Kippenberger. Der 1997 verstorbene Künstlerrebell wurde insbesondere durch die Ehre, deutscher Biennale-Venedig-Künstler zu sein, im Ranking nach oben katapultiert.

Einflussfaktoren bei der Preisbildung

In der täglichen Praxis der Preisbildung ist die Reputation als Kriterium der Bewertung und Preisbildung jedoch nicht ausreichend. Bewertungs- und Preisbildungsprozesse vollziehen sich auf der Grundlage eines Konglomerats verschiedenster Faktoren. Die Faktoren »Marktperformance«, »Reputation/Gesellschaftliche Übereinkunft«, »Kunstmarkttrends«, »Kunstweltakzeptanz«, Faktoren des Einzelwerkes und psychologische Faktoren werden nun kurz vorgestellt.

Die **Marktperformance** setzt sich aus der Trademark, dem Künstlernamen und Starkult, dem Provokationsgehalt, dem Aufmerksamkeitspotenzial, der Vermarktbarkeit und dem Blick auf bisherige Marktpreise zusammen.

Der Begriff »Trademark« bezeichnet die Entwicklung des Künstlers, seiner Kunst und seines Namens zu einem Waren- und Markenzeichen (→ Kapitel 3.3 *Der Künstler als Marke? The Art of Branding*).

Künstlername und **Starkult** sind Mittel einer Inszenierung auf den Bühnen des Kunstbetriebes. Ein einprägsamer Künstlername und ein Starkult um die Künstlerperson (→ Kapitel 3.2 *Kult-Künstler Jonathan Meese*) können das Preisniveau erhöhen. Es handelt sich dabei um Werbemaßnahmen, die in der eigenen Person des Künstlers begründet liegen. In einer Markenwelt erwächst dem prägnanten Markennamen große Bedeutung. Was wäre wohl aus

Georg Baselitz[66] geworden, wenn er seinen Weg als Hans-Georg Kern[67] gegangen wäre? Wäre eine Charlotte Rist bekannt geworden, wenn sie sich nicht als Pipilotti Rist[68] markant in Szene gesetzt und vermarktet hätte?

Marktperformance

Starkult hat mit Inszenierungswert zu tun. Er kann gelebt werden, indem der Künstler ein von den gesellschaftlich konventionierten Regeln abweichendes Verhalten an den Tag legt und damit wiederum den gesellschaftlichen Erwartungen entspricht. Ein gutes Beispiel liefert Tracey Emin, die alle Namen der Personen, mit denen sie jemals geschlafen hat, in ein Zelt stickte und dies als Kunstwerk anbot. Gerade durch das Ausbrechen des Künstlers aus der Norm erhofft sich das Publikum einen besonders hohen Grad an Authentizität und Individualität. Häufiger wird der Starkult jedoch durch Dritte gemacht, z.B. durch Saatchi. Indem der Künstler als Person bekannt wird, steigt auch der Bekanntheitsgrad seines Werkes, was schließlich einen Anstieg der Preise und Verkaufszahlen nach sich zieht.

Es ist schwierig, ein Publikum im 21. Jahrhundert noch provozieren zu wollen. Dennoch, ein Werk mit **Provokationspotenzial** vermag die Marktperformance des Künstlers zu begünstigen.

Der Markt fördert und honoriert das Neue, Spektakuläre, noch nie Dagewesene. **Spektakulisierung** ist angesagt. Mit dem Spektakel steigen die Chancen, Aufmerksamkeit zu binden. Das Neue, Spektakuläre, noch nie Dagewesene wird von vornherein höher bewertet.

Der Charakter eines Kunstwerkes kann die **Vermarktbarkeit** begünstigen oder behindern. Preise vermarktbarer Kunst können anders kalkuliert werden als Preise schwer vermarktbarer Kunst.

Bisherige Verkaufspreise: Ein hohes Preisniveau der Vergangenheit wirkt sich positiv auf die Bewertung in der Gegenwart aus. Was sich in der Vergangenheit bewährte, hat auch eine Zukunft (vgl. Neumüller 1998: 89). Es ist in diesem Zusammenhang auch auf das Phänomen der *prestige suggestions* (vgl. Neumüller 1998: 89) hinzuweisen: Das heißt durch ökonomischen Erfolg (nachgewiesenes hohes Preisniveau der Vergangenheit) kann der Künstler

---

66 Sein Künstlername basiert auf seinem Geburtsort *Deutschbaselitz*.
67 Das ist sein bürgerlicher Name.
68 Sie wurde als kleines Mädchen immer »Pipi« oder »Lotti« gerufen.

und sein Werk auf Akzeptanz stoßen, auch wenn er bis dato von den Insidern der Kunstwelt nicht akzeptiert wurde. Ein Beispiel hierfür ist Jim Avignon (*www.jimavignon.com*). Dem Künstler blieben jahrelang die Türen des Kunstbetriebes verschlossen. Nachdem er sich erfolgreich selbstvermarktete, klopften die Galerien von allein bei ihm an und sprangen auf den fahrenden Zug.

Reputation/Gesellschaftliche Übereinkunft

Bei der Preisbildung von Kunstwerken wird der Teilnahme an **Gruppenausstellungen**, speziell aber den **Einzelausstellungen** eines Künstlers Bedeutung beigemessen. Eine Einzelausstellung trägt zum Bekanntwerden bei, bewirkt eine höhere Bewertung und eine Preissteigerung des Gesamtwerkes. Deshalb wird in die künstlerische Selbstdarstellung stets ein Ausstellungsverzeichnis integriert. Jede einzelne Ausstellung wird wiederum in Abhängigkeit von Größe, Örtlichkeit und Ansehen des Veranstalters bewertet. Je nach Künstlerimage sind unterschiedliche Orte für die Bewertung nützlich. Als Faustregel gilt jedoch, dass der eingespielte Insiderkreis Orte ablehnt, die nicht zum Kunstbetrieb gehören.[69] Auch die Ausstellung in einer nicht professionell geführten Galerie kann schädlich für das Künstlerimage sein. Besondere Aufwertung hingegen erfährt das Werk durch Ausstellungen in Kunstmuseen und angesehenen Kunstvereinen. Auch eine Ausstellung in einer berühmten Galerie kann besonders positiv in die Preisfindung einfließen.

Auf den Bekanntheitsgrad und das Renommee wirken sich **Ankäufe der öffentlichen Hand** und **staatliche Kunstpreise** aus. Sie werden in der Selbstdarstellung über die künstlerische Vita kommuniziert.

In Zeiten wachsenden Einflusses **privater Großsammler** werden auch deren Ankäufe bzw. Kunstpreise in die Bewertung einbezogen.

Das Image einer **Galerie** kann großen Einfluss auf die Preisbewertung ihrer Künstler haben. Bestes gegenwärtiges Beispiel dafür ist wohl Harry Gerd Lybke, einer *der* Galeristen im Marktsegment der jungen Kunst und der international angesagten *Neuen Leipziger Schule* (*Galerie EIGEN+ART*, Berlin und Leipzig; *www.eigen-art.com*), der durch sein Showmaker-Talent und seinen gewinnenden menschlichen Faktor den Markt immer aufs Neue in Verzückung setzt. Grundlage für den Einfluss ist die Organisation des Marktes. Da-

---

69 Kaufhaus, Bank, Bibliothek, Schule, Arztpraxis, Krankenhaus etc.

durch, dass im Primärmarkt eine »Art von Oligopol auf erfolgreiche Künstler, oder zumindest ein Territorialprinzip« herrscht (Neumüller 1998: 91), können Preise der agierenden Galerien künstlich in die Höhe getrieben werden. Jeder Künstler, der also die Möglichkeit hat, Künstler in einer *der* mächtigen Galerien zu werden, wird allein durch diesen Umstand und diese News, einen entscheidenden Zuwachs an Reputation genießen.

Das hohe Ansehen des **Museums**, das auf seiner Wissenschaftlichkeit sowie historischen und ästhetischen Überwachungsfunktion basiert, bewirkt durch einen Museumsankauf für den Künstler eine hohe Aufwertung seiner Person, seines Bekanntheitsgrades und seines Œuvres.

Die Präsentation eines Künstlers auf einer **Kunstmesse** ist verkaufsförderlich und führt zu einer höheren Bewertung seiner Person und seiner Werke.

Auf **Großausstellungen**, wie der *documenta* in Kassel und der *Biennale* in Venedig, wird zwar nicht verkauft, aber diese Ereignisse sind hinsichtlich der Preisbildung und Bewertung sehr wirksam für die teilnehmenden Künstler. Die Einladung eines Künstlers verhilft ihm zu Aufmerksamkeit und Öffentlichkeit. Außerdem gilt: Wer hier ausstellen kann, ist gut. Bei der *documenta* hat ein Organisationskomitee die Aufgabe, die Kunstszene über Jahre zu beobachten und schließlich herausragende Künstler einzuladen. Die *Biennale* verfolgt ein anderes Konzept: Geleitet wird die Ausstellung von einem einzelnen Kommissar, jedes Land hat jedoch eigene Komitees, die einige ihrer Künstler auswählen, um sie in einem eigenen Pavillon auszustellen. Ist man Legat seines Landes, erfährt das Werk starke Aufwertung.

Prestigeträchtig ist eine Vertretung eines europäischen Künstlers in den **Kultur-Metropolen** (London, Basel, Paris, Berlin, Madrid etc.) sowie in einer Galerie in den USA (New York, Los Angeles, Miami etc.). Aber auch eine Präsenz auf internationalen Handelsplätzen, wie internationalen Kunstmessen, bringt Pluspunkte.

Seit den 1980er Jahren schreiben auch fachfremde **Medien** verstärkt über zeitgenössische Kunst. Pipilotti Rist schaffte es Mitte der 1990er zeitgleich in die *Emma* und in die *Vogue*. Allerdings zielt die Berichterstattung der fachfremden Medien nicht selten auf das Leben des Künstlers als Superstar. Aber Aufmerksamkeit und Öffentlichkeit zu bekommen, im Gespräch zu sein – das wirkt sich auf die Bewertung von Kunst und Künstler in der Regel positiv aus und verhilft zu einem höheren Ansehen sowie einer Platzierung des Künstlers in der Massenkultur.

Kunst wird erst Kunst, wenn sie in einer Fachzeitschrift publiziert wird. Durch **Rezensionen** in Fachformaten (nicht nur in Zeitschriften) überträgt sich der Ruf bekannter, angesehener Kunstkritiker auf Künstler und Werk. Synergieeffekte finden statt.

Rezensionen können auch bei Kritikern »**in Auftrag gegeben** werden« – für Katalogtexte oder Laudationes etwa. Bei der Bewertung junger Künstler kann ein hervorragender Katalogtext einer namhaften Person des Kunstbetriebes zweifelsohne förderlich sein und die Entwicklung – auch der Preise – positiv verändern.

Wie im Leben, so gilt auch für den Kunstmarkt und das Streben nach Reputation: **Ausnahmen bestätigen die Regel.** Bestes Beispiel hierfür ist Jonathan Meese, der sagt, dass man Dinge machen muss, die keine Schule machen. Deshalb hat er sein Studium konsequenterweise nicht beendet; Kunstpreise, Stipendien und Professuren lehnt er ab, doch schon jetzt kann er auf eine äußerst rege Ausstellungstätigkeit in international renommierten Galerien in Bielefeld, Frankfurt, Köln, London, Mailand, Mönchengladbach, New York, St. Gallen, Wien und Wolfsburg zurückblicken und sich über die Preisentwicklung und Bewertung seiner Werke nicht beschweren (→ Kapitel 3.2 *Kult-Künstler Jonathan Meese*).

Faktoren des Einzelwerkes

Technik (= materieller + psychologischer Aspekt): Sehr konservative Elemente, die teilweise immer noch wirken, sind Fragen wie: Welche Rohstoffe wurden zur Herstellung des Werkes verwendet? Welche Arbeitszeit und Mühe hat der Künstler für das Werk aufbringen müssen? Bei Skulpturen werden die Fragen anders beantwortet als bei Grafiken. Daraus ergibt sich eine Bewertung der Herstellungskosten. Diese wirken in Verbindung mit einem individuellen, einem psychologischen Moment: Handelt es sich um eine der Königsdisziplinen, die seit jeher königlich bewertet wird (z.B. Marmor- oder Bronzeskulptur)? Ist die Technik immateriell, sodass die materielle Bewertung der Technik aufgelöst wird? Ein Beispiel dafür ist die Performance von *James Lee Byars,* der für den *Verein der Freunde der Nationalgalerie* ein Lächeln produzierte: *The Perfect Smile.* Die Entlohnung für wenige Sekunden Lächeln gestaltete sich fünfstellig.

Format: Größere Arbeiten werden in der Regel mit einem höheren Preis honoriert. Auf Werke, die aufgrund ihrer Größe nur im musealen Kontext vermittelt werden können, trifft diese Korrelation nur teilweise zu.

Provenienz: Wer verkauft das Werk? Die Beantwortung dieser Frage wirkt sich entscheidend auf die Preisbildung aus. Galerien können andere Preise erzielen als Künstler bei Atelierverkäufen. Das liegt an der Funktion der Galerien.

Psychologische Faktoren

Wie ist die Käuferstimmung? Wie gestaltet der Vermittler die Kommunikation mit dem Nachfrager-Publikum? Diese und weitere psychologische Momente bestimmen ebenfalls über die Bewertung des Einzelwerkes. In der richtigen Atmosphäre können hohe Preise durchgesetzt werden, in einer weniger gelungenen eben niedrigere. Aber auch Zufall und Manipulation können auf die Preisbildung Einfluss nehmen.

Zufall: Die Zusammensetzung des Publikums ist immer wieder neuartig und immer wieder anders. Schon allein davon kann ein Erfolg oder Nichterfolg einer Veranstaltung abhängen. Sind VIPs anwesend, wird Künstlern, Gesamtwerk und Einzelwerken eine höhere Bewertung beigemessen.

Manipulationen: Besonders im Sekundärmarkt, und zwar in der Arbeit von Auktionshäusern, kommt es nicht selten zu Manipulationen. Möglich und in der Vergangenheit durchgeführt: Bieter stoppen, um Museumsankäufe zu ermöglichen oder aber künstliche Mitbieter einzusetzen, um Preise zu *pushen*. Eine weitere Manipulationsmöglichkeit, die insbesondere in Amerika gern praktiziert wird, ist die Aufwertung von Künstlern durch Werkspenden an Museen. Auch auf diese Art und Weise versuchen Marktteilnehmer die wichtige museale Bedeutung herzustellen.

Kunstweltakzeptanz: Werke und Künstler, die vom Insiderkreis des Kunstbetriebes anerkannt werden, haben Chancen auf eine positivere Bewertung als jene, die in der *society* oder anderen Kreisen ausschließlich Anerkennung finden.

Kunstmarkttrends: Wie auf jedem Markt wirken sich auch auf dem Kunstmarkt Trends auf die Höhe der möglichen Preise aus. Wer »im Trend liegt«, kann höhere Preise veranschlagen.

Der Kunstmarkt lebt somit ebenso wie der Kapitalmarkt von der unterschiedlichen Sicht und den unterschiedlichen Erwartungen seiner Akteure. Dies gilt vor allem für zeitgenössische Werke. Denn das zeitnahe Schaffen erlaubt in aller Regel kein abschließendes, distanziertes und historisch manifestiertes Qualitätsurteil. Es wird immer individuelle Befindlichkeiten geben. Die Chancen für Werk und Künstler erhöhen sich, wenn ein großer Teil der Insider das Werk schätzt und positiv bewertet.

Besondere Strategien zur Einflussnahme auf die Preisbildung

Ware verknappen: Werke von Gerhard Richter, Andreas Gursky*, Thomas Struth* und Thomas Ruff* (* im Kunstmarktjargon als *Struffsky* zusammengefasst) sind gefragt wie nie. Und dennoch gibt es zu wenige Werke von ihnen. Sie produzieren in beschränktem Umfang. Zufall oder Marktstrategie?

»Briten und Amerikaner kamen zuhauf im vergangenen Herbst auf die Art Cologne und andere deutsche Messen, in der Hoffnung, dort etwas von den fantastischen Vier der deutschen Kunst ergattern zu können, aber sie wurden zumeist enttäuscht. Genau so wie die, die bei der ersten ›Frieze Art Fair‹ im Oktober in London geglaubt hatten, über Quadratkilometer von Damien Hirst, Marc Quinn oder Jake und Dinos Chapman zu stolpern« (Barker 2004).

Bei Auktionspreisen von z.B. 6 Mio. Pfund für Richter, 620.000 Dollar für Gursky und 300.000 Dollar für Struth müssen sie das auch nicht. Sie verkaufen mehr und mehr direkt an potente Sammler wie Charles Saatchi, und das oft noch, bevor die Werke entstanden sind. Auch ist ihr Ansehen bei den Museen mittlerweile so hoch, dass sie es eher unter ihrer Würde betrachten, wichtige neue Werke via kommerzieller Kunstmesse in die Öffentlichkeit zu bringen. Diese Maßnahmen, die auch *Platzierung* oder *Snobismus* genannt werden, steigern das Renommee der einzelnen Künstler beträchtlich. Werden Sammler von Künstlern bzw. deren Galerien nicht bedient, steigen Auktionshäuser ein und befriedigen möglicherweise die Bedürfnisse der Sammler.

Starpreise schnell erhöhen: Wenn ein Künstler gut verkauft wird, geraten die Galerien leicht unter Druck, die Preise zu erhöhen. Was passiert aber, wenn der Erst-Verkaufsboom und das große Interesse der Nachfrager am neuen Künstler abgeflaut sind? Die Preise der Künstler dürfen niemals fallen, ansonsten wären Sammler tief bestürzt. Wenn die Preise jedoch zu schnell erhöht wurden, können sie auf Dauer nicht stabil gehalten werden. So schnell wie der Markt aufgebaut wurde, stürzt er auch wieder ein. Bestes Beispiel dafür ist Julian Schnabel.

Auktionen händeln: Damit Werke ihrer Künstler auf Auktionen nicht liegen bleiben, steigern Galerien oder ihre Strohmänner schon einmal mit, beobach-

ten Sammler doch stets, was im öffentlichen Auktionshandel passiert. Preis-
abstürze oder Desinteresse müssen auf jeden Fall verhindert werden, denn
es sind Negativsignale.

Rabatte zugestehen: Um Werke junger Künstler zu platzieren, geben Galeri-
en gern einmal Rabatte. Außerdem gilt: Nachfrager ist nicht gleich Nachfrager. Museen und andere sammelnde Institutionen erhalten nicht selten 30
Prozent und höhere Preisnachlässe. Nicht alle, die sich als seriöse Großsammler ausgeben, handeln dann auch nach deren Ehrenkodex – der Immo-
bilienhai und Großsammler Hans Grothe hat Gurskys zu Discountpreisen erworben, die Werke jedoch nicht für die Nachwelt bewahrt, sondern kurzfristig
zu *Christie's* gebracht. Die Strategie hat also ihre Tücken.

Nicht Kunst, sondern Status verkaufen: Die meisten Sammler wollen nicht
einfach »nur« Kunst kaufen. Wer genug Geld hat und womöglich des Materiellen überdrüssig ist, der sucht nach neuen Herausforderungen – vielleicht
nach der, ein moderner Medici zu werden? Kunst macht edel, und birgt das
Versprechen in sich, den intellektuellen Hauch ins Leben zu bringen, den der
eine oder andere wohl vermisst.

So wie sich die Preise von Luxusgütern oft als beliebig und symbolisch entpuppen, so verhält es sich auch mit der Kunst. Der New Yorker Galerist Jean
Kelly sagt:

»Wir ändern die Preise jedes Mal, wenn wir einen Künstler zeigen, das ist wie ein Balanceakt auf einem Drahtseil. [...] Man hält die Nase in den Wind, pegelt Balancierstan-
ge und Körper aus, spürt das Seil und marschiert vorwärts« (Spiegler 2004).

Wie wird sich das Ausbalancieren in der Zukunft gestalten?

2.6 GESELLSCHAFTSWANDEL. MARKTWANDEL. TENDENZEN

Dafür werden die gesellschaftlichen Transformationsprozesse und ihre Auswirkungen auf die Vermarktung von Kunst in der Gegenwart und in der Zukunft betrachtet.

Expansion in die Breite
Der »neue« Kunstmarkt im frühen 21. Jahrhundert ist durch eine Expansion in
die Breite gekennzeichnet; er wird »diffuser« und »unübersichtlicher« (Sie-

benhaar 2002: 47). Laufende Zuwachsströme an Produzenten sorgen für wachsende Produktzahlen.[70] Wenn der Kunstmarkt wie andere Märkte funktionieren würde, müssten die Preise aufgrund der großen Anzahl Produzierender und der kleinen Anzahl von Nachfragern, niedrig sein. Aber genau das Gegenteil ist der Fall – jedoch erst, wenn der Markt für den Künstler erschlossen wurde, er aufgebaut und seine Kunst marktfähig gemacht worden ist. Um im wachsenden Wettbewerb derer, die Marktfähigkeit erlangen wollen, eine Chance zu haben und das Kunstmarktcasting erfolgreich zu bestehen, müssen sich die Produzierenden aus der Masse des Marktes abheben und von anderen Künstlern abgrenzen. Erste Anforderung an den Künstler ist es, eine eigene Trademark auszubilden und dafür Alleinstellungsmerkmale zur klaren Abgrenzung von der Konkurrenz zu finden. Diese müssen im Kontext des Marktes neu, unerwartet, unerklärlich, phänomenal, spektakulär, außerordentlich sein.

Informations-Overload

Aber auch um der wachsenden »Bilderflut«, dem Informations-Overload, bei den Bezugsgruppen zu begegnen, wird der Künstler vor große Herausforderungen gestellt.

»[...] diese Bilderflut vom Internet über alle möglichen täglich millionenhaft erzeugten Fotografien, bringt eine vollkommen andere Lage, auch für die Museen und Kunstvereine: die Wahrnehmung von Bildern, das Fressen der Bilder hat sich stark verändert und wird sich noch radikaler verändern« (Ecker 2002).

Durch die Medienwelt kommt es zu einer Bilderflut, die über das Internet und andere Massenmedien auf uns einströmen. Durch die Wohlstandsentwicklung stiegen die Auswahlmöglichkeiten an Produkten stark an. Dies führt im Marketing zu einer entsprechenden Erhöhung der Bewertung von Produkten. Eine generelle Folge ist die Informationsflut und -überflutung beim Zielpublikum, denn die Informationsaufnahmekapazität beim Menschen ist und bleibt unverändert. Der Informations-Overload führt zu flüchtigerer und selektiverer Wahrnehmung. Die Trademark fungiert, in diesem Kontext betrachtet, als Orientierungshilfe. Sie muss jedoch mit einer zweiten Anforderung in Verbindung gebracht werden: die Entwicklung eines starken und klaren Images. Der Künstler muss die richtigen »Zutaten« für sein »Image-Rezept« finden, damit er bei den Bezugsgruppen eindrucksvoll wahrgenommen wird. Gerade beim

---

70 Noch vor wenigen Jahren standen Produktion und Verkauf, insbesondere bei jungen Künstlern, im Verhältnis von 95:5 zueinander. Wie es zukünftig aussehen mag, sei der Phantasie des Lesers überlassen.

Marketing für Luxusgüter und Produkte, die in großer Angebotsfülle vorhanden sind, werden Imagestrategien immer wichtiger.

Der Aufbau des Künstlers als Marke mit einer Trademark, einem Image und besonderen Strategien wird zentrale Vermarktungsanforderung. Zudem muss der Künstler überdurchschnittliche Marktkenntnisse besitzen und stets aktuellste Entwicklungen beobachten.

Generationenwechsel – Label-Generation

Der Kunstmarkt ist mehr denn je durch einen Generationenwechsel gekennzeichnet. Die Akteure verjüngen sich: Junge Galeristen betreten den Markt, junge Kuratoren gehen neue Wege, junge Künstler haben besondere Chancen und stoßen auf junge Nachfrager, die junge Kunst suchen. Durch die jungen Nachfrager ist eine momentane Rückbesinnung auf gegenständliche Kunst entstanden. Sie kann kurzfristig sein; darüber sind kaum Aussagen zu treffen. Der ganz große Boom der Neuen Medien scheint vorerst abgeebbt. Die jungen Nachfrager mit ihren Lifestyle-Bedürfnissen verfügen kaum über Kunstkenntnisse, da vermag das gegenständliche Tafelbild die leichteste Brücke zu bauen. Zudem kaufen sie Kunst wie Mode, sie tragen massiv Label und betrachten auch die Welt des Kunstmarktes unter Label-Aspekten. Für den Künstler bedeutet dieser Aspekt: Die neuen Galeristen, aber auch die neuen Käufer übertragen allgemeines Konsumverhalten auf seine Kunst – es besteht eine Nachfrage nach dem Label an der Wand. Die Label-Generation erwartet Label-Kult und Label-Inszenierung:

»Seit Warhol sind Kunst und Künstler als Markenzeichen Bestandteil der Konsum- und Warenwelt, heute ist diese künstlerische Markenbildung (= branding) zur Voraussetzung geworden, um überhaupt öffentlich wahrgenommen zu werden« (Siebenhaar 2002: 50).

Die Label-Generation ist noch durch weitere ihrer Bedürfnisse für eine Marktumgestaltung (mit-)verantwortlich.

Erlebnisbedürfnisse

Die Label-Generation ist fest verwurzelt in der Eventgesellschaft. Diese lebt vom Leitspruch »Erlebe dein Leben!« (Siebenhaar 2002: 43). Der Einzelne will die vorab verbürgte Gewissheit des Erlebens. Deshalb muss es den Kultstatus für Waren und Marktplätze, Events und Lifestyle geben (vgl. Siebenhaar 2002: 43). Da in diesem gesellschaftlichen Kreis fast alle alles haben, triumphiert das Erlebnis über reine Bedarfsdeckung, das Erlebnis selbst wird zum Nutzen, ist fester Bestandteil des Lebensstils. Erlebniswelten, welche die Aura des Besonderen, Exklusiven, einen Hauch von Zauber, Unterhaltsamkeit,

Wohlgefühl, Spektakulärem verleihen, sollen die Waren oder Darsteller erhöhen.

»Marketing heute setzt die Kenntnis von Leidenschaften voraus und erfordert inszenatorisch-dramaturgische Konsequenzen« (Siebenhaar 2002: 46).

Nichts geht mehr ohne ereignishafte Inszenierung. Auf der Tagesordnung steht eine Marketing-Praxis, die mit künstlerisch-theatralen Gestaltungsmitteln und -philosophien operiert. Instrumentarien und Strategien des Kult-Marketings sind Wareninszenierung, Theatralität, *emotional design* (vgl. Siebenhaar 2002: 45).

Kunst verbindet sich mit dem Lebensstil der Label-Generation

Die Erlebnisgesellschaft kennt jedoch noch eine Steigerungsform: die »Entertainment-Gesellschaft« (Siebenhaar 2002: 46). Zahlreiche Entertainment-Elemente werden in die Präsentation von Kunst integriert. Damit werden auch neue Rezipienten erreicht. Kunst wird zunehmend »Kunst für die Masse« und löst damit »Kunst für den Spezialisten« ab. Der allgemein Kulturinteressierte, eine Art »Kultursurfer«, wird angesprochen. Die Bühnen der Kunst werden lebensweltlich universell.

Das Motto des »neuen« Marktes lautet: »Die Kunst ist überall zu Hause«[71] (Siebenhaar 2002: 46) und »Jeder ist ein Künstler«.[72] Die Kunstwerke haben ihren »klassischen Präsentations- und Vermittlungsrahmen« der Museen, Galerien und Kunstvereine verlassen; zu Gunsten einer Kunst, die allgegenwärtig, selbstverständlich, lebensnah ist und unbefangen »Allianzen mit Medien, Werbung, Alltag, Arbeitswelten« (Siebenhaar 2002: 46) eingeht.

Der Kunstbetrieb dringt in alle gesellschaftlichen Bereiche; die Grenzen zwischen Werbung, Warenauftritt und Kunst lösen sich auf. Künstlerische Produktion und Erlebniskonsumwelt sind oft kaum zu trennen. Dementsprechend definiert sich auch die Rolle des Künstlers neu.

Der Künstler als Ereignisproduzent, Konsument und Star

Nicht mehr der Künstler als Kunstproduzent steht im Mittelpunkt des Interesses, sondern der Künstler als Produzent von Produkten aus Event, Entertainment und Werbung mittels der Kunst. Dem Künstler, der sich selbst vermarktet, wird gesellschaftsbedingt die Rolle des Event- und Entertainmentproduzenten zugeschrieben, wenn er Aufmerksamkeit und Erfolg haben möchte.

---

71 So lautete 1999 das Motto der *Venedig Biennale* »Alles ist überall«.
72 Frei nach Beuys zitiert.

Der Rollenwandel des Künstlers enthält zudem eine weitere Dimension: Der frühere Kunstproduzent wird auch immer mehr Konsument (vgl. Groys 1999). Er konsumiert Themen, die bereits im kulturellen Gebiet umherkreisen. Der Künstler selektiert, sammelt sie auf, verändert sie, er ist Geschmacksdesigner, aber auch Regisseur, Kurator, DJ. Er wählt aus, was eine Chance erhält, um wahrgenommen zu werden, und so die Aufmerksamkeit eines Publikums zu vereinnahmen (vgl. Groys 1999).

So hat beispielsweise die Ausstellung *fuckin' trendy!* (*Kunsthalle Nürnberg* 2004, mit Candice Breitz, Daniele Buetti, Lutz Fezer, Sylvie Fleury, Alicia Framis, Yang Fudong, Kirsten Geisler, Swetlana Heger, Josephine Meckseper, Olaf Nicolai) gezeigt, wie Künstler ihre neuen Rollen leben. Bei dieser Ausstellung wurden Lifestyle-Elemente von Künstlern selektiert, untersucht und neu arrangiert. Gleichzeitig muss der Künstler immer weiter in die Starrolle hineinwachsen, um vom Publikum Aufmerksamkeit zu erhalten (→ Kapitel 2.1 *Starkult*).

Marketingpriorität und Beziehungsmanagement

»Die Zukunft von Kunst und Kunstmarkt stellt sich eher als Management- und Marketing-Herausforderung denn als Frage von Inhalten, Stilen oder materialästhetischen Positionen dar« (Siebenhaar 2002: 39).

Kunst in der Erlebnisgesellschaft wird durch das Konstrukt um sie herum, durch die Kunstbetriebsmaschinerie, durch Vermarktungsstrategien, durch ihre Aufmerksamkeitsakkumulation zu öffentlich wahrgenommener Kunst. Qualitätskriterien, die aus dem Kunstsystem stammen, also z.B. solche die Kunsthochschulen anlegen, spielen dabei eine sekundäre Rolle. Vielmehr werden Öffentlichkeitswirksamkeit und Erfolg dadurch bestimmt, ob Kunstmarkttrends den Blick der Öffentlichkeit anziehen. Zu bedenken ist jedoch hierbei, dass die Akteure des Insiderkontextes diesen Umstand nur ungern zugeben. Sie definieren als Grundlage ihres Handelns zu gern die Kunst selbst. Aber Agieren und Handeln auf dem Kunstmarkt ist wohl in erster Linie immer wirtschaftlich intendiert.

Erfolgreiches Marketing wurzelt auch immer in erfolgreichem Beziehungsmanagement. Betrieben wird im 21. Jahrhundert eine Beziehungsentwicklung und -pflege »umfeldbezogen, prozessorientiert, interaktiv, partnerschaftlich-individualisiert« (Siebenhaar 2002: 51).

»Dieser Art ›Beziehungszauber‹ (Thomas Mann) ist ein anspruchsvolles Programm, ein ›non-stop-cultivation‹-Vorgang zwischen Künstler, Kunstwerk, Rezipient und Käufer/ Sammler. Wie in der Warenwelt vollzieht sich dies – auch und vor allem – über emotionale Bindung, Leidenschaft, Identifikation, Sinnstiftung. Der personelle, materielle

Aufwand dieser Beziehungspflege wird in Zukunft zunehmend größer [...]« (Siebenhaar 2002: 51).

Neue Positionierung der Marktteilnehmer

Die Konstellationen zwischen den Akteuren verändern sich ebenfalls. Folgende Entwicklungen zeichnen sich ab.

Beginnende Entgrenzung zwischen Öffentlichem und Privatem: So wird die Ankaufs- und Programmpolitik der Museen aus ihrer institutionellen Eigenverantwortung in die Einflusssphäre von Freundes- und Fördervereinen und Privatsammlern überführt. Große Kunstevents, die außerhalb von Museen veranstaltet werden, schießen wie Pilze aus dem Boden: Biennalen, Themenausstellungen, Shows.

Privates Kunstengagement im Wachstum: Die Nachwuchsklientel durch das Zeitalter des Stiftens, Erbens und der jungen Millionäre ist angebrochen. Die Macht der Sammler wird zunehmen, auch Modelle der *Public Private Partnership* bzw. gänzliche Privatisierung erobern sich ihren Raum. Die Privatsammler drängt es zunehmend in die Öffentlichkeit: Ein Beispiel dafür ist die in der Schweiz ansässige *Sammlung Hauser und Wirth*.

Die Sammlung ist in eigenen Ausstellungsräumen mit einem eigenen Kuratorenteam privatwirtschaftlich organisiert. Gearbeitet wird in einem exklusiven Zirkel mit anderen Privatkollektionen. Neben der eigenen Sammlung und ihrer musealen Präsentation hat *Hauser und Wirth* jedoch auch Verlagsanteile, Galeriebeteiligungen und betreibt Nachlassverwaltung. Auch ein eigenes Kunsthotel, eigene Atelierräume und ein eigenes Künstlerförderungsprogramm runden dieses Ensemble ab. Es handelt sich um ein geschlossenes System, das alle Kompetenzfelder selbst besetzt. Das »Kunstengagement« ist marktorientiertes Kunstmanagement. Der Betrieb um die Kunst wird zunächst aus dem eigenen System geschöpft, um die Marktfähigkeit herzustellen. Das Neue daran ist jedoch nicht nur das Ausmaß dieser Maschinerie, sondern auch das Charisma der Akteure, das durch Professionalität, Leidenschaft, Schnelligkeit und Innovativität geprägt ist.

Erschließen neuer Geschäftsfelder für Galerien: Die Galerie als reiner Ausstellungsort wird mehr und mehr an Bedeutung verlieren. Galerie-Unternehmen müssen Kommunikations- und Dienstleistungsknotenpunkte werden, die auf gesellschaftliche Veränderungen und neue Erfordernisse flexibel reagieren, wenn sie überleben wollen.

Starstatus für Kuratoren: Starstatus und Starkult gewinnen nicht nur für die

Künstler an Bedeutung. Auch Kuratoren[73] verbinden Elemente des Filmpro-
duzenten, des Theaterregisseurs und Marketing-Experten mit dem Gestus
kunstwissenschaftlicher Fachautorität und des Kunstmanagers. Produktentwicklung, Vertrieb, Öffentlichkeitsarbeit, *self-branding*[74] liegen in einer Hand.
Kuratoren machen Künstler und initiieren Trends. Der »neue« Markt gesteht
ihnen Kult- und Starstatus zu. Seit den 1990ern sind sie oftmals wichtiger als
die Kunst, um die sie sich »kümmern« sollen.

Aus den dargestellten veränderten gesellschaftlichen Entwicklungen und deren Auswirkungen auf den Kunstmarkt, ergeben sich für den Künstler und
seine Vermarktung im 21. Jahrhundert insbesondere folgende Schlussfolgerungen:

1. **Künstler müssen zu Marken werden!** Die Marktexpansion in die Breite
   führt zu einer zunehmend diffusen und unübersichtlichen Angebotssitua-
   tion. Erschwerend wirkt zudem der Info-Overload der Mediengesellschaft.
   In der Masse von Informationen sowie angebotenen Produkten und
   Dienstleistungen wird es für den Künstler zur Schlüsselaufgabe, sich aus
   der Masse herauszuheben, um eine Wahrnehmungschance zu erhalten.
   Dazu bedarf es eines Aufbaus des Künstlers als Marke – mit einer Trademark, einem starken, klaren Image und der Anwendung besonderer, individueller Vermarktungsstrategien. Der Aufbau des Künstlers als Marke
   wird zudem dem Generationenwechsel auf dem Kunstmarkt gerecht. Die
   neue Käufergeneration ist eine Label-Generation, die auch von Kunst und
   Künstlern die Vorteile einer Marke einfordert.
2. **Kultmarketing anwenden!** Um den Erlebnisbedürfnissen der Eventgesellschaft gerecht zu werden ist Kultmarketing mit künstlerisch-theatrali-
   schen Mitteln angesagt.
3. **Die Kunst ist überall zu Hause!** Das Marketing muss lebensnah sein, Al-
   lianz- und Geschäftspartner aus Sphären außerhalb des Kunstkontextes
   müssen gewonnen werden.
4. **Beziehungen aufbauen und pflegen! Ausreichend Zeit und Raum für
   Marketing einplanen!** Dem Beziehungsmanagement und der Vermarktung an sich muss viel Raum und Zeit gegeben werden. Nur mit Haupt-

---

73 Kuratoren arbeiten bei Kunstvereinen oder freiberuflich, stehen als Museums-
   kurator (eher wissenschaftlicher Selbstdarsteller) und als Sammlerkuratoren (Berater, Konservator, Ausstellungsmacher, Lobbyist, Public-Relations-Stratege, der
   hilft, den Sammlerwillen durchzusetzen und zu promoten) dienend im Hintergrund.
74 Sich selbst zum Markenartikel stylen.

augenmerk auf diese Bereiche wird sich wachsender künstlerischer Erfolg abzeichnen.

5. **Den Markt genau beobachten!** Eine weitere Anforderung an den Künstler ist schließlich die genaue Marktbeobachtung. Nur wer *up to date* ist und die neuesten Entwicklungen der Akteure, ihrer Mechanismen und Bedürfnisse beobachtet, kann selbst innovative, zeitgemäße Wege gehen.

→ LITERATUR UND SERVICE

LITERATUR

Aufmerksamkeitsökonomie

Franck, Georg (1999): »Jenseits von Geld und Information: zur Ökonomie der Aufmerksamkeit«, in: *Medien + Erziehung* 3.

Franck, Georg (1998): *Ökonomie der Aufmerksamkeit. Ein Entwurf*, München.

Kelley, Kevin (1999): *Net-Economy. Zehn radikale Strategien für die Wirtschaft der Zukunft*, München, Düsseldorf.

Rötzer, Florian (1999): »Aufmerksamkeit als Medium der Öffentlichkeit«, in: Rudolf Maresch/Niels Werber: *Kommunikation, Medien, Macht*, Frankfurt a.M.

Schmidt, Siegfried J. (2000): »Werte-Rohstoff: Aufmerksamkeit als Leitwährung«, in: *epd-medien* 84, Frankfurt a.M.

Schmidt, Siegfried J./Zurstiege, Guido (2000): *Orientierung Kommunikationswissenschaft. Was sie kann, was sie will*, Reinbek bei Hamburg.

Theis-Berglmair, Anna-Maria (2000): »Aufmerksamkeit und Geld, schenken und zahlen«, in: *Publizistik. Vierteljahresheft für Kommunikationsforschung* 3.

Kunstbetrieb, Kunstmarkt, Kunstwerk

Barker, Godfrey von/Rump, Gerhard Charles (2004): »Art Cologne: Schwanken zwischen Gestern und Heute?«, in: Die Welt, 06.03.2004.

Berg, Stephan (2002): Vortrag anlässlich des Symposions »Blindflug – wohin steuert der Kunstbetrieb«, Kunstverein Hannover, 20.04.2002, in: *www.zeichnungsgenera tor.de/pagetext/kbetrieb/2_ecker.php3*.

Bismarck, Rolf/Spinelli, Claudia (2003): »Unverkäuflich. Das Immaterielle als Wert«, in: Passagen. Pro Helvetia Kulturmagazin: *Kunstmarkt Schweiz: Zwischen Kreativität und Kalkül* 35, Zürich.

Böttcher, Paula (2003): aus dem »white cube! offener Brief der galerie paula böttcher vom 27.11.2003, in: *http://www.scrollheim.de/Paula.html*.

Bonus, Holger/Ronte, Dieter (1991): *Die Wa(h)re Kunst*, Wien.

Christophersen, Doris (1995): *Umfeldanalyse von Kunsthandels- und Kunstauktionsunternehmen: ein Beitrag zur Ökonomie des Kunstmarktes*, Bergisch Gladbach.

Dörstel, Wilfried (2002): »Kunstmarkt ohne Kunstwerk«, in: Jörn-Axel Meyer/Ralf Even, (Hg.), *Die Zukunft des Kunstmarktes: zu Sinn und Wegen des Managements für Kunst*, Köln.

Ecker, Bogomir (2002): »Jung sterben – der Kunstbetrieb«, Vortrag anlässlich des Symposions »Blindflug – wohin steuert der Kunstbetrieb«, Kunstverein Hannover, 20.04.2002, in: *www.zeichnungsgenerator.de/pagetext/kbetrieb/2_ecker.php3*.

Frangen, Ute (1983): *Ökonomische Analyse des Marktes der Malerei,* Frankfurt a.M.

Grasskamp, Walter (1992): *Die unästhetische Demokratie: Kunst in der Marktgesellschaft,* München.

Grasskamp, Walter (2000): *Konsumglück: die Ware Erlösung,* München.

Groys, Boris (1999): »Kunst als Avantgarde der Ökonomie«, in: Andreas Grosz/Daniel Delhaes (Hg.): *Die Kultur AG,* München, Wien.

Heinich, Natalie (2003): »Werke in Wandlung. Die Ökonomisierung des Konzeptuellen«, in: Passagen. Pro Helvetia Kulturmagazin: *Kunstmarkt Schweiz: Zwischen Kreativität und Kalkül* 35, Zürich.

Hirsch, Marion (2001): *Selbstvermarktung von bildenden Künstlern,* Diplomarbeit Hochschule der Künste, Berlin.

Huber, Hans Dieter (o.J.): »Über das Starsystem in der Kunst«, in: *www.hgb-leipzig.de/ARTNINE/huber/aufsaetze/starsystem.html*.

Hughes, Robert (1993): *Denn ich bin nichts, wenn ich nicht lästern darf. Kritische Anmerkungen zu Kunst, Künstlern und Kunstmarkt,* München.

Klein, Ulrike (1993): *Der Kunstmarkt. Zur Interaktion von Ästhetik und Ökonomie,* Frankfurt a.M.

Knöfel, Ulrike (2004): »Siegeszug der Krautart«, in: Der Spiegel 15, 05.04.2004.

Kunstzeitung (1998): »Die Mächtigsten – Eine Untersuchung der Kunstzeitung«, in: *Kunstzeitung* 25.

Matussek, Matthias (2003): »Mick Jaggers Rasierwasser«, in: Dieter Herbst (Hg.): *Der Mensch als Marke,* Göttingen.

Müller, Hans-Joachim (2003): »Wie man Erfolg bewirtschaftet. Die ›Art‹-Kunstmesse in Basel«, in: Passagen. Pro Helvetia Kulturmagazin: *Kunstmarkt Schweiz: Zwischen Kreativität und Kalkül* 35, Zürich.

Müller-Mehlis, Reinhard (2003): *Des Kaisers neue Kleider. Der Schwindel der Moderne,* München.

Neumüller, Moritz (1998): *Kunst≥Kapital: Über Wert und Bewertung zeitgenössischer Kunstwerke und die Mechanismen des modernen Kunstmarktes,* Hamburg.

Omlin, Sibylle (2003): »Werte schöpfen. Indices, Ratings, geschlossene Systeme«, in: Passagen. Pro Helvetia Kulturmagazin: *Kunstmarkt Schweiz: Zwischen Kreativität und Kalkül* 35, Zürich.

Passagen. Pro Helvetia Kulturmagazin (2003): *Kunstmarkt Schweiz: Zwischen Kreativität und Kalkül* 35, Zürich.

Reddeker, Lioba (2000): »Marketing in der Kunstbranche. Kunst als arbeitsteiliges Produkt – Galeristen im Kommunikations- und Reputationsmarkt«, in: Bernd Fesel/Heike Holzweißig (Hg.): *Do and do not für Galeristen und Galeriegründer,* Köln.

Rodowski, Ilona (1995): *HdK – und dann? Informationen und Hinweise für Absolventinnen und Absolventen künstlerischer Studiengänge – insbesondere der Bildenden Kunst,* Berlin.

Schmidt, Karlheinz (2004): »Neuer Auftrieb in den Galerien«, in: *Kunstzeitung* 91.

Schulze, Gerhard (1992): *Erlebnisgesellschaft. Kultursoziologie der Gegenwart,* Frankfurt a.M., New York.

Schulze, Gerhard (2000): *Kulissen des Glücks. Streifzüge durch die Eventkultur,* Frankfurt a.M., New York.

Schwarz, Michael (1997): »Das Phänomen des Künstlerstars«, in: Werner Faulstich/ Helmut Korte: *Der Star. Geschichte, Rezeption, Bedeutung,* München.

Sennett, Richard (1986): *Verfall und Ende des öffentlichen Lebens. Die Tyrannei der Intimität,* Frankfurt a.M.

Siebenhaar, Klaus (2002): »›Beziehungszauber‹ oder Vom Unternehmen Kunst in der Entertainment-Gesellschaft«, in: Jörn-Axel Meyer/Ralf Even (Hg.): *Die Zukunft des Kunstmarktes: zu Sinn und Wegen des Managements für Kunst,* Köln.

Soros, Georg (1994): *Die Alchemie der Finanzen,* Kulmbach.

Spiegler, Marc (2002): »Von Anlegern, Abzockern und Abstürzen«, in: Neue Zürcher Zeitung am Sonntag, 29.12.2002.

Thurn, Hans Peter (1999): *Die Vernissage: vom Künstlertreffen zum Freizeitvergnügen,* Köln.

Weihe, Hugo (1989): *Die Ware Kunst. Das Geschäft mit der Ästhetik,* Zürich.

Wyss, Beat (1997): *Die Welt als T-Shirt: Zur Ästhetik und Geschichte der Medien,* Köln.

Wyss, Beat (2000): »Das Gespenst des Humanismus: Vom Olymp herab an die Börse – über die Zukunft der Pop-Kultur«, in: Süddeutsche Zeitung, 24.02.2000.

Wyss, Beat (2002): Vortragsreihe »Monopoly – Die Spielregeln des Kapitalismus«, Gasteig München, Black Box, 18.01.2002.

Messen

Barker, Godfrey von/Rump, Gerhard Charles (2004): »Art Cologne: Schwanken zwischen Gestern und Heute?«, in: Die Welt, 06.03.2004.

Dörstel, Wilfried/Jacobs, Brigitte (2000): »Kunstmesse gegen Alphaville. Zur Entwicklungsgeschichte der Messen für Moderne Kunst«, in: Bundesverband Deutscher Galerien (Hg.): *Galerien in Deutschland. Schnittstelle Kunst+Markt,* Köln.

Firsching, Ulrich Raphael (2003): »European Art Expo in Düsseldorf. Erste Runde mit Erfolg«, in: *www.Kunstmarkt.com,* 22.07.2003.

Graw, Isabelle (2004): »Im Griff des Kunstmarkts«, in: taz, 14.04.2004.

Herstatt, Claudia (2003): »Feuilleton Kunstmarkt«, in: Die Zeit, 22.12.2003.

Kutscher, Barbara R. (2004): »Armory Show in New York«, in: Die Welt, 20.03.2004.

Müller, Hans-Joachim (2003): »Wie man Erfolg bewirtschaftet. Die ›Art‹-Kunstmesse in Basel«, in: Passagen. Pro Helvetia Kulturmagazin: *Kunstmarkt Schweiz: Zwischen Kreativität und Kalkül* 35, Zürich.

Phelps, Janet (2003): »Miami Beach. ›Art‹ Basel in Übersee«, in: Passagen. Pro Helvetia Kulturmagazin: *Kunstmarkt Schweiz: Zwischen Kreativität und Kalkül* 35, Zürich.

Rump, Gerhard Charles (2004): »Kunst kaufen ist wieder hip. Der Erfolg von Maastricht und der anderen Frühjahrsmessen zeigt den Börsen die Zunge«, in: Die Welt, 20.03.2004.

Waser, George (2004): »Jahrmärkte der Eitelkeit. Londoner ›Fairs‹ – ein Schaufenster für Gegenwartskunst«, in: Neue Zürcher Zeitung, 31.01.2004.

Galerien

Buchholz, Goetz (2002): *Ratgeber Freie,* 6. erw. Auflage, Berlin.

Bundesverband Bildender Künstler (2002): *ProKunst 3,* 2. Auflage, Bonn.

Bundesverband Deutscher Galerien (2000): *Branchenumfrage für Galeristen*, Institut für Handelsforschung, Universität zu Köln, Köln, in: *www.bvdg.de*.

Christophersen, Doris (1995): *Umfeldanalyse von Kunsthandels- und Kunstauktionsunternehmen: ein Beitrag zur Ökonomie des Kunstmarktes*, Bergisch Gladbach.

Fesel, Bernd (2002): »Kommerzielle Kunstvermittlung in der Informationsgesellschaft: Entmystifizierung der Zahlen«, in: Lothar Pues/Edgar Quadt/Rissa (Hg.): *Art-Investor. Handbuch für Kunst & Investment*, München.

Marguerat, Florence (2003): »KünstlerInnen und ihre Galeristen. Vier Variationen«, in: Passagen. Pro Helvetia Kulturmagazin: *Kunstmarkt Schweiz: Zwischen Kreativität und Kalkül* 35, Zürich.

Reddeker, Lioba (2000): »Marketing in der Kunstbranche. Kunst als arbeitsteiliges Produkt – Galeristen im Kommunikations- und Reputationsmarkt«, in: Fesel, Bernd/Holzweißig, Heike (Hg.): *Do and do not für Galeristen und Galeriegründer*, Köln.

Shaw, Stefan (2002): »Wo bleibt der Kunde? – Galeriearbeit im 21. Jahrhundert«, in: Lothar Pues/Edgar Quadt/Rissa (Hg.): *Art-Investor. Handbuch für Kunst & Investment*, München.

Thurn, Hans Peter (2002): »Aus Passion zur Profession: Kunsthändler und Galeristen«, in: Lothar Pues/Edgar Quadt/Rissa (Hg.): *Art-Investor. Handbuch für Kunst & Investment*, München.

Sammler & Kunstinvestment

Bellet, Harry (2003): »Jet Set Art. Der globalisierte Kunstmarkt«, in: Passagen. Pro Helvetia Kulturmagazin: *Kunstmarkt Schweiz: Zwischen Kreativität und Kalkül* 35, Zürich

Czöppan, Gabi (2002): *Richtig in Kunst investieren*, München.

Fischermann, Thomas/Jungclaussen, John F. (2002): »Wann gibt's Lunch? Wie die Chefs der Auktionshäuser Sotheby's und Christie's jahrelang ihre Kunden betrogen«, in: Die Zeit 18.

Gadient, Hansjörg (2002): »Tote lächeln besser«, in: *mare* 14, *www.mare.de/mare/hefte/beitrag-buend.php?id=259&&heft nummer=14*.

González, Thomas/Weis, Robert (2000): *Kunst-Investment*, Wiesbaden.

Graw, Isabelle (2004): »Im Griff des Kunstmarkts«, in: taz, 14.04.2004.

Gündüz, Bülent (2003): »Londons neues Highlight«, in: *http://freenet.meome.de/app/fn/artcont_portal_news_article.jsp/90831.html*.

Guex, Sébastien (2003): »Griechische Statuen und Tomaten. Der Schweizer Kunstmarkt im 20. Jahrhundert«, in: Passagen. Pro Helvetia Kulturmagazin: *Kunstmarkt Schweiz: Zwischen Kreativität und Kalkül* 35, Zürich.

Herchenröder, Christian (1990): *Die neuen Kunstmärkte. Analyse, Bilanz, Ausblick*, Düsseldorf.

Herchenröder, Christian (2000): *Kunstmärkte im Wandel. Vom Jahrzehnt des Umbruchs in die Gegenwart*, Düsseldorf.

Herold, Thea (2002): »Der zündende Moment. Vor der Messe: was Kunstsammeln und Lagerfeuer verbindet«, in: Der Tagesspiegel, 21.09.2002.

Herstatt, Claudia (2002): *Fit für den Kunstmarkt*, Ostfildern-Ruit.

Hoffmann, Justin (2004): »*Machtverhältnisse im Kunstsystem*«, in: *www.xcult.org/texte/ hoffmann/macht.html*

Huisseling, Mark van (1999): »Er hat die Macht, Künstler zu machen. Sammler und Förderer, Manipulator und Genie: Wie der Werber Charles Saatchi zum mächtigsten Mann der britischen Kunstszene wurde«, in: Die Weltwoche, 21.01.1999.

Karcher, Eva (2002): »Passion und Rendite. Anleitung zum Sammeln: Neue Bücher bieten Orientierungshilfen für Einsteiger«, in: Der Tagesspiegel, 28.09.2002.

Kulak, Artur/Gößl, Sybille (1997): *Mit Kunst zum Dialog*, Stuttgart.

Lüddemann, Stefan (2001): »Kunst gehört zum Lifestyle. Wechselhaft«, in: Neue Osnabrücker Zeitung, 16.02.2001.

Müller, Eva (2004): »Investition in die Zukunft. Kunst im Unternehmen.« – Text zum Forschungsbericht »Kunst im Unternehmen« Ludwig-Maximilians-Universität München, Lehrstuhl für Organisations- und Wirtschaftspsychologie, Prof. Dr. Lutz von Rosenstiel, Dr. Peter Neumann, Projektleitung: Katja Mohrbacher, Untersuchung von Brigitte Gleißner, Manuel Moretti und Claudia Schwaighofer, in: *www.kunstbe ratung.de/publikationen/artikel-kunst-investment.html*.

Neumüller, Moritz (1998): *Kunst≥Kapital: Über Wert und Bewertung zeitgenössischer Kunstwerke und die Mechanismen des modernen Kunstmarktes,* Hamburg.

Omlin, Sibylle (2003): »Werte schöpfen. Indices, Ratings, geschlossene Systeme«, in: Passagen. Pro Helvetia Kulturmagazin: *Kunstmarkt Schweiz: Zwischen Kreativität und Kalkül* 35, Zürich.

Rauterberg, Hanno (2003): »Der Markenmacher«, in: Die Zeit, 16.04.2003.

Rohr-Bongard, Hilde (2001): *Kunst=Kapital. Der »Capital«-Kunstkompass von 1970 bis heute*, Köln.

Ruthe, Ingeborg (2004): »Der populistische Mäzen«, in: Berliner Zeitung, 07.04.2004.

Sigrist, Marcel (2003): »Das Anlegen in Kunst ist eine Kunst«, in: Tagesanzeiger, 06.11.2003.

Waser, George (2004): »Jahrmärkte der Eitelkeit. Londoner ›Fairs‹ – ein Schaufenster für Gegenwartskunst«, in: Neue Zürcher Zeitung, 31.01.2004.

Willems, Sophia (2003): »Auf der Suche nach Kunst-Mäzenen – Die Lust muss drängen«, in: WZ-Kultur, 31.03.2004.

Wittneven, Kathrin (2002): »Sammlungen sind Volksvermögen. Märkte, Messen, Monopole: Christian Herchenröder zieht Bilanz beim Handelsjahr 2002«, in: Der Tagesspiegel, 28.12.2002.

Künstler

Groys, Boris (1999): »Kunst als Avantgarde der Ökonomie«, in: Edgar Grosz Andreas/ Daniel Delhaes (Hg.): *Die Kultur AG*, München, Wien.

Hirsch, Marion (2001): *Selbstvermarktung von bildenden Künstlern*, Diplomarbeit Hochschule der Künste, Berlin.

Hoffmans, Christiane (2003): »Auf der Spur der Meister«, in: Welt am Sonntag, 13.04.2003.

Siebenhaar, Klaus (2002): »›Beziehungszauber‹ oder Vom Unternehmen Kunst in der Entertainment-Gesellschaft«, in: Jörn-Axel Meyer/Ralf Even (Hg.): *Die Zukunft des Kunstmarktes: zu Sinn und Wegen des Managements für Kunst*, Köln.

Stange, Raimar (2002): *Sur.Faces*, Frankfurt a.M.

Stange, Raimar (2003): *Zurück in die Kunst,* Hamburg.

Zimmermann, Olaf (2002): »Von der Kunst leben können – Künstler und ihre Probleme auf dem Kunstmarkt«, in: Lothar Pues/Edgar Quadt/Rissa (Hg.): *Art-Investor. Handbuch für Kunst & Investment,* München.

Kunst und Gesellschaft (Bettina Rech)

Alemann, von Heine (1997): »Galerien als Gatekeeper des Kunstmarkts. Institutionelle Aspekte der Kunstvermittlung«, in: Jürgen Gerhards: *Soziologie der Kunst – Produzenten, Vermittler und Rezipienten,* Opladen.

Bourdieu, Pierre (1974): *Zur Soziologie der symbolischen Formen,* Frankfurt a.M.

Bourdieu, Pierre (1982): *Die feinen Unterschiede – Kritik der gesellschaftlichen Urteilskraft,* Frankfurt a.M.

Bourdieu, Pierre (1984): *Distinction – A Social Critique of the Judgement of Taste,* London.

Foster, Arnold W. und Blau, Judith R. (1989): *Art and Society – Readings in the Sociology of Arts,* New York.

Gerhards, Jürgen (1997): *Soziologie der Kunst – Produzenten, Vermittler und Rezipienten,* Opladen.

Schulze, Gerhard (1997): *Die Erlebnis-Gesellschaft – Kultursoziologie der Gegenwart,* 7. Auflage, Frankfurt a.M.

SERVICE

Kunstmarkt-Berichterstattung

Zeitschriften des deutschsprachigen Raumes

Art (*www.art-magazin.de*)
Artist (*www.artist-kunstmagazin.de*)
Du (*www.dumag.ch*)
Frame (*www.frame.co.at*)
Kultur-Kanal (*www.kultur-kanal.de*)
Kunst-Bulletin (*www.kunstverein.ch*)
Kunstforum International (*www.kunstforum.de*)
Kunstzeitung (*www.kunstzeitung.de*)
Parkett (*www.parkettart.com*)
Texte zur Kunst (*www.textezurkunst.de*)

Zeitschriften des englischsprachigen Raumes

Art Forum (*www.artforum.com*)
Art in Amerika (*www.absolutemagazines.com*)
Frieze (*www.frieze.com*)
The Art News Paper (*www.theartnewspaper.com*)

Zeitschriften mit Kunstinvestment-Fokus

ArtInvestor (*www.artinvestor.de*)
»Bilanz Art Guide« (*www.bilanz.ch*)
»Capital-Kunstkompass« (*www.capital.de*)
Impulse (*www.impulse.de/kunst*)

Zeitschriften mit Fotokunstmarkt-Beiträgen

Photonews (*www.photonews.net*)
Cameraworks (*www.washingtonpost.com*)

Zeitungen

Der Tagesspiegel (*www.tagesspiegel.de*)
Die Tageszeitung (*www.taz.de*)
Die Zeit (*www.zeit.de*)
Financial Times (*www.financial-times.de*)
Frankfurter Allgemeine Zeitung (*www.faz.de*)
Frankfurter Allgemeine Sonntagszeitung (*www.faz.de*)
Handelsblatt (*www.handelsblatt.de*)
Neue Züricher Zeitung (*www.nzz.ch*)
Süddeutsche Zeitung (*www.sueddeutsche.de*)

Radiomagazine

Bayern 2 (*www.br-online.de*)
Deutschlandfunk und Deutschlandradio (*Kultur heute, Fazit*) (*www.dradio.de*)
NDR (Texte und Zeichen, Kultur heute) (*www.ndr.de*)
RBB (Kultur-Journal) (*www.rbb.de*)
SWR2 (Forum) (*www.swr.de*)
WDR3 (*Mosaik, Zeitzeichen*) (*www.wdr.de/radio/wdr3*)

Fernsehmagazine

3sat (Kulturzeit) (*www.3sat.de*)
ARD (Titel Thesen Temperamente, Kulturweltspiegel, Kulturreport) (*www.das-erste.de*)
arte (Metropolis) (*www.arte-tv.com*)
SWR (Bilderstreit) (*www.swr.de/bilderstreit*)
WDR (Kultur) (*www.wdr.de*)
ZDF (Aspekte) (*www.aspekte.de*)
DCTP-Prime Time (*www.dctp.de/formate-primetime.shtml*)

Internet

www.kunstmarkt.com
www.artprice.com[75]

---

75 Weltweit größte Kunstmarkt-Datenbank; ca. 2,5 Mio. Daten, z.T. gebührenpflichtig

www.perlentaucher.de[76]
www.kunsttermine.de[77]
www.artnet.com

Adressen

Großausstellungen
documenta, Kassel (*www.documenta.de*)
Biennale, Venedig (*www.labiennale.org*)
Manifesta (wechselnde Orte) (*www.manifesta.de*)
Biennale d'art contemporain, Lyon (*www.biennale-de-lyon.org*)
Berlin Biennale, Berlin (*www.berlinbiennale.de*)

Privatsammlungen[78]
Sammlung Erika und Rolf Hoffmann
Sophienstr. 21, 10178 Berlin
Fon: (+ 49) 30-28499121
www.sophie-gips.de

Sammlung Goetz
Oberföhringer Str. 103, 81925 München
Fon: (+ 49) 89-95939690
www.sammlung-goetz.de

PhoenixArt Forum – Sammlung Falckenberg
Wilstorger Str. 71, 21073 Hamburg
Fon: (+ 49) 40-32506762

Sammlung Essl
An der Donau-Au 1, A-3400 Klosterneuburg/Wien
Fon: (+43) 2243-37050150
www.sammlung-essl.at

Hauser & Wirth
Lokremise, Grünbergstr. 7, CH-9000 St. Gallen
Fon: (+41) 71-2285550
www.lokremise.ch

---

76 Online-Dienst, der Feuilletons großer Tageszeitungen auswertet
77 Terminvorschau
78 Besichtigungen sind in der Regel als Führungen nach Terminabsprache möglich.

KATHREIN WEINHOLD
Selbstmanagement im Kunstbetrieb

Fondation Beyeler
Baselstr. 101, CH-4125 Riehen/Basel
Fon: (+41) 61-6459700
www.beyeler.com

Sammlung der Emanuel Hoffmann-Stiftung
Schaulager
Ruchfeldstrasse 19, CH-4142 Münchenstein (bei Basel)
www.schaulager.org

Sammlermuseen

Neues Museum Weserburg Bremen
Museum für Gegenwartskunst
Teerhof 20, 28199 Bremen
Fon: (+49) 421-598390
www.nmwb.de

Hallen für neue Kunst
Baumgartenstr. 23, CH-8200 Schaffhausen
Fon: (+41) 526-252515
www.modern-art.ch

K21 Kunstsammlung im Ständehaus
Ständehausstr. 1, 40217 Düsseldorf
Fon: (+49) 211-8381600
www.kunstsammlung.de

Museum für Neue Kunst/ZKM Karlsruhe
Lorenzstr. 9, 76135 Karlsruhe
Fon: (+49) 721-81001301
www.mnk.zkm.de

Museum Küppersmühle /Sammlung Grothe
Philosophenweg 55, 47051 Duisburg
Fon: (+49) 203-30194811
www.museum-kueppersmuehle.de

Burda-Museum
Lichtentaler Allee 8b, 76530 Baden-Baden
Fon: (+49) 7221-398980
www.burda-museum.de

Daros Exhibitions
Limmatstrasse 268, CH-8005 Zürich
Fon: (+41) 447-7070
www.daros.ch

Kunstauktionen

Bundesverband Deutscher Kunstversteigerer e.V.
Erdener Str. 5 a, 14193 Berlin
Fon: (+ 49) 30-8918025
www.kunstversteigerer.de

Christie's, London (*www.christies.com*)
Sotheby's, London (*www.sothebys.com*)
Dorotheum, Wien/Prag (*www.dorotheum.com*)
Galerie Koller, Zürich (*www.galeriekoller.ch*)
Villa Grisebach, Berlin (*www.villa-grisebach.de*)
Bassenge, Berlin (*www.bassenge.com*)
Kunsthaus Lempertz, Köln[79] (*www.lempertz.de*)
Kunst- und Auktionshaus W.G. HERR, Köln (*www.herr-auktionen.de*)
Van Ham Kunstauktionen, Köln (*www.van-ham.com*)
Neumeister, München (*www.neumeister.com*)

Galerien, Händler

Arndt & Partner, Berlin (*www.arndt-partner.de*)
BigArt (Onlinegalerie) (*www.bigart.de*)
EIGEN+ART, Berlin/Leipzig (*www.eigen-art.com*)
Galerie Gebrüder Lehmann (*www.galerie-gebr-lehmann.de*)
Karsten Greve, Köln/Mailand/Paris/St. Moritz (*www.galerie-karsten-greve.com*)
Leo Castelli, New York (*www.castelligallery.com*)
Leo König Inc., New York (*www.leokoenig.com*)
Michael Schultz, Berlin (*www.galerie-schultz.de*)
David Zwirner, New York (*www.davidzwirner.com*)
Paula Böttcher[80], Berlin (Abschiedsbrief) (*www.scrollheim.de*)
Kyra Maralt[81], Berlin (*www.kyra-maralt.com*)
Galerie Gebrüder Lehmann, Dresden (*www.galerie-gebr-lehmann.de*)

»Art Consulting«

Helge Achenbach (*www.achenbach-art-consulting.com*)

Vereine/Verbände

Bundesverband Deutscher Galerien e.V. (*www.bvdg.de*)
Deutscher Kunsthandelsverband e.V. (*www.deutscherkunsthandel.com*)
Verein der Freunde der Nationalgalerie (*www.freunde-der-nationalgalerie.de*)

---

79 Mit Filialen in Berlin und Brüssel
80 Galerie geschlossen
81 Galerie geschlossen

Künstler

Jim Avignon (*www.jimavignon.com*)
Wolfgang Flatz (*www.flatz.net*)
Stefan Szczesny (*www.szczesny-online.com*)
Spencer Tunick (*www.spencertunick.com*)

Sammler

Charles Saatchi (www.saatchi-gallery.co.uk)

Festivals

Burning Man Festival (www.burningman.com)
Kunstherbst Berlin (www.kunstherbst.berlin.de)

Datenbanken

Art in Context (www.artincontext.com)
ArtFair24 (www.artfair24.com)
Art Edition (www.art-edition.de)
Kultur-Punkt (www.kultur-punkt.ch)
art.net (www.art.net)
kunstmarkt.com (www.kunstmarkt.com)
Artnews.info (www.artnews.info)
Artfacts.net (www.artfacts.net)
Swissart.net (www.swissart.net)
Artwanted.com (www.artwanted.com)
mibarts.net (www.mibarts.net)
kunstnet.de (www.kunstnet.de)
alleskunst.net (www.alleskunst.net)
culturebase.net (www.culturebase.net)

Kunstmessen-Guide Deutschland[82]

Art Cologne
Internationale Messe für Moderne Kunst

www.artcologne.de

Das Flaggschiff der deutschen und international renommierten Kunstmessen setzt als internationale Leistungsschau auf Überschaubarkeit (mit maximal 250 Ausstellerzulassungen!) und gab in der Vergangenheit einen umfassenden Überblick über das eher etablierte als zu entdeckende Kunstgeschehen. Vertreten waren Werke des 20. Jahrhunderts – von der Klassischen Moderne, über die zeitgenössische Kunst der 1960er, 70er und 80er Jahre bis hin zur Skulptur der Gegenwart und Kunst der Avantgarde, im Preissegment 500 Euro – 1,5 Mio. Euro. Seit 2004 wird mit dem Slogan »NEWART« und der neuen Bezeichnung »International Fair for Modern and Contemporary Art« gewor-

---

82 Termine unter *www.bvdg.de/Kunstmessen/termine.htm* oder auf den genannten Webseiten der Veranstalter

ben. Eine Ausrichtung auf ein internationaleres, stärker an zeitgenössischer Kunst interessiertes, Publikum und das Angebot von beinahe atelierfrischer Ware gehören zu den Innovationen 2004. Durch eine Straffung der Teilnehmerzahl und ein Sonderprogramm für internationale Sammler soll zudem die Angebots-als auch die Nachfragerseite auf ein höheres Niveau gehoben werden. **Besucherzielgruppen:** Internationales Publikum: Sammler, Kuratoren, Künstler sowie Liebhaber und Freunde der Kunst. **Aussteller:** begrenzt (!) auf 250 branchenführende Galerien mit internationalem Renommee. **Jährliche Besucher:** ca. 63.000. **Veranstalter:** Köln Messe GmbH, beraten durch einen Galeristenzulassungsausschuss (u.a. Karsten Greve)

Art Forum Berlin
Internationale Messe für Gegenwartskunst
www.art-forum-berlin.de
Der erfolgreiche Newcomer unter den deutschen Messen profitiert von seinem exzellenten Standort mit internationaler Anziehungskraft. Im Vergleich zu Köln ist die Messe jung und eben anders. Aktuellste Tendenzen von Video und Foto über Malerei, Skulptur und Installation bis hin zu Arbeiten auf Papier und *multiples* stehen im Mittelpunkt. Gemeinschaftsstände für mehrere Galerien ermöglichen auch Regionen wie Osteuropa oder China eine Messeteilnahme. **Besucherzielgruppen:** Internationales Publikum: Private Sammler, Öffentliche und kommerzielle Institutionen, Museen für zeitgenössische Kunst, private und institutionelle Bauträger, Kunstinteressierte. **Aussteller:** rund 100 Galerien, Editeure, Institutionen und Verlage aus 25 Ländern. **Jährliche Besucher:** ca. 25.000. **Veranstalter:** Messe Berlin GmbH in Zusammenarbeit mit internationalem Galerienbeirat (z.B. Gerd Harry Lybke, EIGEN+ART, Berlin/Leipzig)

Art Frankfurt
Junge Messe für Modern, Avantgarde und Edition
www.artfrankfurt.de
Die 1989 gegründete *Art Frankfurt* will eine kompakte Übersicht über aktuelle Tendenzen der Kunstproduktion und die neuesten Trends im Kunstmarkt geben. Neben Künstlern, die im internationalen Ausstellungsgeschehen bereits eine wichtige Rolle spielen oder eine solide Marktposition erreicht haben, sind es vor allem die Vertreter der ganz jungen Generation, die hier entdeckt werden sollen. Ein vergleichsweise kleines Rahmenprogramm möchte den Fokus gezielt auf die Kunst richten. **Besucherzielgruppen:** Sammlergemeinde des Rhein-Main-Gebietes und anderer Regionen, Fachpublikum, Kunstinteressierte. **Aussteller:** ca. 160 Galerien und Editeure, **Jährliche Besucher:** ca. 28.000. **Veranstalter:** Messe Frankfurt GmbH, **Besonderheit:** Im Rahmen von Sonderkojen wird jungen Galerien die Gelegenheit gegeben, ihre Künstler spezielle Arbeiten anfertigen zu lassen oder ein Debüt zu geben.

KunstKöln
Messe für Editionen, Art Brut, Kunst nach 1960
www.kunstkoeln.de
Mit der *kunstKöln* hat die *Kölnmesse GmbH* seit 2000 eine neue Kunstmesse erfolgreich initiiert. Auf dem Programm stehen die oft stiefmütterlich behandelten Bereiche der Editionen und Art Brut (*outsider*-Kunst). Zu den Exponaten gehören Malerei, Arbeiten auf Papier, Fotografie, Druckgrafiken, *multiples* und Künstlerbücher von international

renommierten Künstlern, noch unentdeckten Talenten und jungem Nachwuchs. **Besucherzielgruppen:** eher lokal und national/junges, sich herantastendes Publikum, aber auch Museen, Museumsdirektoren, Museumskuratoren, Museums-Vereine, Direktoren von Kunstvereinen, Freundeskreise von Museen/Fördervereine, Auktionshäuser, Kulturdezernenten, Kulturpolitiker, Kulturstiftungen, Mitglieder BDI Kulturkreis, Kulturelle Einrichtungen, Kulturvereine, Kulturämter, Kunst- und Kulturjournalisten, Kunstakademien, Kunstgalerien, Kunstmaler und Bildhauer, Kunstverlage, Kunstsachverständige, Verkehrsvereine, Touristische Dienstleistungen, Institute für Kulturwissenschaft, Institute für Kultur- und Kunstwissenschaften, Bibliotheken, Kunstbuchhandlungen und Kunstverlage, Privat-Kunstinteressierte, Studenten-Vereine, Studentenverbände, Banken und Versicherungen, Manager/Führungskräfte, Vorstandsvorsitzende/Aufsichtsratsmitglieder, Privat-Sammler/Investment-Sammler. **Aussteller:** ca. 100 Galerien und Editeure. **Jährliche Besucher:** ca. 27.000 **Veranstalter:** Koelnmesse GmbH in Zusammenarbeit mit dem ideellen Träger: Bundesverband Deutscher Kunstverleger (BDK)

Kunst Messe Köln
Europas Adresse für Kunst und Antiquitäten
www.kunst-messe-koeln.de
Die *Kunst Messe Köln* ist Tradition pur. Als eine der ältesten und renommiertesten Kunst- und Antiquitätenmessen zeigt sie ein breites Spektrum an Kunst, Kunsthandwerk, Antiquitäten und historischen Möbeln von der Antike bis zur Klassischen Moderne, aber auch aktuelle Tendenzen. **Besucherzielgruppen:** Museen, Museumsdirektoren, Museumskuratoren, Museumsvereine, Direktoren von Kunstvereinen, Freundeskreise von Museen/Fördervereine, Auktionshäuser, Kulturdezernenten, Kulturpolitiker, Kulturstiftungen, Mitglieder BDI Kulturkreis, Kulturelle Einrichtungen, Kulturvereine, Kulturämter, Kunst- und Kulturjournalisten, Kunstakademien, Kunstgalerien, Kunstmaler, Kunstmaler und Bildhauer, Kunstverlage, Kunstsachverständige, Verkehrsvereine, Touristische Dienstleistungen, Institute für Kulturwissenschaft, Institute für Kultur- und Kunstwissenschaften, Bibliotheken, Kunstbuchhandlungen und Kunstverlage, private Kunstinteressierte, Studentenvereine, Studentenverbände, Banken und Versicherungen, Manager/Führungskräfte, Vorstandsvorsitzende/Aufsichtsratsmitglieder, Privatsammler/Investmentsammler, Antiquariate Einzelhandel, Buchverlage. **Aussteller:** ca. 100 Kunsthandlungen und Galerien aus Europa. **Jährliche Besucher:** ca. 25.000. **Veranstalter:** Rheinischer Kunsthändler-Verband (RKV) e.V. im Bundesverband des Deutschen Kunst- und Antiquitätenhandels e.V. (BDKA)

Kunstmesse Dresden
Antiquitäten und Kunst
www.kunstmesse-dresden.de
Die einzige Kunstmesse in den Neuen Bundesländern wurde 1992 als *Messe für Kunst auf Papier* gegründet und hieß bisher *Kunstmarkt Dresden*. In 2004 traten sowohl die *Antik Dresden* als auch der *Kunstmarkt Dresden* neu und fusioniert in Erscheinung. Die Messe heißt nun *Kunstmesse Dresden* und bietet bildende und angewandte Kunst sowie Antiquitäten aus 4 Jahrhunderten. In der zeitgenössischen Kunst und Klassischen Moderne soll der Schwerpunkt *Kunst auf Papier* erhalten werden. **Besucherzielgruppen:** Publikum aus ganz Deutschland, vornehmlich aus Sachsen, den angrenzenden Bun-

desländern und Berlin. **Aussteller:** Kunst- und Antiquitätenhandlungen, Galerien und Antiquariate. **Veranstalter:** Messe Dresden GmbH

ARTforum Wiesbaden.
Kunstmesse für Corporate Art
www.artforum-wiesbaden.com
Das Konzept der im Jahr 2004 initiierten und erstmalig stattfindenden Kunstmesse beruht auf einem Dreiklang: Fachkongress für *corporate art*, klassische Verkaufsmesse für Gegenwartskunst und ausgewählte Themenausstellung höchsten Ranges. Das *ARTforum Wiesbaden* hat sich neben der Zusammenführung von Kunst und Unternehmen die Förderung und den Aufbau der Gegenwartskunst aus den Bereichen Malerei, Objekt, Plastik, Fotografie, Licht- und Multimediakunst zur Aufgabe gemacht. Entsprechend präsentieren sowohl etablierte als auch junge Galerien *Junge Kunst* nach 1945 geborener Künstler in Form einer klassischen Kunst- bzw. Verkaufsmesse. Parallel dazu gibt es einen Bereich für Museen, Kunsthallen und erstmalig auch für fortschrittliche Unternehmen, die einen Teil ihrer Sammlung ausstellen und/oder mit einem Informationsstand vertreten sind. Die erste Veranstaltung war sehr übersichtlich: ca. 20 streng selektierte Aussteller präsentierten sich den Gästen. Ebenso wurde bei der Premiere des Ereignisses auf eine eher zahlenmäßig kleine, aber exklusive Besucherschicht gesetzt. **Besucherzielgruppen:** Vertreter mittelständiger Unternehmen oder Konzerne, Geschäftsführer und Firmeninhaber, die sich bezüglich Kunst im Unternehmen weiterbilden wollen bzw. Kontakte zu versierten Partnern suchen. Selbiges gilt auch für Museen, Kunsthallen etc. **Aussteller:** ca. 20 Galerien und Kunstpool-Teilnehmer (Museen, Kunsthallen, Kunstvereine, Kunstverlage, Kunstsammlungen und kunstfördernde Unternehmen, Kunstvereine, Kunsthochschulen), 60 Prozent davon aus Deutschland und 40 Prozent aus dem Ausland: Schweiz, Italien, Frankreich. **Veranstalter:** KunstWerk GmbH

art.fair Köln
Junge Messe mit Eventcharakter
www.art-fair.de
Die hippste der deutschen Messen bietet zeitgenössische Kunst bis 5.000 Euro. Im bekannten Kölner *Palladium* wird die Kunst auf 4.000 qm in einem außergewöhnlichen Ambiente präsentiert und gefeiert. Das Motto lautet:»Enjoy contemporary art!« Die ca. 50 nationalen und internationalen Aussteller zeigen dort vor allem ihr junges Programm. Die thematischen Schwerpunkte sind Malerei, Skulptur und Fotografie. **Besucherzielgruppen:** junge und etablierte Sammler und das internationale Fachpublikum/kunstinteressierte Laien mit dem Bedürfnis, hochwertige Arbeiten zu erschwinglichen Preisen zu erstehen. **Aussteller:** ca. 50 internationale, junge Galerien. **Besucher:** 10.000. **Veranstalter:** art.fair International GmbH

Art Karlsruhe
Auf dem Weg zur Internationalen Messe für Moderne Kunst?
www.art-karlsruhe.de
Noch im Experimentierstadium befindet sich diese neue Messe für Kunst der Klassischen Moderne bis zur Gegenwart. Exponate der ersten Show waren Malerei, Objekt, Skulptur, wobei die Qualität ein überaus weites Spektrum aufwies. Welchen Weg die

Messe zukünftig einschlagen wird, ist offen. **Besucherzielgruppen:** Kunstfreunde und Sammler aus Baden-Württemberg, Hessen, Rheinland-Pfalz und dem Elsass. **Aussteller (erstmalig):** 82 Galerien aus neun Ländern. **Besucher (erstmalig):** ca. 19.000. **Veranstalter:** Karlsruher Messe- und Kongress GmbH

Berliner Liste
www.berliner-liste.org

Kunstmessen-Guide World[83]
Basel: Art Basel
www.art.ch
Die *Art Basel* ist der Klassiker und Marktführer der Kunstmessen weltweit, wenn die Kunst der Klassischen Moderne und der Zeitgenossenmarkt betrachtet werden sollen. Über 50.000 Besucher, darunter Galeristen, Sammler, Künstler, Kunstvermittler und Kunstliebhaber aus der ganzen Welt treffen sich jährlich in der Schweiz. Die hervorragenden Verkaufsergebnisse geben dem Kunstmarkt stets positive Impulse. Die 250 führenden *global-player*-Galerien aus allen Kontinenten zeigen jährlich fast 5.000 Arbeiten des 20. und 21. Jahrhunderts, von den Klassikern bis zum neuesten Kunstschaffen.

Basel: Liste
www.liste.ch
Die *young art fair* in Basel ist eine der führenden Newcomer-Messen, die für mehr als ein Drittel der Künstler stets das Sprungbrett für die *Art Basel* darstellt. Das Konzept der *Liste* ist klar auf junge Kunst und neue Galerien ausgerichtet. Galerien sollen in der Regel seit nicht mehr als fünf Jahren bestehen, präsentierte Künstlerinnen und Künstler unter vierzig Jahre alt sein und eine Teilnahme ist maximal auf drei bis vier Messen beschränkt. Gleichzeitig sind nur Galerien zugelassen, die von der Messeleitung zur Bewerbung eingeladen werden, womit die hohe Qualität der Aussteller garantiert wird. Entsprechend hat sich auch das Publikum entwickelt. Heute wird die *Liste* von den führenden institutionellen und privaten Sammlerinnen und Sammlern besucht, die noch unbekannte Kunst entdecken wollen. Die *Liste* hat sich als wichtigstes internationales Messeereignis des Jahres für junge und jüngste Kunst etabliert. Trotz ihres Erfolges bleibt die Messe überschaubar und, durch die räumlichen Voraussetzungen vorgegeben, auf maximal 47 internationale Aussteller begrenzt.

Zürich: Kunst Zürich
www.kunstzuerich.ch
Internationale Messe für Gegenwartskunst mit international anerkannten Galerien und einem breiten Spektrum renommierter Positionen bis aktuellster Tendenzen. Jährlich steht eine Gaststadt im Mittelpunkt des Interesses. Zu den mehr als 20.000 Besuchern jährlich gehören entdeckungsfreudige Sammler aus dem In- und Ausland, urbaner und

---

83 Termine unter *www.bvdg.de/Kunstmessen/termine.htm* oder auf den genannten Webseiten der Veranstalter.

kulturell interessierter Besucher aus der Schweiz, insbesondere aus dem Großraum Zürich.

Genf: Europ'ART

www.europart.ch

Wien: Kunst Wien

www.kunstnet.at/kunst-wien

Mit ca. 60 Ausstellern ist die *Kunst Wien* eine eher kleine Messe, dennoch die wichtigste Gesamtpräsentation österreichischer Galerien. Ca. 13.000 Besucher werden erreicht. Präsentationsort ist das *Museum für angewandte Kunst* in Wien.

Wien: viennafair

www.viennafair.at

Dornbirn: art bodensee

www.artbodensee.info

Amsterdam: RAI

www.kunstrai.nl

Breite und variationsreiche Kunstveranstaltung, auf der dem Besucher neben aktueller moderner Kunst auch Angewandtes, Glas und Schmucksachen geboten werden. Im Galerie-Angebot liegt der Akzent auf zeitgenössischer Kunst, internationalen Künstlern und Einzelpräsentationen. Es sind jedoch vornehmlich niederländische Galerien und Publikum der EU-Region präsent.

Maastricht: TEFAF

www.tefaf.com

Die *European Fine Art Fair* ist eine der führenden Kunst- und Antiquitätenmessen, wenngleich nicht primär auf Gegenwartskunst ausgerichtet. Sie präsentiert Gemälde, Zeichnungen und Grafiken, Antiquitäten und Kunstgegenstände, Kunst der Antike und der alten Kulturen, Illuminierte Manuskripte, Seltene Bücher und Karten, Moderne Kunst sowie La Haute Joaillerie du Monde. Ca. 200 internationale Kunst- und Antiquitätenhändler aus 13 Ländern zeigen Werke und Schätze in musealer Qualität und unvergleichlicher Vielfalt.

Brüssel: ART BRUSSELS

www.artexis.com
www.artbrussels.be

1968 durch den *Belgischen Galeristenverband* ins Leben gerufen, genießt die Messe in der europäischen Sammlerstadt mittlerweile einen national guten Ruf und ist dabei, sich zunehmend international zu positionieren. Mehr als 150 internationale Galerien aus 15 Ländern, davon ein Drittel Belgier, werden für die Messeteilnahme ausgewählt und präsentieren hochkarätige zeitgenössische Kunst. Mehr als 30.000 Besucher aus Belgien und Europa besuchen das Kunstereignis jährlich.

Rotterdam: Art Rotterdam
www.artrotterdam.com

Paris: Foire Internationale d'Art Contemporain
www.fiac-online.com
www.fiac-paris.com
Die *Foire Internationale d'Art Contemporain* zählt neben der *Art Basel* und der *Art Cologne* zu den ältesten Messen. Sie lässt keine Experimente zu; zeitgenössische neueste Tendenzen gehören nicht zu ihrem Terrain. Das Image der Messe ist im Vergleich zu den beiden Mitbewerbern aus Deutschland und der Schweiz jedoch reichlich angeschlagen. International spielt die Pariser Messe nicht mehr in der ersten Liga. Auch wenn ca. 170 Galerien aus 22 Ländern teilnehmen, die echten *global player* sind es nicht. Denn die sind in Basel und Köln zu finden. Dennoch überzeugt die Messe mit 72.000 Besuchern.

Paris: Paris Photo
www.parisphoto.fr
Die größten privaten und institutionellen Sammler, die Liebhaber sowie die angesehensten Kunstgalerien (ca. 90) und Verleger (ca. 10) aus aller Welt versammeln sich jährlich zur *Paris Photo* im *Louvre*. Ein umfassender Fotomarkt und ein einzigartiger Spaziergang erwarten den Besucher, der die Fotografie von ihren Ursprüngen und größten Meistern bis hin zu ihren neuesten Ausdrucksformen in junger, noch nicht etablierter Kunst entdecken kann. Ca. 40.000 Besucher erleben den Salon jährlich.

Paris: Art Paris
www.artparis.fr

Madrid: Arco
www.arco.ifema.es
Rund 250 spanische und internationale Galerien zeigen Modernes und Zeitgenössisches. Die Medien sind Malerei, Skulptur, Installationen, Fotografie, Video, Neue Medien, Editionen, Zeichnungen und *multiples*. Die Messe ist ein echter Kosmopolit und eine der erfolgreich Innovativen und Aufwärtsstrebenden, um in den Olymp der Kunstmessen zu gelangen.

Bologna: Arte Fiera
www.artefiera.bolognafiere.it
Die *Arte Fiera* ist eine 1976 gegründete Messe für Moderne und zeitgenössische Kunst (20. Jahrhundert bis heute). 250 italienische und ca. 20 Prozent internationale Galerien zeigen Skulptur, Malerei, Installationen, Video und Foto. Die Messe ist gegliedert in drei große Ausstellungsbereiche: Moderne Kunst, Zeitgenössische Kunst und neueste internationale Kunsttrends, Editionen und Grafik.

Mailand: MiArt
www.miart.it

Turin: Artissima

www.artissima.it

Die *Artissima* existiert seit 1993. Rund 150 internationale Galerien zeigen vor allem aktuellste zeitgenössische Kunst. Kasper König, Direktor des *Museums Ludwig* in Köln, war einer der Initiatoren dieser noch recht jungen Messe.

Lissabon: Arte Lisboa

offline

London: London Art Fair

www.londonartfair.co.uk

Die *London Art Fair* ist die größte und wichtigste Messe für zeitgenössische Kunst in Großbritannien. Rund 100 britische und internationale Galerien zeigen Fotografie, Malerei, Druckgrafik und Skulpturen. Echte *global player* wie Leo König sind unter den Ausstellern. Mit Sektionen für innovative Galerien, die junge Künstler präsentieren, soll Londons einzigartiger Kunstszene zunehmend Raum gegeben werden.

London: Art London

www.artlondon.net

Über 70 führende britische und internationale Galerien präsentieren während der *Art London* Kunst des 20. Jahrhunderts sowie aktuelle und zeitgenössische Trends auf dem Kunstmarkt. Es werden ausgewählte Gemälde, Skulpturen, Fotografien, Zeichnungen, Drucke und Keramiken ausgestellt, die sich in einer Preisspanne von umgerechnet 500 € bis über 150.000 € bewegen. Die *Art London* versammelt Kunstkenner in ungezwungenem und offenen Ambiente.

London: Frieze Art Fair

www.friezeartfair.com

Die jüngste unter Londons Kunstmessen wurde 2003 erfolgreich ins Leben gerufen und konnte im Eröffnungsjahr 27.700 Teilnehmer und Besucher zählen, darunter bedeutende internationale Sammler, Künstler, Museumsdirektoren und Galeristen sowie Anhänger der hippen britischen Kunstszene, Publikum aus der Welt der Medien, Mode und des Films. Der Rahmen der Messe scheint dem illustren Publikum angemessen zu sein: Das Kunstevent findet in einer von dem führenden britischen Architekten David Adjaye gestalteten und im *Regent's Park* extra dafür errichteten Konstruktion statt.

London: photo-london

www.photo-london.com

Miami: Art Basel Miami Beach

www.artbaselmiamibeach.com

The international art show wurde 2002 erstmals als Schwester der *Basler Messe* in Amerika veranstaltet und etablierte sich rasch. Eine exklusive Auswahl von ca. 150 führenden Galerien aus Nord- und Südamerika sowie aus Europa, Südafrika und Asien nimmt nun jährlich an der Show teil. Die Aussteller sind weltweit führende Kunsthändler, die in ihren Präsentationen etablierte Kunstschaffende wie Aufsehen erregende Newcomer gleichermaßen berücksichtigen. Malerei, Zeichnung, Skulptur, Installation, Druckgrafik, Fotografie, Performance, Film und Neue Medien bilden ihr Profil. Spezial-Ausstellungen präsentieren aufstrebende Künstlerinnen und Künstler, junge Galerien, Freiluftskulpturen, Video- und Digitalkunst. Die Miami-Messe sucht innovative Wege in der Präsentation und Promotion von Kunst und verspricht eine ergiebige Quelle für die Entdeckung neuer Entwicklungen zu werden. Die Messe wird durch ein spartenübergreifendes Kultur- und Showprogramm (mit Beiträgen aus Architektur, Design, Mode, Film, Musik) ergänzt. Das Publikum ist international und hochkarätig (ca. 30.000 Besucher) – es besteht aus Kunstsammlern, Künstlern, Händlern, Kuratoren, Kritikern und Kunstliebhabern aus aller Welt. Aber auch auf prominente Vertreter der Unterhaltungsbranche trifft man in Miami.

Miami: ART MIAMI

www.art-miami.com

Die *ART MIAMI* ist wichtiger Teil des etablierten Kunstmarktes Süd-Floridas und zeigt eine anspruchsvolle Mischung zeitgenössischer Kunst aus Europa, Asien sowie Nord- und Südamerika. Sie bietet neben neuen Kunstprojekten, Podiumsdiskussionen und speziellen Sammlerprogrammen auch ein breites Spektrum an moderner und zeitgenössischer Kunst für versierte Sammler und Neueinsteiger auf dem Kunstmarkt. Vertreten sind eine Vielzahl von internationalen Galerien, Händlern klassischer/antiker Kunst, sowie zeitgenössischer Fotografie.

New York: Armory Show

www.thearmoryshow.com

www.armory-show.german-pavilion.com

Diese internationale Messe für neue Kunst widmet sich ausschließlich zeitgenössischen Werken. Knapp 200 Aussteller sind der führenden amerikanischen Kunstmesse jährlich beschert. Fast die Hälfte der Teilnehmer stammen aus den USA, mit Abstand gefolgt von den deutschen und den britischen. Eine Rekordzahl von 38.000 Besuchern wurde 2004 registriert. Zu den Ausstellern zählen internationale Galerien unter denen auch weltweit führende Händler vertreten sind. Die *Armory Show* versteht sich als Nachfolgerin der geschätzten *Gramercy International Art Fairs*, die von 1994 bis 1998 in New York, Los Angeles und Miami stattfanden. Die Namensgebung der *Armory Show* ist auf die legendäre Kunstmesse von 1913 zurückzuführen, die moderne Kunst erstmalig in Amerika vorstellte. 2004 wurde erstmals ein *German Pavillon* eingerichtet, in dem 14 junge deutsche Aussteller vom Bundeswirtschaftsministerium einen »namhaften Zuschuss« zur teuersten Messe der Welt erhielten und das Label *Young German Art* etablierten.

New York: Artexpo New York

www.artexpos.com

In den 25 Jahren ihres Bestehens präsentierte die *Artexpo New York* bereits über 2.400 Aussteller moderner und zeitgenössischer Malerei, Druck, Posterkunst, Bildhauerei, Fotografie, und anderen künstlerischen Disziplinen. Die *Artexpo New York* bietet Raum für junge Talente, Kunsthändler, Galeristen, Kunstverleger, *corporate art*, Architektur und Innendesign. Sie legt großen Wert auf künstlerische Mannigfaltigkeit und öffnet ungewöhnlichen Künstlern, die sich z.B. mit Lebensmitteln, Elektronik und Robotern, Sport und Literatur beschäftigen, ihre Türen.

New York: Outsider Art Fair
www.sandfordsmith.com

New York: AIPAD Photography Show
www.photoshow.com

New York: The ADAA Show
www.artdealers.com

New York: Scope New York
www.scope-art.com

New York: Fine Art Fair
www.haughton.com

Toronto: Art Toronto
www.tiafair.com

Chicago: Art Chicago
www.artchicago.com
Die renommierte *Art Chicago* versammelt seit 12 Jahren regelmäßig 40.000 Sammler, Kuratoren, Galeristen und Kunstinteressierte der internationalen Kunstszene. Zum hohen Standard der Exponate moderner und zeitgenössischer Kunst tragen junge, aufstrebende Galeristen ebenso wie weltweit führende und bereits etablierte Galerien bei.

San Francisco: AFF (Contemporary Art Fair)
www.aafsf.com

Santa Fe: Art Santa Fe
www.artsantafe.net
Die *Art Santa Fe* gewann in den letzten Jahren ständig an Bedeutung. Seit ihrem Beginn 1995 ist die zweijährlich stattfindende Messe für zeitgenössische Kunst bekannt für die hohe Qualität der ausgestellten Werke und ihr kulturelles Rahmenprogramm, zu dem bekannte Persönlichkeiten aus der Welt der Kunst, wie z.B. renommierte Kritiker und Museumsdirektoren aus den USA, beitragen. Avantgardistische Videokünstler stellen neben weltweit bekannten Galeristen ihre Werke vor. Örtliche Museen, Galerien und weitere kulturelle Einrichtungen Santa Fes tragen regelmäßig zum Erfolg dieser Messe bei und organisieren besondere Ausstellungen und Events rund um die *Art Santa Fe*.

Seattle: ARTSEATTLE
www.seattleartfair.com

Melbourne: Art Melbourne
www.artfair.com.au
Auf der größten Kunstmesse für zeitgenössische Kunst im asiatisch-pazifischen Raum präsentieren sich seit 1988 nationale und internationale Galerien aus Australien, Neuseeland, Südkorea, Japan, China, Deutschland, Niederlande, Großbritannien und den

USA. Teil der Kunstmesse sind neben einem nationalen und internationalen Kunstsammlerprogramm, öffentliche Vorlesungen, Publikationen sowie eine Vielzahl von Partys und Events. Die *Art Melbourne* legt großen Wert auf die ethisch korrekte Präsentation von zeitgenössischer Kunst und fördert insbesondere australische Künstler, z.B. dadurch, dass zwischen 60 und 65 Prozent der Einnahmen an die Künstler zurückfließen.

Moskau: Art Moscow
www.art-moscow.ru

Seoul: KIAF
www.kiaf.org

Shanghai: Shanghai Art Fair
www.sartfair.com

→ 3. Selbstmanagement im Geschäft mit der Kunst. Den eigenen Kurs bestimmen

Was heißt Management?

Der Begriff »Management« stammt aus dem Lateinischen: *manum agere*, »an der Hand führen«. Er heißt übersetzt »Leitung«, »Führung«. Im betriebswirtschaftlichen Zusammenhang wird die Betriebsführung damit bezeichnet. Gegenstand der Managementlehre ist die zweckgerichtete Gestaltung von Organisationen; es stehen die Tätigkeiten und Aufgaben der Unternehmensführung im Mittelpunkt. Ihre Bereiche sind Wirksamkeit, Systematisierung, Professionalisierung, zielgerichtete Steuerung, effizientes und ökonomisches Handeln.

Was heißt Selbstmanagement?

Der Begriff »Self-Management« wird in den USA bereits seit den 1970er Jahren häufig verwendet. In Deutschland war dagegen bisher oft vom *Zeitmanagement* die Rede. Doch »Zeit« ist nur einer der Faktoren der Selbstorganisation. Selbstmanagement heißt »sich selbst organisieren« – Prioritäten setzen, Aktivitäten und Strategien entwickeln, umsetzen und kontrollieren; wenn man so will: die gesamte Lebensorganisation »meistern«. Das in diesem Kapitel vorgestellte Selbstmanagement bezieht sich jedoch nicht auf das gesamte Leben des Künstlers, sondern ausschließlich auf das Element »Selbstvermarktung« im dreifachen Arbeitstag des Künstlers.

Selbstmanagement im Kunstbetrieb bedeutet im weitesten Sinne »sich selbst führen«, im engeren Sinne »sich selbstständig Informationen beschaffen, sich selbst organisieren, sich selbst motivieren« – wirksam, systematisch, professionell, effizient, ökonomisch, mit dem Ziel der erfolgreichen Positionierung in diesem System.

Selbstverständnis als Künstler-Unternehmer

Grundvoraussetzung für ein professionelles Selbstmanagement im 21. Jahrhundert ist ein neues Selbstverständnis des Künstlers.

> Begreifen Sie sich als Unternehmer im Warhol'schen Sinne:
> *»Good business is the best art.«*[1]

Das Finanzamt sieht Sie als solcher, der Galerist wünscht sich einen seriösen Geschäftspartner und Sie selbst möchten künstlerischen Erfolg, der im Sys-

---

1 Frei nach *Andy Warhol*.

tem »Kunstbetrieb« und »Kunstmarkt« immer unternehmerischer Erfolg sein wird. Durch dieses neue Selbstverständnis werden für Sie viele Schritte, die in der »Haut« des Künstlers schwer fallen, vereinfacht. Betreiben Sie also bewusst einen Perspektiv- und Rollenwechsel: Die Rolle des Künstlers und seine Kreativität ist gefragt, wenn es um die künstlerische Arbeit geht, aber die Rolle des Unternehmers ist primär gefordert, wenn die Kunst in die Öffentlichkeit soll, um Aufmerksamkeit, gesellschaftliche Anerkennung und Kaufkraft Ihrer Bezugsgruppen zu vereinnahmen. Das betriebswirtschaftliche Wissen in diesem Kapitel wird Ihnen beim Unternehmer-Sein helfen. Im Weiteren wird das Selbstverständnis als Unternehmer vorausgesetzt, und es werden die Begrifflichkeiten »Künstler-Unternehmer« und »Künstler-Unternehmen« verwendet. Aus der Vielzahl der Management- und Marketing-Perspektiven werden vier Blickwinkel durch das Kapitel führen:

- Kult-Marketing und Selbstinszenierung
- Corporate-Identity-Management und Markenmanagement
- Marketing-Management.

3.1 Kult-Marketing und Selbstinszenierung

Mit dem Generationenwechsel auf den Kunstmarktbühnen verändert sich auch die Ansprache der Bezugsgruppen, insbesondere die der jungen hippen Käufer. Diese Gruppe hat neue Bedürfnisse, mit denen neue Trends gesetzt werden. In der weiteren Entwicklung nehmen schließlich auch traditionsbewusste Großsammler und andere Gruppen diese Trends auf. Im Fokus der neuen Generation steht der Inszenierungswert von Kunst und Künstlern. Damit wird klar: Die Kunstvermarktung im 21. Jahrhundert muss Themenwelten, Lebensstile, Weltbilder kultisch inszenieren, um *up to date* zu sein. Man bedient sich Strategien des Kult-Marketings und theatralischer Gestaltungsmittel.

Was ist Kult-Marketing?

Es handelt sich um eine Methode des Marketings, bei der gezielt auf die Mystifizierung und Symbolträchtigkeit einer Marke abgezielt wird (vgl. Bolz 1995). Es kommt dem sich verstärkenden Trend zum »irrationalen Konsum« entgegen. Dabei werden sachliche Produkteigenschaften überlagert und sind als Kaufauslöser nicht mehr primär entscheidend. Nicht das Preis-Leistungs-Verhältnis entscheidet über den Kauf, sondern das einprägsame Image der Marke und das dazugehörige Ansehen innerhalb der sozialen Gruppe der Nachfrager. Es wird statt eines Produktes ein *added value*, ein Mehrwert, verkauft, z.B., wenn mit einem Kunstkauf ein Lebensgefühl oder Status versprochen werden. Erst wenn diese Elemente für den Nachfrager wichtiger als das Produkt und sein Nutzen selbst sind und Faszination auf ihn ausüben, kann die Preissetzung frei und losgelöst erfolgen. Die durch diese Faszination entstehenden Marken sind Kult-Marken. Das Kult-Marketing hat sich in neuerer Zeit als Antwort auf eine zunehmende Orientierungslosigkeit der Konsumenten auf übersättigten Märkten entwickelt. Die Orientierungsleistung des Kult-Marketings kann mit einer Funktion verglichen werden, die früher von Religionen ausging. Kult-Marken und Kult-Marketing bringen Werte in eine Welt der Werte-Leere.

Im Kult-Marketing bedient man sich der Methode des emotionalen Aufladens einer Marke. Diese Methode wird als *emotional design* bezeichnet. »Emotion« ist eines der Zauberwörter der Zukunft im Marketing.

Wie funktioniert »emotional design«?

In der Praxis des *emotional design* werden zu vermarktende Produkte bzw. Marken mit Mythen, Stories sowie Aura umgeben. Die Verbindung zwischen Produkt und Nachfrager wird über die Gefühlswelt der Nachfrager geschaffen und in den Medien inszeniert.

Mythen, Stories, Aura

Durch die gewandelten Marktbedingungen (→ Kapitel 2.6 *Gesellschaftswandel. Marktwandel. Tendenzen*) wird es immer schwieriger, den Käufern ein klares Alleinstellungsmerkmal zu präsentieren, das sich von dem der Konkurrenz unterscheidet. *Emotional Design* stellt ein wirkungsvolles Zusatzinstrument dar, trotz gleicher oder sehr ähnlicher Angebote, ein Eigenprofil aufzubauen und sich gegenüber Konkurrenten abzugrenzen.

Produkte, Marken oder Firmen können mythisiert werden, aber auch Personen, Orte, Ereignisse und Veranstaltungen. Zudem können Stories oder eine bestimmte Aura weitere Emotionen ansprechen.

Zwei Faktoren werden bei dieser Marketing-Form genutzt: Das zunehmende Bedürfnis des Publikums nach Gefühl, Erlebnis und Sinn sowie die Sehnsucht nach Mythen, Stories, Aura. So kann der Künstler seine äußere Erscheinung und sein Werk emotional aufladen, indem er z.B. Bezüge zu klassischen Mythen herstellt und deren tiefenwirksame Schemata nutzt. Die mythischen Qualitäten, die Emotionen und Konnotationen, übertragen sich dabei auf den Künstler bzw. auf die Marke, und eine unverwechselbare und starke Identität entsteht. Die Vorteile von Mythen sind die große Überzeugungskraft und die Möglichkeit, sowohl den Einzelnen als auch eine breite Masse auf der Emotions- und Erlebnisebene gleichermaßen anzusprechen und Sinn stiftende Elemente zu liefern.

In der künstlerischen Vita finden sich häufig mythisierte Elemente oder

Stories, z.B. bei Georg Baselitz, den die Kunstakademie in Ostberlin schon nach zwei Semestern wegen »gesellschaftspolitischer Unreife« verwies. Auch Josef Beuys war ein Großmeister der Mythen.

Einen Mythos schuf er um seinen Absturz als Kampfflieger mit einer Stuka im Winter 1943 in der Ukraine. Die Legende besagt, dass der bewusstlose Beuys dort von Tartaren mit Filz und Fett eingewickelt und therapiert wurde, was die spätere Wahl und Bedeutung seiner wichtigsten Kunstmaterialien begründete.

Kunstwerke als Fetische des Kults

Kult bezeichnet rituelle Vollzüge, unabhängig von einem Glaubensinhalt oder Dogma, die eine Art Verhaltenssicherheit und Gemeinschaftszugehörigkeit versprechen. Man weiß, wo man in der Welt steht, wenn man danach handelt. Das Kultische verspricht Ordnung, Faszination und Heimat. Die Versprechen kann eine »überaufgeklärte« Gesellschaft, die sich im Informations-Overload, im Wahrnehmungschaos, in der Regellosigkeit befindet und durch starke Rationalität sowie Globalisierung geprägt wird, gut gebrauchen.

Wenn Institutionen die Hand reichen, um Religion verbunden mit Kult (aus der Religion entstammt der Begriff) anzubieten, wird eine Zusammenarbeit nicht selten verweigert. Wenn nun aber Werbung und Marketing die Hand reichen, um Kult zu offerieren, wird sie angenommen. Es können sogar Trends entstehen. Trends sind nichts anderes als eine Kultform, die mit Werte-Zitaten angefüllt wird. Trends sind Religionen ohne strenge Regeln. In einer Welt des Informations-Overloads und dessen Folge – oberflächliche Wahrnehmung – spart sich der Konsument die aufwändige Einarbeitung in ein konservatives Glaubenssystem. Aber er kann sich dennoch seinen Wunsch nach Bindung und Religion erfüllen: mit Trends, die, als Kurzzeitreligionen fungierend, sein Wertevakuum auflösen.

Werbung und Marketing im 21. Jahrhundert haben eine neue Chance erkannt: über Themenwelten, Lebensstile und Weltbilder Ersatz und Verzauberung – Parareligion – zu schaffen, Kompensation anzubieten. Marken besetzen Ideen. Künstler werden Religionsschöpfer – Museen, Galerien, Ateliers werden heilige Hallen moderner (Para-)Religiosität. Kunst wird reiner Kult, Kunstwerke werden Fetische und Künstler, Kuratoren, Galeristen sind die Hohepriester oder Gurus. In die Kunstwelt einzutreten, bedeutet für den Nachfrager nicht einfach Kunst konsumieren, sondern das Eintreten wird zum rituellen Vollzug. Wirklicher Götter, die von Milliarden von Menschen verehrt werden, bedarf es zum Erreichen von Transzendenz nicht mehr. Sie werden durch Fetische ersetzt und durch Zentralgottheiten in etwas kleineren Reichen verkörpert: durch Künstler. Die Ausführungen zu Jonathan Meese (→ Kapitel 3.2 *Kult-Künstler Jonathan Meese*) zeigen die Spielarten in der Praxis des Kunstbetriebes. Neben Meese sei Julian Schnabel genannt, der religiöse, mythische und anthropologische Motive zu einem eklektischen Bildganzen fügt. Rosemarie Trockel tritt in ihren Arbeiten immer wieder als Vermittlerin und Katalysator zwischen Mensch und Natur auf – mit fast schamanenhaften Zügen. Pipilotti Rist zeigt *Mythenquais*, und wenn Spencer Tunick hunderte von Menschen zusammentrommelt, um sie als nackte Skulptur zum Gegenstand von Fotokunst zu machen, kommen da nicht Assoziationen an Sektenrituale auf? Spencer Tunick als Guru?

Öffentlichkeitswirksame Selbstinszenierung am Beispiel Dalis

Ein Klassiker der Selbstinszenierung war der Exzentriker Salvador Dali. Er beherrschte das gesamte Repertoire der öffentlichkeitswirksamen Selbstinszenierung und verließ das Maß des Gewöhnlichen. Er nahm das Recht des Menschen auf eigene Verrücktheit in Anspruch und wurde zu einem der bekanntesten, exzentrischsten und auffallendsten Künstler der Welt.

Seine **Imagestrategien** werden nicht selten als kalkulierte Professionalität bewertet. Bedeutsam für das Thema »Selbstmanagement« ist jedoch: Er hat in seinem Leben viel Zeit damit verbracht, sich ein Image zu schaffen. Mit seinen exzentrischen Auftritten, durch die er *dandylike*, intelligent und ein wenig ironisch wahrgenommen wurde, hob er sich zweifelsohne stark aus der Masse heraus. Dieser Fakt ist wesentlich, fernab von jeder Bewertung.

Sein **äußeres Erscheinungsbild** lebte von einem spleenigen Bärtchen, dass er nach eigenen Angaben allmorgendlich mit den Exkrementen seines zahmen Ozelots in Form zwirbelte.

Seine **Statements** lebten von folgenden Strategien:

- Er provozierte gern verbal.
- Er sprach von sich selbst gern in der dritten Person, als ob der sprechende Dali neben einer zweiten Figur, dem Künstler Dali stünde.
- Er lebte ein sensationelles *think big*, stellte sich selbst als den Größten und Besten dar; er behauptete von sich, er sei der Surrealismus.
- Besonders in seinen veröffentlichten Büchern schreibt er knallige Sätze über knallige Themen: Sex, Tod, Männer und Frauen. Im Bewusstsein auf die Wirkung bei seinen Lesern beschreibt er seine Inszenierung der ersten Begegnung mit seiner Traumfrau Gala etwa so: Er habe sich die Achselhöhlen blau ausgemalt und sich am ganzen Körper mit Ziegenkot eingerieben, eine Perlenkette umgehängt und Jasmin als Ohrschmuck getragen.
- Seine Autobiografie »Das geheime Leben des Salvador Dalí« lebt von der Fiktion. Er verfasste sie mit 37 Jahren und veröffentlichte sie 1942 in New York.

Seine **Auftritte** waren nicht selten anstößige künstlerische Happenings, z.B. als er im sittenstrengen Spanien eine Blondine nackt an einem Hundehalsband durch ein Dorf führte. Er bestätigte damit wohl unter anderem ein geäußertes Statement, dass sexuelle Besessenheit die Voraussetzung für jedes künstlerische Schaffen sei.

Sein **Werk** transportierte die exzentrischen Züge ebenfalls, wenn Uhren schmelzen und Giraffen brennen. Seine **Vermarktung** wurde von einer eigenen Vermarktungsmaschinerie getragen, deren Motor seine Managerin und Frau Gala war (mit bürgerlichem Namen Helena Deluwiana Diakonoff).

Mit welchen Mitteln Dali inszenierte, ist deutlich geworden. Nun soll die Inszenierung und ihre theoretische Dimension beleuchtet werden.

Was heißt Inszenierung?

Bei einer Inszenierung geht es darum, ein Objekt oder eine Person zum Gegenstand des Theaters zu machen, ihm oder ihr einen Platz in einer künstlerischen Welt zuzuweisen. Etwas soll in Szene gesetzt, auf die Bühne und zur Erscheinung gebracht werden (vgl. Früchtl/Zimmermann 2001: 29). Es handelt sich dabei um

»1. Absichtsvoll eingeleitete oder ausgeführte sinnliche Prozesse, die

2. vor einem Publikum dargeboten werden und zwar

3. so, dass sich eine auffällige spatiale und temporale Anordnung von Elementen ergibt, die auch ganz anders hätte ausfallen können« (Seel 2001: 49).

»Inszenierungen [...] stellen etwas in seinem Erscheinen heraus, markieren es, um es für eine gewisse Dauer in einem öffentlichen Raum spürbar zu machen« (Seel 2001: 49).

Inszenierungen haben sich mittlerweile jedoch aus dem Bereich des Theaters in alle Lebensbereiche hineinbewegt. Sie haben ihren Platz in der Stadt- und Landschaftsplanung, im Design, in der Mode, in der Werbung, in der Musik und auch in der bildenden Kunst. Sie werden jedoch auch zunehmend Bestandteil des täglichen Lebens für jeden Einzelnen.

Gerhard Schulze spricht in diesem Zusammenhang auch von Kulissen und Klaus Siebenhaar von »Kulissenzauber« (Siebenhaar 2002):

»Kulissen sind gemeinsam erschaffene und ständig weiterentwickelte Projektionsflächen für Gefühle, Wünsche, Phantasien, das Menschsein überhaupt. Eine Kernidee des Theaters ist auf das gesamte Alltagsleben übergesprungen; Kulissen sind allgegenwärtig geworden. Doch obwohl sie nur jede erdenkliche Form annehmen, bringen sie niemanden in Verwirrung. Die Interpretation eines Teils der uns umgebenden Wirklichkeit als Inszenierung ist eine schon den Kindern verfügbare Kulturtechnik. Die Inszenierungen der Gegenwart sind nicht lügnerisch, sondern spielerisch; sie täuschen nicht, sondern wollen gestalten; sie sind eine unserer Kultur eigentümliche Form von Wirklichkeit. Das Wesen dieser Form besteht darin, dass Menschen sich selbst wirklich machen, indem sie sich in Szene setzen« (Schulze 2000: 11).

Das Zitat zeigt, dass die Medien- und Spektakelgesellschaft und das 21. Jahrhundert mit seiner zunehmenden Traditionslosigkeit Inszenierungen scheinbar dringend benötigen. Es scheint für viele Menschen eine »Undeutlichkeit des Selbst für sich selbst« (Schulze 2000: 11) aufzutreten – Identitäts-, Sinnsuche und Sehnsucht nach »spürbaren Gegenwarten« (Seel 2001: 53) mittels Inszenierung werden zum großen Thema.

Was heißt Selbstinszenierung?

Wenn der Ausstellungsraum als Bühne betrachtet wird, müssen Entscheidungen bezüglich des Bühnenbildes getroffen werden. Die Kunstwerke selbst werden im Ausstellungsraum mit Bezügen und Korrespondenzen versehen, die ihnen alleine nicht zukommen würden (vgl. Seel 2001: 61). Wenn der Künstler der Entscheider und Macher der Inszenierung ist, wird von Selbstinszenierung gesprochen.

»Jeder Künstler inszeniert sich so, wie er glaubt, als Künstler sein zu müssen« (Schulz 2000: 34).

Selbstinszenierung findet nicht nur im Ausstellungsraum statt. Selbstinszenierung, die über den Ausstellungsraum hinausgeht, wird von Künstlern wie von Schauspielern, Sportlern und Politikern intensiv betrieben (vgl. Schulz 2000: 34). Viele Persönlichkeiten mit diesen Berufsfeldern werden immer häufiger zu Kunstfiguren (vgl. Schulz 2000: 34).

»Alles kann zum ästhetischen Ereignis werden, wenn es in einem bestimmten Kontext dazu erklärt wird, und alles lässt sich auf solche Weise dem Ereignisfluss des eigenen Lebens anverwandeln. Potenziert wird diese Kunst und Leben verschränkende Strategie dadurch, dass der Künstler wie vormals der Schriftsteller im fiktiven Raum nunmehr leibhaftig neue Rollen entwirft, um das Subjekt als plurales ästhetisches Konstrukt vorzuführen, bei Duchamp etwa durch transvestitische Verwandlung in sein anderes Ich Rrose Sélavy« (Früchtl/Zimmermann 2001: 42f.).

Das vor ca. einem Jahrhundert begonnene Spiel der Selbstinszenierung des sich »selbst ausstellenden Lebenskunstwerkes« (vgl. Früchtl/Zimmermann 2001: 43; Kunstforum International 1998) hat unvorhersehbare Dimensionen angenommen. Nicht-Realität wird in Realität gesetzt, eine klare Trennung von Realität und Inszenierung ist dabei längst nicht mehr möglich. Dass dies nicht mehr möglich ist, wird von den Selbstinszenierenden intendiert.

Inszenierungswert als Aufmerksamkeitsakkumulator in der Eventkultur

Die Eventkultur im 21. Jahrhundert tritt als stark personalisierte, emotionalisierte und identifikationsprojizierende Kultur in Erscheinung, in der Menschen mit ihren Storys und ihrer Lebenswelt, also mit ihren besonderen Schicksalen und Erlebnissen, Aufmerksamkeit akkumulieren. Der *human-interest*-Faktor steht im Mittelpunkt, denn starke Emotionen entstehen immer durch Menschen und ihre Auftritte. Sobald reale Menschen, so vermutet das Publikum im ersten Moment – ohne an Selbstinszenierung zu denken – auf den Bühnen der Eventkultur erscheinen, setzt sich das Publikum dazu in Beziehung, checkt das Identifikationspotenzial, determiniert Parallelen und/ oder Unterschiede. Erscheinungsbilder anderer werden förmlich aufgesaugt, und das Publikum lässt sich in außerordentlicher Weise vom Erscheinungsbild und der Präsenz anderer Personen beeindrucken. Diese Faszination taucht immer dann auf, wenn diese anderen Menschen bereits »im Licht« stehen und ein Maximum an Unterhaltung bieten, einen Superlativ verkörpern oder sich auch nur interessant zu präsentieren vermögen, sodass man ihnen eine besondere Ausstrahlung, ein Charisma oder eine Aura zuschreibt. Die Person in ihrer Erscheinung zählt dann schnell mehr als das, was sie verkörpert oder geleistet hat; ihr Marktwert wird einzig und allein danach bemessen, wie viel Aufmerksamkeit sie allein durch ihr Auftreten akkumulieren kann, inwiefern sie die Qualitäten eines Stars besitzt. Beispiele aus den Medien liefern hierzu Anna Kournikova, die keinen einzigen bedeutenden Tennisturniergewinn verbuchen kann, und Jenny Elvers, Ariane Sommer oder Daniel Küblböck, die für keine explizite Leistung stehen. Es geht fast ausschließlich um Hypes. Um zu einem Hype zu werden, Öffentlichkeit, Aufmerksamkeit und einen hohen Bekanntheitsgrad zu vereinnahmen, reicht es offenbar aus, gut aufzutreten und telegen zu sein. Insbesondere die Medien unterliegen einer extremen Nachfrageorientierung, einzig und allein das Publikum entscheidet über die Angebote. Damit entsteht Popularisierung und zudem eine zunehmende marktwirtschaftliche Ausrichtung kultureller Bereiche.

Aura-Leistung

Nicht nur Werke und Leistungen stehen im Mittelpunkt des Kunstmarktes, sondern primär die Produzenten der Werke und Leistungen. Der Aufmerksamkeitsfluss geht nicht selten vom Künstler zum Werk. Der Markt sucht nach Künstlern mit Starpotenzialen. Woran aber ist das Starpotenzial eines Künstlers festzumachen? Diese Frage fächert sich in folgende Fragen auf: Was lässt sich am Künstler vermarkten? Womit lässt sich Profit machen? Wie setzt er sich auffällig in Szene? Die Antwort lautet: Mit seiner Aura! Die Aura besitzt aber keine genau bestimmbare Qualität. Ihre verschwommenen Umrisse involvieren das geheimnisvolle und besondere Moment um Werk und

Künstler herum, in Komprimierung all dessen, was nicht in Worte zu fassen ist. Aura eröffnet die Wegpforte des Künstlers zum Star. Andy Warhol war der Künstler, der diese Tatsache primär öffentlich thematisierte, indem er Bilder von Medienstars (z.b. Marilyn Monroe) durch direkte Übernahme ins Werk ins System »Kunstbetrieb« integrierte. Damit formuliert sich eine weitere Regel des Kunstbetriebes und Kunstmarktes:

> *Zeige mir, welche Aura du in dein Werk integrierst und ich sage dir, ob du Erfolg haben wirst.*

Synergien, Übertragungseffekte, lösen Kettenreaktionen in der Vermarktungsmaschinerie aus. Von der Aura des Künstlers verspricht sich das Publikum – neben der Möglichkeit einer potenziellen Partizipation an einer berühmten Aura – eine spannende Unterhaltung, die Werke im 21. Jahrhundert allein nicht immer zu leisten vermögen. Ein aufregendes Künstlerimage muss hinzukommen. Dieses wird häufig über das Genre »Interview« transportiert. Es bietet dem Publikum Authentizität und Einblicke in den Schaffensprozess des Künstlers. Für den Künstler schafft es einen Transmitter der originellen, unorthodoxen, provokanten Präsentation – Inszenierung durch die Schilderung von Kunst und Leben kann gelingen, muss aber nicht gelingen. Beuys hat das »Spiel« mit den Interviews so weit forciert, dass diese als Teil seines Werkes angesehen werden. Dies hat seinen Marktwert erhöht und ist als Strategie auch beim jungen Künstler anwendbar: Je mehr Aura er zu entwickeln vermag, desto größer auch die Reputation seiner Werke und desto erfolgreicher seine Marktwertentwicklung.

Erfolg haben und Faszination für die eigene Person wecken können heißt auch, Kenntnis davon zu haben, was die Gesellschaft vom Künstler im 21. Jahrhundert erwartet. Das bereits Jahrhunderte überdauernde Klischee des Außenseiters ist noch immer nicht aus der Welt. Vom Künstler wird häufig noch immer erwartet, dass er Gesellschaftsschreck sei, sich nicht anpasst, extrem, zudem leidenschaftlich und rücksichtslos sei. Darin spiegelt sich die Sehnsucht des Publikums nach Partizipation an einem unangepassten, selbstständigen, kreativen Leben wider. Zu den bei Publikum und Künstlern beliebtesten Strategien gehörte und gehört die Inszenierung von Skandalen.[2]

Stars wie Jonathan Meese, der im folgenden → Kapitel 3.2 (*Kult-Künstler Jonathan Meese*) mit seinen Strategien vorgestellt wird, sind wohl auch deshalb so erfolgreich, weil sie ihre Außenseiterrolle in einem überdurchschnittlichen Maß leben und damit Bedürfnisse und Sehnsüchte einer in Konventio-

---

2 Skandale ziehen sich durch die gesamte Geschichte der modernen Kunst, manche Strömungen, Futuristen, Dadaisten, Fluxus, setzten sogar primär auf Skandale.

nen erstarrten Gesellschaft befriedigen. Durch die Gesellschaft werden sie mit Aufmerksamkeit belohnt. Erfolgreich sein und zum Künstlerstar erwachsen heißt jedoch auch, auf Muster reduziert und auf eine bestimmte Rolle festgelegt zu werden.

Rollenzuschreibung durch Selbstinszenierung

Malerfürst oder wilhelminischer Kunstprofessor? Kunstarbeiter? Messias? Rebell? Rasputin? Seher und Schamane? Femme fatale? Diva? Predigerin? Philosphin? Das Publikum entscheidet auf der Grundlage der Selbstinszenierungselemente. Wenn sich Beuys auf einem Buchcover mit einem hellen Schein in Szene setzt, dann liegt die Assoziation zum Heiligenschein nahe.

Zu beachten bei der Rollenzuschreibung ist: Der Kunstbetrieb und die Gesellschaft haben feste Rollen, die es zu besetzen gilt. Wenn diese besetzt sind, dann gibt es keine Chance, außer der, andere Rollen zu kreieren und zu besetzen.

Jörg Immendorf bestach über Jahrzehnte durch schlechte Manieren, Gesetzesverstöße und wenig dezentes Verhalten. Er war für die Gesellschaft der Laute, der Raubauke, der Rebell. Durch seine klar transportierten Signale entstand ein klares Image in der Gesellschaft. Diese wiederum eignete sich Immendorf als Künstler-Star in den Massenmedien an. In seinem Atelier wird die Aura unter anderem durch ein Atelierbild von Beuys bestimmt. Künstlerkult und Starkult gehen ineinander über: Immendorff ist in seinem Atelier einerseits selbst Star, andererseits wird er als Fan eines noch größeren Stars, ja, als dessen Nachfolger gezeigt: Wo sonst ein Kruzifix hängt, befindet sich in Immendorffs Atelier ein Foto von Beuys, und an der Wand eine Beuys-Weste, als Reliquie und Requisite.

Aber Immendorf ist längst nicht mehr Marktführer auf den Bühnen des Kunstbetriebes. Eine neue Generation mit neuen und alten Strategien erobert den Markt und das Publikum. Jonathan Meese gehört zu ihr.

3.2 ZEITGENÖSSISCHER MEISTER DER SELBSTINSZENIERUNG: KULT-KÜNSTLER JONATHAN MEESE

Jonathan Meese, irgendwann in den Jahren um 1970 in Tokio geboren[3], ist internationaler Newcomer und Superstar des Kunstbetriebes. Seine Werke – raumgreifende Installationen, Malereien sowie Aktionen und Performances – werden von Galeristen und Sammlern weltweit nachgefragt. In der Sammlung

---

3 Im Internet finden sich verschiedene Geburtsjahre von 1970 bis 1977 ist alles vertreten.

von Charles Saatchi ist er mit zwölf Arbeiten vertreten, in Deutschland gehört die Hamburger Sammlung *Harald Falckenberg* zu seinen bedeutendsten Nachfragern.

Die Zeitschrift *art* nennt ihn das »Enfant terrible« der Kunstszene (Schlüter 2004), der Spiegel tituliert »genialer Kunstbarbar« (Knöfel 2004), *die Welt* schreibt über den »Titan in Adidas-Jacke« und fragt »ob er spinnt« (Heine 2004), die FAZ spricht vom »jüngsten Großkünstler Deutschlands« (Richter 2004). Auf der Website seiner deutschen Galerievertretung, *Contemporary Fine Arts* (*www.cfa-berlin.com*), findet sich eine endlos lange Pressereferenzliste, deren Sichtung noch hunderte ähnlicher gigantischer Wertschätzungen offen legen würde. Schließlich wird ihm die eigentümliche Wertschätzung der Gesellschaft nicht nur über die Medien, sondern auch real, zuteil: Auf *Schloss Neuhardenberg* wird eine Ausstellung über Joseph Beuys und Heiner Müller eröffnet, »Partisanen der Utopie«; der wahrscheinlich 34jährige Meese wird eingeladen, die Hommage auf die Altmeister der Künste zu halten (vgl. Wildermann 2004).

Seine Konstruktionen von Kult sollen nun in den Mittelpunkt gestellt und aktuelle Strategien der Vermarktung von Kunst und Künstlern demonstriert werden.

Meeses Kult-Welt

Die Medieninfo der *Kunsthalle Schirn* vermittelt zu Meeses dortigem Auftritt 2004 sein Weltbild:

»Meese begibt sich zwischen alle und alles und schafft aus einer unbändigen Freude am Spiel und der Lust am Unkorrekten eine Religion, einen Kult, der ebenso aus der Vergangenheit und Gegenwart seiner persönlichen Sphäre wie aus der Weltgeschichte schöpft« (*www.schirn-kunsthalle.de*).

Meeses Alleinstellungsmerkmal: Der Künstler hat eine völlig eigene Welt erschaffen, abseits dessen, was als Realität bezeichnet werden kann. Sein Künstlerkosmos ist über wenige Jahre hinweg gewachsen. Aus ihm lässt er nun Darsteller und Stoffe entspringen. Dabei kommt es zu »Überblendungen von Mythos, Kunst und Politik« (Ahrens 2004). Die Kritik nennt die Ausschnitte seiner Welt »selbsttrunkene Trash-Panoramen« oder aber »ein bizarres Universum, von ›A‹ wie ›Alien‹ bis ›Z‹ wie ›Zardoz‹« (Wildermann 2004). Meese arbeitet an der Schnittstelle von »Steinzeit und Zukunft, Archaischem und Modernem« (Wildermann 2004). Sein Kosmos tritt in Wahnzimmern, Wunderkammern, Anbetungsstätten zutage (vgl. Ahrens 2004).

Was macht den Kern seiner an Wahnsinn grenzenden Welt aus? Was hält sie im Innersten zusammen? Sein Leitmotiv lässt sich komprimiert wohl fassen als »Sehnsucht nach zivilisatorischer Entgrenzung und radikaler Kultur-explosion« (Wildermann 2004).

Kult-Sprache

Zu einem eigenen Kosmos gehört eine eigene Sprache. Bereits im Alter von zwölf Jahren soll Meese eigenartige Wörter erfunden und in seine Alltags-sprache integriert haben. Er schuf seine Geheimsprache. Dass er diesen Akt trotz aller ausgelösten Irritationen beibehalten hat, kommt der Inszenierung seiner Person und seines Kosmos zugute.

Mit seinen Wortschöpfungen eröffnet er dem Publikum weitere Vorstel-lungen seiner exzentrischen, wirren Welt. Er versieht die Namen seiner Dar-steller mit Vorsilben wir »Dr.«, »Saint«, oder »Erz-«[4]: »Dr. NOs Diamanten-plantage«, »Sankt Machtkampf«, »Erzmensch«. Damit werden sie erhöht, werden extremer und kultiger. Ganz besonders liebt er Konstruktionen mit dem Wort »Staats-«: »Staatsgott«, »Staatssatanismus«, »Die Staatsverpim-melten«. Dabei bezieht sich sein Staatsbegriff weniger auf die herkömmliche Konnotation als vielmehr auf eine neu erfundene im Sinne von »Eldorado«, eines utopischen Prinzips, eines jeden Körpers als Staat (vgl. Wildermann 2004).

Wenn er der *Süddeutschen Zeitung* auf die Frage »*Was möchten Sie gerne erfinden?*« antwortet: »Es möge sich im Lebendigsten der erntefrischeste Volksallkern am Getreiderad erfinden, anhand des Musikzimmers ›Nomad‹ ihrer Waldsamkeit (Proteus IV)« (Wildermann 2004), dann kommt er als Pro-phet einer anderen Welt herüber.

Seine eigene Sprache tritt jedoch nicht nur in Bildtiteln und Interviews zutage, Meese »tätowiert« sie auch in seine Installationen und Bilder hinein (vgl. Walde 2004).

Kult-Strategie

Meeses Strategie ist komprimiert wie folgt zu fassen: Tabus thematisieren. Er sagt selbst, er versuche, »tabubeladene Zeichen, Begriffe und Symbole (bei-spielsweise das Hakenkreuz) durch permanente Wiederholung und skurrile Überzeichnung ›zu entwerten‹ und wieder ›freizulegen‹« (Walde 2004).

Kult-Darsteller

Es gibt drei Kategorien von Darstellern in Meeses Werk. Die erste Kategorie verkörpert die des Künstlers als **Selbstdarsteller**. Meese spielt Meese in sei-nem Reich »Meesopotamien« oder wie er es eben gerade erfindet und tauft. Er spielt stets die Figur »Meese«, die in verschiedene Rollen schlüpft. Da ist

---

4 »Erz-« wird meist als Vorsilbe für böse Namen verwendet.

etwa »Der Eimeese (2001/2002)«, »nackt mit androgynem Antlitz in einer embryonalen Blase, bedrängt von einem tierköpfigen Zwitterwesen mit eisern bekreuzter Brust und, natürlich, großem Phallus, mit wallend-weißem Haar und rotem Rock« – »Darunter, aufgesprüht, der Schüttel-Titel ›Ei-Ei-Ei-Eimeese‹ sowie ›Fresse, Fresse, Pisse, Seele‹« (Wildermann 2004). Der Phallus ist, so oft es geht – und unübersehbar groß – dabei. Die Rolle, die zu besetzen ist, wird immer wieder neu erfunden. So gibt es den »Pharao de Mees mit ausgesudetem Auge d´Orange«, den »Praedatormeese«, den »Barbarenprofessor«, den »Triumphator Meese« oder den »Soldat Meese«.

Die zweite Kategorie wird durch VIPs aus realen und fiktiven Figuren der Popkultur und abendländischen Kulturgeschichte besetzt. Bereits etablierte Ikonen oder aber umstrittene Extremgestalten verschiedener Genre treten auf, z.B. *Künstler*: Marquis de Sade, Richard Wagner, Björk, Balthus, Ezra Pound, Yukio Mishima, Drusilla, Yves Saint Laurent; *Diktatoren, Herrscher, Sagengestalten*: Rasputin, Hitler, Stalin, Pol Pot, Mussolini, Caligula, Echnaton, Hagen von Tronje; *Schauspieler*: Romy Schneider, Charles Bronson, Clint Eastwood, Robert de Niro, Lino Ventura, Klaus Kinski; *Filmfiguren*: Alex de Large[5], Dr. No, Conan der Barbar, Zed[6], Godzilla, Homungus und Toecutter[7], Predator, Conan. »Er wirft Namen in den Ring, die vibrieren vor Bedeutung und schaut, was passiert« (Ahne 2004).

Meese ist ein Meister der Inszenierungsallianzen. Er setzt sich in Bezug zu den Prominenten. Damit wird eine neue Spielregel des Kunstbetriebes sichtbar, welche die Spielregeln aus → Kapitel 2.1 (*Kunstbetrieb und Kunstmarkt: Eine Einführung*) ergänzt:

> *Sage mir, wer in deinen Werken mitspielt, und ich sage dir, ob du Erfolg haben wirst.*

Meese setzt mit strategischem (Marketing-)Kalkül auf Figuren, die bereits Erregung produziert und Aufmerksamkeit akkumuliert haben. So lassen sich mit hoher Wahrscheinlichkeit Synergieeffekte herstellen, etwa wenn er dem skandalträchtigen Künstler Balthus in seinen Fokus rückt. Balthus ist der umstrittene französische Maler, der mit seinem skandalisierten Werk um die erotische Darstellung junger Mädchen geschmäht und verehrt wurde (vgl. Lampe 2003). Berechnete Spektakulisierung?

---

5 Heerführer des »ausgebrochenen Willens« in Stanley Kubricks »Clockwork Orange«.

6 Figur aus »Zardoz«.

7 Beide Figuren aus »Mad Max«.

Eine *dritte Kategorie* der Mitspieler wird besetzt aus **selbst kreierten Figuren,** die sich durch ihre überdimensionierten Geschlechtsteile aufmerksamkeits- wirksam in Szene setzen: Busenwunder und Schwanzmenschen. Die Neben- rollen werden durch Adler, Echsen, Insekten und schwarze Sonnen besetzt.

Kult-Bühnen

Meese inszeniert für die großen Bühnen des Kunstbetriebes. 1998 begann alles bei der *Berlin Biennale*, als er mit großem Materialaufwand eine Land- schaft wilder Obsessionen in das Postfuhramt gekippt hatte. Seine befremd- liche Welt schockte, provozierte und zog die Aufmerksamkeit des Publikums und der Medien von diesem Zeitpunkt unaufhaltsam an. Mittlerweile hat er schon den halben Kunstbetrieb erobert (*Schirn Kunsthalle* in Frankfurt, *Kunst- und Ausstellungshalle der Bundesrepublik Deutschland* in Bonn, *Frankfurter Kunstverein, Kestner Gesellschaft* in Hannover, *Kunstmuseum Wolfsburg, Ham- burger Bahnhof* in Berlin, *Martin Gropius Bau* in Berlin) und ist dabei, die Bühnen weltweit zu erobern (*Leo Koenig Inc.* in New York, *Paolo Curti & Co.* in Mailand, *Museum for Moderne Kunst* in Louisiana [DK], *P.S. 1* in New York). Er wird durch die Galerie *Contemporary Fine Arts* vertreten, die ihn und seine Welt in die Umlaufbahn des Kunstbetriebes gebracht hat.

Aber auch die Theaterbühnen haben ihn entdeckt, so die *Volksbühne Ber- lin* und das *Thalia Theater* in Hamburg. Meese ist eine Marke, die innerhalb kürzester Zeit einen hohen Marktwert entwickelt hat. Es ist mittlerweile fast gleich, was er macht – Hauptsache, es steht *Meese* dran und Meese ist ir- gendwie dabei.

Neben den öffentlichen Bühnen gibt es die halböffentlichen. Hierzu gehö- ren seine Wohnung und sein Atelier in Berlin-Mitte, wo er die Medienwelt und ausgewählte VIPs empfängt.

»In der Erdgeschoßwohnung sieht es aus, als hätte gerade eine schwarze Messe statt- gefunden. Totenköpfe, Pornomagazine, Gasmasken, Dollarnoten, ein übermaltes Hit- ler-Konterfei fliegen kreuz und quer herum. Mittendrin liegt ein Buch, ›Über den Grä- bern geboren‹ heißt es, – es geht um Kindssterben und Engelmacherinnen in dunklen Vorzeiten. Irgendwo in all dem Kuddelmuddel knautscht eine Matratze. Von der Flurtür lächelt eine Nonne« (Walde 2004).

Seine Heiligen Schriften, stapelweise Horrorszenarien als »dvd-Special-Edi- tions«, finden sich selbstverständlich auch. Das Atelier vermittelt sich als Bühnenbild mit zahlreichen Reliquien seiner Welt und Requisiten seiner Stü- cke.

»Think big« – große Formate, große Titel, große Shows

Wenn die Werke ins Museum sollen, dann müssen Museumsformate her. Meese zeigt Tafelbilder im Format bis zu 210 x 420 cm. Große Formate brauchen große Titel. Viele Werke haben einen großen Titel aus dem großen Meese-Reich, so heißen die Arbeiten z.b. »Die Staatsversuchung der Gebenedeiten im Erzland«, »Wer von Euch ist fähig das Schwanzkreuz zu tragen?«, »Ahoi De Angst – Be Dorian Gray«, »Der Suppenpharao Schweinchen Dick Dickelsn samt Hähnchen-Pimml Dwirn«, »Praedatormeese der seltsamsten Mädchenblüte ...«.

Weil es Shows statt Ausstellungen oder Aktionen sind, haben sie auch stets einen Namen, der durchs Programm führt »Kokain oder die Dionysische Weisheit«, »Young Americans«, »Revolution«, »L'Amour«, »Soldat Meese (Staatsanimalismus)«, »The return of doctor Cyclops«, »Schnitt bringt Schnitte«, »Sonnentanz/Der Weidenmann/Nahrung/Erzisis«, »Wunderkammern: Erzreligion Blutlazarett/Erzsöldner Richard Wagner/Privatarmee Ernte und Saat/Waffe: Erzblut der Isis/Nahrung: Bluterz«.

»Képi Blanc nackt«, seine Show in der *Schirn* in Frankfurt a.M. im Jahr 2004, nannte sich im Untertitel: »Dr. NOs Diamantenplantage, des Phantommönchs Prärieerzhall, nahe den wässrigen Goldfeldern des Dr. Sau, dabei die Dschungelhaut über die Zahnspange des erntefrischen Geilmädchens ›Saint Just‹. (Der Planetenkiller Dr. Frau)«. Kultig. Oberkultig eine Show an einem »heiligen« Ort, dem *Dommuseum Salzburg* (2004): »Dr. Staatsall« mit dem Untertitel »Die 1. senfgelblichen Elixiere der WELTRAUMTIERGÖTTINNIN entstammten der 1. getreidigen ORDENSBURG ›DR. EIZAHN‹ des klebrigen gänselebrigen Opiumeese, geboren im SAALZAHN ›PROTEUS VI‹«.

Kult-Selbst-Public-Relations mit Statements

Wenn die Welt so wirr ist wie bei Meese, kann es für das Publikum und die Medien bedeutsam sein, einige Statements, Grundlagen der Philosophie des Künstlers, mit auf den Weg zu bekommen. Es ist eine bewährte Methode aus Public Relations und Werbung, dem Gegenüber schon mal zu sagen, was es zu »denken« und von der eigenen Person zu halten hat. Welche Vorgaben macht Meese für seine Bezugsgruppen?

»Kunst hat nichts mit dem Leben zu tun« (Ahrens 2004).

»Man muss sich selbst extrem herausfordern und in dem, was man tut, äußerst zweifelhaft werden« (Lampe 2003).

Dazu müsse man sich mit zweifelhaften Dingen umgeben, mit Sachen, die einen in untragbare Situationen bringen, ins Verderben ziehen. Meese faszinieren deshalb Persönlichkeiten, die sich gegen sich selbst aufgelehnt haben, Leute, die etwas völlig Neues bringen wollten, deren »Umwälzungsqualität« ist das entscheidende, unabhängig von der moralisch-ethischen Komponente (vgl. Lampe 2003).

»Mich interessiert, ob jemand willens ist, bei dem was er tut, radikaler als alle anderen zu sein. Das ist der Ausgangspunkt« (Lampe 2003).

»Man muss Dinge machen, die keine Schule machen. Das ist entscheidend« (Lampe 2003).

Konsequenterweise nimmt Meese keine Preise, keine Stipendien oder mögliche Professuren an und beendete sein Studium nicht (vgl. Lampe 2003).

»Qualität ist für mich, wenn Gefahr im Spiel ist, wenn man nicht preisgekrönt wird und nicht weltweit gefällt. Ich hoffe, dass man die Kraft hat, möglichst oft nein zu sagen [...]« (Lampe 2003).

Einen weiteren Ansatzpunkt gibt Meese mit dem Kriterium der »Kindlichkeit«.

»Das ist vielleicht das Wichtigste: so lange wie möglich ein Kind bleiben« (Lampe 2003).

»Die Sachen entstehen an mir, aber sie durchdringen mich nicht. Sie kommen auch weder aus meinem Herzen, noch aus meinem Gehirn. Meine Befindlichkeit und Betroffenheit haben mit Kunst absolut gar nichts zu tun. Jeder Annäherungsversuch des Menschen an die Kunst ist immer zum Scheitern verurteilt. Wir stehen immer in der gleichen Distanz zur Kunst. Und das ist so wunderbar. Das ist ihre Kraft, ihre Willkür, die sie uns schenkt. Als Geschenk, das wir aber gar nicht auspacken können, weil gar nichts drin ist« (Appel 2004).

Meeses Kosmos ist wie er selbst: theatralisch und pathetisch. Es gilt immerfort *think big*.

»Ich bin auch größenwahnsinnig – in der Beziehung, dass ich behaupte, es gibt kaum jemanden, der mit mehr Liebe zu Werke geht als ich« (Wildermann 2004).

Diese Liebe mag sich wohl insbesondere auf seine Selbstinszenierung beziehen.

Kult-Rollen: Adidas-Messias, Pathetiker, Medium und Gottheit

Jonathan Meeses äußeres Erscheinungsbild gleicht einer Mixtur aus Messias und Obdachlosem. Er trägt dunkles, langes Haar und eines dieser kleinen

Modebärtchen. Er besitzt zehn Adidas-Jacken des gleichen Modells, sodass er stets in gleichem Outfit, »stilecht« und kultig, aufschlagen kann. Wenn die Anlässe gehoben sind, trägt er ein weißes Kragenhemd unter der Kult-Jacke seiner Generation. In vielen Interviews taucht als nützliches Utensil der Selbstinszenierung seine »Französische-Revolution«-Brille auf. Dann mutiert er vom Adidas-Messias des neuen Milleniums zum wilden »Revoluzzer« der 1960er, die er freilich nie erlebt hat (vgl. Walde 2004).

Doch beim Publikum kommt mehr an als Messias oder Revoluzzer in Adidas. Meese spielt im Kunstbetrieb die Rolle des großen Pathetikers, des »ewig Getriebenen und nie Ankommenden« (Appel 2004). Sein Image wird zudem häufig mit den Wörtern »ruhelos«, »besessen« und »wahnsinnig« in Verbindung gebracht. Er legt großen Wert darauf, sein Selbstbild kultig zu vermitteln – er stellt sich gern als Medium und Mittler dar. Denn »Kunst hat nichts mit dem Leben zu tun« (*Meese* in Ahrens 2004).

Die Bilder seien eben in seinem Kopf und müssen 'raus. Als Kunstproduzierender sieht er sich jedenfalls nicht. Um die ganzen Bilder aus seinem Kopf herauszulassen, schlüpft er in seinem Werk in die unterschiedlichsten Rollen. Entscheidend ist in diesem Zusammenhang, dass er sich nie als Individuum ins Spiel bringt, sondern als Figur, die allgemeine Prinzipien verkörpert. Neben der Prinzipien verkörpernden Figur kommt ihm in seinem »Welttheater« jedoch eine weitere, eine zentrale Aufgabe zu: Er ist die »Zentralgottheit«, wenn er die Fäden für seine Stücke spinnt (vgl. Ahrens 2004).

Der Kult ist überall

Meese ist ein Universalgenie. Aus seiner Welt entspringen nicht nur Schöpfungen der Bildenden Künste (Malerei, Aktionskunst, Bildhauerei); er dichtet auch, macht Musik und tritt als Bühnenbildner für *Kokain*, einem Stück der *Volksbühne* in Berlin, auf. Mit der Station »Bühnenbilder« hat er sich in eine neue Liga von Ruhm und Ehre gespielt. Schließlich waren bereits Künstler wie Picasso, Grosz oder Chagall – allerdings in einem anderen Alter als er – auf diesem Terrain tätig (vgl. Wildermann 2004).

Kult-Allianzen

Frank Castorf hat Meese Anfang 2004 eingeladen, das Bühnenbild für das Stück *Kokain* an der *Volksbühne Berlin* zu entwerfen. Meese hat ein Riesenspektakel inklusive einer eigenen *one-man*-Show daraus gemacht. Diese Kooperation hat den Kult um ihn verstärkt.

Aber auch seine Sammler reichen ihm die Hand. So vermachte ihm Harald Falckenberg das Lebensarchiv seines Vaters: »zur freien Verwertung und Entfaltung« (Wildermann 2004). Es entstand die Installation »Der Vaterraum (Daddy)«.

Kult-Skandal

Georg Baselitz hat bereits in den 1960ern das Paradebeispiel für Skandale und ihre Marktförderlichkeit geliefert. Mehr als 40 Jahre später wird es immer schwieriger »Skandale« zu produzieren, Meese gelingt es trotz allem. 2003 installierte er Pornografie, wie so oft. Aber bei besagtem Beispiel nicht in einer Metropole, sondern in der Provinz: im sächsischen Zwickau. Ein Ausstellungsbesucher erstattete daraufhin Anzeige, weil er Meeses Kosmos mit den Darstellern *Dr. No, Stalin* und *Marquis de Sade* mit den vielen Fotoausschnitten aus Sexzeitschriften für jugendgefährdend hielt. Die sächsische Staatsanwaltschaft ging mit dem Besucher konform und ließ Teile der Kunstausstellung zum *Max-Pechstein-Förderpreis* des Jahres 2003 daraufhin für Besucher unter 18 Jahre sperren. Meese hatte eine kostenlose Public-Relations-Aktion, wie sie besser nicht sein konnte.

Kult-Wahnsinn

Als 1998 auf der *Berlin-Biennale* alles begann, war Meese die Installation nicht Kunst genug. Er hatte das Bedürfnis – oder um mit Worten seiner Welt zu sprechen:»die Eingebung« – selbst eingreifen und seine Aussage besonders theatralisch unterstreichen zu müssen. Also schrie er sich den Weg frei. Die wohl beabsichtigte Wirkung traf ein – der Kunstbetrieb fragte umgehend: Ist er irre, oder tut er nur so (vgl. Ahne 2004)? Sein Mittel heißt »Theatralischer Wahnsinn«. Allerdings schöpft er das Mittel so exzessiv aus, dass dem Publikum schon mal angst und bange wird. Er zerschlägt wie ein Besessener mit einer Axt Gegenstände (New York), er setzt einen Stahlhelm auf und schreit über Stunden (!) Dinge wie »Heil Hitler« (*Kunsthalle Bielefeld, Kunstwerke Berlin*). Auch vor seinem »Kokain«-Bühnenbild in Berlin lässt er sich die Show nicht nehmen. Er agiert mit Stahlhelm, Ledermantel und Alienmaske, sitzt in einem Käfig, fuchtelt mit einer Pistole, rüttelt an scheppernden Gittern und untermalt die Aufführung mit orgastischem Gestöhn. Er nennt die Performance-Show »Die Verdammtin 1924 (Dr. Neutrallys). Kokain oder die dionysische Weisheit – Erzland, Saalland, Erntesaal«. Auch der Nazigruß ist dabei; daneben einige neue Inszenierungsideen: Er grunzt ins Mikro, er reitet wie der Erlkönig mit einer Pappmachee-Figur, die sich durch ihren Riesenphallus auszeichnet, und er tanzt mit Knochenskeletten. Das Spektakel vollzieht sich über zwei Stunden, dann ruft ein Zuschauer: »Kommt noch was Interessantes?«. Der Erzmeister antwortet mit »Pottsau« und droht mit dem Tod (vgl. Wildermann 2004).

Die Medien honorieren seinen theatralischen Wahnsinn mit Aufmerksamkeit und mit Bezeichnungen wie »faschistisch«, »verrückt«, »pubertär«; sie nennen ihn den »neuen Beuys« oder »einen Scharlatan« (Ahne 2004).

Kult-Storys und Mythen

Mythos: Wie seine Galerie ihn entdeckte und auf der Stelle engagierte

»Dieser Blick, die Haltung. Uns war klar, so jemanden trifft man nicht oft im Leben.« Diese Worte stammen von Bruno Brunnet und Nicole Hackert – Betreiber der Galerie *Contemporary Fine Arts* in Berlin. Nachdem ihnen 1998 jemand den »Geheimtipp Meese« gab, fand ein geheimes Treffen statt. Nach 20 Minuten – so sagt der Mythos, der in zahlreichen Medienartikeln zu neuem Leben erblüht – boten ihm die Galeristen eine Ausstellung an. Seine Arbeiten hatten sie noch nicht gesehen. Nicole Hackert sagt, es sei ein Gefühl gewesen, das sie umgehend handeln ließ (vgl. Ahne 2004).

Mythos: Seine Obsessionen und seine Messie-Leidenschaft

Meese erzählt oft von den Nächten, in denen er auf und ab geht. Er hat einen großen Lärm im Kopf. Dort scheinen bei ihm wilde Achterbahnfahrten abzugehen.

»Er fürchtete schon manchmal, verrückt zu werden an den Namen und Sachen, die zu ihm wollen. Er muss sie dann haben und ablegen. Er könnte sie ja noch brauchen. Seine kleine Wohnung quillt über. Jetzt hat er einem Volksbühnen-Mitarbeiter auch noch eine goldene Sänfte abgekauft und ein riesiges S/M-Kreuz mit Schlaufen, durch die Arme und Beine passen. Gut, dass so viel von seiner Kunst verkauft wird jetzt. An Sammler, an Museen. Wenn die Sachen in der Welt sind, dann bekommt er sie auch aus dem Kopf. ›Das Geld ist schön, aber das wichtige ist: das alles kommt weg‹.« (Ahne 2004).

Spots auf sein Anderssein[8]

Er kann nichts wegwerfen. Er erfand bereits mit zwölf Jahren Fantasiewörter und integrierte diese in seine Sprache, was für große Aufregung sorgte. Beim Zivildienst in einer Kita, durften die Kinder bei ihm tun, was sie wollten. Die Erzieherinnen akzeptierten diese Andersartigkeit allerdings nur kurze Zeit. Und er erzählt den Medien schon gern mal die eine oder andere Geschichte, in der seine Mutter mitspielt. Z.B. kürzlich, da habe sie ihm mit auf den Weg gegeben, »er solle sich ein bisschen schonen und nicht wieder die Leute anschreien« (Richter 2004).

---

8 Vgl. Ahne 2004.

Dauer-Kult: Sich neu erfinden (Change Management)

Einer Anforderung der »Inszenierungsgesellschaft« muss sich Meese – und mit ihm die Welt des Kunstbetriebes – permanent stellen. In einer Zeit beschleunigten Wandels und Info-Overloads ist das Publikum von Inszenierungsstrategien recht schnell gesättigt. Entweder springt es mit seiner Aufmerksamkeit zum nächsten Künstler oder Meese muss sich immer neu erfinden: Von Meese war deshalb Anfang 2004 vermehrt die Äußerung zu vernehmen, gebt mir neue Fratzen, damit mich nicht immer die gleichen anspringen, er streckt die Hand in die Welt und wartet, dass jemand sie ergreift und etwas Neues in seinem Leben und auf dem Planeten Meese aufschlägt (vgl. Ahne 2004). Mutiert er von der Täter- zur Opferrolle? Doch es hat bereits jemand seine Hand ergriffen: Saatchi!!! Man darf gespannt sein, wie es weitergeht, wenn zwei dieses Kalibers sich treffen ...

Meeses theatralische Mittel in der Zusammenfassung

Für seine Kult-Inszenierungen schafft er eine eigene *Welt* mit einem individuellen *Weltbild*. In dieser Welt wird eine eigene *Sprache* gesprochen. Seinen *Stoff* wählt er inszenierungsstrategisch aus. Es treten drei *Darstellerkategorien* auf: der Künstler als Selbstdarsteller, VIPs als Darsteller sowie von ihm geschöpfte Kunstkreaturen als Schauspieler. Er inszeniert nur auf den großen *Bühnen* des Kunstbetriebes. Seine Ausstellungen sind *Shows*. Mit *Statements*, *Stories* und *Mythen* wird ein Bild des Künstlers in der Öffentlichkeit konstruiert. Sein *äußeres Erscheinungsbild* assoziiert weitere Rollen, die er spielt. *Inszenierungsallianzen, -skandale, Lebensnähe* und sein *Change Management* komplettieren seine theatralischen Mittel.

Meese ist durch seinen Inszenierungswert bereits zur »Marke« geworden. Welche theoretischen und praktischen Aspekte gibt es weiterhin zu betrachten, wenn der Künstler zur Marke wird?

3.3 DER KÜNSTLER ALS MARKE? »THE ART OF BRANDING«

> »*Actually I wanted to become a painter. Now I've become Picasso*« *(Kreutz 2003: 5)*.

Der Verweis auf Picasso zeigt, wie erfolgreiche Künstler unwillkürlich zu Marken werden. Was den Markenbildungsprozess beim Künstler ausmacht und wie er sich gestaltet, soll im Folgenden theoretisch und praktisch am Beispiel der Marke *Picasso* dargestellt werden.

Es sind unverwechselbare Eigenschaften ihrer Kunst und ihrer selbst, die Künstler zu Marken erwachsen lassen. Ausgangspunkt ist dabei häufig eine auffällige Selbstinszenierung, eine Steigerung des Bekanntheitsgrades bei einer immer größer werdenden Zielgruppe durch besondere Erkennungszeichen.

Sobald der Künstler eine Marke ist, kann unter dieser *alles* verkauft werden. Künstler wie Tracey Emin oder Jeff Koons haben gezeigt, dass man mit dem Begriff »Kunst« zuvor nicht assoziierte Objekte in einen Zusammenhang mit dem Künstlernamen und -schaffen stellen und so hohe Preise erzielen kann. Der Inhalt wird gegenüber der Form sekundär.

Nachdem als Markteinstiegskriterium die Entwicklung einer Trademark manifestiert wurde (→ Kapitel 2.3 *Mechanismen: Der »alte« und der »neue« Kunstmarkt*), soll im Weiteren auf den Markenbildungsprozess (d.i. *branding*) eingegangen werden. Ein Bestandteil des *branding* ist die Entwicklung einer Trademark, also eines eingetragenen Warenzeichens.

Was ist »branding«?

Branding ist das Schaffen einer Marke. Ausgehend vom ursprünglichen »Brandzeichen« zur Eigentumskennzeichnung von Tieren bedeutet der Begriff »*branding*« im Marketing heute einen Prozess, der alle Aktivitäten zum Aufbau einer Marke umfasst und das Ziel verfolgt, das eigene Angebot aus der Masse gleichartiger Angebote hervorzuheben und eine eindeutige Zuordnung von Angeboten zu einer bestimmten Marke zu ermöglichen sowie Akzeptanz und Erinnerungswert beim Kunden zu erhöhen.

Was ist ein »brand«?

Ein *brand* ist eine Marke, d.h. eine versinnbildlichte, emotionale, rationale und kulturelle Darstellung des Produktes oder Unternehmens. Ein *brand* beschränkt sich dabei keineswegs auf die bloße Kreation und Verbreitung einer Wortmarke und/oder eines Logos. Es geht vielmehr darum, den Namen des Unternehmens bzw. des Produktes auf unterschiedlichen Darstellungsebenen und in den verschiedensten Kommunikationskanälen mit Leben zu erfüllen. Das Ziel ist dabei, ihn eindeutig identifizierbar und für den Betrachter erfahrbar zu machen.

Was ist ein »e-brand«?

Ein *e-brand* ist eine Internetmarke, also eine Marke, die primär im bzw. für das Internet aufgebaut wird, z.B. *etoy, BigArt*.

Wie wird ein brand gemacht?

Um einen *brand* zu machen, benötigt man

- einen **Namen**,
- ein **Logo**,

- oder eine Kombination aus Name und Logo und verschiedenen **Assoziationen** und **Attributen** sowie der **Marktposition**.

Schritte des »branding«[9]

1. **Evaluieren** heißt, den Markenwert kennen, denn dies ist die Basis für die neue Marketingstrategie und das Controlling für die Markeneinführung.
2. **Kreieren** ist, die Marke mit den gewollten Aussagen zu vermittelten, Werte und Emotionen finden, und diese dann konsequent und einheitlich anhand einer Marketingstrategie in die Fläche tragen.
3. **Managen** bedeutet nicht nur, die Marke registrieren lassen, bevor ein anderer die gleiche Idee hat. Dies ist nur ein Aspekt. Klare, einheitliche und strukturierte Kommunikation erleichtert allen Projektbeteiligten, aber auch potenziellen Kunden, sich mit der Marke zu identifizieren. Und für Online-*branding* ist es wichtig und von Nutzen, wenn Internet-Adresse und Name der Marke gleich lauten.

Der *brand* komprimiert die Persönlichkeit des Unternehmens oder Produktes in einer kurzen Formel. Dabei gilt: Der *brand* funktioniert nur so gut, wie ihn der Betrachter letztlich wahrnimmt. Nur wenn dieser das mit dem *brand* beabsichtigte Image bzw. die entsprechenden Werte auch tatsächlich mit dem Unternehmen verknüpft, vollendet sich die Zielsetzung einer Markenbildung. Von erfolgreichem *branding* kann man dann sprechen, wenn die Kunden im Bann des *brand* stehen.

Die Marke »Picasso«

Picasso ist ein klassisches Beispiel für die Entwicklung von Künstlern zu Marken. Sein Künstlername wurde zur Marke, bevor es innerhalb des Marktes den Begriff der Marke oder des *brands* gab. Er ist das Paradebeispiel modernen Marketings. Entscheidend war: Sein Marketing unterschied sich von der Norm der damaligen Zeit. Er entwickelte neue Strategien und beschritt innovative Wege. Unter verschiedenen Aspekten werden im Folgenden *Picassos* Erfolgsdeterminanten analysiert (in Anlehnung an Kreutz 2003).

»Mission Statement«

»Als ich noch ein Kind war, sagte meine Mutter zu mir: Wenn Du Soldat wirst, wirst Du General werden. Wenn Du ein Mönch wirst, wirst Du schließlich Papst werden. Statt-

---

9 Vgl. *www.4managers.de*

dessen habe ich es als Maler versucht und bin Picasso geworden« (Picasso in: *www.daserste.de*).

Picasso wusste, was er wollte. Mit seiner Einstellung und Motivation gelang es leicht, einen Schritt nach dem anderen zu tun. Seine Schritte zogen bald neue Erfolgstreppenstufen nach sich.

Produktentwicklung: Picassos Wurzeln lagen in der traditionellen Malerei. Es war ein weiter Weg, das zu finden, was für ihn später typisch wurde. Er begann sehr früh mit der Suche und begab sich in eine Orientierungsphase. Sein Werk wuchs über Jahre. Die ersten Jahre studierte er intensiv die traditionelle Malerei als Grundlage für seinen Ausdruck von Moderne. Im Alten suchte er nach Neuem. Das Neue, das er entdeckte, wuchs dann schnell zur Avantgarde (vgl. Kreutz 2003: 10f.).

Benchmarking heißt *Lernen von den Besten*. Es bedeutet, Werke, Prozesse, Leistungen, Strategien, Strukturen, Aktivitäten, Kulturen etc. mit den erfolgreichsten Künstler-Unternehmen zu vergleichen und von diesen zu lernen. *Best practices* müssen identifiziert, individualisiert und umgesetzt werden. Picasso lernte nicht nur das Kaufmännische von den Besten seiner Zeit, er nahm auch bewusst Motive, die bereits bekannt und »in aller Auge« waren, auf und schuf eine Variation. Degas Tänzerinnen, Cézannes Harlekin, Munchs Kuss und viele weitere beinahe schon zu Mythen gewordene Werke bzw. Motive fanden eine neue Formulierung durch Picasso (vgl. Kreutz 2003: 12ff.).

Markennamenentwicklung: Picasso wurde am 25.10.1881 als Pablo Diego José Francisco de Paula Juan Nepomuceno Maria de los Remedios Cipriano de la Santisima Trinidad Ruiz Picasso in Málaga geboren. Aber unter welchem Namen trat er künstlerisch in Erscheinung? 1894 signierte er erste frühe Arbeiten unter dem Einfluss seines Vaters mit dessen Nachnamen »P. Ruiz«. 1896 komplettierte er seine Signatur durch das Hinzufügen eines Namensbestandteiles der Mutter – »P. Ruiz PiCASSO« entstand. Im Jahr 1900 entstand die abgekürzte Version »P. R. Picasso«, die in den darauf folgenden Jahren zum Eigennamen »Picasso« verkürzt wurde. Der Markenname war geboren (vgl. Kreutz 2003: 14f.).

Markennamenentwicklung Picassos (in Anlehnung an Kreutz 2003: 14f.)

1894: »*P.Ruiz*«
1896: »*P.Ruiz PiCASSO*«
1900: »*P.R. Picasso*«
1901: »*-Picasso-*«
1902: »*Picasso*«

Network-Marketing: Picasso verbrachte seine ersten Schaffensjahre in Paris und investierte systematisch in den Aufbau seiner Karriere. Er schuf ein effektives Netzwerk: »Picasso circle« (Kreutz 2003: 17). Es bestand aus Sammlern, Kunsthändlern, Galeristen, erfolgreichen Künstlern und Kritikern. Ihm gehörten Persönlichkeiten wie Fernand Léger, André Derain, Gertrude Stein und Paul Durand-Ruel an. Beim *networking* dreht sich alles um *win-win*-Situationen. Picasso porträtierte seine *networking*-Partner als Zeichen der Loyalität und Verbundenheit (vgl. Kreutz 2003: 16f.).

Produktdifferenzierung: Picasso fand und besetzte ein Marktsegment für seine Werke. Für den Markteintritt kreierte er ein neues Alleinstellungsmerkmal: in der *Blauen Per*iode schuf er fast monochrom gehaltene Bilder in kühlem Blau; seine Figuren strahlten Melancholie aus. Schließlich brach er mit der *Blauen Periode* und beginnt neue Formen und neue thematische Akzentuierungen aufzunehmen; seine *Rosa Periode* entsteht (vgl. Kreutz 2003: 18f.).

Produktinnovation: Eine neue Epoche begann 1907, als Picasso längst den Markt aufgebaut hatte. Er brach mit seinen monochrom gehaltenen Werken. Mit dem Marktauftritt von *Les Demoiselles d'Avignon* wurde der Kubismus geboren. Bei aller Produktinnovation war jedoch stets zu beobachten, dass sich einige Themen oder Requisiten ein Künstlerleben lang durch das Werk zogen: die Gitarre z.B. (vgl. Kreutz 2003: 20f.).

Etablieren der Kunstrichtung: Als er 1908 auf jegliche naturalistische Wiedergabe verzichtete, schuf er nicht nur etwas völlig Neues, noch nie Dagewesenes, sondern es gelang ihm auch, dieses Novum als Kunstrichtung zu etablieren. Obwohl die Kritiker und berühmten Künstlerkollegen seiner Innovation anfangs kritisch gegenüberstanden, ließ Picasso sich nicht beirren (vgl. Kreutz 2003: 21f.).

Vertriebsstrategie: Strategische Allianzen sind nicht nur ein Zauberwort des 21. Jahrhunderts. Auch Picasso baute und nutzte strategische Allianzen. Er verbündete sich mit seinem Künstlerkollegen Georges Braque, der etwa zeitgleich einen ähnlichen Stil entwickelte. Sie diskutierten ihre neuen Ansätze regelmäßig und lernten voneinander. Außerdem bündelten sie ihre Energien, um gemeinsam den Markteintritt mit der neuen Richtung zu schaffen. Sie unterhielten einen guten Kontakt zu dem Galeristen und Promoter Daniel-Henry Kahnweiler, der die Arbeiten schließlich in Europa und Amerika bekannt machte. Er war es auch, der den Begriff »Kubismus« für die neue Kunstrichtung einführte und populär machte (vgl. Kreutz 2003: 24f.).

Preisstrategie: Kahnweiler betrachtete Picasso als den talentiertesten der Kubisten. Deshalb setzte er seine Preise viermal höher an als die von Braque. Zudem kamen nur fünf Prozent der »Produktion« auf den Markt. Nur mit einer knappen Ware kann ein hoher Preis erzielt und eine große Nachfrage forciert werden. Diese Marktregel galt schon damals (vgl. Kreutz 2003: 26f.).

Produktgruppenerweiterung: Picasso nahm mit seinen Malereien die führende Position im damalig modernen Kunstmarkt ein. Aber er erprobte sich auch im Agieren in neuen Marktsegmenten. Jede neue Produktgruppe im Markt profitierte von seinen vorangegangenen Erfolgen, konnte etabliert werden und hohe Preise erzielen. Seine Produktgruppen waren: Zeichnungen, Malereien, Skulpturen, Collagen, Lithografien, Radierungen, Ätzungen, Keramiken, Plakate, Bühnenbilder (vgl. Kreutz 2003: 28f.).

Change Management: Picasso war ein Chamäleon. Sein Markenaufbau und sein außergewöhnlicher Erfolg sind auch auf seine ständige persönliche Weiterentwicklung und Wandlungsfähigkeit zurückzuführen. Ständig überraschte er den Markt mit Innovationen und neuen Stilen. Passionierte Sammler, die ihn verfolgten, waren »gezwungen«, immer wieder neu zu investieren, um eine vollständige Sammlung aufzubauen (vgl. Kreutz 2003: 30f.).

Public Relations: Er entwickelte ein Image als einzigartiges »Genie des Jahrhunderts«. Er war sein eigener Public-Relations-Experte. Seinen persönlichen Ruhm nutzte er, um politische und soziale Interessen durchzusetzen, und er bekam erneut Ruhm zurück. Sein Werk *Guernica*, das im Spanischen Pavillion auf der Weltausstellung in Paris 1937 gezeigt wurde, ist das eindrucksvollste Beispiel seiner Public-Relations-Strategie (vgl. Kreutz 2003: 34f.). Aber auch mit Slogans und Stories fing er sein Publikum ein:

»Nein, Malerei ist nicht zur Dekoration von Wohnungen da, vielmehr ist sie eine Kriegswaffe zum Angriff und zur Verteidigung gegen den Feind« (Tetzlaff 2004).

Allianzen: Das Unternehmen *Picasso* schöpfte seine Energie über seine Verbindungen. Bedeutsam waren auch seine Verbindungen zu seinen Frauen, die nicht selten in die Public-Relations-Arbeit mit einbezogen wurden. Dora Maar, die exzentrische Fotografin und Malerin, eignete sich dafür besonders. Seine Musen waren aber auch für neue schöpferische Impulse wichtig. Weitere Anstöße kamen von Künstlerkollegen wie Henri Matisse (vgl. Kreutz 2003: 34f.).

KATHREIN WEINHOLD
Selbstmanagement im Kunstbetrieb

»Brand«/»Brand Icons«: Die Marke *Picasso* arbeitete mit drei Markenzeichen:

1. Die Signature »Picasso« als immer wiederkehrender, gleich aussehender Schriftzug;
2. die Friedenstaube, die seit 1961 als immer wiederkehrendes, gleich aussehendes grafisches Symbol zum Friedenssymbol weltweit erwuchs;
3. der Stier, der 1942 in einer Assemblage »Steer's Skull« erstmalig auftauchte, aus einem Fahrradsitz und Lenker bestand und die innovative, couragierte, kreative Energie für Künstler weltweit verkörperte (vgl. Kreutz 2003: 36f.).

Markenbild Controlling: Es ist für den etablierten Künstler wichtig, darauf zu achten, wie er auftritt, wie er sich kleidet, wie er sich gibt, wie er schaut, wie er spricht. Picasso legte großen Wert auf diese Aspekte. Nur die besten Fotografen, die mit den *global-player*-Agenturen zusammenarbeiteten, durften ihn porträtieren – nicht selten so, wie er es plante (vgl. Kreutz 2003: 38f.).

Merchandising: Picassos Erben schauen auf einen Millionen-Dollar-Markt durch den Verkauf des Begleitmaterials zu Kunst und Künstler als zusätzliche Einnahmequelle: Postkarten, Poster, Kalender, Bücher, Geschirr, Büroartikel, Dekorationsgegenstände ... (vgl. Kreutz 2003: 40f.).

Markeneinfluss: Die Marke *Picasso* nahm großen Einfluss auf die Weiterentwicklung von Kunst und Künstlern. Bildende Künstler wie z.B. Roy Lichtenstein, Frank Stella, Claes Oldenburg, Sandro Chia, Jasper Johns, Willem de Kooning zitierten Picasso immer wieder. Generationen von Architekten, Designern etc. entwarfen und entwerfen unter dem Einfluss der kubistischen Formensprache Picassos (vgl. Kreutz 2003: 42f.).

Markenerweiterung: Die Marke *Picasso* expandierte in andere Tätigkeitsfelder der Familie. Picassos Tochter Paloma Picasso schuf neue Produkte innerhalb der Markenfamilie: Parfum, Schmuck für *Tiffany's*, Kosmetik für *L'Oreal*, Dekoration für Keramikprodukte von *Villeroy & Boch*. Auch ein *Co-branding* ist möglich. Die Marke *Picasso* tritt dabei durch ihren Bekanntheitsgrad als Imageträger für Waren auf, z.B. das Vermarkten des *Citroen Xsara* mit dem *brand icon Picasso*[10] (vgl. Kreutz 2003: 44f.). Künstler erwachsen immer wieder zu Werbeträgern oder Testimonials: Andy Warhol machte Werbung für Hemden von *van Laack* (1981), Joseph Beuys für *Nikka-Whiskey* (1985), Keith

---

10 Weitere Beispiele aus jüngster Zeit sind die künstlerische Gestaltung von Linienflugzeugen durch Jim Avignon oder die eines Motorrades durch Philippe Starck.

Haring (1988) und Claes Oldenburg (1992) für *Vitra*, Rosemarie Trockel für *Windsor* (1994).

Markenbekanntheit: Als Picassos Werke 1913 auf der *Armory Show* in New York gezeigt wurden, fragten Welt und Kunstwelt »Wer ist Picasso?«. 1993, als in einer Studie der spanischen Regierung nach dem Label bzw. Begriff »Picasso« gefragt wurde, kannten ihn mehr als 84 Prozent der Befragten.[11] Die Kunstwelt kennt ihn zu 100 Prozent. Mehr als 600 Bücher über ihn sind verlegt worden (vgl. Kreutz 2003: 46f.).

Marktperformance: Picassos Marktwert und seine Absatzleistung haben eine außerordentliche Entwicklung aufzuweisen. Was mit 50 oder 120 Francs Verkaufswert begann, endete mit Millionen-Dollar-Umsätzen. Der internationale Kunstmarkt partizipierte an jeder seiner einzelnen Schaffensperioden und konnte kontinuierliche Preisanstiege für sein Werk verzeichnen. Der Auktionshandel verzeichnete mit seinen Werken einen Auktionsrekord nach dem anderen. Ein Preisrekord wurde wenig später von einem neuen übertroffen (vgl. Kreutz 2003: 48f.).

Das nächste Kapitel beschäftigt sich mit der Frage, wie der Künstler ein Original werden kann und die entsprechenden Grundlagen für Aufmerksamkeit und einen hohen Bekanntheitsgrad legen kann.

3.4 IDENTITÄTSKATALYSATOR, IMAGEDESIGNER, MARKENMACHER: DER CORPORATE-IDENTITY-MANAGEMENT-PROZESS

→ Kapitel 2.6 (*Gesellschaftswandel. Marktwandel. Tendenzen*) hat den gesellschaftlichen Wandel und den Wandel des Kunstmarktes bereits dargestellt. Die Eckpunkte sind: In immer kürzerer Zeit gelangen immer mehr und immer neue Produkte auf den Markt. Für den Künstler-Unternehmer, der den Markteintritt sucht, wird es zunehmend schwieriger, sich von der Masse der vielen Mitbewerber am Markt abzugrenzen. Seine Chance besteht darin, einen unverwechselbaren *brand* mit einem prägnanten Image und besonderen Strategien zur Vermarktung zu entwickeln. Denn die Kunden werden nicht nur unberechenbarer, auch wählerischer und kritischer. Sie kaufen Kunst häufig nicht der Kunst wegen, sondern sie wollen mit dem Kauf andere Bedürfnisse befriedigen. Prestige oder Lifestyle sollen beispielsweise damit erworben werden. Ein Teil der Käufer fragt nicht allein nach dem Kunstwerk, sondern auch danach, wer es produziert und anbietet. Insbesondere andere Bezugs-

---

11 Bill Clinton erreichte in dieser Studie einen Bekanntheitsgrad von 71 Prozent.

gruppen des Kunstmarktes – außer den Nachfragern – schauen genau hin, wer sich wie, wo, wann, weshalb bewegt. Mit den gesammelten Informationen entsteht ein Image im Kopf der Bezugsgruppen.

Zur Beantwortung der W-Fragen der Nachfrager (Wer?, Was?, Wann?, Wo?, Wie?, Warum?, Welches Wow?) können Werbung, Verkaufsförderung und Public Relations herangezogen werden. Aber der Informations-Overload, der über den einzelnen hereinbricht, ist riesig. Herbst (2003: 11) geht davon aus, dass ein Mensch nur noch zwei Prozent der angebotenen Informationen wahrnimmt.

Es ist überlebensnotwendig und Professionalitätskriterium, allen Bezugsgruppen des Kunstbetriebes und Kunstmarktes eine einzigartige, unverwechselbare Identität anzubieten und sich damit von anderen Produzenten oder Vermittlern abzuheben. An dieser Stelle kommt ein Begriff ins Spiel, der einen gewissen Bekanntheitsgrad besitzt: *Corporate Identity*.

Was ist Corporate Identity?

Der Begriff bezeichnet das Selbstverständnis eines Unternehmens aus der Perspektive der Unternehmenspersönlichkeit. Der Künstler-Unternehmer soll die Fragen beantworten:

»Wer bin ich? Was kann ich? Was will ich? Wer bin ich in den Augen anderer? Wer will ich in den Augen anderer sein?« (Herbst 2003: 20)

Das Management der Corporate Identity ist ein Prozess des Erkennens, Gestaltens, Verwirklichens und Prüfens der Identität eines Künstlers und seines Künstler-Unternehmens. Dabei geht es um ein umfassendes Selbstbild, eine Philosophie und eine Inszenierung des Künstlers und seiner Werke als Gesamtkunstwerk. Neben dem strategisch geplanten *Aufbau* der Identität ist sie über Verhalten, Erscheinungsbild und Kommunikation auch zu pflegen, gegebenenfalls zu verändern oder neu aufzubauen. Corporate Identity wird also als das Management von Identitätsprozessen betrachtet. Welche Prozesse im Künstler-Unternehmen gemanagt werden müssen, zeigt die nebenstehende Grafik.

Die Schritte des Corporate-Identity-Management-Prozesses

Dieser Prozess besteht aus den Stufen »Erkennen«, »Gestalten«, »Vermitteln«, »Prüfen« und bezieht sich auf die Identität des Unternehmens, also auf dessen Selbstverständnis (vgl. Herbst 2003: 21). Basis des Prozesses bildet eine bewusste Analyse der Identität (des Selbstverständnisses). Sich ins Verhältnis setzen und mit Wünschen und Erwartungen des Umfeldes vergleichen, ist Teil dieser Analyse. Auf dieser Basis wird dann entschieden, ob das

Corporate Identity als Managementprozess

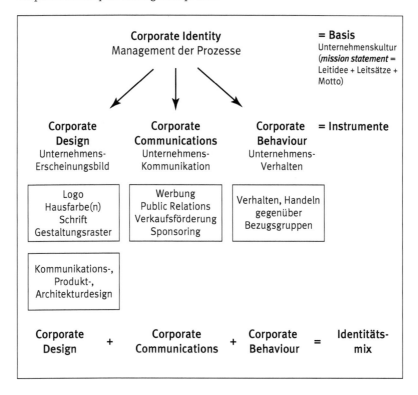

Selbstverständnis verändert werden soll und mit welchen Mitteln die gewünschte Zukunftsperspektive erreicht werden kann. Diese angestrebte Identität wird durch das Erscheinungsbild (Corporate Design), Kommunikation (Corporate Communications) und Verhalten (Corporate Behaviour) intern (Selbst-Monitoring) und extern (Bezugsgruppen) vermittelt. Das Selbstverständnis wird immer wieder kritisch geprüft, um festzustellen, ob die Identität weiterhin den sich ändernden internen und externen Erwartungen und Anforderungen gerecht wird.

Die Unternehmenspersönlichkeit

Die Unternehmenspersönlichkeit des Künstlers muss ein bzw. mehrere starke Merkmale zur Unterscheidung von anderen Künstlern und deren Persönlichkeiten aufweisen. Starke Unternehmenspersönlichkeiten dienen

1. der Differenzierung: Bezugsgruppen sollen deutlich unterscheiden können;

KATHREIN WEINHOLD
Selbstmanagement im Kunstbetrieb

2. der Identifizierung: Bezugsgruppen sollen das Künstler-Unternehmen klar erkennen und bestimmte Eigenschaften zuordnen können;
3. der Profilierung: Eigenschaften, die Bedürfnisse der Bezugsgruppen befriedigen, sind wichtig (vgl. Herbst 2003: 25).

Kennzeichnung

Die Kennzeichnung des Unternehmens (= Markierung) soll den Bezugsgruppen eine klare und eindeutige Zuordnung ermöglichen (vgl. Herbst 2003: 30).

Suchen Sie nach einzigartigen und unverwechselbaren Merkmalen/ Kennzeichen! Wofür wollen Sie mit Ihrer Künstlerpersönlichkeit stehen?

Folgende Elemente machen die Kennzeichnung aus:

Bereits der **Künstlername** muss einprägsam und einzigartig sein, deshalb ist aus der bürgerlichen Charlotte Rist die Künstlerin Pipilotti Rist geworden und Hans-Georg Kern wurde zu Georg Baselitz. Wer würde heute Picasso kennen, wenn er als Pablo Diego José Francisco de Paula Juan Nepomuceno Maria de los Remedios Cipriano de la Santisima Triniad Ruiz Picasso in Erscheinung getreten wäre? Künstlernamen verfolgen häufig das Ziel, passende Assoziationen auszulösen. Um Merkfähigkeit und Aufmerksamkeit zu begünstigen, müssen jedoch Einprägsamkeit und Einzigartigkeit Grundkriterium sein.

Generieren von Künstlernamen:

1. **Übersetzung eines Namensteiles,** z.B. Friedrich Stowasser – Friedensreich Hundertwasser
2. **Amerikanisierung,** z.B. Andrew Warhola – Andy Warhol, Helmut Neustädter – Helmut Newton, Günther Rakete – Jim Rakete.
3. **Verkürzung des Namens,** z.B. Catherine Marie-Agnés Fal de Saint Phalle – Niki de Saint Phalle, Jeanne-Claude de Guillebon – (Christo und) Jeanne-Claude, Alfred Otto WOLfgang Schulze – WOLS.
4. **Der Name als Programm:** Hans der Fährmann (umherfahren, nie ankommen), Wolfgang Cihlarz – Salomé, Zhang Dali – AK 47 (nach dem russischen Maschinengewehr).[12]
Nach Angaben der *Galerie EIGEN+ART* trägt Neo Rauch keinen Künstlernamen, was auf den ersten Blick kaum vorstellbar ist. Ob Künstlername

---

12 Seine Werke schlagen in Pekings Straßenzüge ein wie eine Kalaschnikov.

oder bürgerlicher Name, zweifelsohne ist sein Name ein schönes Programm für Rätselhaftes, was wiederum mit seiner Malerei eine schlüssige Einheit ergibt. Ebenso verhält es sich mit Coco Kühn, deren Name Programm sein könnte, aber bürgerlicher Natur ist.

5. **Hinzufügen eines zweiten Vornamens,** der programmatisch und prägnant ist, z.B. Adam.

6. **Ersetzen des bürgerlichen Vor- und/oder Zunamens,** z.B. Emmanuel Rudnitskij – Man Ray, Jane Brunell – Alice Springs, Ralf Winkler – A. R. Penck.

7. **Einfügen von einer Zahl, Zahlen, Zeichen,** z.B. Christian Roosen – Christian3Rooosen[13]

Ihr Markenzeichen: Ein festes ›Markenzeichen‹ muss gefunden werden. Durch die Auswahl des Markenzeichens können Sie selbst aktiv bestimmen, worauf Sie festgelegt werden wollen. Markenzeichenbeispiele sind folgende:

- **der Hut** von Josef Beuys, er macht diesen bereits als Silhouette wieder erkennbar;
- **der Turban** von Elvira Bach,
- **der fette Goldschmuck** gepaart mit süffisantem Auftreten von Markus Lüpertz,
- **das Zwirbelbärtchen** Salvador Dalis,
- **die Adidas-Jacken und der Christus-Style** Jonathan Meeses.

Das Markenzeichen wird nur dann zu einem festen Markenzeichen Ihrer Persönlichkeit und Kunst, wenn Sie es konsequent verwenden und souverän damit auftreten.

Ihr Logo, Ihre Kommunikationsfarbe, Ihre visuelle Metapher: Denken Sie an Picassos immer wiederkehrenden Schriftzug, seine Friedenstaube oder aber auch an die starke Frauenfigur Elvira Bachs, die nicht nur im Werk im Mittelpunkt steht, sondern auch auf der Homepage und in anderen Zusammenhängen als visuelles Erkennungszeichen auftaucht. Versuchen Sie herauszufinden, mit welcher Farbe und welchen Zeichen Sie stets auftreten möchten, wenn kommuniziert wird.

Ihre Merkmale: Welcher Kern, welche Mission steht hinter Ihrer Arbeit? Ist es Freude oder Aufklärung, ist es Kampf oder Friede ...? Welche Werte passen zu

---

13 Durch das Einfügen der Zahl und Verschmelzen von Vor- und Zuname wird der Markencharakter begünstigt.

Ihrer Kunst und Ihrem Künstler-Unternehmen? Sind Sie dynamisch, anspruchsvoll, verrückt, kultig ...? Welche Erscheinungsformen konkretisieren diese Werte?

Ihre Eigenschaften: Erzählen Sie Storys, machen Sie eine einzigartige Aura für Ihr Publikum erlebbar. Im Austausch mit Ihnen erfahren Ihre Bezugsgruppen, was Ihre Eigenschaften und Ihre Einzigartigkeit ausmacht. Wie fing alles an? Wie haben Sie Ihre Kindheit oder Ihre Reisen in ferne Länder geprägt? Es geht darum, immer wieder neue Geschichten entstehen zu lassen, jedoch ohne Brüche. Ein klares Bild von Ihnen und Ihrem Unternehmen soll entstehen. Immer neue Puzzle-Teile, die preisgegeben werden, lassen über einen längeren Zeitraum hinweg ein klares Bild von Ihnen entstehen.

Identifikation/Kompensation ermöglichen: Nur wenn die Bezugsgruppen Informationen erhalten haben, können sie sich mit Kunst und Künstler auseinandersetzen, um sich z.B. mit ihm zu identifizieren. Wenn der Künstler als jung und erfolgreich in Erscheinung tritt, wird sich der junge, erfolgreiche Hippe (→ Kapitel 2.2.4.4 *Der junge Hippe*) damit identifizieren können. Weite Teile der Gesellschaft suchen jedoch, wie bereits in den Nachfragebedürfnissen benannt, nach Künstlerpersönlichkeiten, die sich durch Tabubrüche und exzentrisches Verhalten auszeichnen. Durch eine Teilhabe an der Welt des Künstlers möchten sie ihr oft in enge bürgerliche Grenzen gefasstes Leben kompensieren.

Vertrauen aufbauen: Vertrauen verringert für den Nachfrager das Risiko, enttäuscht zu werden. Aber einem Künstler kann man bei einem Atelierverkauf beispielsweise nur dann vertrauen, wenn man einiges über ihn weiß und ihn zu kennen scheint. Aus diesem Grund holt sich der Galerist eben auch lieber jene Künstler ins Boot, denen er vertrauen kann, weil er viel über sie weiß, z.B. über Dritte (Empfehlungsmarketing).

Vertrauen bildet die Grundlage für dauerhafte Beziehungen zu den Bezugsgruppen. Aber selbst, wenn der Künstler einen großen Vertrauensvorschuss beim Nachfrager hat, muss er sich stets neu erfinden, neu inszenieren und das Vertrauen neu untermauern, ansonsten kann das *change*-Bedürfnis nicht befriedigt werden und der Nachfrager wendet sich anderen Künstlern zu.

Vertrauen entsteht nicht einfach so, es muss verdient werden, z.B. durch folgende Strategien (vgl. Herbst 2003: 41):

- **Eigene »Antest-Erfahrungen« potenzieller Kunden:** Vereinbaren Sie Probehängungen von Werken über einen überschaubaren Zeitraum.
- **Berichte Dritter über Ihre Angebote und Leistungen:** Diese Mund-zu-Mund-Propaganda ist besonders auf Ausstellungseröffnungen möglich.

Fördern Sie Events und Kontakte von zufriedenen Kunden und von Sammlern zu neuen, potenziellen Kunden. Machen Sie Ihre Gäste miteinander bekannt, sodass ein Austausch stattfinden kann.

- **Direkte Kommunikation mit den Bezugsgruppen:** Machen Sie sich persönlich stark und setzen Sie sich mit Ihrer Persönlichkeit und Power dafür ein, dass Ihre Angebote und Leistungen bei den Bezugsgruppen ankommen.
- **Berechenbarkeit, Stabilität, Kontinuität:** Nur wer kommuniziert, dass er permanent weiterarbeitet, wird Erfolg haben. Auch müssen in den Medien dauerhafte Elemente zum Künstler-Unternehmen ihren Platz finden. Richten Sie gegebenenfalls einen *jour fixe* in Ihrem Atelier ein; das Atelier wird dann an einem festgelegten Tag im Monat zu einer festgelegten Uhrzeit regelmäßig geöffnet.
- **Selbstbindung des Künstlers:** Nur ein Künstler, der vollständig hinter seiner Kunst und seinen Leistungen/Angeboten steht, wird sich erfolgreich platzieren können. »Leben und Sterben« für das, was Sie tun, befördert das Business. Nur wenn Sie ganz leben, können Sie bei den Bezugsgruppen »ankommen«.
- **Sicherheit:** Geben Sie der Zielgruppe Referenzen über die gesellschaftliche Übereinkunft, die bereits über Sie und Ihr Werk hergestellt wurde (künstlerische Vita).

Als Vertrauensgrundlage für den Galeristen oder einen anderen Geschäftspartner gelten zudem: professionelles Auftreten, professionelles Präsentationsmaterial sowie Marktkenntnisse. Ein Galerist, der einen Künstler mit diesen Elementen kennenlernt, wird ihn deutlich höher bewerten und als potenziellen, seriösen Geschäftspartner einstufen, als den unorganisierten Künstler, dessen erster Eindruck womöglich auf sein weiteres Geschäftsgebaren schließen lässt. Wobei an dieser Stelle »unorganisiert« nicht mit »unangepasst« verwechselt werden sollte: organisiert und zuverlässig als Unternehmer im Business, unangepasst als Künstler im Atelier und auf den öffentlichen Bühnen des Kunstbetriebes.

Ziele des Corporate-Identity-Management: Imagearbeit: Welche Ziele ein Künstler-Unternehmen erreichen will, ergibt sich aus einer sorgfältigen Analyse des Unternehmens und seines speziellen Umfeldes. Eine interne Analyse beinhaltet »Selbstvergewisserungsfragen«, die den Ist-Zustand erklären sollen. Nur wer sein *Heute* kennt, kann sein *Morgen* planen.

Corporate Identity-Check (intern)

- Wer sind Sie? Was wollen Sie?
- Was ist das Besondere an Ihrer Künstlerpersönlichkeit?
- Was unterscheidet Sie von Ihren Konkurrenten?
- Was ist das Besondere an Ihrer Kunst (= Alleinstellungsmerkmal)? Was unterscheidet Sie von Ihren Konkurrenten?
- Wo liegen Ihre Stärken? Wo liegen Ihre Schwächen? Wie können Sie mit Ihren Schwächen produktiv umgehen?
- Wie lautet Ihre Botschaft? Was ist Ihr *mission statement*? In welchem Einzeiler (einer Art Slogan) lässt sich Ihre Arbeit auf den Punkt bringen?
- Welche Adjektive passen zu Ihnen? Schrill, schockend, rebellisch, provokativ, schräg, jung, romantisch, alternativ, klassisch, avantgardistisch, konservativ ...
- Welche Bezugsgruppen wollen Sie erreichen? Wer passt zu Ihnen und Ihrem Angebot?

Externes Ziel ist die Profilierung des Künstlerunternehmens. Wer sich am Markt platzieren will, benötigt für die Köpfe der wichtigen Bezugsgruppen ein genaues Abbild seiner angestrebten Identität. Man spricht vom Corporate Image. Es soll ein eindeutiges, konsistentes und widerspruchsfreies Bild vom Unternehmen entstehen – ein überindividuelles Vorstellungsbild, ein Fremdbild, es komprimiert »das, was ankommt«: Malerfürst oder Kunstarbeiter? *Femme fatale* oder Mutter Theresa? Malender Rasputin oder wildgewordener Messias?

Es bedient das Bedürfnis der Gesellschaft nach »Schubladen«. Aber eine Orientierungsleistung ist nicht nur negativ zu betrachten. Dadurch wird Komplexität reduziert und eine Bewertungshilfe geschaffen (vgl. Mandel 2004: 43). Wer ein unverwechselbares Image besitzt, wird wahrgenommen, ist erkennbar, erhält Aufmerksamkeit und hat wie bereits ausgeführt, bei seinen Bezugsgruppen eine Basis für Glaubwürdigkeit, Sicherheit und Vertrauen geschaffen.

Drei Orientierungsfunktionen besitzt das Image: Es strukturiert und stabilisiert Vorstellungsbilder, es macht gegenüber der Konkurrenz unterscheidbar, es verdeutlicht das Bild des Künstlers bei Nachfragern und Partnern. Zudem erhöht sich der Bekanntheitsgrad des Künstlers. In der Regel transportieren Bezugsgruppen Images weiter. Je prägnanter, einzigartiger und emotional berührter sie die Wahrnehmung von Künstler und Kunst erlebt haben, um so intensiver wird ihr Mitteilungsbedürfnis gegenüber Dritten sein.

Grundlegend kann sich der Künstler beim Imageaufbau für zwei Wege entscheiden:

- Weg 1: Werben um Verständnis, Vertrauen, Sympathie *oder*
- Weg 2: Schocken mit Provokantem.

Das Image entsteht primär durch

- das Verhalten des Künstlers,
- die ganz besondere Erscheinung des Künstlers und
- die Kommunikation des Künstlers.

Ein Image entsteht jedoch sekundär auch im Zusammenspiel mit externen Faktoren:

- Welche Maßnahmen ergreift die Konkurrenz?
- Wie wird in den Medien berichtet?
- Welche Aussagen kommen von *opinion leader*?
- Welche Einflüsse wirken aus dem sozialen Umfeld?

Wann werden Images glaubwürdig? Wenn sie gelebt werden! Sobald Worte und Taten übereinstimmen, entsteht eine glaubwürdige Wahrnehmung. Voraussetzung für eine glaubwürdige externe Wahrnehmung ist eine selbstsichere interne Wahrnehmung: Der Künstler muss selbst wissen, wie er sich sehen will. Er muss ein stabiles Ziel haben, dem er sich mit Verhalten, Erscheinung, Kommunikation nähert.

Um einen Ist-Zustand zu ermitteln, muss das Fremdbild erforscht werden, das bereits nach außen existiert. Versuchen Sie sich selbst, aber auch Ihre Bezugsgruppen zu befragen: z.B. Ihre Künstlerkollegen, Käufer, Kritiker ...

Image-Analyse (extern)

- Wie haben sich Besucherzahlen Ihrer Ausstellungen entwickelt?
- Wie haben sich Verkaufszahlen Ihrer Kunstwerke entwickelt?
- Welche Wertungen tauchen in Artikeln und Rezensionen auf? Welche wertenden Einschätzungen von außenstehenden Personen sind bekannt? Wen könnten Sie interviewen, um mehr über Ihr Fremdbild zu erfahren?
- Was weiß das Publikum eigentlich alles über Sie?
- Welche Assoziationen verknüpft man mit Ihnen?

> - Wer sind Ihre Besucher? Wer sind ihre Käufer? Was schätzen sie
>   an Ihrer Kunst, an Ihrer Künstlerpersönlichkeit und an Ihren Ver-
>   anstaltungen? Was ist ihnen negativ aufgefallen?
> - Wie informieren sich Besucher und Käufer über Sie und Ihre
>   Kunst?
> - Aus welchen Gründen kommen potenzielle Besucher und Käufer
>   nicht zu Ihnen?

Bestandteile des Corporate-Identity-Management-Prozesses
Der Corporate-Identity-Management-Prozess vereinigt vier Elemente (vgl.
Herbst 2003: 49):

- Kultur,
- Leitbild,
- Instrumente,
- Image.

Ihre **Kultur,** bestimmt durch Werte, Normen, Grundannahmen, macht Sie als
Unternehmer einzigartig. Wird Ihre Kultur durch Einzelkämpfertum oder *networking* bestimmt? Wie begegnen Sie Ihren Bezugsgruppen? Brüskieren oder
gewinnen Sie die Menschen? Wie werden Gäste im Atelier begrüßt? Wie werden Ausstellungen oder Atelierfeste inszeniert? Durch Ihr spezielles WIE werden Kultur und Stil Ihres Künstler-Unternehmens sichtbar.

Ein **Leitbild** – auch Unternehmensphilosophie, Vision oder Mission genannt –
formuliert die angestrebte Identität des Unternehmens.

Die **Leitidee** drückt den Sinn des Unternehmens aus, also den Nutzen für
Kunden, Markt und Gesellschaft. Sie begründet, warum ein Unternehmen
überhaupt besteht.
  Der Kunstbetrieb und die Öffentlichkeit wollen wissen, mit wem sie es zu
tun haben und was sich der Künstler auf die Fahnen geschrieben hat. Welche
Bedeutung hat er für die Weiterentwicklung der Kunst?

> Notieren Sie, welche Ziele Sie mit Ihrer Kunst (bzw. Ihrem Angebot)
> verfolgen und welche Bedeutung Ihre Arbeit für die Gesellschaft hat.
> Notieren Sie, was es über Ihre Berufung zu wissen gibt!

Visionen sind abstrakt. Es bedarf deshalb konkreter **Leitsätze**, die die Leitidee konkretisieren. Leitsätze sind Kernaussagen für das Unternehmen, die grundlegende Werte, Ziele und Erfolgskriterien festlegen. Sie zeigen die Kompetenz des Unternehmens, seine Leistungsfähigkeit und Wettbewerbsvorteile und erläutern, wie die Leitidee umgesetzt werden soll, z.b. in welchen konkreten Projekten Sie für Ihre Ideen »kämpfen« und wie Sie sich engagieren wollen.

> Notieren Sie, wie Sie Ihre Ziele verwirklichen wollen!

Leitidee und Leitsätze sind meist zu lang, um sie sich merken zu können. Ein **Motto** bringt daher das Leitbild, Ihr Programm in komprimierter Form, auf den Punkt. Es ist kurz, prägnant und leicht zu merken. Meist hat es plakativen, werbenden Charakter, in dem wiedergegeben wird, was Bezugsgruppen von Ihnen wissen und was sich bei den Empfängern aus Sicht des Unternehmens einprägen soll. Wichtigste Regel fürs Motto-»Schmieden«: Aussagekräftig und unterscheidbar sein! Hier zwei Beispiele, die ich auf Websites entdeckt habe:

»You don't have to be crazy to do this, but it helps.« (Maria Best – *www.zukunst.de*).

»Lifestyle deluxe!« (Sandra Doldinger – *www.doldinger.com*)

> Entwickeln Sie ein Motto, das Ihre Mission auf den Punkt bringt!

Kunst sagt das, was man nicht in Worte fassen kann. Das ist richtig. Die meisten Künstler verzichten deshalb auf ein solches Motto. Dennoch ist es unabdingbar, Künstlerperson und Kunst, aber auch das Weltbild oder Puzzleteile aus der Welt des Künstlers zu den Bezugsgruppen zu transportieren. Deshalb geben Künstler mitunter poetische Zeilen oder Schlagwörter aus ihrer Welt preis und bringen sich damit den Bezugsgruppen näher.

Beispiele:

»Das Dazwischenliegende,
das noch Unfassbare,
das zwischen den Ritzen Verwahrte,
will ich aufspüren.«
(Anna Holldorf – *www.anna-holldorf.de*)

»Stefan Szczesny • Kunst • Malerei • Zeichnung • Skulptur • Keramik • Grafik • Editionen • Serigrafie • Siebdruck • Lithografie • Radierung • Edition Copenhagen • Glas Murano Jaffa • Har-El Printers & Publishers • Venedig • Musik Bühnenbild • Fotografie • Film • Filmfestspiele • Cannes Atelier • Köln • New York • Saint Tropez • Côte d'Azur • Sevilla • Karibik • Mustique • St. Lucia • Anse Chastanet • Mediterrané Ästhetik • Lebenslust • Lebensfreude • Erotik • erotische Kunst • Joie de Vivre • Fiesta • Flamenco • Reise • Caribbean Style Architektur • Kunstprojekte • Living Planet • WWF • Hoflößnitz • Szczesny Factory • Potsdam Hotel Voltaire • Kempinski Estepona • Villeroy & Boch • Lindencorso Berlin • Artdirektion Design • Mode • Verlag • Buch • Kunstbuch • teNeues Ausstellung • Museum • Kunstverein • Galerie • art • painting • drawing • sculpture • ceramics • graphic editions • silkscreen • screenprint • lithography • etching • glass • music • stage design • photography • movie • Film Festival Cannes • studio erotic • esthetics • journey • travel architecture • art projects • artdirection • fashion • publisher • book • artbook • exhibition«
(Stefan Szczesny – *www.szczesny-online.com*)

»ANASTASIAS FARBEN

HÜLL' DICH EIN IN DUNKELHEIT
DUNKELHEIT AUS WEICHEM SAMT
HÜLL' DICH EIN IN DUNKELHEIT
DUNKELHEIT AUS HERBST UND NACHT
WEB' DICH EIN IN VERBRECHEN
VERBRECHEN AUS WARMEM FLEISCH
WEB' DICH EIN IN VERBRECHEN
VERBRECHEN AUS RAUSCH UND TRAUM

ANASTASIAS FARBEN VERBLÜHEN
ANASTASIAS FARBEN VERWEHEN
ANASTASIAS FARBEN VERBLASSEN
ANASTASIAS FARBEN«
(Judith Ostermeyer – *www.ostermeyer-kunst.de*)

Leitbild/Weltbild entwickeln = »mission statement«

Das Leitbild wird auch als *mission statement* bezeichnet.

Formulieren Sie als Ergebnis Ihrer Selbstvergewisserungsmaßnahmen in komprimierter Form Ihr *mission statement!*

DIE INSTRUMENTE DES KÜNSTLER-UNTERNEHMENS

Die Instrumente sind Corporate Design, Kommunikation und Verhalten. In ihnen wird die Unternehmenspersönlichkeit nach außen getragen. Diese Instrumente müssen auf das angestrebte Ziel-Image ausgerichtet werden.

Instrument 1: Corporate Design

Das Corporate Design wird durch optische Signale und Zeichen hergestellt, es ist primär »Form, aber kein Inhalt« (Herbst 2003: 63). Es tritt auf allen Printprodukten in Erscheinung. Die Grafik soll auf einer visuellen Ebene das Charakteristische an Kunst und Künstlerpersönlichkeit widerspiegeln. So entsteht ein visuelles Erscheinungsbild des Künstler-Unternehmens. Mit diesem wird deutliche Wahrnehmbarkeit, Unterscheidbarkeit, Wiedererkennbarkeit, Imagefestigung für die Bezugsgruppen ermöglicht. Im Vergleich zum Verhalten bietet sich ein schnelles Erfassen und Verarbeiten.

Je nach Identität muss eine Grundentscheidung zwischen konservativen oder innovativen Stilmitteln getroffen werden. Das Corporate Design wird dann über die konstanten Gestaltungselemente visualisiert, die da sind: Künstlername, Markenzeichen, Logo, Hausfarbe, Hausschrift, typografisch gestaltete Form des Slogans und der Gestaltungsraster.

Künstlername und Markenzeichen (siehe S. 192)

Finden Sie Ihr **Logo**! Das Unternehmenszeichen, Logo genannt, soll Aufmerksamkeit wecken, Signalwirkung besitzen, informieren, Erinnerungswert haben, eigenständigen und langlebigen ästhetischen Wert haben, vielfältig in Vorlagen integrierbar, variierbar sein, ein »Spiel« ermöglichen.

Logo-Varianten sind: Bildmarken, Wortmarken und kombinierte Marken. Die Bildmarke ist ein Symbol, das im Zusammenhang mit dem Unternehmen eine herausgehobene Stellung hat, z.B. Picassos Taube. Der Vorteil: Das Symbol kann auf einen Blick erfasst, gespeichert und wiedererkannt werden. Eine Wortmarke, auch Firmenschriftzug genannt, ist eine grafisch gestaltete Form, den Namen eines Unternehmens zu schreiben; sie wird zur »Unterschrift«, siehe auch hier wieder Picasso. Der Vorteil: Sie ist individuell, Verwechslungen sind nicht möglich. Auch eine kombinierte Marke, also Wort- und Bildmarke, ist sinnvoll.

Finden Sie Ihre **Hausfarbe(n)**! Eine in der Kommunikation immer wiederkehrende Farbe ist ein weiteres wichtiges, weil sehr unmittelbar einprägsames Erkennungs- und Unterscheidungsmerkmal für Unternehmen. Sie kennen alle das Blau von *Aral* und das Lila von *Milka*. Es kann sich jedoch auch um eine

Beispiele für Künstler-Logos:

Logo Alina Brunner   *Logo Stefan Szczesny*

Kombination mehrerer Farben handeln, die in Ihren Printmedien permanent verwendet wird.

Finden Sie Ihre **Schrift(en)**! Innovation oder Klassiker? Verspielt oder sachlich? Modetrend sein oder überdauern wollen?

Durch **Gestaltungsraster** werden Komponenten eines Entwurfes (Unternehmenszeichen und andere Gestaltungskonstanten, Texte und Werkabbildungen) in ein einheitliches fest stehendes Ordnungssystem eingebunden. Auch dies ist für die Wiedererkennbarkeit Ihres Auftrittes am Markt ein sehr wichtiger Faktor. Darüberhinaus vereinfachen festgelegte Raster zukünftige Entwürfe. Eine Einladung zum Atelierfest sollte in jedem Jahr eine Gestaltung aufweisen, die an vergangene Gestaltungen anknüpft, sodass bereits beim Öffnen der Einladung auf den ersten Blick das Gestaltungsraster erkannt wird, und Ihr Gegenüber weiß, worum es sich handelt.

Die **konstanten Gestaltungselemente** finden primär Anwendung im Kommunikationsdesign und seinen Arbeitsbereichen: Printmediendesign, Fotodesign, Messedesign, Bekleidungsdesign, dem Design für audiovisuelle Medien wie Videos, CD-ROM, CD-i, Video-Disc und dem Web-Design im Internet. Außerdem kann es im Inszenierungs- und Ausstellungsdesign Anwendung finden.

Weitere, beim Künstler sekundäre Anwendungsbereiche, sind das Produktdesign (Anwendung bei der Gestaltung von Merchandising-Artikeln) und das Architekturdesign (z.b. Farbe und Gestaltung, die sich durch das Atelier zieht).

In welcher **Kleidung** ein Künstler auf seiner Vernissage auftritt, trägt maßgeblich zu den Bildern bei, die in den Köpfen der Bezugsgruppen von ihm entstehen. Wesentlich für den Kunstbetrieb ist, dass der Künstler einzigartig, höchstindividuell in Erscheinung tritt. Von einer guten Vernissage erwarte ich, dass der Künstler auf den ersten Blick im Raum zu erkennen ist – durch seine Erscheinung, die sich über Kleidung, Auftreten und Aura manifestiert.

Auch das **Künstleratelier** mit seinen Requisiten unterliegt dem Design des Künstlers. Es erzählt Geschichten über ihn.

Grundsätzlich sollen alle gestalterischen Komponenten, ob Künstlerkleidung, Künstleratelier oder aber die Printmedien eine verbindende Handschrift tragen und demselben Weltbild entspringen.

Durch eine Einladung zur Vernissage, durch die Website, eine Visitenkarte und einen Briefbogen entsteht bereits ein erstes, wichtiges Bild bei den Bezugsgruppen. Dieses Bild manifestiert sich über das charakteristische Logo und die Gestaltung mit Hausfarbe und Hausschrift. Die Visitenkarte vermittelt häufig den ersten (bleibenden, nur schwer korrigierbaren) Eindruck gegenüber dem Kunden oder Interessenten. Sowohl der Klassiker (edles Papier, minimale Gestaltung) als auch die junge, peppige Variante (Bildausschnitt, Bildfigur aus Werk oder Künstler-Persönlichkeit integriert) haben ihre Berechtigung, je nach Identität.

Faltblätter, Unternehmensbroschüren und Präsentationen auf Printmedien können mit einem vom Standard abweichenden Format oder neuen innovativen Trägermaterialien gestaltet werden, die das Wiedererkennen erheblich steigern können (→ Kapitel 3.5.5.4 *Sprachrohr des Marketing – Die Kommunikationspolitik*).

Präsentationsmappe

Das Design der Künstlermappen hängt ebenfalls maßgeblich von übergeordneten Zielen und individuellen Ressourcen ab. Zur Organisation: Solange noch keine Kataloge gedruckt werden können, sollten Künstlermappen in ausreichender Anzahl gestaltet werden. Es sollen an dieser Stelle Empfehlungen für Mappentypen vorgestellt werden:

Von der **Terminmappe** wird ein Exemplar benötigt; sie wird lediglich bei einem persönlichen Termin einer Bezugsperson präsentiert. Ihre Aufmachung und ihr Wert sollten kongruent zur präsentierten Kunst sein. Ein Bildhauer benötigt eine hochwertigere Präsentation als der Künstler, der kleine Druckgrafiken offeriert. Diese Mappe kann größer als DIN A4 sein, die **Versand-mappe** sollte hingegen DIN A4 nicht überschreiten. Sie muss in herkömmliche Archive passen. Außerdem muss sie in einer ausreichenden Stückzahl angefertigt werden. Die **Reisemappe** kann ein Miniformat haben. Sie sollte in der Jackentasche, in vielen Handtaschen, aber auch im Reisegepäck Platz finden. Immer wenn auf Reisen potenzielle Interessenten getroffen werden, vermag die Mappe und die Kunst viel mehr auszusagen als Worte. In allen Mappen sollten Fotos als Reproduktionsmedien bevorzugt werden. Bei entsprechend hochwertiger Präsentation sollten es Abzüge von Ektachromen sein.

Eine Mappe spiegelt immer Ihre Kreativität und Ihren Einsatz für Ihre Sache wieder. Schenken Sie der Gestaltung viel Zeit und kalkulieren Sie auch die entstehenden Kosten im Voraus.

Benchmarking

Studieren Sie Corporate-Design-Elemente Ihrer Vorbilder – von Künstlern, Kunstvereinen und Galerien. Studieren Sie bei den Besten! Entscheiden Sie dann, ob Ihnen ein Grafiker bei einer Corporate-Design-Entwicklung helfen soll. Beginnen Sie nun mit der Entwicklung der einzelnen Gestaltungselemente!

Je klarer das eigene Profil ist und gegebenenfalls einem Grafiker vermittelt wird, um so klarer werden die Entwürfe zum Corporate Design. Eine preiswerte Möglichkeit zur Entwicklung eines Grundlayouts bietet die Zusammenarbeit mit Studierenden von Designhochschulen oder Akademien. Diskutieren Sie während der Entwurfsphase die Ergebnisse auch mit Personen aus Ihrem Kontaktnetz.

Instrument 2: Corporate Communications

Zu den Corporate Communications im Künstler-Unternehmen gehören die Kommunikationsinstrumente Werbung, Öffentlichkeitsarbeit und Verkaufsförderung. Damit der Künstler in der Öffentlichkeit prägnant und erfolgreich wahrgenommen wird, bedarf es regelmäßiger, symmetrischer, geschlossener, einheitlicher, ausgeglichener, einfacher und knapper Botschaften auf verschiedenen Kanälen.

Instrumente aufeinander abstimmen, konsequent und einheitlich einsetzen

Werbung (→ Kapitel 3.5.5 *Marketingpolitiken*)
Werbung orientiert sich am Produkt oder an der Leistung, ist markt- oder um-
satzbezogen (vgl. Herbst 2003: 66). Sie steigert die Bekanntheit und trägt
zum Aufbau eines Images bei. Dies soll den potenziellen Käufer zum Kauf
bewegen. **Werbemittel** für Künstler können sein: Imagebroschüre, Flyer, Katalog, Künstlermappe, Einladungskarten, Plakate, Postkarten, Visitenkarten,
give aways, Merchandising-Produkte.

Verkaufsförderung (→ Kapitel 3.5.5 *Marketingpolitiken*)
Der Name sagt es bereits – das Verkaufen von Produkten soll unterstützt
werden. Spontankäufe sollen initiiert werden. Typische Aktionsmittel sind
beispielsweise Vorzugspreise für das Vernissagepublikum (zehn Prozent
Preisnachlass am Eröffnungsabend). Da sich Preise niemals nach unten bewegen dürfen, um das bereits gewonnene Sammlerpublikum nicht zu enttäu-
schen, wird dieses Mittel nur in der Selbstvermarktung, nicht im Galeriebetrieb angewandt.

Public Relations (→ Kapitel 3.5.5 *Marketingpolitiken*)
Unter Public Relations ist das Management der Kommunikation des Künstler-
Unternehmens mit seinen Bezugsgruppen zu verstehen. Vermittelt werden
sein Selbstverständnis, aber auch seine Ziele, Interessen, Verhalten. Public-
Relations-Ziel ist es, das Fremd-Image muss möglichst nah an die gesteckten
Corporate-Identity-Ziele herangeführt werden, Ist- und Soll-Zustand sollen
angeglichen werden.

Instrument 3: Corporate Behaviour

Für Künstler wie Meese gibt es das Wort »Verhalten« nicht. Er sagt, ein Künstler sei das, was er ist. Meese spricht dabei von Authentizität im künstlerischen Sinn. Aber wenn der Künstler Unternehmer am Markt wird, dann muss
er sein unternehmerisches Verhalten reflektieren. Ein »Leben« nach den eigenen Grundsätzen, also eine Bezeichnung für das unternehmerische Verhalten ist das Corporate Behaviour. Es tritt intern und extern zutage, z.B. im
Handeln gegenüber Künstlerkollegen, im Verhalten gegenüber Marktpartnern, in sozialen oder gesellschaftlichen Einstellungen (*Werden die Spielregeln
mit Galerien eingehalten? Oder wird inoffiziell übers Atelier verkauft?*). Nur
schlüssiges und stimmiges Verhalten wird langfristig zum Erfolg führen. Dass
das Verhalten als Künstler und Unternehmer schließlich ein Konglomerat bilden, ist nachvollziehbar.

3.5 Der »klassische« Marketing-Management-Prozess

In der Regel werden die Waren, die Künstler auf dem Kunstmarkt offerieren, zunächst produziert und dann angeboten.[14] Aber das Vermarkten fertiggestellter Waren stellt viele Künstler vor große Probleme. Oft verhält es sich so: *Produzieren, Produzieren, Produzieren!* Wenn das Atelier eines Tages überquillt und der Lagerplatz eng wird, heißt es: *Verkaufen, Verkaufen, Verkaufen!* An diesem Punkt soll nun angesetzt werden. Es wird eine Einführung in die Welt des Marketing gegeben. Insbesondere seine Instrumente, die der Künstler zur Positionierung auf dem Kunstmarkt anwenden kann, werden vorgestellt, damit das Ziel *Verkaufen, Verkaufen, Verkaufen!* Realität wird.

Marketing-Management ist eine besondere Form des Managements. Der Marketing-Management-Prozess stellt ein Instrumentarium zur Strategieplanung bereit. Es basiert auf den klassischen Management-Modulen »Zielsetzung«, »Planung«, »Entscheidung«, »Realisierung« und »Kontrolle«. Wenn ein professioneller Plan gemacht wird, *bevor* es an die Umsetzung geht, wachsen die Chancen auf Erfolg.

Was ist Marketing?

»Marketing hat die Aufgabe, unter Einsatz aller verfügbaren Instrumente Strömungen des Marktes zu erkennen, aufzugreifen und auf Angebote zu übertragen« (Herbst 2003: 26).

»Marketing ist ein Prozess im Wirtschafts- und Sozialgefüge, durch den Einzelpersonen und Gruppen ihre Bedürfnisse und Wünsche befriedigen, indem sie Produkte und andere Dinge von Wert erzeugen, anbieten und miteinander austauschen« (Kotler/ Bliemel 2001: 8).

»Marketing ist nicht einfach Werbung. Nicht das Produkt steht im Vordergrund, sondern die Vorstellungen, die von ihm in unseren Köpfen herumgeistern. Die Vorstellungen, die wir von einer Sache haben, werden von uns oft als die einzig gültige Wahrheit angesehen. Mit Marketingmethoden wird versucht, die Vorstellungen, die wir von einer Sache haben, zu beeinflussen« (Zimmermann 1995: 13).

Das Produkt bleibt was es ist: Kunst als Handelsware. Aber die Verpackung, das Konstrukt um die Kunst herum, der Inszenierungswert ist das Entschei-

---

14 Wenn die angebotenen Waren einen gewissen Aufmerksamkeitspool und Absatzmarkt erschlossen haben, werden auch Waren direkt für den Markt produziert: Auftragskunst, Kunstmarktkunst.

dende. Marketing fokussiert den Blick damit auf den Markt, speziell auf die Käufer. Der Markt soll erforscht werden – und mit einem speziellen Instrumentarium soll auf ihn eingewirkt werden. Marketing heißt: neue Chancen erkennen und nutzen sowie ein professionelles Konstrukt zum Verkaufen bauen. Dabei stehen die Transaktionen, also der Waren- und Geldaustausch, sowie die Zielgruppen und die Kommunikation mit ihnen im Mittelpunkt.

Wenn der Künstler seinen Marketingprozess im Selbstmanagement allein plant, realisiert und kontrolliert, dann tritt er als Personalunion auf; er ist Produzent und Vermarkter. Deshalb wird auch von Selbstvermarktung gesprochen.

Selbstvermarktung

Der Begriff der Selbstvermarktung existiert im eigentlichen Sinne nicht und wird in der Fachliteratur doch recht häufig verwendet. Hirsch (2001: 8) definiert ihn so:

»Selbstvermarktung ist eine Bezeichnung für sämtliche aktive und zielgerichtete Maßnahmen, die ausschließlich durch den Künstler selbst initiiert werden und dazu nutzen, seine Präsenz in der Öffentlichkeit, zur Bekanntmachung und Schaffung weiterer öffentlicher Profilierungsmöglichkeiten, zu steigern, einschließlich der Aktivitäten, die dazu dienen, professionelle Vermarkter auf sich aufmerksam zu machen. Im weiteren Sinne entspricht der Begriff der Selbstvermarktung dem Aufbau und der Entwicklung einer eigenen Marke.«

Der Marketing-Managementprozess

Der Marketing-Managementprozess wird zunächst in seinen Phasen vorgestellt. Er ist ein Instrument, das Vorschläge für Handlungsstrategien liefert. Jeder Künstler ist gefordert, ein individuelles Konzept für seine Situation zu entwickeln. Um Entscheidungen für persönliche Strategien zu treffen, bedarf es zunächst einer detaillierten Analyse der persönlichen Struktur.

Der Marketing-Management-Prozess in Anlehnung an Klein (2001: 95)

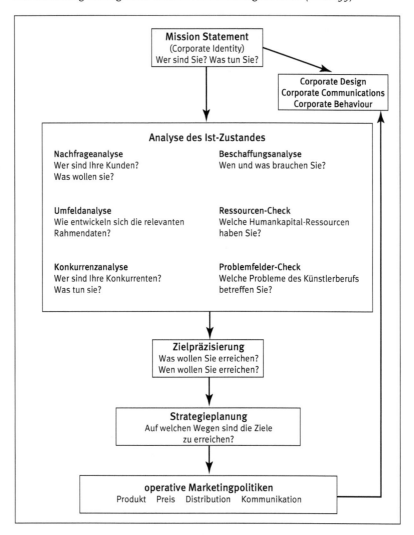

3.5.1 Mission Statement

Das Mission Statement aus Marketingperspektive
Mit dem in → Kapitel 3.4 (*Identitätskatalysator, Imagedesigner, Markenmacher*) erarbeiteten Mission Statement wird eine Grundlage für den Marketing-Management-Prozess geschaffen. Denn ein Selbstverständnis mit Zielen und Wünschen ist die Grundlage für erfolgreiches Marketing. Folgende Fragen machen es möglich festzustellen, ob Ihre Formulierung allgemeingültig ist, um über einen längeren Zeitraum Bestand zu haben. Andererseits müssen

Sie das Mission Statement individualisieren. Es wird der »rote Faden« im Marketing.

- **Wer** sind Sie?
- **Was** wollen Sie?
- **Warum** wollen Sie es?
- **Wie wollen** Sie es machen?
- **Wow**! Worin das Besondere, das Neue, das noch nie Dagewesene, besteht.

Ergänzende Fragen:
- Wie wollen Sie auf andere wirken?
- Wofür stehen Sie? Woran glauben Sie? Warum tun Sie das, was Sie tun?

Die Antworten auf die zahlreichen Fragen, die nur als Orientierungspunkte zur Annäherung dienen, sollten in schriftlicher Form knapp fixiert werden. Die Antwort sollte maximal aus drei Sätzen bestehen – aus dem → Kapitel 2.3 (*Mechanismen: Der »alte« und der »neue« Kunstmarkt*) wissen Sie, dass Charles Saatchi die Einzeiler favorisiert. Wenn Sie Ihr Statement auf einen Dreizeiler oder -sätzer bringen, wird dies eine erste Annäherung sein, die sich möglicherweise zunehmend komprimieren lässt. Machen Sie sich an dieser Stelle deshalb noch einmal die Spielregeln des Kunstmarktes[15] bewusst.

Regeln für den Markteinstieg

1. **Etwas Neues bieten** und damit als Erster in der Öffentlichkeit Aufmerksamkeit bekommen. Das Neue kann irgendetwas Innovatives, Unerwartetes, Unerklärliches, Phänomenales, Spektakuläres, Außerordentliches, nie Dagewesenes, am besten ein völlig neuer Weltblick sein. Aber zugleich darf das Neue nicht völlig losgelöst auftauchen. Es muss Bezug auf Stile, Epochen, Trends nehmen, die bereits Furore machen oder gemacht haben.
2. **Anders als die Anderen sein. Leicht wiedererkennbar sein. Leicht zu verstehen sein.** Das persönliche Kennzeichen, das Al-

---

15 Die in → Kapitel 2.3 (*Mechanismen: Der »alte« und der »neue« Kunstmarkt*) genannte erste Regel »*Jung sein*« wird an dieser Stelle bewusst ausgeklammert. Denn unser biologisches Alter können wir nicht beeinflussen. Es soll um die marketingimmanenten, beeinflussbaren Bestandteile gehen.

leinstellungsmerkmal, auch *fingerprint* genannt, ist existenzielle Marktbedingung. Allerdings funktioniert die Wahrnehmung mit einer langfristigen Einprägung beim Zielpublikum nur, wenn es leicht wiedererkennbar und leicht zu verstehen ist. Alles, was mehr als einen Einzeiler benötigt, um kommuniziert zu werden, hat in dieser Gesellschaft nur schwer eine Chance. Wir kennen alle den Maler, der die Bilder auf den Kopf gestellt hat, und wir kennen die Künstlerin, die starke Frauen mit Küchenmessern in der Hand malt. Aus Ihrem Mission Statement muss hervorgehen, wie Ihr Publikum Sie in fünf Jahren sehen soll.

3.5.2 Der Ist-Zustand

Ein klares Verständnis der **Ausgangslage** ist die Basis einer effizienten Marketing-Planung. Deshalb müssen die wesentlichen Informationen über die derzeitige Situation des Künstler-Unternehmens und seiner Umwelt beschafft, aufbereitet und analysiert werden. Je fundierter und ehrlicher diese Informationen von Ihnen erarbeitet werden, desto größer ist die Wahrscheinlichkeit, bei den nachfolgenden Planungsschritten die richtigen Entscheidungen zu treffen.

Die Beschreibung und Bewertung persönlicher Ist-Zustände wird anhand folgender Analysen vorgenommen: Nachfrageanalyse, Umfeldanalyse, Konkurrenzanalyse, Beschaffungsanalyse, Ressourcen-Check, Problemfelder-Check. Gehen Sie jeweils in ein persönliches *brainstorming*. Versuchen Sie aber auch, sich mit Freunden, Kollegen und im Team über die Fragen auszutauschen.

Die **Nachfrageanalyse** wird auch **Zielgruppenanalyse** genannt.

- Wer sind Ihre Zielgruppen?
- Was wissen Sie über Ihre Zielgruppen (z.B. Einkommen, Bildungsstand, Freizeitverhalten ...)
- Wie verhalten sich die einzelnen Zielgruppen?
- An welchen Orten halten sie sich primär auf?
- Welche Einstellungen, Motive, Verhaltensweisen haben sie?
- Welche Bedürfnisse haben sie?

Die Beantwortung dieser Frage hat mit »Forschen« zu tun. Seien Sie ein Marketingforscher, und erforschen Sie soviel wie möglich über Ihre Zielgruppen.

Je mehr Informationen vorliegen, desto erfolgversprechender wird Ihre Marketingplanung werden.

Die **Umfeldanalyse** erforscht die relevanten Rahmenbedingungen für das Unternehmen. Von besonderer Bedeutung für den Künstler sind Veränderungen in der sozialen und kulturellen Umwelt, z.B. demografische Entwicklungen, steigendes Bildungsniveau oder zunehmende Freizeit. Diese und andere Entwicklungen stellen den Bedingungsrahmen für den Wandel der Werte, Einstellungen und Verhaltensweisen der Nachfrager und Ausstellungsbesucher dar. Zu den wesentlichen Faktoren einer Umfeldanalyse gehören

- soziodemografische Entwicklungen,
- Daten zur Bildung und Einkommensentwicklung,
- wirtschaftliche Daten,
- technische Entwicklungen,
- politische und rechtliche Rahmenbedingungen,
- Informationen zum Freizeitverhalten und
- weitere Faktoren, z.B. Entwicklung des Internets.

Besonderheiten der Kunstmarktentwicklung wurden bereits in → Kapitel 2.6 (*Gesellschaftswandel. Marktwandel. Tendenzen*) aufgezeigt. Forschen Sie im Internet und in den Medien jedoch permanent nach weiteren Trends, Strömungen und Entwicklungen. Alles ist im beschleunigten Wandel, und Ihr Marketing kann nur erfolgreich sein, wenn Wandlungsprozesse für Sie transparent sind, sodass Sie stets Ihre Chancen und Risiken kurzfristig abklären und reagierende Handlungsstrategien entwickeln können.

Der Künstler muss seine **Konkurrenz analysieren** und sammelt dabei Infos über die wirklichen Konkurrenten.

- Wer sind die Konkurrenten?
- Wie verhalten sie sich?
- Was bieten die Konkurrenten im Vergleich zu Ihnen an?
- Wie groß ist der Einfluss der Konkurrenten auf die Nachfrage Ihrer Kunst?
- Was können Sie von den Konkurrenten lernen?
- Was machen Sie besser als Ihre Konkurrenz?

Die **Beschaffungsanalyse** bezieht sich auf sachliche, finanzielle, personelle Mittel.

Sachliche Mittel sind z.B. die Künstlermappe, der Internetauftritt und technische Ausrüstung, finanzielle Mittel sind z.B. Geldgeber für ein bestimmtes Projekt, personelle Mittel sind z.B. Kunstwissenschaftler, Unternehmensberater, Kontakt zu einem *opinion leader* ...

Wen und was brauchen Sie? Wie können Sie es beschaffen?

Der **Ressourcen-Check** untersucht die Leistungsstärke des Künstlers, seine vorhandenen Ressourcen. Stärken und Schwächen werden gegenübergestellt, um letztendlich Erfolgschancen zu beurteilen. Erst wenn man sich die eigenen Stärken und Schwächen bewusst gemacht hat, kann man sie jeweils zum Positiven verändern.

Der Ressourcencheck bezieht sich auf Bourdieus Humankapitaltheorie (→ Kapitel 2.2.1 *Kunst und Gesellschaft*). Die ökonomischen, sozialen und kulturellen Ressourcen in Verbindung mit Macht und Prestige werden hinterfragt. Außerdem sollen die eigenen Aufmerksamkeitskapitalressourcen gecheckt werden.

Ressourcencheck: Welche Vor- und Nachteile ergeben sich aus folgenden Ist-Zuständen?

Ökonomische Ressourcen
Das Werk/Die Leistungen
- vorhandene Werke
- abrufbare Leistungen

Die Finanzen
- jährliche Einnahmen durch Kunst
- jährliche Einnahmen
- jährliche Ausgaben durch Kunst
- Kosten Privat (fix und variabel)

Das Atelier
- Eigentum/Miete
- Aura

Soziale Ressourcen
Verbindungen zu
- Kunstvermittlern (Galerien, *art consultants* ...),
- Nachfragern (privat und Unternehmen),
- Künstlerkollegen,

- Kuratoren, Museumsentscheidern,
- Kunstkritikern, Kunstjournalisten, Journalisten,
- Kunstwissenschaftlern,
- Kunstvereinen,
- Kulturämtern,
- *opinion leaders*

Bedeutung der Verbindungen bewerten (»*Galerie ist nicht gleich Galerie*«)!

Zugehörigkeit zu
- Kunstvereinen,
- Freundeskreisen, z.B. von Museen,
- Einladungsverteilern gesellschaftlichen Lebens,
- Sozialen Gruppen um anerkannte Künstler oder VIPs: privat oder beruflich, z.B. »Assistent von Rebecca Horn«,
- berühmten Schulen (Alumnistatus), z.B. *Universität der Künste Berlin, Goldsmiths College London,*
- Künstlerfamilien, Adelsfamilien.

Bedeutung der Zugehörigkeiten bewerten (»*Kunstverein ist nicht gleich Kunstverein*«)!

Kulturelle Ressourcen
(Aus-)Bildung
- Know-how der künstlerischen Arbeit
- Kunstmarkt-Know-how
- Management-Know-how

Eigene Veröffentlichungen
- z.B. Bücher

Titel
- z.B. »Meisterschüler«/*Steigerung:* »Meisterschüler von Georg Baselitz«

Bedeutung der Ressourcen bewerten (»*Meisterschüler ist nicht gleich Meisterschüler*«)!

Aufmerksamkeitsressourcen
- *Referenzen öffentlicher/privater Anerkennung*

Bedeutung der Aufmerksamkeit bewerten (»*Kunstpreis ist nicht gleich Kunstpreis*«)!

Machtressourcen
- Begleitung von Ämtern
- Zugehörigkeit zu Gremien, Jurys ...

Bedeutung der Zugehörigkeiten bewerten (»*Amt ist nicht gleich Amt*«)!

Problemfelder-Check

Welche Vor- und Nachteile ergeben sich aus folgenden Ist-Zuständen?
Von welchen klassischen Künstler-Problemfeldern sind Sie betroffen?

Zeitmanagement: Organisation des dreifachen Arbeitstages
- künstlerische Produktion
- Selbstvermarktung
- Tätigkeit zur Existenzsicherung

Rahmenbedingungen der Produktion
- Ateliersituation
- Inspiration
- weitere Probleme (Material, Kinderbetreuung)

Präsentation
- Präsentationsmaterial (Karten, Kataloge, Mappen)
- Präsentationserfahrungen (Termine, Ausstellungen in Eigenregie)
- Ausstellungen in Eigenregie

Vermarktung
- Maßnahmen und Aktivitäten der letzten drei Jahre
- Wirkung (Erfolg/Misserfolg) dieser Maßnahmen

weitere Probleme

Beide Checklisten sollten um individuelle Fragestellungen ergänzt werden.

Nachdem eine umfangreiche, erste Skizze Ihres Ist-Zustandes anhand des Mission Statements und verschiedener Analysen aufgezeigt wurde, steht die Zielpräzisierung im Mittelpunkt.

3.5.3 MARKETINGZIELE

Im Mission Statement wurde Ihr großes Ziel, die Vision, mit Fokussierung auf die künstlerischen Inhalte bereits angesprochen. Die Analysemodule haben

Stärken, Schwächen, Probleme, Ressourcen, Determinanten der Nachfragesituation sowie Beschaffungsanforderungen geklärt, sodass Sie wissen, wie realistisch oder unrealistisch, wie kurz- oder langfristig das Erreichen Ihres großen Zieles sein wird. Welche Teilziele und marketing-orientierten Ziele sind nun aber notwendig, um die Vision umsetzen zu können?

Marketingziele sind Orientierungs- und Richtgrößen für künftige Aktivitäten des Künstlers. Sie legen fest,

- was mit Marketing erreicht werden soll,
- wieviel davon erreicht werden soll und
- wann es erreicht werden soll.

Zielinhalt, -ausmaß und -periode müssen möglichst präzise und eindeutig bestimmt werden. Die Fixierung von Zielen macht nur Sinn, wenn kontrolliert werden kann, ob diese Ziele auch verwirklicht werden. Kontrolle aber setzt voraus, dass die Ziele messbar sind und die notwendigen Messinstrumente zur Verfügung stehen. Nach der Festlegung der Marketingziele sind die grundlegenden Strategien für ihre Verwirklichung zu entwickeln. Bildlich gesprochen: Wenn das Ziel der Ort ist, an den man gelangen möchte, so ist die Strategie der einzuschlagende Weg, auf dem man den Wunschort erreichen will. Um die günstigste Route herauszufinden, ist es sinnvoll, zunächst mehrere Alternativen zu formulieren. Die alternativen Strategien werden dann in Hinblick auf

- Durchführbarkeit,
- gesellschaftspolitische Konfliktträchtigkeit,
- Wirtschaftlichkeit,
- zeitliche Dauer etc.

geprüft und bewertet. Die schließlich gewählte Strategie umreißt die Stoßrichtung des Vorgehens beim Einsatz der Marketinginstrumente. Sie legt beispielsweise fest, welche Zielgruppen angesprochen werden sollen, wo der Schwerpunkt der eingesetzten Instrumente liegen soll etc.

Marketinginstrumente umfassen Maßnahmen der Produkt-, Distributions-, Preis- und Kommunikationspolitik, auf die später noch detailliert eingegangen werden soll.

Die Realisierung konkreter Marketingziele ist in der Regel jedoch nicht das Ergebnis einzelner Instrumente, sondern Resultat des Marketingmix. Darunter versteht man den kombinierten und koordinierten Einsatz verschiedener Instrumente.

Zielpräzisierung

Legen Sie ein zu Ihrem Mission Statement passendes langfristiges Marketingziel fest (Marketingvision)!

- z.B. Inhalt, Ausmaß, Periode:

  Ab ... kann ich meinen Lebensunterhalt (in Höhe von ...) aus meinem Künstler-Unternehmen bestreiten.

  Ab ... möchte ich monatlich 2.000 € mit meinem Künstler-Unternehmen verdienen.

  Ab ... möchte ich meine Werke international verkaufen und damit mindestens ... € Umsatz jährlich erzielen.

Legen Sie praktische langfristige Zielsetzungen fest!

- Bezugnahme auf Werk, Preis, Distribution, Kommunikation:

  Ich möchte mit meinen Werken ab dem ... in einer Galerie vertreten sein. Folgende Galerien kommen dafür in Frage: ...

Legen Sie mittel- und kurzfristige Zielsetzungen fest!

- z.B. regelmäßige Vernissagebesuche bei Veranstaltungen der Richtung ..., Termin ..., Termin ...; Anlegen einer Kundenkartei; Anlegen eines Presseverteilers; *directmailings* zu jeder Ausstellung an verschiedene Zielgruppen

Beantworten Sie insbesondere in den Zielpräzisierungen folgende Fragen:

- Welcher Inhalt soll genau angestrebt werden (z.B. definierte Imageveränderung, definierter wirtschaftlicher Erfolg ...)?
- Bis zu welchem Grad soll die Zielvorstellung erreicht werden (z.B. Einnahmesteigerung um mindestens fünf Prozent)?
- In welchem Zeitraum soll Ihr Ziel erreicht werden?
- Welche Aufgaben ergeben sich aus den Zielen (Arbeitsaufgaben strukturieren und schriftlich fixieren)?

Beachten Sie weiterhin folgende Momente bei der Zielfestlegung:

- Gestalten Sie Ziele erreichbar![16]
- Formulieren Sie einfach, knapp und schriftlich!
- Beschreiben Sie Teilziele detaillierter!
- Leiten Sie Arbeitsaufgaben aus den Teilzielen ab!
- Fixieren Sie diese schriftlich und setzen Sie ein Zeitziel dafür fest!

3.5.4 STRATEGIEPLANUNG

Es bedarf geschickter Strategien, um die definierten Ziele umzusetzen. Strategien beschreiben die »W-Fragen« des Marketings: Wie welche Mittel wo und wann eingesetzt werden. Es geht um die strategische Lenkung der Positionierung auf dem Kunstmarkt. Die Kernfrage heißt:

> Wem werden wo und wie und wann welche Waren oder Leistungen angeboten?

Für das Forschen rund um die Menschen, die Sie ansprechen möchten, sollen an dieser Stelle die Sinus-Milieus vorgestellt werden.

Zielgruppenforschung: Die Sinus-Milieus

Die Sinus-Milieus sind Basis-Zielgruppen für das Marketing, die sich bereits in den unterschiedlichen Märkten bewährt haben. Sie sind eine ganzheitliche Milieu-Typologie des Marktforschungsinstituts *Sinus Sociovision* aus Heidelberg, nach der die Gesellschaft nach Lebensstil und sozialer Schichtung eingeteilt wird. Das ursprüngliche Modell beruht auf dem Konzept der Lebensweltforschung. Bei der Definition der Milieus handelt es sich im Unterschied zur traditionellen Schichteinteilung um eine inhaltliche Klassifikation. In die Sinus-Milieus gehen grundlegende Wertorientierungen ebenso ein wie Alltagseinstellungen (zur Arbeit, zur Familie, zur Freizeit, zum Konsum). Die Grenzen zwischen den Milieus sind dabei fließend, sie sind durch Ähnlichkeiten zwischen den Milieus und durch Übergänge gekennzeichnet. So lassen sich die einzelnen Milieus auch tendenziell in Obergruppen zusammenfassen. Die Milieus dokumentieren unterschiedliche Zugänge zu den Medien, verschiedene Interessen und Erwartungen und damit auch Sparteninteressen.

Die Sinus-Milieus stellen eine bewusste Abkehr von formalen demografischen Kriterien wie Schulbildung, Beruf oder Einkommen dar. Ihnen liegt die

---

16 Wenn Ziele zu hoch gesteckt werden, frustrieren sie nur.

Einsicht zugrunde, dass soziodemografisch gleiche Menschen sich in ihren Präferenzen, Einstellungen und Verhaltensweisen sehr voneinander unterscheiden können und damit zwei völlig verschiedenen Zielgruppen angehören können. Die Sinus-Milieus fassen also Menschen zusammen, die einander in Lebensauffassung und Lebensweise ähneln. Man könnte die Milieus als »Gruppen Gleichgesinnter« bezeichnen; denn die Vorlieben für bestimmte Marken und der Konsum bestimmter Produkte werden nicht nur von soziodemografischen Merkmalen, sondern auch vom Lifestyle der jeweiligen Gruppen, von Wertorientierungen und ästhetischen Präferenzen beeinflusst.

Die Sinus-Milieus sind für strategische Marketingentscheidungen interessant, weil sie sowohl die soziale Lage als auch die grundlegenden Mentalitäten von Konsumenten reflektieren. Seit 2002 werden im Wesentlichen für Deutschland vier Lebenswelt-Segmente unterschieden:

- die gesellschaftlichen Leitmilieus: Etablierte, Postmaterielle und Moderne Performer,
- die traditionellen Milieus: Konservative, Traditionsverwurzelte, DDR-Nostalgische,
- die Mainstream-Milieus: Bürgerliche Mitte, Konsum-Materialisten,
- die hedonistischen Milieus: Experimentalisten, Hedonisten.

*Sinus-Milieus (Quelle: www.sinus-milieus.de,
Sinus Sociovision GmbH, Heidelberg)*

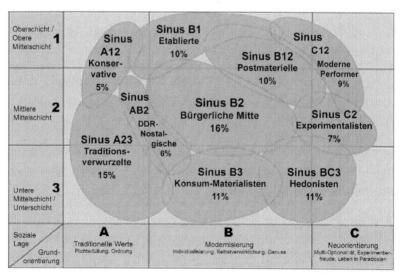

Kommentar zur »Kartoffel-Grafik«: Sie verortet die Milieus: Von oben nach unten: Nach sozialer Lage in Schichten, auf der Grundlage von Alter, Bildung, Beruf und Einkommen

– Von links nach rechts: Nach der Grundorientierung, in einem Spannungsbogen von traditionell bis postmodern. Oben sind die gesellschaftlichen Leitmilieus angesiedelt, am linken Rand die traditionellen Milieus, in der Mitte die Mainstream-Milieus und rechts die hedonistischen Milieus.

Folgender Ausschnitt zeigt eine Kurzcharakteristik von fünf Sinus-Milieus. Es handelt sich um Gruppen Gleichgesinnter, die jeweils auf eine sehr eigene Weise als potenzielle Privatnachfrager für unterschiedliche Kunstwerke in Frage kommen.

Etablierte, das selbstbewusste Establishment
Kurzcharakteristik: Erfolgsethik, Machbarkeitsdenken und ausgeprägte Exklusivitätsansprüche, Wert wird auf die »feinen Unterschiede« (Pierre Bourdieu) gelegt, Kunst gehört zum Lebensgenuss, Konsumkriterien: edel und besonders, das Genießen von Luxusgütern gehört zum Lifestyle, mittlere Altersgruppen ab 30 Jahre, Schwerpunkt: 40 bis 60 Jahre alt, überdurchschnittlich hohes Bildungsniveau, leitende Angestellte, höhere Beamte und Selbstständige, Unternehmer, Freiberufler, hohe bis höchste Einkommensklassen.

Moderne Performer, die junge unkonventionelle Leistungselite
Kurzcharakteristik: Intensives Leben – beruflich und privat, Multioptionalität, Flexibilität und Multimedia-Begeisterung, kunstbegeistert: Lust auf das Besondere, gern anspruchsvolles »Multikulti«, dafür geben sie viel Geld aus, Altersschwerpunkt: unter 30 Jahre, hohes Bildungsniveau, Selbstständige, Freiberufler und qualifizierte und leitende Angestellte, hohes eigenes Einkommen oder gut situierte Elternhäuser.

Postmaterielle, das aufgeklärte Nach-68er-Milieu
Kurzcharakteristik: Liberale Grundhaltung, postmaterielle Werte und intellektuelle Interessen: Literatur, Kunst und Kultur, kaufen selektiv, mit hoher Kennerschaft, kein Prestigekonsum, in allen Altersgruppen ab 20 Jahre anzutreffen, Abitur- und Studienabschlüsse, qualifizierte und leitende Angestellte, Beamte, Freiberufler, auch Schüler und Studenten, hohes Einkommensniveau.

Experimentalisten, die extrem individualistische neue Bohème
Kurzcharakteristik: Ungehinderte Spontaneität, Leben in Widersprüchen, Selbstverständnis als Lifestyle-Avantgarde, Interesse an Musik, Kunst, Kultur, Filmen, Büchern, konsumieren gern spontan und Ungewöhnliches, Altersschwerpunkt unter 30 Jahren, gehobene Bildungsabschlüsse, Angestell-

te, Selbstständige, Freiberufler, viele Personen ohne eigenes Einkommen: »Söhne und Töchter« gut situierte Elternhäuser.

Bürgerliche Mitte, der statusorientierte moderne Mainstream
Kurzcharakteristik: Streben nach beruflicher und sozialer Etablierung, nach gesicherten und harmonischen Verhältnissen, sie investieren viel in ihre Wohnungsausstattung (»rotes Bild über rote Couch«), 30 bis 50 Jahre, qualifizierte mittlere Bildungsabschlüsse, einfache/mittlere Angestellte und Beamte, Facharbeiter, mittlere Einkommensklassen.

- Forschen Sie weiter an diesem Thema. Werfen Sie auf der unten genannten Homepage der *SevenOne Media GmbH* einen Blick in die Wohnzimmer der zehn Sinus-Milieus in Deutschland.
- In welchen Wohnzimmern soll Ihre Kunst zu Hause sein?
- Welche »Bewohner« möchten Sie gern auf Ihrer Vernissage begrüßen?

Linktipp: *appz.sevenonemedia.de/download/publikationen/1118-03_Sinus_Folder.pdf*

Wenn Unternehmensnachfrager im Mittelpunkt Ihrer Überlegungen stehen, erforschen Sie Unternehmenswelten. Wagner (1999) und Kulak/Gößl (1997) liefern hilfreiche Sichtweisen.

Nachdem Klarheit darüber besteht, wen Ihre Angebote erreichen sollen, muss die Positionierung Ihrer Produkte/Leistungen auf dem Markt an sich festgelegt werden.

- Wollen Sie sich auf einem oder mehreren Märkten bewegen?
- Bieten Sie ein bestimmtes Produkt (z.B. Malereien) an oder mehrere? Handelt es sich vielleicht um eine Kombination aus Produkten und Dienstleistungen?

Je homogener Ihr Angebot, desto homogener Ihr Marketing. Je heterogener es ist, desto vielschichtiger müssen Marketingstrategien ausgearbeitet werden. Der Marketing-Management-Prozess muss für jedes Produkt und jede Leistung individuell durchlaufen werden, denn es macht einen großen Unterschied, ob der reiche Werkfundus als Mietangebot an eine Zielgruppe herangetragen werden soll oder ob einzelne Malereien im Preissegment zwischen 2.000 und 5.000 € verkauft werden sollen. Jedes Produkt hat seinen Markt; jede Leistung hat ihren Markt.

Ein weiteres Beispiel: Ein Künstler kann freie Malerei für Privatnachfrager

(Markt 1) und Unternehmensnachfrager (Markt 2) sowie Auftragsarbeiten für Privatnachfrager (Markt 3) und Unternehmensnachfrager (Markt 4) anbieten.

Notieren Sie Ihre Angebote und Märkte!

3.5.5 Marketingpolitiken

Marketingpolitiken sind Instrumente, mit denen auf Märkte eingewirkt wird, um die Marketingziele zu erreichen. Zu betrachten sind die *Produkt-, Preis-, Distributions-* und *Kommunikationspolitik*. Die Gesamtheit der angewendeten Politiken wird *Marketing-Mix* genannt.

3.5.5.1 »Zusatznutzen verkaufen« – Die Produktpolitik

Der Begriff »Produkt« wird hier im weitesten Sinne verwendet. Produkte sind alle materiellen und immateriellen Leistungen, die zum Erwerb, zum Konsum oder als Objekt der Aufmerksamkeit angeboten werden. Der Begriff umfasst also nicht nur konkrete Gegenstände, sondern auch Dienstleistungen, Organisationen, Personen, Orte und Ideen. Produkte sind die Basis jeder Marketing-Konzeption. Die Produktpolitik des Künstlers bezieht sich auf die Gestaltung des Angebotes seiner Werke und Leistungen, gegebenenfalls unter Berücksichtigung der Wünsche und Bedürfnisse der Nachfrager und der Fachöffentlichkeit.

Welche Produkte sollen angeboten werden?
Diese Frage ist zentral für die Produktpolitik. Erst wenn sie beantwortet ist, können weitere Überlegungen gemacht werden. Folgendes Ideenportfolio soll zeigen, wie vielfältig Produkte und Leistungen sein können, die Künstler anbieten.

Produkte:
- freie, materielle Werke
- Tafelbilder
- Auflagendrucke
- Skulpturen
- Installationen
- Skizzenbücher
- Objekte
- Merchandising-Artikel
- freie, immaterielle Werke
- Performances

- zudem können freie und angewandte Werke als *Aufträge* angeboten werden.

Leistungen
- Ausstellungsmanagement
- Workshops, Vorträge
- Übertragung von Nutzungsrechten, z.b.
  - Vermietung von Kunstwerken
  - Bildschirmwiedergabe
  - Abdruck in Büchern und Broschüren
  - Abdruck auf Kassetten und Tonträgerhüllen
  - Abdruck in Werbebroschüren und Prospekten
  - Abdruck in Zeitschriften
  - Reproduktionen für Werbe- und Dekorationszwecke: Messen, Schaufenster, Großplakatflächen usw.
  - Ausstrahlung in Fernsehsendungen

Jedes Produkt und jede Leistung benötigt ein Alleinstellungsmerkmal, durch die es/sie sich von der Konkurrenz abhebt. Insbesondere der Markteintritt für den jungen Künstler bleibt ohne diese Konsequenz verwehrt. Das Alleinstellungsmerkmal kann später differenziert werden, so wie Picasso seine Schaffensperioden differenzierte. Ein völliger Wechsel, ein Bruch mit den vorangegangenen Produkten wird erst dann möglich, wenn ein großer Markt aufgebaut wurde. Wobei zu bedenken ist, dass im 21. Jahrhundert die meisten Künstlerkarrieren nur so kurze Zeit andauern, dass in der Regel für Produktinnovationen kaum Zeit bleibt.

Erfolgreiche Marketingprofis zeichnen sich dadurch aus, Perspektivwechsel vollziehen zu können. Denn der Nachfrager von Kunst möchte eine Ware oder Leistung, von der er sich für seine konkrete Welt, einen oder mehrere Nutzenaspekte verspricht. Marketing kreist also um den Nutzen der Nachfrager, nicht um den Nutzen der Produzenten oder Vermittler. Ein erworbenes Bild, um beim Klassiker der Beispiele zu bleiben, ist ein Mittel zur Befriedigung von Bedürfnissen und zur Erfüllung von Wünschen. Eine marketing-gemäße Produktkonzeption ist darauf gerichtet, eben diesen Nutzen herauszustellen. Dabei ist zu beachten, dass jedes Angebot, das offeriert wird, aus einem Kernangebot und einem Zusatzangebot besteht.

Wenn ein Bild verkauft werden soll, dann besteht das Kernangebot aus dem Erwerb des Werkes darin, ästhetische Bedürfnisse zu befriedigen. Als Zusatzangebote zählen die besonderen Leistungen, die um das Kernangebot herum erstellt werden, um Letzteres attraktiver zu gestalten, z.B. eine Vernissage als gesellschaftlicher Rahmen mit Zusatznutzen-Optionen für den Nachfrager: so kann dieser etwa darin bestehen, gesellschaftliches Ansehen zu genießen, Abwechslung und intellektuellen Austausch sowie Vertiefung in Kunst zu suchen, andere Kunstinteressierte, Gleichgesinnte oder VIPs zu treffen, zu sehen und gesehen zu werden.

Nutzenerwartung beim Nachfrager heißt auch, einen Zusatznutzen und Vorteile wahrnehmen können: »Wenn ich auf Veranstaltung xyz gehe, treffe ich abc, wenn ich zu uvw gehe, treffe ich hij. Wie entscheide ich mich?« Wenn also VIPs aus Politik, Kunst und Kultur für eine Vernissage gewonnen werden können, dann reicht es nicht, diesen Fakt am Vernissageabend dem Publikum freudestrahlend zu verkünden. Er muss im Vorfeld als Marketinginstrument eingesetzt werden, denn es handelt sich um einen Zusatznutzen für die Zielgruppen.

Auch Merchandisingartikel, bedruckt mit Kunstmotiven, oder Kunstdrucke können Instrument der Produktpolitik sein, können als begleitende Produkte des eigentlichen künstlerischen Werkes fungieren, um über den niedrigen Preis eine breite Streuung zu erzielen und Mittel zur Steigerung des Bekanntheitsgrades zu werden (vgl. Hirsch 2001: 49). Sie kommen dem Bedürfnis entgegen, eine Erinnerung an eine Vernissage oder einen Besuch beim Künstler auch in gegenständlicher Form mit nach Hause zu nehmen. Als Zusatznutzen, ausgerichtet an den Wünschen, Bedürfnissen und Erwartungen der Nachfrager, werden jedoch häufiger als breit streuende Zusatzprodukte folgende Angebote eingesetzt:

- Eventsituationen, Freizeiterlebnisse, Unterhaltungsmöglichkeiten, Gelegenheit zu Kommunikation und Geselligkeit (z.B. Vernissagen, Finissagen, Previews, *art lounges*, Kunstpartys, Kunstreisen, Atelierfeste, Führungen, Tage der offenen Tür),
- Bildungserfahrungen (Vorträge),
- Vergnügen an Neuem oder Sensationellem,
- Gewinn an sozialem Ansehen durch kulturelles *up-to-date*-Sein.

Notieren Sie zu Ihren Produkten und Leistungen jeweils den Kern- und Zusatznutzen für die Nachfrager!

3.5.5.2 »ZUR RICHTIGEN ZEIT AM RICHTIGEN ORT« – DIE DISTRIBUTIONSPOLITIK

Die Grundregel der Distributionspolitik heißt: das richtige Produkt am richtigen Ort zur richtigen Zeit zur Verfügung zu stellen. Man fragt sich also nach den richtigen Orten, Zeiten und Kanälen.

Vertriebskanäle

Die Angebote können direkt vertrieben werden; Produzent und Käufer wickeln das Geschäft untereinander ab. Dieser Fall tritt in der Selbstvermarktung am häufigsten ein. Ein weiterer Weg ist der indirekte Vertrieb, der zumeist eine gewisse Zeit parallel zum direkten Vertrieb verläuft.

Die Vertretung durch eine professionelle Galerie gehört zu den wichtigsten Vertriebszielen der meisten Künstler; für eine internationale Platzierung ist sie unumgänglich. Einige Ausnahmen bestätigen diese Regel und zeigen, wie man am Insidermarkt vorbeimarschieren, intensiv direkt vertreiben kann, um dann über entsprechend überzeugende Verkaufszahlen den Einstieg und die Anerkennung auf dem Insidermarkt zu bekommen. Den Weg »durch's Hintertürchen« ist z.B. Jim Avignon sehr erfolgreich gegangen.

Distributionspartner können nur selten mittelbar gefunden werden. Der unmittelbare Weg über das Kontaktnetz und Beziehungsmarketing ist der effektivste.

Vertriebsorte/-zeitpunkte

Als Vertriebsorte für den direkten Vertrieb kommen das Atelier, die Ausstellung, aber auch das Internet in Frage. In den letzten Monaten eines jeden Jahres werden in der Selbstvermarktung in der Regel die besten Geschäfte gemacht. Es bietet sich in dieser Zeit auch an, als Public-Relations-Maßnahme ein Werk oder Werke für Benefiz-Auktionen zu spenden. Darüber wird neues Publikum aufmerksam und kann unter Umständen über die Auktion hinaus für das Atelier oder eine Ausstellung gewonnen werden.

3.5.5.3 »WAS NICHTS KOSTET, IST NICHTS WERT« – DIE PREISPOLITIK

Die Preisbildungs- und Bewertungsfaktoren des Kunstmarktes wurden bereits in → Kapitel 2.5 (*Marktpreise: Preisbildung und Bewertung*) dargestellt.

Mit der Preispolitik wird Einfluss auf die Preise von Produkten und Dienstleistungen genommen. Der Preis eines Kunstwerkes wirkt als Wertschätzungsfaktor unmittelbar auf den Verkauf mit ein. Wenn ein Werk »billig« oder »günstig« ist, nicht viel kostet, dann wirkt dies nicht selten auf den Nachfrager unattraktiv. Immerhin ist Kunst ein Luxusgut. Für Luxusgüter gilt im Allgemeinen:

> Was nichts kostet, ist nichts wert!

Aber nicht nur der Luxusgüterkontext spielt eine Rolle. Auch ein weiterer Gedanke steht im Raum. Nur wenn Künstler dafür sorgen, dass ihre Werke zu

Lebzeiten viel kosten, haben sie gute Chancen, dass ihre Werke überleben, weil sie gehegt und gepflegt werden. Ein Käufer, der sehr viel für ein Werk ausgegeben hat, wird dafür sorgen, dass Multiplikationseffekte eintreten, indem er viel darüber kommuniziert und das Werk »weiterträgt«. Er wird zum *opinion leader* für den Künstler. Der Künstler muss also alles dafür tun, dass seine Werke recht hochpreisig gehandelt und damit exzellent behandelt werden.

Der Wert des Künstlers für die Gesellschaft

Im Rahmen gesellschaftlicher Konventionen ist es undenkbar, dass ein Musiker ein Musikstück für die Gesellschaft ohne Entgelt vorträgt. Aber was erwartet die Gesellschaft vom bildenden Künstler, z.B., wenn er eine Ausstellung durchführt? Dass er der Gesellschaft seinen künstlerischen Kapitalstock unentgeltlich zur Verfügung stellt? Nein, noch mehr. Er ist nicht selten derjenige, der an einer Ausstellung nichts verdient, sondern hinzuzahlt, obwohl die rege Geschäftstätigkeit um die Ausstellung herum zu explodieren scheint: Der Spediteur, der Grafikdesigner, der Drucker, die Post und die Telefongesellschaft, der Caterer, der Einführungsredner, der Fotograf, der Versicherer, der Rahmenbauer u.a. erzielen Einnahmen.

Das Bewusstsein der Gesellschaft für die Arbeit und Wertschöpfung des bildenden Künstlers muss verändert werden. In der Debatte um Ausstellungshonorare (*www.mediafon.net*) kämpfen *ver.di* und die Berufsverbände bereits seit langem für eine Veränderung der gesetzlichen Regelung. Land ist nicht wirklich in Sicht. Aber dennoch kann jeder Einzelne über sein Selbstverständnis reflektieren. Kunst und künstlerische Leistungen dürfen nicht zum Nulltarif verschenkt werden! Beurteilung und Bewertung von Kunst findet unter anderem ihren Ausdruck in dem Aufwand, den man zu ihrer Inanspruchnahme, zu ihrem Genuss oder Besitz betreiben muss. Es gilt erneut: *Was nichts kostet, ist nichts wert.*

Und es gilt nicht nur für Werke, auch für Leistungen. Jede Ausstellung ist eine Leistung, die Sie erbringen. Denken Sie deshalb auch über den Wert jedes Angebotes nach. Es macht unternehmerisches Denken aus, abzuwägen, welche Chancen (wirtschaftlich und künstlerisch) bei Ihren Projekten realistisch sind. Mit Ausstellungspartnern, die einfach nur ihre Wände auf Kosten der Künstler dekorieren wollen, arbeiten Sie besser nicht zusammen. Suchen Sie Partner, die an Ihnen und Ihrem Werk interessiert sind, weil ein gemeinsamer »Funke«, eine Brücke, eine Verbindung vorhanden ist.

Preisentwicklung: nur nach oben

Ein festgesetzter Preis für Kunstwerke und vergleichbare Werke ist auf dem Kunstmarkt nur nach oben korrigierbar. Den notwendigen Abstieg von zu hoch angesetzten Preisen überleben die wenigsten Künstler. Es ist einem Sammler nur schwer begreiflich zu machen, warum ein Werk, dass er vor einigen Jahren gekauft hat, nicht im Preis gestiegen, sondern möglicherweise sogar gefallen ist. Der Sammler wird sich betrogen fühlen, den Verkäufer und seine Seriosität in Frage stellen.

Preiskalkulation

Die Preise des Kunstmarktes entstehen – anders als im sonstigen Wirtschaftsleben – nur zum Teil durch Angebot und Nachfrage. Vieles ist symbolisch und irrational. Kauft man sich beispielsweise ein Auto, so stecken im Endpreis die Planungs- und Materialkosten, die Kosten für Transport, Personal und Zwischenhandel – diese Positionen können recht genau kalkuliert werden. Im Endpreis ist jedoch zudem die Gewinnspanne des Händlers enthalten. Sie hat ihre Grenzen. Der Verkaufspreis des Modells darf nicht erheblich höher sein, als der eines vergleichbaren Modells der Konkurrenz. An diesem Punkt liegt der entscheidende Unterschied zur Kunst. Ein »echtes« Konkurrenzmodell zu einem Kunstwerk gibt es nicht. Jeder Künstler macht seine individuelle, unverwechselbare Kunst. Deshalb müssen Kunstwerkpreise von Künstlern mit Alleinstellungsmerkmalen nicht mit Werken anderer Künstler konkurrieren. Vergleichbar sind nur die einzelnen Arbeiten eines Künstlers. Deshalb hat sich in der Praxis der Preiskalkulation ein Modell durchgesetzt, in dem die Kunst eines Künstlers mit einem Multiplikationsfaktor berechnet wird.

Taxierung nach Faktoren = Faktorberechnung

Der erste Schritt heißt für Sie: einen Künstler suchen, der auf dem Kunstmarkt verkauft. Der Künstler soll mit der eigenen Vita vergleichbar sein (Länge der künstlerischen Laufbahn, Autodidakt oder Akademiker ...), eine ähnliche Stufe gesellschaftlicher Übereinkunft erreicht haben (Bekanntheitsgrad, Ausstellungshäufigkeit, Bedeutung Ausstellungsorte und Referenzen ...). Die Gesamtheit der zu betrachtenden Preisbildungsfaktoren finden Sie in der Abbildung auf S. 128.

Der zweite Schritt ist es dann, die Preise des vergleichbaren Künstlers zu analysieren; man muss seinen Berechnungsfaktor ermitteln. Das Verfahren wird »Taxierung nach Faktoren« genannt.

Preis : halber Umfang = Faktor des Künstlers

Setzen sie dann Ihren eigenen Faktor fest. So haben Sie die Möglichkeit, sich in regelmäßigen Abständen kleine Preiserhöhungen zu geben. Die *Universität der Künste* in Berlin empfiehlt ihren Absolventen mit dem Faktor »5«[17] zu arbeiten, um Werke auf Leinwand zu taxieren (vgl. Rodowski 1995).

Halber Umfang x eigener Faktor = Preis

Preisdifferenzierung – ja oder nein?
Es ist üblich, innerhalb des eigenen Œuvres die Preise technikbezogen zu differenzieren. Wie verhält es sich aber mit einer Differenzierung innerhalb einer nach Faktor taxierten Werkserie? Viele meiner Kollegen empfehlen Preise konsequent nach Größe zu gestalten. Inwieweit ist eine Differenzierung nach »persönlicher Bindung« oder »persönlicher Wertschätzung« möglich? Es ist nicht marktüblich, aber für Berufsstarter aus meiner Erfahrung heraus nicht schädlich.

3.5.5.4 »SPRACHROHR DES MARKETING« – DIE KOMMUNIKATIONSPOLITIK

Jedes Künstler-Unternehmen muss Botschaften entwerfen, die über sein Angebot, seine Merkmale und die mit dem Erwerb bzw. der Inanspruchnahme verbundenen Vorteile informieren. Das Instrumentarium dafür liefert die Kommunikationspolitik. Als »Sprachrohr des Marketing« kommt ihr die Aufgabe zu, alle diejenigen Informationen zu verbreiten, welche die Einstellungen der Zielgruppen beeinflussen können. Die Kommunikationspolitik ist das wichtigste Marketinginstrument im Künstler-Unternehmen.

Legen Sie Ihre Kommunikationsziele fest (z.B. Steigerung des Bekanntheitsgrades, z.B. Veröffentlichung[en] in der Fachpresse)!

Kommunikationsstrategieplanung umfasst die bewusste Auswahl der Instrumente (Öffentlichkeitsarbeit, Werbung, Verkaufsförderung, persönlicher Verkauf) unter Berücksichtigung der Ziele sowie finanziellen Möglichkeiten. Eine Erfolgskontrolle und gegebenenfalls Kurskorrektur gehört ebenso dazu.

»Networking«: der Schlüssel für persönliche Kontakte und persönlichen Verkauf

Networking, persönliche Kontakte und persönlicher Verkauf meint alles, was unter den Begriffen »Vitamin-B«, »Klüngel«, »Beziehungsmarketing«, »Emp-

---

17 Es gilt ca. Faktor »5« seit der Einführung des Euros.

fehlungsmarketing«, »*face-to-face*-Kommunikation«, »*old-boys-network*« und »Vernetzung« konglomeriert werden kann. Zahlreiche Untersuchungen belegen, dass erfolgreiche Unternehmer besonders kontaktfreudig sind und die Fähigkeiten talentierter Beziehungsmanager besitzen. Dies gilt auch für Künstler-Unternehmen. In den USA gehört *networking* bereits zur Ausbildung von bildenden Künstlern (vgl. Röbke 2000: 190). In Deutschland und weltweit sind etablierte Künstler gute Vorbilder. Nicht selten leben sie in hohem Maß von der »Mund-zu-Mund-Propaganda«, ohne dass sie andere Marketinginstrumente in besonderem Umfang einsetzen. Ihre Existenz und das Besondere an ihrem Werk hat sich herumgesprochen, und ein wachsender Käuferkreis vertraut ihnen. Die Basis dieses Vertrauens sind positive Erfahrungen, die der Käufer selbst gesammelt hat oder die durch Personen seines Vertrauens gemacht wurden. Dieses Vertrauenspotenzial gilt es, beim *networking* auszuschöpfen. Eine Akquise von Neukunden kostet überproportional viel Zeit, Kraft und Geld im Vergleich zur Pflege bestehender Beziehungen zu wichtigen Marktpartnern. Es gilt also die *face-to-face*-Kommunikation gezielt einzusetzen und ein möglichst breit angelegtes persönliches Kontaktnetzwerk zu entwickeln.

Erfolgreiches *networking* geschieht nicht zufällig, sondern gezielt und geplant. Aufgrund klarer Zielgruppenprioritäten müssen wichtige Schlüsselpersonen gesucht werden, die ein Beeinflussungs- und Multiplikationspotenzial besitzen. Der gezielte Aufbau eines persönlichen Kontaktnetzes im Künstler-Unternehmen umfasst Beziehungen zu folgenden Gruppen:

- Vertriebspartner: Kunstvermittler,
- Nachfrager: Privatkunden, Firmenkunden,
- Bewerter: Presse, Kunstkritiker, Multiplikatoren (*opinion leader*),
- Mitbewerber: Künstlerkollegen.

> Notieren Sie Ihre persönlichen *networking*-Zielgruppen! Versuchen Sie diese möglichst genau zu beschreiben!

Networking kann jeden Tag und überall gelebt werden. Auch im eher privaten Bekanntenkreis sollte über die Vision, die lang- und kurzfristigen Ziele, kommuniziert werden. Denn selbst Freunde und Bekannte, auch wenn sie nicht in die Kunstbranche involviert sind, verfügen ihrerseits über ein persönliches Beziehungsnetz. Möglicherweise steckt in diesem eine der Personen, die Sie erreichen müssen. Den einen oder anderen Kontakt »spielen lassen«, kann ein Bekannter aber nur, wenn er weiß, was sie vorhaben und wie Ihre Zielgruppen aussehen. Erzählen Sie es ihm.

Ein weiterer *networking*-Baustein: Aktiv am Kunstleben teilnehmen! Gehen Sie zu Ausstellungseröffnungen, Kunstmessen, Ateliertagen und -festen, besuchen Sie Vorträge und Seminare. Bei diesen Veranstaltungen treffen Sie die Insiderwelt. Der Kommunikationsmittelpunkt ist die Kunst.

Kontakte müssen aufgebaut, aber auch gepflegt werden. Nur wer sich ständig ins Gedächtnis der Anderen zurückruft, erhält Aufmerksamkeit. Jede Einladung zur Vernissage, auch wenn bekannt ist, dass der Einzuladende an diesem Termin verhindert sein wird, ist eine Erinnerung und enthält die Botschaft der Entwicklung, der Beständigkeit und sichert damit Vertrauen.

Kontakte wollen jedoch nicht nur hergestellt, sondern auch gemanagt werden. Ein professionelles Beziehungsmanagement umfasst einen Datenbankaufbau, das Sammeln von Infos über die Kontaktpersonen, das Verwalten von Gesprächsnotizen, das Erfassen von Vorgängen.

Probleme, die sich in diesem Arbeitsbereich stellen, sind Zeitprobleme, und ist das weitverbreitete Konkurrenzdenken unter Künstlern, durch das sie sich selbst blockieren.

Umdenken ist angesagt. Beginnen Sie damit und überzeugen Sie andere!

Kommunikation gegenüber Kunstvermittlern

Die Schlüsselfragen »Wie gehe ich auf Galerien zu?« und »Wie finde ich eine Galerie?« sollen nun beantwortet werden.

Galerien im Inland: Auch wenn das eine oder andere Beispiel beweist, dass Künstler am Insidermarkt vorbeimarschieren, so gilt dennoch: Für den wirtschaftlichen Erfolg, das Herstellen einer gesellschaftlichen Übereinkunft zu Künstler und Werk sowie für den internationalen Durchbruch führt der Weg über eine Galerie.

Um eine Galerie zu finden, macht der oft beschrittene Weg des Klinkenputzens allerdings keinen Sinn, ganz im Gegenteil. Es handelt sich hierbei vielmehr um ein »Auffallen mit schlechtem Stil«. Schließlich werden im Geschäftsleben wichtige Meetings grundsätzlich terminiert. Sie würden schließlich bei Ihrem Steuerberater oder Anwalt auch nicht ohne Termin hereinplatzen. Wünscht sich der Künstler nicht einen Partner offenen Ohres und offenen Geistes? Doch wohl keinen, der mehr oder weniger entnervt im Schnelldurchlauf die Mappe durchrattert, um seine Schuldigkeit getan zu haben?

Im Inland eine Mappe nie ohne Termin in einer Galerie präsentieren!

Aber wie ist ein Präsentationstermin in einer Galerie zu bekommen? Anrufen macht wohl kaum Sinn, wenn der Künstler-Unternehmer sein Gegenüber nicht kennt und jede Woche unzählige andere anrufen. Es muss einen effizienteren Weg geben. Auch hier gilt wieder das Nutzen des persönlichen Kontaktnetzes. »Persönliche Empfehlung« heißt der Zaubercode. Finden Sie Fürsprecher und Türöffner!

> **Welche meiner persönlichen Kontakte können einen Kontakt zu einem Galeristen herstellen?**

Dies kann ein Sammler, ein Galerist, ein Künstlerkollege, ein Journalist oder ein Kunsthistoriker sein. Nur auf diese Art und Weise kommen Termine zustande, die für den Galeristen eine seriöse Basis haben und für den Künstler eine *win-win*-Präsentationsatmosphäre entstehen lassen. Es gilt zudem: Galeristen entdecken ihre Künstler gern selbst. Wenn also kontinuierlich am Aufmerksamkeitskapital gearbeitet wird, kann das, wovon so viele träumen, ebenso Realität werden: die Entdeckung des Künstlers. Nicht nur beim Sammler auch beim Galeristen spielt das Entdeckermotiv eine nicht zu unterschätzende Rolle, denn für Gruppenshows oder die Zusammenarbeit mit der Wirtschaft müssen hin und wieder Künstler recherchiert werden.

Unaufgefordert eingesandte Künstlermappen entpuppen sich oft als unpassend zum Galerieprofil und werden von Galeristen häufig als Last empfunden. Eine Rücksendung von unaufgefordert eingereichtem Werbematerial ist unüblich. Unaufgeforderte E-Mails mit langen Bildanhängen sind ebenfalls uneffizient und erzielen eher das Gegenteil ihrer beabsichtigten Wirkung.

Steht ein Galerietermin fest, gilt es, im Vorfeld Informationen über den potenziellen Vertriebspartner zu sammeln: Welche Philosophie verfolgt die Galerie? Welche Künstler werden vertreten? In welchem Preissegment wird gearbeitet? Gut vorbereitet zum Termin gehen (Zielorientierung) und sich für die Arbeit des anderen interessieren, gehört zum guten Stil. In der Galerie sollten Sie zudem so in Erscheinung treten, wie Sie es auch zur Vernissage tun würden. Ein Alleinstellungmerkmal, auch äußerlich, gehört dazu. Wie sagte ein Teilnehmer meiner Seminare kürzlich? »Künstler sind keine normalen Menschen.« – Das ist wohl wahr. Zeigen Sie es bei Ihren Auftritten auf den Ausstellungsbühnen des Kunstbetriebes. Das erste Bild, das der Galerist von Ihnen bekommt, können Sie nie wieder korrigieren. Tun Sie daher alles dafür, dass der erste Auftritt gelingt.

Galerien im Ausland: Was bereits beim Markteinstieg thematisiert wurde (→ S. 108), gilt an dieser Stelle noch einmal zu betonen: Wer aus einem fremden Land kommt, hat Seltenheitswert (im Vergleich zu den Mitbewerbern) und günstigere »Landungschancen«. Die Berliner Künstlerin Kathrin Bräuer (www.kathrinbraeuer.de) schildert in einem persönlichen Erfahrungsbericht ihre erfolgreiche Kontaktaufnahme zu einer Galerie in Dublin:

»Für meine Irland-Reise plante ich im Vorfeld, mich in der Galerienszene für Siebdruck umzuschauen und gegebenenfalls Kontakte zu knüpfen. Es war vorteilhaft, mehrere Tage Zeit in Dublin zu haben. Ich erkundete drei Galerien, um ein Gefühl für diese Orte der Kunst und ihre Aura zu bekommen. Der erste Eindruck vermittelte sich mir über die präsentierten Arbeiten, die vertretenen Künstler, die agierenden Mitarbeiter der Galerien. Ich hatte mir drei Galerien ›ausgeschaut‹ und besuchte diese Orte mehrmals, um den ersten Eindruck manifestieren bzw. korrigieren zu können. Schließlich entwickelte sich eine Galerie zu meinem persönlichen Favoriten. Sie war im Vergleich zu den anderen beiden Ausstellungsorten ein wirklich außergewöhnliches Unternehmen, die Fassade in quietschgelb und lila gehalten (nach dem Motto ›Auffallen mit Stil‹). Sie wirkte jung, und man spürte, dass neue Wege beschritten wurden. Das für mich Bedeutsamste war jedoch, dass ich mich willkommen fühlte und als Besucherin angesprochen wurde – man bot mir Hilfe oder die Beantwortung von Fragen an. Hingegen empfand ich im Vergleich dazu die anderen beiden eher solide wirkenden Galerien als kalt und distanziert. Ich fühlte mich als Besucherin nicht willkommen. Die Mitarbeiterinnen gaben sich sehr beschäftigt und hatten sichtlich kein Interesse daran, auch nur im Geringsten auf mich zuzugehen. Um so erfreulicher verlief jedoch die Begegnung mit der Galerie in quietschgelb. Die mir gereichte Hand, das Angebot zu helfen, Fragen zu beantworten, nahm ich liebend gern an und erzählte, dass ich selbst künstlerisch tätig sei und im Bereich ›Siebdruck‹ arbeite. Ich freute mich, dass die Galeriemitarbeiterin nach diesem *outing* immer noch freundlich und interessiert schaute, deshalb fragte ich, ob sie ein kleines Zeitfenster habe, in dem ich ihr etwas von meiner Arbeit zeigen könnte. Es passte, und ich zeigte nun meine Präsentationsmappe, in Form eines größeren Kartons mit folgendem Inhalt: Künstlermappe, CD-ROM, Kunstpostkarten mit Werken und Visitenkarte mit Verweis auf Internetauftritt. Das Feedback der Galeriemitarbeiterin, zu der im Gesprächsverlauf noch zwei Kolleginnen hinzukamen, war überaus positiv. Einerseits bezogen sich die positiven Äußerungen auf mein Werk, andererseits spürte ich, wie meine Präsentationsunterlagen für Aufsehen sorgten. Eine Künstlerin, die so vorbereitet in die Galerie kam, schien das dortige Team nicht so häufig zu erleben. Ich unterbreitete auch das Angebot, Kunstpostkarten als Werbemedium in größerer Stückzahl für die Ausstellung zur Verfügung zu stellen, was wiederum positiv aufgenommen wurde. Während meiner Präsentation fiel mir auf, dass es im Vergleich zu Deutschland keine vorgefassten Meinungen und kein tiefer greifendes Interesse an äußeren Umständen, z.B. in welcher Klasse man an der Kunsthochschule studiert hat und Ähnliches, gab. Es gab ein echtes Interesse am Werk; die Show und das ›Drumherum‹ spielten keine Rolle. Dass es echtes Interesse an meiner Arbeit gab, darüber erhielt ich durch zwei Dinge Aufschluss: Erstens fragten die Kunstvermittlerinnen nach den Preisen für meine Werke und sagten mir, dass sie mit 50 Prozent Vermittlungsprovision arbeiten und zweitens baten sie darum, übers Wochenende meine Unterlagen zur Ansicht zu behalten. Nach dem Wochenende nahm ich einen Gesprächstermin in der Galerie wahr und erhielt die Zusage für eine Galerievertretung, zunächst für sechs Monate, bei erfolgreichen Geschäften mit Option auf Verlängerung. Es war eine Kontaktaufnahme, bei der sich beide Seiten als gleichberechtigte Geschäftspartner verstanden und eine Verbindung zwischen ihren Welten herstellen konnten.«[18]

Die Pluspunkte der Künstlerin lagen neben ihrer künstlerischen Arbeit in ihrem unternehmerischen Auftreten. Insbesondere die Präsentationsmaterialien entsprachen höchsten professionellen Kriterien und haben damit für die Zusammenarbeit geworben und ein erstes Vertrauen der Geschäftspartner aufgebaut. Für das Ausland gilt: Eine Galerienrecherche und ein Besuch ausgewählter Orte kann Chancen eröffnen und sollte in Angriff genommen werden.

Kommunikation gegenüber »opinion leader«

Der Weg in große Museen führt in der Regel über die Galerien. Museale Bedeutung über die Selbstvermarktung zu erreichen, ist schwierig. Es sei denn, der Weg der Schenkung wird gewählt. Kuratoren und Museumsentscheider sollten auf jeden Fall in den Einladungsverteiler integriert werden. In ihren Köpfen muss der Künstlername etabliert werden. Sie sind häufig auch die Köpfe in Preisgerichten und als Juroren tätig.

Kommunikation gegenüber Privatkäufern

Privatnachfragerkategorisierung

Der Kunst-liebende	Der Showmaker	Der junge Hippe	Der kühl Kalkulierende
Sammelmotiv: Selbstverwirklichung	Sammelmotiv: Selbstinszenierungsshow	Sammelmotiv: Prestigegewinn	Sammelmotiv: Geldanlage, Rendite
persönlicher Kontakt ↑, persönliche Bindung ↑, sieht sich gern als Protegé des Künstlers	persönlicher Kontakt ↑	persönlicher Kontakt↓	persönlicher Kontakt ↓

18 Interview mit der Künstlerin am 12.11.2003.

Neben dem Gelegenheitskäufer, der ein rotes Bild über sein rotes Sofa wünscht und aus Dekorationszwecken oder Demonstrativkonsum ein Werk sucht, soll der Blick auf die bereits in → Kapitel 2.2.4 (*Emotion, Show, Kalkül oder Lifestyle*) dargestellten Typen gelenkt werden. Es gibt Sammlertypen, denen der persönliche Kontakt mit dem Künstler besonders wichtig ist. Sie kommen insbesondere als Zielgruppe der Selbstvermarktung in Frage.

Häufig können Kunstnachfrager über persönliche Kontakte oder Gespräche im Kontext des Kunstlebens identifiziert werden. Es ist neben dieser »warmen« Kontaktaufnahme jedoch auch eine Kaltakquise möglich. So können Werbematerialien an die Zielgruppen gesandt werden (*directmailing*). Von einzelnen mittelständischen Berufsgruppen wie Ärzten, Anwälten, Bankern ist bekannt, dass sie häufiger als andere Kunst nachfragen. Dies kann ein Ansatzpunkt für eine Kaltakquise sein. Weitere Identifizierungshinweise für potenzielle Privatnachfrager:

- hoher Bildungsgrad,
- überdurchschnittliches Einkommen,
- Kulturinteresse (»Kultursurfer, Kulturkonsument«),
- Prestigebewusstsein und
- Interesse an der Künstlerpersönlichkeit.

Darüberhinaus sind die genannten Hinweise im Rahmen der Sinus-Milieus zu beachten (vgl. S. 217).

Käuferbindungsmaßnahmen: Für den Künstler ist die dauerhafte Bindung zu Käufern, insbesondere Sammlern, überlebensnotwendig. Professionelles Instrument dafür ist der Aufbau und die Pflege einer Kundenkartei bzw. einer CRM-Software.[19] Käufer und Sammler müssen immer wieder umworben werden durch

- Einladungen (Vernissage, Atelierfest, Vortrag)
- Regelmäßige Telefonate (z.B. vierteljährlich)
- Grüße an Festtagen (Geburtstag, Weihnachten oder Neujahr)
- Newsletter (*directmailing*).

Die Klassiker der Kommunikation, Werbung und Public Relations, gehen im Bereich »Kunst« oft fließend ineinander über. Die künstlerischen Inhalte bilden das Profil und das Image. Eine Entwicklung einer eigenen Identität mit

---

19 »CRM« steht für *Customer-Relationship-Management*. Diese Software verwaltet Kontakte.

einem unverwechselbaren Image ist unverzichtbar. Kommunikation ist dabei ein wichtiges Instrument.

Kommunikationsstrategien

- Wer sind Ihre zentralen Zielgruppen? Auf wen konzentrieren Sie sich?
- Welche zentralen Botschaften sollen bei diesen Gruppen ankommen?
- Mit welchen Mitteln und auf welchen Wegen erreichen Sie diese Gruppen am besten?

Neben einer Kernbotschaft können für differenzierte Zielgruppen Teilbotschaften formuliert werden. Ein Galerist interessiert sich für andere Aspekte Ihrer Arbeit als der Bürgermeister Ihrer Stadt. Der Erfolg einer Public-Relations-Maßnahme hängt davon ab, ob sie den »Nerv« Ihrer zentralen Zielgruppe trifft. Eine Auseinandersetzung mit Bedürfnissen und Wünschen der Zielgruppe(n) ist deshalb unumgänglich.

Teilöffentlichkeiten sind alle Gruppen, die sich generell für Ihre Aktivitäten interessieren. Zielgruppen sind eher Publikumskreise, die man für ein konkretes Projekt, z.B. für eine Ausstellung gewinnen möchte.

Durch die fortschreitende Segmentierung der Gesellschaft in verschiedenste Gruppen mit unterschiedlichsten Lebensstilen und sozialen Milieus (siehe Sinus-Milieus auf S. 217) wird ein Ansprechen einer »Masse« kaum mehr möglich. Jede Gruppe benötigt ihre eigene Form der Ansprache, so wie sie auch ihre eigenen Künstler benötigt.

Finden Sie Ihre Teilöffentlichkeiten!

Gruppen von Teilöffentlichkeiten können z.B. sein:

- Geschäftspartner, Ateliernachbarn,
- Förderer, Sponsoren,
- VIPs,
- Multiplikatoren,
- potenzielle Käufer und Besucher,
- Käufer- und Stammpublikum.

Geschäftspartner, Ateliernachbarn

Recherchieren Sie: Wer hat oder wer könnte eine interessante Beziehung zu Ihrer Arbeit haben? Zu welchen dieser Personen passen Ihre Themen?

In der Regel wird ein persönliches Gespräch klären, inwieweit sich sinnvolle Verbindungen ergeben.

Förderer, Sponsoren: Stiftungen, Mäzene, Sponsoren, gegebenenfalls öffentliche Kulturverwaltung

Recherchieren Sie: Wer hat oder wer könnte eine Affinität zu Ihrer Arbeit haben? Zu welchen dieser Personen passen Ihre Themen?

Die ausgewählten Personen sollten in eine Datei aufgenommen und zu Events eingeladen werden. Der Aufbau einer Beziehung und ihre Pflege beginnt, bevor man das erste Mal um finanzielle Mittel anfragt. Die Entscheidungen, die in Gremien »nach Qualitätskriterien« getroffen werden, hängen letztendlich nicht selten auch von persönlichen Sympathien und Verbindungen ab.

VIPs

Kennen Sie VIPs, die zu Ihnen und Ihren Gruppen passen?

Falls Sie keine Kontakte zu diesen Personen haben, bauen Sie eine Brücke zu ihnen. Versuchen Sie in einem Brief zu formulieren, was vielleicht für die VIPs interessant wäre, wenn sie zu Ihrer Veranstaltung kämen. Das Stichwort heißt erneut »Perspektivwechsel«. *Wer* versucht sich gerade *wie* in Szene zu setzen und passt dadurch zu Ihnen und Ihrer Kunst?

Multiplikatoren und Fachöffentlichkeit

Recherchieren Sie: Wer sind die wichtigen Multiplikatoren für Ihre Arbeit? Welcher Experte lässt sich als Fürsprecher gewinnen? Wer interessiert sich für Ihre Themen und Botschaften?

KATHREIN WEINHOLD
Selbstmanagement im Kunstbetrieb

Potenzielle Käufer und Besucher[20]

- Was wissen Sie über Ihre Käufer?
- Was wissen Sie über Ihre Besucher (im Atelier, in Ausstellungen)?
- Welche Motive haben diese Personen?
- Wen genau möchten Sie erreichen (Ideales Publikum)?
- Wen haben Sie in den letzten Monaten tatsächlich erreicht (Realpublikum)?
- Wodurch lassen sich die Unterschiede erklären?
- Auf welchem Weg informiert sich Ihr potenzielles Publikum über Kunst- und Kulturangebote?

Um Interessenten gezielt anzusprechen, müssen Sie viele Informationen über sie sammeln. Dann kann entschieden werden:

- Wo hängen Sie Plakate aus?
- Wo legen Sie Einladungskarten zu Vernissagen aus?
- Wer wird in den Vernissageverteiler aufgenommen?

Forschen Sie und sammeln Sie Informationen zu dieser Gruppe nach folgenden Kriterien:

- soziodemografische Kriterien: Alter, Geschlecht, Einkommen, Bildung,
- geografische Kriterien: Stadt/Stadtteil/Bezirk,
- Lebensstil-/Milieugruppen (als Anregung die Sinus-Milieus auf S. 217 nutzen),
- Kultur-Verhalten (welche Anlässe werden wahrgenommen, wann, warum, wie häufig?),
- Informationsverhalten.

Welche Anknüpfungspunkte gibt es zwischen Ihrem Thema, Ihrer Botschaft, Ihrem Ausstellungsort und der Welt des Publikums?

Nichts ist wirksamer und erfolgversprechender als eine von Ihnen sicher gebaute Brücke zwischen Ihrer Welt und der Welt des Publikums.

---

20 Das ist die größte und wichtigste Adressatengruppe, um deren Mobilisierung es dem Künstler-Unternehmer geht.

Käufer- und Stammpublikum

Aufgrund des beschriebenen gesellschaftlichen Wandels wird es immer schwieriger, einen festen Besucherkreis, der sich Ihnen und Ihrer Kunst verbunden fühlt, zu gewinnen. »Kultursurfertum« ist zum Charakteristikum vieler Kulturkonsumenten geworden.

Pflegen Sie deshalb Ihr Stammpublikum, also all diejenigen, die ihre Adresse mitgeteilt haben, um eingeladen zu werden. Die Adressaten haben signalisiert, dass sie dazugehören möchten. Darum stellt der Künstler-Unternehmer Visitenkartenboxen auf (in die Interessierte ihre Kärtchen einwerfen können, um zukünftig Einladungen zu erhalten). Legen Sie ein Gästebuch aus, um mit Ihrem Publikum kommunizieren zu können. Versuchen Sie sich die Namen einzuprägen, Infos über die Personen zu sammeln, Einladungen persönlich auszusprechen, das Publikum für sich zu gewinnen.

Maßnahmenplanung: Werbung und Public Relations

Werbung ist eine Form beeinflussender Kommunikation, die durch bezahlte Medien übermittelt wird. Hingegen werden bei der Öffentlichkeitsarbeit alle Formen des Trommelwirbelns ohne Bezahlung verstanden. Wenn an den Verlag des *Berliner Kunstkalenders* der Auftrag vergeben wird, eine Vernissage-Einladungskarte in einer Auflage von 1.000 Exemplaren beizulegen, dann ist dies kostenpflichtig und eine Werbemaßnahme. Legen Sie hingegen selbst 1.000 Einladungskarten an verschiedenen Orten aus, dann handelt es sich um eine Public-Relations-Maßnahme, weil das Belegen Ihrer Werbe- bzw. Public-Relations-Flächen kostenfrei erfolgt.

Ziel der Werbung ist die Aktivierung einer ausgewählten Zielgruppe zur Inanspruchnahme der angebotenen Leistung. Im Einzelnen sind bei der Werbeplanung und -durchführung folgende Fragen zu beantworten:

Werbeplanung

Welches Ziel wollen Sie durch die Werbung erreichen?
Werbung soll dazu beitragen, die Ziele des Künstler-Unternehmens zu verwirklichen. Werbeziele leiten sich daher grundsätzlich aus der übergeordneten Marketing-Zielsetzung des Künstlers ab.
Bestimmen Sie Ihre Werbeziele!

Wofür soll geworben werden?
Es ist zu entscheiden, ob die Werbung primär auf ein Ausstellungsevent oder auf das allgemeine Leistungsangebot bzw. einzelne Aspekte dieses Angebotes ausgerichtet sein soll.
Legen Sie Ihre Werbeobjekte fest!

**Welcher Personenkreis soll durch die Werbung angesprochen wer-
den?**
Hier ist die Zielgruppe festzulegen. Auf die Ergebnisse der Situations-
analyse aufbauend, ist beispielsweise zu entscheiden, ob Zielgruppen, die bereits Nachfrager oder Interessenten sind, verstärkt umworben werden sollen oder ob Zielgruppen, die noch nicht nachfragen
oder zu Ihrem Vernissagepublikum gehören, umworben werden sollen.
*Schreiben Sie Zielgruppen bzw. Personenkreise auf, die Sie mit der Wer-
bung erreichen möchten!*

**Was soll dem ausgewählten Personenkreis durch die Werbebot-
schaft vermittelt werden?**
Hier geht es um die grundlegende Idee, um den inhaltlichen Kern der
Aussage. Dies ist die gedankliche Vorstufe der endgültigen Verbalisie-
rung und Visualisierung der Botschaft.
Legen Sie den Inhalt der Werbebotschaft fest!

**Mit welchen Kommunikationsmitteln wird geworben und durch wel-
che Medien werden sie an die Zielgruppen herangetragen?**
Die Entscheidung für bestimmte Werbemittel (z.B. Anzeige) impliziert
meist auch die Wahl der Werbeträgergruppe (hier Zeitung oder Zeitschrift). Grundsätzlich sind bei Werbemittel- und Werbeträgerent-
scheidungen eine ganze Reihe von Überlegungen anzustellen, von
denen einige hier exemplarisch genannt werden sollen:
• Welche Möglichkeiten bestehen bezüglich Text und Bild (unter Berücksichtigung der Corporate Identity und des Corporate Design)?
• Wieviele Menschen haben wo die Möglichkeit, mit Ihrem Werbeträger in Kontakt zu kommen?
• Mit welcher Genauigkeit können Sie Ihre Zielgruppe erreichen?
• Welche Kosten entstehen, um eine bestimmte Anzahl von Kontakten zu erreichen?
Treffen Sie eine Auswahl der Werbemittel und Werbeträger!

Wie soll dem ausgewählten Personenkreis die Werbebotschaft vermittelt werden?

Auf der Basis aller vorher genannten Entscheidungen kann die endgültige Gestaltung der Botschaft in der Form, wie sie den Zielgruppen präsentiert wird (z.B. als Plakat) erfolgen. In dieser Phase geht es also um die Festlegung der Slogans, der Texte, der grafischen Elemente etc. und aller damit verbundenen Details wie Schriftart, -größen, Platzierung von Texten und Bildern, die Wahl der Farben u.a.m.

Legen Sie die Form der Werbebotschaft fest!

Wie hat die Werbung gewirkt und wie erfolgreich war sie?

Werbewirkungsanalysen sind auf verschiedenen Ebenen und zu verschiedenen Zeitpunkten durchzuführen. Z.B. kann eine Direktbefragung der Vernissagegäste durchgeführt werden. Für weitere Maßnahmen siehe Focus-Medialexikon: http://medialine.focus.de/PM1D/PM1DB/PM1DBF/pm1dbf.htm?snr=6008

Legen Sie Maßnahmen der Werbeerfolgskontrolle fest!

Nach den Ergebnissen einer Expertenbefragung kommt ein Durchschnittskonsument pro Tag auf ca. 190 Werbekontakte (vgl. Levermann 1998: 19). In dieser Overload-Situation wird die einzelne Information vom Empfänger eher flüchtig, häufig wenig beteiligt aufgenommen. Um diesen ersten flüchtigen Blick festigen zu können, müssen Werbung und Öffentlichkeitsarbeit einen hohen Originalitätsgrad aufweisen. Sie sollen zudem den Nerv Ihrer Zielgruppen treffen.

Eine kleine Hilfestellung kann die altbewährte AIDA-Formel[21] leisten. Sie besagt, Public-Relations- und Werbemittel-Maßnahmen sollen so gestaltet werden, dass sie folgende Ebenen der Ansprache erfüllen:

- Attention: Aufmerksamkeit wecken,
- Interest: Interesse wecken,
- Desire: Wunsch, Begehren hervorrufen,
- Action: Aktion, Handlung auslösen.

Werbe- und Public-Relations-Mittel für Künstler sind folgende:

- Imagebroschüre/Flyer,
- Katalog/Künstlermappe,

---

21 1925 von E.K. Strong entwickelt.

KATHREIN WEINHOLD
240 Selbstmanagement im Kunstbetrieb

- Einladungskarten,
- Plakate,
- Postkarten,
- Visitenkarten,
- *give-aways*/Merchandising-Produkte.

Imagebroschüren oder **-flyer** sind ein für den Künstler optionales Medium, dessen mögliche Inhalte der Selbstdarstellung folgende sein können:

- Künstlerische Vita, eventuell kurze Story,
- Mission Statement (inklusive Alleinstellungsmerkmal),
- Pressereferenzen,
- Werkabbildungen,
- Leistungen/Produkte,
- Kontaktdaten (Adresse, Telefon, Fax, Internet, E-Mail, öffentliche Verkehrsverbindungen).

Es sollte auf Übersichtlichkeit und Handlichkeit im Format geachtet werden. Ein Versand über den bestehenden Verteiler, eine Beilage in Versandmappen oder eine Auslage an Orten, an denen sich das Publikum aufhält, ist empfehlenswert. Selbstverständlich kann ein Flyer auch als Beilage in Kunstkalendern oder -magazinen gebucht werden, was jedoch empfindlich auf der Kostenseite zu Buche schlägt. Ob die erwünschte Wirkung eintritt, ist nie garantiert.

Kataloge, Künstlermappen und **Videos** sollen vertiefende Informationen über Kunstwerke und Künstler liefern, sind primär ein Instrument der Vermittlung fachlicher Informationen und sind ein Mittel der Öffentlichkeitsarbeit. Von zentraler Bedeutung ist bei den gedruckten Formen der Einführungstext zu Künstler und Werk. Bezüglich des Katalogtextes sind folgende Fragen zu stellen:

- Bietet der Begleittext Interpretationshilfen?
- Bietet der Begleittext Hintergrundwissen über den Künstler und seine Arbeit?
- Integrieren Sie auch eine künstlerische Vita und Fotos, auf denen Ihr Image transportiert wird.

Überlegen Sie auch, ob Sie bei der Katalogplanung einen Grafikdesigner einkalkulieren, denn der Aufwand des Layouts und der Druckvorstufe wird häufig unterschätzt. Auf das festgelegte Corporate Design ist zu achten.

In einem Imagevideo steht das Individuelle, Außergewöhnliche, noch nie Dagewesene von Künstler und Werk im Mittelpunkt.

Einladungskarten dienen dem Imagetransport. Die Veranstaltung ist knapp anzukündigen und zum Eröffnungstermin ist einzuladen. Wenn die Hauptzielgruppe sehr exklusiv sein soll, dann empfiehlt sich der Hinweis, für wie viele Personen die Einladung gilt, dass sie nicht übertragbar ist, und dass um Antwort gebeten wird, gegebenenfalls mit Beilage eines Antwortformulars. Eine schöne Geste stellt zudem der handschriftliche Eintrag des Namens des Eingeladenen dar, z.b. Herr Höfing & Begleitung. Wenn sehr viele Veranstaltungen beworben werden müssen, ist zu überlegen, ob sich nicht der Druck einer Einladungshülle in hoher Auflage empfiehlt, in die man dann je nach Anlass ein Einlegeblatt mit den Daten zum aktuellen Event hineinlegt. Dies hat den Vorteil, dass der Empfänger sofort bei Öffnen des Briefumschlages einen hohen Wiedererkennungseffekt hat. Es ergibt sich jedoch auch der Nachteil, dass nicht zu jedem Ausstellungsevent ein anderes, neues Werk beworben werden kann. Es ist aber zweifelsohne eine kosteneffiziente Variante, die es möglicherweise für ein Ausstellungsjahr einmal zu erproben gilt.

Regel 1: Die Karten müssen nach den Corporate-Design-Kriterien gestaltet werden.
Regel 2: Je hochpreisiger die angebotene Kunst, desto hochwertiger die Einladung.

Die Wirksamkeit von **Plakaten** ist umstritten. Dennoch kommt kaum eine Ausstellung ohne eigenes Plakat aus. Plakate sind Imageträger.

»Plakate können Aufmerksamkeit erregen, neugierig machen, Präsenz zeigen, bereits informierte potenzielle Besucher mobilisieren« (Mandel 2004: 75).

Sie stellen ein ergänzendes Medium dar, das vor allem emotional über das Bild wirkt. Textinformationen werden kaum vermittelt. Da sie im Informations-Overload des öffentlichen oder halböffentlichen Raumes nur flüchtig wahrgenommen werden, müssen sie entsprechend reizintensiv oder in hoher Dichte gehängt werden, um überhaupt eine Aufmerksamkeitschance zu haben. Alles was kontrovers ist, hat eine besonders hohe Chance, Aufmerksamkeitskapital zu akkumulieren.

- Ist das Plakat auch unter erschwerten Wahrnehmungsbedingungen identifizierbar (Entfernung)?
- Ist es lesbar, sind die Informationen spontan verständlich?

- Hebt es sich von anderen Plakaten ab?
- Ist es einprägsam genug?

Hängen Sie Plakate in Ihrem Atelierhaus, bei Partnern Ihres Kontaktnetzes mit Publikumsverkehr auf und überlegen Sie, ob weitere Kunst- und Kultureinrichtungen oder auch Restaurants, Cafés, Bibliotheken, Buchhandlungen, Theaterfoyers, also alle Orte, an denen »Ihr« Kulturinteressierter, der Kultursurfer, zu Hause ist, in Frage kommen. Wenn Ihr Publikum in einer anderen Liga spielt, versuchen Sie in First-Class-Hotels, Golfclubs, Beauty Farms und anderen exklusiven Clubs und Restaurants ansprechende Public-Relations-Mittel zu platzieren.

Postkarten sind »Informationsmedium, Assoziationsträger und Erinnerungshilfe« (Mandel 2004: 77). Hilfreich und kostengünstig ist eine Kunstpostkarte, die nicht für eine Ausstellung, sondern für den Künstler an sich wirbt. Auf der Rückseite des Mediums können der Künstlername, Adresse, Telefon- und Faxnummer, Web- und E-Mail-Adresse angegeben werden sowie eine Bezeichnung der vorderseitigen Abbildung mit Maßangaben. Ausreichend freier Platz auf der Rückseite bietet Freunden, Bekannten und allen Kontakten des persönlichen Netzes, sie multifunktional zu verwenden und als Empfehlung oder *eyecatcher* an persönliche Bekannte weiterzusenden. Auch die noch dezentere Variante, nur eine Web-Adresse auf der Rückseite zu platzieren und ein Motiv, das als neutrale Grußkarte fungieren kann, an Freunde und Bekannte in einer kleinen Anzahl weiterzugeben, sodass die Karten als Grußkarten ihren Weg in die Welt finden, ist einen Versuch wert. Außerdem können Künstlerpostkarten an den Orten des gewünschten Publikums ausgelegt und Infos, die via Briefpost versandt werden, beigelegt werden.[22]

Eine **Visitenkarte** gehört zur Grundausrüstung eines jeden Unternehmers. Sie kann dezent oder peppig gedruckt werden. Durch einen Werkausschnitt bzw. ein Imagefoto des Künstlers oder der Abbildung des Logos kann sie sehr individuell gestaltet werden. Auch eine Angabe der Produkte und Leistungen oder eine Angabe des Arbeitsbereiches kann in Erwägung gezogen werden.

Give-Aways und **Merchandising-Produkte** sind Werbe- und Imageträger. Gegenüber anderen Werbemitteln haben sie die Chance, durch ihren zusätzlichen Gebrauchswert länger aufbewahrt zu werden und dem Nutzer den

---

22 Eine Druckerei, die hochwertig, zuvorkommend und preiswert Postkarten druckt, ist *Pinguindruck* (www.pinguindruck.de).

Künstler stets erneut ins Gedächtnis zu rufen. Museumsshops leben von ihnen. Aber auch im Künstler-Unternehmen sollte über eine Einführung dieser
Produkte als Public-Relations-Maßnahme nachgedacht werden. Der Kultstatus des Künstlers wird damit unterstrichen. Es wird darauf gesetzt, dass sich
Käufer dieser Artikel so sehr mit dem Künstler identifizieren, dass sie bereit
sind »seine Symbole« weiterzutragen.

Give-aways sind keine Verkaufsprodukte, sie werden verschenkt. Merchandising-Artikel sind Verkaufsprodukte, die z.B. bei Ausstellungen oder
Ateliertagen angeboten werden. Ein exzellentes Beispiel liefert der Künstler
Jim Avignon. In einem Online-Merchandising-Shop (www.art-2-wear.de) kann
man jede Menge Gebrauchsartikel mit Motiven seiner Kunst erwerben: Texti-
lien, Tragetaschen, Tassen, Mousepads, Zettelboxen, CD-Organizer, Wanduh-
ren, Aufkleber, Untersetzer etc. Interessant dabei ist, dass die Anfang Mai
2004 eröffnete Internetplattform *www.art-2-wear.de* jedoch neben Jim Avignon
auch weiteren bekannten und unbekannteren Künstlern eine Plattform bieten
möchte, ihre Kunst als Merchandising anzubieten. Die Künstler haben dabei
keinerlei Vor- und Betriebskosten. Die Ware wird erst dann produziert, wenn
sie bestellt wird (*on-demand*-Produktion). Der nächste »Künstler auf Textili-
en« wird Andi Luzi, Neo-Popart-Künstler aus der Schweiz, sein. Wenn genug
Künstler zusammen sind, wird es auch Rubriken nach Kunstrichtungen oder
Stilen geben. Kontaktinfos des Shops finden sich im Anhang.

Selbst-Public-Relations

Selbst-Public-Relations bezeichnet die planmäßige und systematische Gestaltung der Beziehung zwischen dem Künstler-Unternehmen und einer nach
Gruppen gegliederten Öffentlichkeit. Ziele sind:

- Aufmerksamkeit, Aufmerksamkeit, Aufmerksamkeit,
- Vertrauen und Verständnis,
- Erhöhung des Bekanntheitsgrades sowie
- Imageaufbau und -pflege.

Public-Relations-Arbeit ist als eine Daueraufgabe mit langfristigen Wirkungen
zu verstehen. Sie muss kontinuierlich betrieben werden, um Erfolg zu erzielen. Um eine hohe Aufmerksamkeitsbindung zu erzielen, besteht ihr Anliegen
jedoch möglicherweise auch in der Spektakularität der Einzelmaßnahmen.
Public-Relations ist – im Gegensatz zur klassischen Werbung – sehr kostengünstig, weil die Berichterstattung der Medien nicht bezahlt werden muss.
Außerdem zeichnet sie sich durch hohe Glaubwürdigkeit aus, da das Eigenin-
teresse des Künstlers, das Gegenstand redaktioneller Beiträge ist, vom Empfänger kaum wahrgenommen wird. Dem steht der Nachteil einer, verglichen

mit der werblichen Ansprache, geringeren Kontrolle über die Kommunikationsinhalte und den Zeitpunkt der Veröffentlichung gegenüber.

Einen hohen Stellenwert innerhalb der Public-Relations-Arbeit hat die Information der Medien durch Medienmitteilungen und Medientermine. Anzustreben ist eine möglichst kontinuierliche Zusammenarbeit und, daraus resultierend, konstante Berichterstattung in verschiedenen Medien. Die Wahl der geeigneten Medien wird ebenso von der Zielgruppe bestimmt, wie die inhaltliche und sprachliche Gestaltung der Informationen. Veranstaltungen, wie etwa ein »Tag des offenen Ateliers«, die dem Besucher Einblick in sonst nicht gezeigte Bereiche (z.b. Werkstätten) bieten, sind ebenfalls ein Aspekt der Öffentlichkeitsarbeit. Durch einen Blick »hinter die Kulissen« kann dem Besucher (und durch begleitende Berichterstattung auch der allgemeinen Öffentlichkeit) ein wesentlich umfassenderes Bild von Künstler und Werk vermittelt werden. Storys können authentischer erzählt, der Künstler und sein Image live inszeniert werden.

Public-Relations-Instrumente für den Künstler sind Veranstaltungen, Aktionen, Nachrichten und Medienarbeit, Vorträge, Workshops, Veröffentlichungen. Public-Relations-Instrumente im Rahmen einer Ausstellung, die Kunst im wahrsten Wortsinn »vermitteln« sollen, sind

- das Künstlergespräch,
- Infomaterialien über Künstler und Werk,
- Workshops und Vorträge.

Es geht im Rahmen der Ausstellung darum, alles zu tun, um den Vernissagegast emotional anzusprechen, anzuregen, sodass er erfüllt aus der Ausstellung nach Hause geht, weil es zu einem echten Dialog zwischen mindestens einem der Kunstwerke und ihm gekommen ist. Gute Public Relations sollte sich für einen Rezeptionsprozess mitverantwortlich fühlen.

Auch Public Relations über einen Tag des offenen Ateliers, Atelierfeste, das Hinter-die-Kulissen-Schauen ist sehr beliebt. Denken Sie wieder an den Zusatznutzen und die Bedürfnisse, die über das intrinsische Kunstinteresse hinausgehen und z.B. durch folgende Aktionen bedient werden können: Diashow, Konzert, Lesung, Weinprobe, Party ....

Mund-zu-Mund-Propaganda stellt das wirkungsvollste Public-Relations-Instrument für den Künstler dar. Jeder begeisterte Vernissagebesucher erzählt im Schnitt drei anderen Menschen von seinen Erfahrungen, sodass persönliche Empfehlungen zustande kommen. Es ist deshalb wichtig, eine Empfehlungspostkarte oder einen Katalog in ausreichender Auflage bereitzuhalten.

»Sie müssen die Leute verblüffen und ihre Erwartungen übertreffen, damit sie zu reden anfangen« (Harris 1999: 35).

Event-Public-Relations: Um im Informations-Overload und täglichen Kampf um die Aufmerksamkeit bestehen zu können, müssen »spektakuläre Aktionen, außeralltägliche Ereignisse« (Mandel 2004: 88) inszeniert werden. Kriterien für die Eventgestaltung sind dabei:

- Glaubwürdigkeit: Der Event muss zur Kunst passen.
- Integration in Kommunikationsstrategie: Der Event muss organischer Teil der Werbe- und Vermittlungsmaßnahmen sein.
- Originalität: Das Ziel: Der Event muss als herausragend und außergewöhnlich empfunden werden. Der Weg: Der Event soll einen hohen Neuheitsgrad haben, muss ungewöhnlich und ein Erlebnisangebot sein, das sich von denen der Konkurrenz abhebt. Ungewöhnliche Orte und ungewöhnliche Zeiten tragen zunehmend zum Erlebnisgehalt eines Events bei.
- Inszenierung: Eine durchgängige Gestaltung ist notwendig, z.B. muss bereits die Einladungskarte originell und unkonventionell sein, dann schließlich der Event selbst, aber auch Nachbereitungsmaßnahmen, indem ein persönliches Dankesschreiben mit einem Foto, das den Event dokumentiert, versandt wird.
- Interdisziplinär: Nach Möglichkeit sollen verschiedene ästhetische Ausdrucksformen vereint werden.
- Gruppenerlebnis: Die Kommunikation unter den Besuchern ist wichtig; Vernissagegäste müssen für einen kurzen Zeitraum zu einer Gemeinschaft verschmelzen.
- Nachhaltigkeit: Für den Infoverteiler müssen die Besucher um Adressen gebeten werden.

Gute Events führen zu einer emotionalen Bindung. Nicht viele Menschen, sondern die richtigen sollen erreicht werden.

Presse- und Medienarbeit

Die Selbstvermarktung in der spätmodernen Informations- und Mediengesellschaft hat neue Spielregeln. Eine wichtige Spielregel heißt:

»Das Output eines Künstlers ist nicht mehr nur das Werk selbst, sondern auch und insbesondere seine Fähigkeit, sich effizient innerhalb des Kunstbetriebes zu bewegen und Aufmerksamkeit zu erzeugen« (Omlin 2003: 19).

Folgende Kettenreaktion muss ausgelöst werden:

Öffentlichkeit → Aufmerksamkeit → Erfolg

Um die Öffentlichkeit zu erreichen, bildet Presse- und Medienarbeit einen wichtigen Bereich, häufig sogar den Schwerpunkt der Öffentlichkeitsarbeit. Medienarbeit ist kosteneffizient und hat einen hohen Glaubwürdigkeitsstatus beim Empfänger. Es handelt sich praktisch um eine besondere Empfehlungsform: Experten sprechen Empfehlungen für die Öffentlichkeit aus. Empfehlungen beinhalten in der Regel eine persönliche Dimension. So verhält es sich auch bei den Medien. Eine objektive Berichterstattung wird es kaum geben können. Denn das, was Medienthema wird, beruht auf Konstruktionsprozessen, die im Bewusstsein von Journalisten stattfinden, das heißt, dort platziert werden, denn die Ereignisse und Themen der Medienmacher stammen in den seltensten Fällen aus ihrer eigenen Beobachtung, sondern aus der Medienarbeit der Personen, über die berichtet wird. 70 Prozent der Medieninhalte werden heute durch Public Relations geliefert; tendenziell werden Inhalte aus Pressemitteilungen übernommen anstatt recherchiert (vgl. Merten 2000). Der Künstler darf sich demzufolge als Kooperationspartner des Journalisten verstehen, er arbeitet ihm zu. Der Erfolg der »Zuarbeit« hängt vom Kontaktnetz des Künstlers und seiner Kompetenz, Medienarbeit durchzuführen, ab.

Professionelle Medienarbeit zeichnet sich durch die Fähigkeit eines Perspektivwechsels aus. Für einen erfolgreichen Perspektivwechsel gilt es, einige Fragen zu beantworten:

Perspektivwechsel

Wo können thematische Brücken zu einem Medium gebaut werden? Wo ergeben sich Verknüpfungspunkte zwischen dem Medium, Ihrer Kunst und Ihrer Künstlerperson? Was interessiert und fasziniert die Leser/Hörer/Zuschauer an Ihrer Kunst oder Ihrem Künstlerleben? Warum wollen andere etwas über Sie hören, lesen, schreiben?

Die Thematik muss andere Menschen beeindrucken; zunächst muss sie Journalisten überzeugen. Der Informations-Overload unserer Gesellschaft macht vor den Redaktionen nicht halt. Journalisten sind täglich einer massiven Informationsflut ausgesetzt. Zu ihren Aufgaben gehört es, aus der Vielfalt der Nachrichtenangebote, das für ihr Medium passende auszuwählen. Das Verhältnis von Input und Output ist dabei schätzungsweise 90 : 10, das heißt, nur eine von zehn angebotenen Nachrichten kann wirklich platziert werden.[23] Jeder, der Medienarbeit professionell umsetzt, muss sich fragen: Wie gelingt es, zu den selektierten Nachrichten zu gehören, die ins Licht der Öffentlichkeit gelangen? Spannende Themen anbieten, die »nachrichtenmarktfähig« sind, ist ein Aspekt dabei. In der Journalistensprache gibt es dafür den Begriff »News-Wert«. Was macht den News-Wert aus?

News-Wert-Kriterien

- *Aktualität/Zeitpunkt:* Warum ist Ihr Thema gerade jetzt ein Thema?
- *Dynamik/Folgenschwere:* Das Außergewöhnliche ist von größerem Interesse als das Gewöhnliche. Was überrascht und entlockt ein »Wow!« an Ihrer Nachricht?
- *Räumliche, politische, kulturelle Relevanz:* Welchen Grad des Bezugs hat die Nachricht für den Empfänger? Ist sie bedeutsam für ihn und sein System?
- *Statusbezug:* Regional bedeutsam? National bedeutsam? Persönlicher Einfluss? Prominenz?
- *Nähe:* Es gilt: Lokalzeitungen, Lokalredaktionen, lokale Journalisten und lokale Sender mit Nachrichten zu versorgen. Die Nähe hat Nachrichtenwert.
- *Valenz:* Schockpotenzial? Konfliktgrad? Erfolgs- oder Misserfolgs-Highlight?
- *Identifikation:* Personalisierung: Stehen Sie als Künstlerperson oder andere Personen im Mittelpunkt? Ist eine Abgrenzung oder Identifikation für den Empfänger möglich?

Außerdem gilt:
1. Einfache Nachrichten werden komplizierten vorgezogen.
2. Sensationalismus und Spektakulisierung bestimmen auch diese Branche.

Schritte einer Medienaktion

Schritt 1: Aufgabenstellung festlegen
Schritt 2: Media-Analyse, Media-Verteiler aufbauen
Schritt 3: Kontaktieren
Schritt 4: Erfolgskontrolle/Rückläufe
Schritt 5: Kontakt erneuern

---

23 Zeitschriftenredaktionen sprechen von einem Verhältnis von 100 : 5.

KATHREIN WEINHOLD
248 Selbstmanagement im Kunstbetrieb

Schritt 1: Aufgabenstellung festlegen: Aufgabenstellungen können beispielsweise folgende sein: Erhöhung des Bekanntheitsgrades, Transport einer neuen Imagefacette, publik machen einer neuen Werkphase.

Schritt 2: Media-Analyse, Media-Verteiler aufbauen: Das Medienaufkommen in Deutschland ist mit folgenden Zahlen zu umreißen: Es erscheinen mehr als 160 Tageszeitungen, 22.000 Zeitschriften, und es senden mehr als 225 Hörfunksender sowie 100 Fernsehsender. Hinzu kommen Online-Redaktionen zahlreicher Medien (vgl. Merten 2000: 188f.). Die Medien können kategorisiert werden in:

Allgemeine Mediengruppen (vgl. Mandel 2004: 101)

• lokale Tagespresse
• lokale Anzeigenblätter (werden kostenlos verteilt)
• überregionale Tages- und Wochenpresse (*FAZ, Die Zeit, Spiegel etc.*)
• Fachzeitschriften (*art, atelier etc.*)
• Publikumsmagazine (*Gala, Brigitte, Das Lufthansa-Magazin etc.*)
• Presseagenturen (*dpa, ap etc.*)
• Hörfunk
• Fernsehen
• Online-Redaktionen

Ziel der Public-Relations-Arbeit muss es sein, in die Insidermedien hineinzugelangen:

• Kunstzeitschriften
• Feuilletons großer Tageszeitungen

Media-Analyse: Was lesen, hören und sehen die Menschen Ihrer Zielgruppe? Jeder Künstler hat eine andere Zielgruppenstruktur. Deshalb muss der Media-Verteiler individuell aufgebaut werden. Für alle Künstler gilt jedoch: Oberstes Ziel muss eine Präsenz in der Fachpresse sein. Wie bereits die Einführung in den Kunstbetrieb dargestellt hat: Nur Kunst, über die in Kunstzeitschriften geschrieben wird, ist wahrgenommene Kunst im System Kunstbetrieb. Finden Sie also Namen und Ansprechpartner der Fachpresse heraus (Fachzeitschriften und Feuilletons großer Tageszeitungen), lernen Sie Kritiker persönlich kennen, sprechen Sie diese an. Die Namen und Websites der wichtigsten Fachzeitschriften für Kunstmarkt und Kunstbetrieb finden Sie in *Literatur und Service* auf S. 283ff. Zudem sollten regionale Kunst- und Kulturkalender sowie Stadtmagazine zur Terminveröffentlichung bei Veranstaltungen in den Verteiler aufgenommen werden. Orientiert an der persönlichen Ziel-

KATHREIN WEINHOLD
→ Selbstmanagement im Geschäft mit der Kunst 249

setzung müssen weitere lokale, regionale, überregionale, internationale Medien recherchiert werden. Die Medien gilt es zu erforschen, um Anknüpfungspunkte zur eigenen Arbeit zu analysieren. Es ist möglich, dass innerhalb eines Mediums nicht nur das Feuilleton interessant ist, sondern weitere Ressorts, z.B. die Lokalredaktion. Den Hauptfokus werden Künstler-Unternehmer außerhalb der Fachmedien in der Regel auf Zeitungen, und hier besonders auf Kulturseiten (Rezensionen) und Serviceseiten (Veranstaltungsdaten, kurze Vorberichte) legen sowie auf Zeitschriften, hier besonders auf Kultur-Service-Rubriken (Vorankündigungen) und Lifestyle-Seiten (*personality stories*).

Ein Medienverteiler muss zu jedem Kontakt nicht nur einen Redaktionsnamen oder eine exakte Ressortbezeichnung beinhalten, sondern einen konkreten Ansprechpartner. Weitere Informationen zur Journalistenperson sollen gesammelt werden: Interesse an besonderen Veranstaltungsformen, Themen, Bildmaterial, eventuelle Vorlieben z.B. für Interviews, letzte persönliche Kontakte (Zeitpunkt, Inhalt).

Zur Recherche von Medienadressen bieten sich die in → *Literatur und Service* (S. 283ff.) genannten Handbücher an. Auch im Impressum sämtlicher Medien finden sich die erforderlichen Kontaktdaten. Zudem sind Telefonate mit den Medien möglich; die Ansprechpartner werden ohne Probleme genannt; Telefon- und Faxnummern werden ebenso unkompliziert herausgegeben. Versuchen Sie stets die Durchwahlnummern zu recherchieren und den Aufbau des Media-Verteilers bereits als Chance für ein erstes persönliches Gespräch zu nutzen. Fragen Sie bei diesem Gespräch nach, in welcher Form Ihr Ansprechpartner die Infos wünscht, ob als Fax, Brief oder E-Mail.

Effizienter: Journalisten persönlich kennenlernen! Sprechen Sie Medienvertreter auf Ausstellungseröffnungen und anderen Veranstaltungen des Kunstbetriebes gezielt an. Es sollte zudem im Telefongespräch mit Redaktionen festgestellt werden, wer die relevanten Themen betreut. Bringen Sie Möglichkeiten in Erfahrung, sich persönlich bei Redaktionen vorzustellen (z.B. Termin mit Lokalredaktion, Tage der offenen Tür in Verlagshäusern). Integrieren Sie in Ihren Verteiler auch freie Journalisten. Sie spielen im Kunstbetrieb eine große Rolle. Da »Freie« in der Regel für mehrere Medien parallel berichten, haben sie ein Interesse daran, ihre Artikel unterzubringen.

Bemühen Sie sich um eine korrekte Schreibweise der Namen. Dies betrifft sowohl Mediennamen als auch Namen des Ansprechpartners. Bitte lassen Sie sich den Namen des Ansprechpartners gegebenenfalls buchstabieren. Es macht einen schlechten und unprofessionellen Eindruck, wenn Ihnen bei den Adressatenschreibweisen Fehler unterlaufen. Arbeiten Sie im Adressfeld immer mit Vor- und Zunamen. Wer liest nicht gern seinen Namen in voller Länge?

Wann ist **Redaktionsschluss** der ausgewählten Medien? Ein kurzer Anruf in der Redaktion genügt. Im Allgemeinen gilt:

- **Wochenzeitschriften**, die montags erscheinen, Redaktionsschluss: Donnerstag der Vorwoche.
- **Tageszeitungen**, Redaktionsschluss: unmittelbar vor Druck, also am Vorabend/Vornachmittag des Erscheinungstages, für die langfristige Planung sollten Sie auch hier die Infos mit ca. 10 bis 14 Tagen Vorlauf verschicken.
- **Zeitschriften**, offizieller Redaktionsschluss ist ca. 6 bis 8 Wochen vor Erscheinen, die eigentliche Planung und Produktion läuft jedoch bereits Monate vorher. Einige Zeitschriften haben einen Redaktionsschluss 5 Monate vor Erscheinen.
- **Stadtmagazine**, ca. 10 Tage vor Erscheinen.
- **Kunstkalender (mtl.)** i.d.R. 6 bis 8 Wochen vor Erscheinen.
- **Radiosender, Fernsehsender**, »Kulturtipps« Redaktionsschluss 2 bis 3 Tage vor Sendetermin, langfristige Redaktionsplanung ca. 4 Wochen Vorlauf; für Interviews und Reportagen generell ca. 4 Wochen Vorlauf.

Schritt 3: Kontaktieren: Timing einer Vernissage: Kontaktieren Sie »Ihre« Journalisten auf verschiedenen Kanälen, individuell je nach Redaktionsschluss, in der Regel bei Tageszeitungen jedoch ...

- Vorlauf: ca. 16 Tage   Gespräch, via Telefon
- Vorlauf: ca. 14 Tage   Einladungskarte, Mailing postalisch
- Vorlauf: ca. 14-10 Tage   Presseinformation, via Fax
- Vorlauf: 1-2 Tage   Nachfassgespräch, via Telefon

Wenn das Feedback, das Sie nun erhalten, positiv ist und Journalist(en) an Ihrer Veranstaltung teilnehmen, dann sehen Sie der Vernissage gelassen entgegen. Denken Sie aber am Abend der Veranstaltung daran, dass Journalisten »Götter« sind und dass sie ebenso behandelt werden müssen. Versuchen Sie mit ausreichend Zeit und einem offenen Ohr, dem Journalisten für alle Fragen bereit zu stehen. Aber kommen wir zu unserem Telefonat zurück: Im ungünstigen Fall (leider nicht so selten) wird der Journalist am anderen Ende der Leitung um Ihr Verständnis bitten, dass er an der Veranstaltung nicht teilnehmen kann. Nun sind wieder Ihr Redegeschick und Ihre Power gefragt. Fragen Sie nach Alternativen. Gibt es andere Mitarbeiter, vielleicht Freie, die der Redakteur beauftragen kann? Wird möglicherweise der Praktikant zur Vernissage kommen, um etwas zu schreiben?

- Checken Sie die Lage und geben Sie Ihrem Ansprechpartner zu verstehen, dass es für Sie sehr wichtig ist, dass er oder einer seiner Mitarbeiter die Ausstellung sehen wird und darüber berichtet!
- Betonen Sie erneut, worin der Nutzen für seine Leser/Hörer/Zuschauer besteht (Perspektivwechsel)!
- Journalisten außerhalb großer Kulturmetropolen sind leichter zu einem Termin zu bewegen als jene in Städten wie Berlin!

Nachdem Ihr Vernissageevent stattgefunden hat, prüfen Sie welche Medienvertreter nicht bei Ihnen waren, aber auch keine klare Absage, etwas zu berichten, erteilt haben. Diese Gruppe können Sie nun nochmals anrufen. Erzählen Sie mit aller Begeisterung, die Sie aus der Veranstaltung geschöpft haben, von Ihrer Ausstellung und versuchen Sie Ihren Gesprächspartner erneut zu gewinnen.

Telefonieren mit Medienvertretern: Persönliche Überzeugungsarbeit am Telefon gehört zu den Grundlagen guter Public-Relations-Arbeit. Es gilt hartnäckig, aber nicht aufdringlich zu sein. Argumente und Informationen sollen Vertrauen in Ihre und Interesse an Ihrer Kunst wecken. Medientelefonate bestehen in der Regel aus einer vierteiligen Struktur (vgl. Asgodom 1999: 146ff.):

- anklopfen,
- anknüpfen,
- argumentieren,
- abschließen.

Anklopfen: Der Künstler versetzt sich in die Welt seines Gegenübers. Möglicherweise sitzt der Journalist vor einem papierbergüberfüllten Schreibtisch und weiß nicht, wo ihm der Kopf steht, weil er noch drei Artikel in der nächsten Stunde abschließen muss. Dann klingelt auch noch am laufenden Band das Telefon. In dieser Situation ist weder Ihnen noch dem Journalisten geholfen, wenn Sie Ihr Ziel des Presseanrufs *straight* durchziehen. Gehen Sie deshalb sensibel mit dem Gegenüber um und stellen eine Anklopf-Frage an den Gesprächsbeginn. Fragen Sie z.B.: »Haben Sie eine Minute Zeit für mich?« Falls Ihr Gegenüber die Frage verneinen sollte, erfragen Sie, einen günstigeren Zeitpunkt für ein Telefonat. Erfahrungsgemäß sind Redaktionen vormittags, zwischen 10 und 12 Uhr, am besten zu erreichen.

Anknüpfen: »Brückenbauen«: Lässt sich ein Anknüpfungspunkt für das Gespräch finden? Wie kann der Künstler-Unternehmer eine »Brücke« zur Welt des Gegenübers bauen? Auch hier ist ein Perspektivwechsel sinnvoll: Was braucht mein Ansprechpartner? Wo steht mein Gegenüber? Wie denkt der Journalist? Deutlich wird, dass es bei einer Medienaktion nicht vorrangig um eine Vielzahl von Kontakten geht. Vielmehr muss es um eine kleine oder größere Anzahl selektierter Journalisten und gut vorbereiteter Kontaktgespräche gehen. Versuchen Sie die Arbeitssituation der Journalisten in den Mittelpunkt Ihres Anknüpfens zu stellen. Sprechen Sie z.B. ein Lob über einen besonders gelungenen Artikel aus, den Sie gelesen haben. Möglicherweise lässt sich zwischen Ihren Informationen und diesem Artikel ein Bezug herstellen? Ihr angebotener Stoff kann für eine fortsetzende Betrachtung herangezogen werden? Ein Praxisbeispiel zur Veranschaulichung:

Journalist Meymann hat gerade einen Bericht »Kunst im Leerstand« über die Nutzung frei stehender Ladenräume durch Künstler in Berlin-Friedrichshain geschrieben. Sie planen momentan einen freistehenden Ladenraum mit einer Ausstellung im Nachbarbezirk zu bespielen. Versuchen Sie nun Herrn Meymann für eine Fortsetzung der »Kunst im Leerstand« zu begeistern, um andere Bezirke (Regionen) ins Visier zu nehmen – eingeschlossen Ihr Projekt.

Aber auch an dieser Stelle sollten Sie vorsichtig und sensibel vorgehen. Nichts ist unangenehmer, als ein Journalist, der das Gefühl hat, dass ihm etwas aufs Auge gedrückt werden soll. Es muss vielmehr darum gehen, durch vorherige Analyse und gezielte Argumentation sein echtes Interesse am Thema zu wecken. Die Formulierung des Anliegens muss sich immer als Angebot geben. Ein »Muss« in der Formulierung, auch im Eifer des Gefechts, wäre ein unverzeihlicher Fehler. Die Frage, auf die es nur zwei Antwortrichtungen, entweder Richtung »Ja« oder Richtung »Nein« gibt, heißt dann in etwa: »Wäre dies ein interessantes Thema für Sie?«

Geht die Antwort in Richtung eines klaren Neins, dann kann es vielerlei Gründe dafür geben: Das Thema ist ausgeschöpft. Der Journalist kann die Bedeutung des Beitrages nicht erkennen oder nicht richtig einschätzen. Oder es wird im Thema kein Kernanliegen klar. Die Presseinfo hat zu viele Ansätze von Einzelthemen, die nicht auf den Punkt zu bringen sind. Wenn Ihnen jemand mit einem klaren Nein begegnet, sehen Sie es positiv. Begeben Sie sich mental zum nächsten Telefonat und Ansprechpartner. Überlegen Sie zuvor, welche Schlussfolgerungen Sie aus dem vorangegangenen Telefonat ziehen können. Was ist zukünftig besser zu machen, sodass die Infos auf den Punkt Ihr Gegenüber treffen?

Wer berichtet über Ihr aktuelles Thema, in welchem Medium? Nach dieser Bestandsaufnahme gilt es, Kontakt aufzunehmen und sich als Person aus dem gleichen Bereich vorzustellen, sodass eine *win-win*-Situation entsteht. Wichtig ist dabei: Strahlen Sie Selbstbewusstsein und Kompetenz aus. Häufig recherchieren Journalisten unmittelbar nach Erstkontakttelefonaten und landen zunächst auf Ihren Websites. Daher sollte die Website immer auf dem Laufenden sein.

Argumentieren: Bei einer Antwort in Richtung »Ja«, auch wenn Sie noch kein entschiedenes »Ja« hören, sollten Sie nun Argumente auflegen und das Thema vertiefen.

- Was ist das Neue und Besondere an dem, was Sie anbieten?
- Warum ist es gerade für die Leser bzw. Hörer des Mediums Ihres Gegenübers interessant?
- Bekommt das Medium von Ihnen einen besonderen Anreiz, darüber zu berichten (z.b. Verlosung eines kleineren Werkes aus einem Auflagendruck, Verlosung einer mit Widmung signierten Postkartenserie, Verlosung handsignierter Kataloge)?
- Warum das Thema gerade jetzt auf die Bühne bringen? Steckt ein aktueller Bezug dahinter? Wenn ja, welcher? Was ist außergewöhnlich (siehe News-Wert-Kriterien S. 247)?

Versuchen Sie anschaulich und mit Begeisterung zu berichten und tiefe wissenschaftliche Exkurse am Telefon zu vermeiden. Somit verhindern Sie das Gefühl bei Ihrem Gegenüber, nicht genug Kompetenz zu besitzen. Vermitteln Sie Bilder, Gefühle, Erfahrungen. Sprechen Sie den Journalisten emotional an.

Recherchieren Sie vor dem Telefonat gründlich Rubriken und Ressorts. Falls Sie bei Medium A die Ressortbezeichnung vom Konkurrenzmedium B verwenden, katapultiert Sie das meilenweit zurück. Hier gilt: Sie haben niemals eine zweite Chance, einen ersten Eindruck zu hinterlassen. Der erste Eindruck ist ein bleibender. Verläuft er negativ, wird es unter Umständen Jahre dauern, bis Sie eine vernünftige zweite Chance bei diesem Medium bzw. diesem Ressort bekommen.[24]

Abschließen: Wenn Sie sicher sind, Ihr Gegenüber hat Interesse, dann suchen Sie nach einer abschließenden Vereinbarung: »Wie verbleiben wir? Ich sende Ihnen eine Pressemitteilung und wir sehen uns dann zur Vernissage.«. Wenn der Ansprechpartner selbst nicht an Ihrer Veranstaltung teilnehmen kann, bitten Sie ihn, einen Mitarbeiter zu schicken. Checken Sie auch, ob es

---

24 Diese ergibt sich womöglich erst dann, wenn die Stelle des Journalisten neu besetzt wird.

ihm entspricht, im Trubel der Vernissage zu Ihnen zu kommen oder ob ein gemeinsames Arbeitsfrühstück, sozusagen als Preview, am Tag der Vernissage nicht willkommener wäre? Wenn Sie ein, zwei Jahre mit den Journalisten Ihrer Region zusammengearbeitet haben, kennen Sie deren Vorlieben und können sich darauf einlassen. Doch zu Beginn Ihrer Medienarbeit geht es um ein sensibles Einfühlen in die Welt des Anderen, um ihn zu gewinnen. Fragen Sie auch nach den Vorlieben einer schriftlichen Presseinfo, ob Mail, Post oder Fax erwünscht ist. Soll ein digitales Bild in welchem Format übermittelt werden?

Medieninfos schreiben: Ein interessierter Journalist wird bezugnehmend auf ein positiv verlaufenes Telefonat eine schriftliche Medieninformation wünschen. Und allen, die Sie telefonisch nicht erreichen, können Sie ebenfalls eine Presseinformation via Fax oder Briefpost zukommen lassen. Schreiben Sie Ihre Medieninfo auf Ihren Briefkopf, sodass alle Kommunikationsdaten für eine Kontaktaufnahme zu Ihnen vorhanden sind. Beachten Sie, dass im Adressatenfeld immer eine konkrete Person benannt sein muss. Presseinfos, die z.B. pauschal an die »Kunstredaktion« versandt werden, haben keine Chance. Legen Sie ein Begleitschreiben bei, in dem Sie sich z.B. auf ein bereits geführtes Telefonat (Datum ausführen) beziehen.

Schreiben Sie Medieninformationen nur dann, wenn es einen großen Anlass gibt, z.B. eine neue Ausstellung, z.B. der Hinweis auf einen gewonnenen Preis oder z.B. die Einführung von Merchandising-Artikeln zu Ihrer Kunst, die über das Internet bestellbar sind.

Handlungsaufforderung

Eine gutgemachte Medienmitteilung trägt eine klare Botschaft und Handlungsaufforderung an die Medienmacher in sich.

Schreiben Sie in die Mitteilung hinein, ob es sich um eine Vorankündigung einer Ausstellung handelt, ob Sie zu einem Pressefrühstück einladen oder zu einer Ausstellungseröffnung.

Inhalte einer Medieninformation[25]: Schreiben Sie ...

- **wer** Sie sind.
- **was** Sie wollen.
- **wo** und **wann** Sie es machen.
- **warum** Sie es wollen.

---

25 Vgl. auch Zimmermann 1995: 23

- **wie** Sie es machen wollen.
- **wow!** Worin das Besondere, das Neue, das noch nie Dagewesene, besteht.

Klassischer Aufbau einer Medieninformation

Headline	Titel
Lead	Untertitel
Exploration	Wer? Was? Wann? Wo? Warum? Wie?
Schluss	Wow!

Die Überschrift (*headline*) muss ein *eyecatcher* sein. Sie ist das Erste, was dem Journalisten ins Auge springt, wenn er die Information das erste Mal in seinen Händen hält. Ihr Anliegen: Neugier wecken, Aufmerksamkeit akkumulieren, denn in der Bedeutung kommen 50 Prozent der Überschrift zu, die restlichen 50 Prozent dem Text. Manchmal dauert es Stunden bis man die richtige Überschrift gefunden hat. Deshalb: tüfteln, forschen, kombinieren Sie! Mitunter ist der Ausstellungstitel bereits als Headline geeignet.

Achten Sie beim Text auf eine Pyramidenformung. Die wichtigsten Informationen stehen oben, denn wenn Texte übernommen werden, dann in der Regel gekürzt. Prüfen Sie, ob Ihr Text gekürzt bestehen kann, z.B. ob die ersten zwei, drei Sätze allein wirken und ausreichend informieren.

Der Schluss der Mitteilung bringt Ihre Argumente noch einmal auf den Punkt und stellt eine komprimierte Aussage her. Um ein »Wow!« hervorzubringen, können Sie fragen: Was unterscheidet Ihre Presseinfo von denen anderer? Warum ist gerade Ihr Thema mit Ihren Infos hochinteressant oder hochbrisant? Als Arbeitstechnik bietet es sich an, zuerst stichpunktartig alle Aspekte zu sammeln und diese dann in der vermuteten Reihenfolge der Aufmerksamkeitsakkumulation anzuordnen.

Vergessen Sie Ihre Kontaktdaten nicht. Eine professionelle Medieninformation wird auf Ihren Briefbogen mit allen Koordinaten gedruckt. Eine Web-Adresse ist hilfreich, da Redakteure schnell einmal bei Ihnen vorbeisurfen.

Grundsätze für Medieninfos

Sachlichkeit und Anschaulichkeit: Keine Erlebnisberichte, sachlicher aber anschaulicher Stil!

»W«-Fragen beantworten: WER WAS WARUM WIE WO WANN

WOW!: Es steht am Ende und kann ein Hinweis auf Ihr einzigartiges

Alleinstellungsmerkmal sein und/oder eine abschließende Information, die schockt oder betroffen macht.

Botschaftsorientierung: Sie wird über Anlass und Inhalt herausgearbeitet.

Adressatenauswahl: Mit Sorgfalt. Das Image bei der Presse entwickelt sich über Ihre Pressemitteilungen, anfangs gebildete Meinungen sind schwer zu korrigieren.

Hinweise für Medieninfos

Hinweise zum Inhalt
- Kürze
- Glaubwürdigkeit (keine Superlative und Selbstbelobigungen)
- News-Wert, v.a. Aktualität
- Übersichtlichkeit
- Verständlichkeit

Hinweise zur Struktur
- News in den ersten Satz!

Hinweise zur Stilistik
- Namen ohne »Herr« und »Frau«, aber mit Vornamen und Amtsbezeichnung/Titel/Beruf
- wertneutrale Schreibweise anwenden! (Wertungen vornehmlich über Aussagen Dritter vornehmen und Fakten sprechen lassen: Nicht der »bekannte Künstler Arnim Ahlbeck«, sondern z.B. der »Käthe-Kollwitz-Preisträger Arnim Ahlbeck« stellt aus.)
- präzise Angaben (Nicht *ab morgen*, sondern z.B. *ab 29. März 2005*)
- lokale, fachliche, zeitliche Bezüge herstellen, welche die Nachricht in einen konkreten Zusammenhang einordnen.
- neutrale Nachrichtenformulierung, keine Ich- oder Wir-Form!

Hinweise zur Gestaltung
- Aufmerksamkeitsbindende Überschrift, bei längeren Texten Zwischenüberschriften
- Form und Stil im eigenen Corporate Design; Logo einfügen.
- Hervorhebungen (Eigennamen, Daten, Termine, Veranstaltungsorte)
- einheitliches Schriftbild (kein Typensalat).

- gut leserliches Schriftbild verwenden (Empfehlung: 12-Punkt-Schrift mit klarem Schriftsatz: z.b. *Arial* oder *Times*)
- Abkürzungen vermeiden! Wenn Abkürzungen notwendig, dann das abzukürzende Wort erstmals ausschreiben und bei wiederholter Anwendung Abkürzung einführen.
- am Ende der Mitteilung nochmals Absender und Ansprechpartner mit Kommunikationsdaten (eventuell mit Uhrzeiten der Erreichbarkeit) angeben
- Hinweis auf Internetadresse einfügen!
- Fotos (13x18 cm) erhöhen die Aufmerksamkeit für den Inhalt. Sie müssen jedoch brillant sein. Lieber keine Fotos, als schlechte. Selbstverständlich bildet der Medieninfo-Text zusammen mit Ihrer Einladungskarte eine gute Kombination.
- Hinweis auf digitale Möglichkeiten geben, z.b. über das Internet digitale Fotos abrufen.
- Hinweise auf weitere Anhänge geben, z.b. die künstlerische Vita oder ein Katalog.
- Nicht länger als 2 Din A4-Seiten.[26]
- Ausreichend Rand für Bearbeitungen einplanen.

Typen von Medieninfos

- Veranstaltungsankündigungen (Ausstellung, *preview*, Tag der offenen Tür, Atelierfest, Vortrag, Künstlergespräch)
- Einladungen zu Pressemeetings, -konferenzen, Hintergrundgesprächen
- Stellungnahmen des Künstlers/der Künstlerin zu Angriffen oder Stellungnahmen Dritter
- Berichterstattung über Highlights der laufenden, künstlerischen Arbeit und gesellschaftlicher Übereinkunft (z.B. Künstler wird ab 2005 von Galerie in New York vertreten)
- Analyse/Hintergrund (Leerstehende Ladenräume an Künstler: xyz eröffnet Produzentengalerie)

---

26 Begleitschreiben und Anhänge exklusive.

Ästhetik und Aufmerksamkeit

Versenden Sie keine fotokopierten Presseinfos, bei denen im Adressblanko-feld dann nur noch der Ansprechpartner handschriftlich von Ihnen eingesetzt wurde. Versuchen Sie stattdessen den Eindruck zu erwecken, dass Sie sich besonders viel Mühe geben, um den Journalisten für Ihr Thema zu gewinnen. Erwecken Sie Aufmerksamkeit – wie auch immer – durch besonders hochwer-tiges Briefpapier, einen Umschlag, der aus der Masse der mausgrauen, un-kreativen Infopost-Briefe mit Portostempel herausfällt. Wenn Ihre künstleri-sche Welt bunt ist, dann kommunizieren Sie dies im Äußeren Ihrer Post an die Redaktionen. Ein kreativer Brief mit handgeschriebenem Empfänger besitzt die Kraft aus der Masse der 30 bis 60 Briefe, die der Redakteur täglich auf seinen Tisch bekommt, herauszustechen und Türöffner der Aufmerksamkeit zu sein.

Nachhaken/Antwortformular

Beispiel: Antwortformular für eine Ausstellungseröffnung

Faxantwort an xxx.xxxxxxxx

( ) Ich nehme gern an Ihrer Vernissage teil.
( ) Ich werde leider nicht teilnehmen können.
( ) Ich bin an einem Interview mit Ihnen interessiert. Bitte rufen Sie mich an.
( ) Bitte schicken Sie mir ein Pressefoto und weitere Infos.
( ) Bitte senden Sie mir eine Anfahrtsskizze.

Der Bericht wird in folgendem Medium erscheinen:

_____

Name: _____

Redaktion: _____

Tel.: _____

Nehmen Sie es in die Hand, von den Journalisten eine Rückinfo zu erhalten. Rufen Sie zwei, drei Tage nach Eintreffen Ihrer Infos in der Redaktion an und fragen Sie höflich, ob der Redakteur damit etwas anfangen konnte. Möglicherweise ist Ihre Medieninformation auf dem Ablagestapel gelandet, in dem eventuell die für den Redakteur interessanten Themen liegen. Nun ist es an Ihnen, das Interesse zu forcieren. Mit Ihrem Telefonat können Sie also das Interesse erneut wecken und erhöhen. Falls Sie ein negatives Feedback bekommen, die Info glattweg »durchgefallen« ist, dann fragen Sie nach dem Grund. Vielleicht besteht die Möglichkeit, das Thema einer anderen Redaktion anzubieten. Eine andere Methode: Entwerfen Sie ein Antwortformular, das Sie als zweites oder drittes Blatt in Ihr Medienmailing integrieren.

Medienveranstaltung

Große Ausstellungshäuser, wie Museen und internationale Kunstvereine, veranstalten im Rahmen ihrer Medienarbeit häufig Pressekonferenzen. Für den Künstler-Unternehmer, der mit überschaubaren (finanziellen) Mitteln auf sich aufmerksam macht, ist von dieser Art Veranstaltung abzuraten. Es macht nur Sinn, eine Pressekonferenz zu organisieren, wenn man sichergeht, dass wirklich eine Konferenz mit einer entsprechenden Teilnehmeranzahl zustande kommt. In meiner Ausstellungspraxis hat es sich bewährt, ein »Pressefrühstück« am Vernissagetag zu veranstalten. Bei einem Frühstück spielt die Zahl der Teilnehmer eine sekundäre Rolle. Diese Veranstaltungsform bietet Ihnen die Möglichkeit, individuell auf Ihre Gäste einzugehen und mit Ruhe und Zeit ausgestattet, einen Einblick in Inhalte und Hintergründe der Ausstellung zu geben. Außerdem hat die Veranstaltung *preview*-Charakter, was gut angenommen wird. Planen Sie als Dauer etwa eine Stunde ein. Überlegen Sie, wie Sie zu einem beliebten Gastgeber werden können.

Videopräsentationen

Denken Sie auch darüber nach, sich bei den Medien multimedial zu präsentieren. Mithilfe einer CD-ROM, DVD oder Videokassette werden Redaktionen in die Lage versetzt, neben Ihrer Kunst auch erste Eindrücke Ihrer Künstlerpersönlichkeit und Ihrer Atelier- oder Ausstellungssituation zu erhalten.

Schritt 4: Erfolgskontrolle/Rückläufe: Bitten Sie die Journalisten, Ihnen mitzuteilen, wann eine Ankündigung oder ein Bericht erscheinen wird. Nicht alle Medienvertreter sind so kooperativ, ein Belegexemplar zu übersenden. Aber mit entsprechendem Erscheinungstermin lassen sich Artikel auch im Internet recherchieren (Adressen von Datenbanken finden sich in → *Literatur und Service* auf S. 283). Sammeln Sie alle Artikel in einer Pressemappe, beschriften Sie diese stets mit Datum und Name des veröffentlichenden Mediums.

Versuchen Sie alle Journalisten, die nichts veröffentlichen konnten, sensibel zu befragen, warum nicht berichtet wurde. Fragen Sie auch, an welchen Informationen sie besonders interessiert sind, um gegebenenfalls in Zukunft

KATHREIN WEINHOLD
260 Selbstmanagement im Kunstbetrieb

eine auf ihre Bedürfnisse zugeschnittene Information an sie senden zu können.

Schritt 5: Kontaktpflege: Pflegen Sie Ihre Pressekontakte. Bedanken Sie sich für gedruckte oder gesendete Artikel mit einem Anruf oder einem handgeschriebenen Brief bei den Redakteuren. Versuchen Sie auch dann ein Dankeschön zu formulieren, wenn der Artikel vom Umfang her viel bescheidener ausgefallen ist, als erwartet. Gehen Sie mit Kritik an Medienpartnern sensibel und sparsam um. Auch wenn der Artikel ein paar Dinge anders oder kritischer darstellt, als gewünscht, nehmen Sie es gelassen. Die Medien haben die Aufgabe, Kritik zu äußern. Was zählt, ist einzig und allein die Präsenz in den Medien. Selbstverständlich kann man in der Redaktion anrufen, um zu ergründen, wie es zu einem Missverständnis kommen konnte. Mehr wird jedoch kaum zu machen sein. Dies betrifft nicht unseriöse Falschmeldungen oder Storys der Boulevardpresse, gegen die man sich gegebenenfalls mit juristischen Mitteln wehren kann. Aber denken Sie daran:»Bad news are good news«. Besser mit einer fragwürdigen Schlagzeile im Gespräch sein, als gar nicht im Gespräch sein.

Senden Sie Weihnachts- oder Neujahrsgrüße an Ihre Medienpartner – nicht an alle, aber an all jene, die über Sie im vergangenen Jahr berichtet haben oder weiterführende Kontakte vermitteln konnten – kurzum an all jene, die geholfen haben, eine größere Öffentlichkeit zu erreichen. Es ist in Künstlerkreisen nicht wenig verbreitet, zum Anlass des Weihnachtsfestes und Jahreswechsels eine Kleingrafik, z.B. aus dem Druckgrafikbereich, an Partner und gute Kunden zu versenden. Denken Sie daran: Kleine Geschenke erhalten die Freundschaft – aber auch die Freude an der Zusammenarbeit. Große Geschenke hingegen bewirken eher das Gegenteil. Loten Sie sensibel aus.

Online-Kommunikation

Bestandsaufnahme: Onliner: Die Zahl der Internet-Nutzer in Deutschland ist im Aufwärtstrend. Es ist ein von der breiten Öffentlichkeit genutztes Medium. 2003 waren 34,4 Millionen Erwachsene online, das sind 53,5 Prozent der Bevölkerung ab 14 Jahren. Am häufigsten wird das Internet von den 14- bis 19-Jährigen (92,1 Prozent) genutzt, am wenigsten von Menschen über 60 Jahren (13,3 Prozent).[27]

Der *(N)Onliner-Atlas*[28] gibt ähnliche Zahlen heraus: 50,1 Prozent sind Onliner, davon wiederum mehr Männer als Frauen, ca 58,8 Prozent. Mit höhe-

---

27 Vgl. *ARD/ZDF-Online-Studie* 2003, *www.daserste.de/service/studie.asp*
28 Vgl. *www.nonliner-atlas.de*

ren Bildungsabschlüssen wachsen die Onliner-Anteile. Ebenso gibt es ein Stadt-Land-Gefälle: in Großstädten finden sich besonders viele Onliner. Die Verteilung in den Bundesländern unterliegt folgender Differenzierung: In Bayern, Baden-Württemberg, Hessen, Berlin, Hamburg, Schleswig-Holstein konnten Onliner-Zahlen über dem bundesdeutschen Durchschnittsniveau nachgewiesen werden.

Für Online-Neueinsteiger besteht laut ARD/ZDF-Studie der maßgebliche Anreiz neben der Kommunikation mit anderen Internet-Nutzern und schneller Informationsbeschaffung vor allem im Zugang zu Märkten und Produkten sowie zu internetspezifischen Serviceleistungen. Das Internet bleibt damit für die Mehrheit der Anwender jedoch ein Kommunikations- und Informationsmedium. Unterhaltungsangebote spielen nur eine geringe Rolle. Der Umgang mit den Web-Angeboten erfolgt rational und zweckorientiert. Die meisten Nutzer steuern gezielt ihre Lieblingsadressen an, die sie immer wieder aufsuchen. Im Schnitt werden je Internet-Sitzung fünf Seiten aufgerufen. Zu ihren Favoriten zählen vor allem Angebote, die bereits aus der Offline-Welt vertraut sind. Das Marken-Image der etablierten Anbieter überträgt sich auf deren Internet-Auftritte.

Auch immer mehr Unternehmen nutzen das Internet: 2003 setzten 73 Prozent der Firmen das weltumspannende Netz für ihre Geschäftsabläufe ein.[29] Je mehr das Internet fester Bestandteil des Alltags verschiedenster Gesellschaftsbereiche wird, um so mehr erwarten Kunden und Geschäftspartner eine Internetpräsenz vom Einzelnen. Absehbar ist, dass der professionelle und konsequente Einsatz des Mediums mehr und mehr Voraussetzung für Wettbewerbsfähigkeit, auch beim Künstler-Unternehmen, wird.

Internet-Marketing[30]: Das Marketing-Instrument beinhaltet die Planung, Koordination und Kontrolle aller auf aktuelle und potenzielle Märkte ausgerichteten Internet-Aktivitäten. Die systematische Nutzung des Webs und seiner Anwendungen hat das Ziel, Wettbewerbsvorteile zu entdecken, zu kommunizieren, zu sichern und auszubauen. Wichtige Anwendungsmöglichkeiten im Internet sind

- E-Mails,
- Newsgroups,
- Chatrooms.

---

29 Vgl. Statistisches Bundesamt, *http://www.destatis.de*
30 Vgl. Hausmann 2001: 3

Folgende Marketing-Ziele können beispielsweise verfolgt werden:

- Imagepflege,
- Erhöhung des Bekanntheitsgrades,
- Erschließung neuer Käufersegmente,
- Besetzung neuer Geschäftsfelder,
- Markttransparenz fördern.

Die Vorteile dieser Marketingform bestehen auf verschiedenen Ebenen.
Ebene des Produkts: Kontextualisierung wird möglich, d.h., der Raum im Web bietet neue Möglichkeiten: um 1. umfassende weiterführende Infos zu Künstlern und Werken zur Verfügung zu stellen, auch als Download und Verlinkung zu anderen Websites, um 2. umfassende Archive anzulegen (Presse, zurückliegende Ausstellungen). Außerdem besteht die Möglichkeit, rein virtuelle Ausstellungen durchzuführen bzw. User über Webcams live am Entstehungsprozess von Werken teilhaben zu lassen. Zur User-Bindung können Aktionen wie »Das Objekt des Monats« veranstaltet und dadurch einzelne Produkte herausgehoben werden.

Ebene der Kommunikation und Werbung: Ein internationales Publikum kann angesprochen werden. Interaktive Möglichkeiten wie Gästebucheinträge, Feedback-Formulare können neue potenzielle Nachfragerbeziehungen aufbauen. Public Relations und Kundenpflege, z.B. durch Newsletter, kann effektiv und kostengünstig praktiziert werden.

Ebene der Distribution: E-Commerce ist ein neuer Vertriebskanal, der rund um die Uhr verfügbar ist. Erfahrungsgemäß reicht der virtuelle Raum nicht aus, um Kunst zu verkaufen, aber die Zielgruppe kann erweitert werden. Die Angebote sind stets aktualisierbar, können schnell, zeitunabhängig, kostengünstig, unbeschränkt zugänglich und interaktiv eingesehen werden.

Selbst-Public-Relations über das Internet: Potenziale, das Internet für die Selbst-Public-Relations zu nutzen, sind

- Recherche im Netz,
- die eigene Website und
- E-Mail-Kontakte/Newsletter.

Recherche im Netz: Online recherchieren mit Hilfe verschiedener Suchmaschinen hat Zukunft. »Googlen« ist in. Hintergrundinformationen über Kollegen, Vertriebspartner u.a. Zielgruppen lassen sich in Sekundenschnelle eruieren und elektronisch weiterverarbeiten.

Die eigene Website – Planungsschritte

Ziele definieren: Was soll mit der Präsenz erreicht werden? In der Regel handelt es sich um ein Konglomerat aus künstlerischer und unternehmerischer Selbstdarstellung. Konkrete Ziele können z.b. sein:

- Bekanntheit erzeugen,
- Innovationsgeist zeigen,
- Image steigern,
- Produktwerbung/Leistungswerbung.

Nach der Definition der Ziele richtet sich die Strukturierung des Informationsangebotes. Grundsätzlich können folgende Informationen auf der Homepage angeboten werden:

- Vita & Ausstellungsverzeichnis/Projekte,
- Preise, Stipendien, Wettbewerbe,
- Pressereferenzen,
- Texte zum Künstler,
- Werke/Leistungen (Galerieteil),
- Kontakt/Impressum (= Pflichtangabe/Wer ist Herausgeber? Wie ist dieser erreichbar?),
- Anfahrtsskizze zum Atelier,
- Aktuelles/News, z.B. aktuelle Ausstellung und
- Hyperlinks zu Kollegen (*networking!*).

Die folgenden Beispiele zeigen, wie Künstler auf unterschiedliche Art und Weise ihren Auftritt im Netz strukturieren. Ein Klick lohnt sich.

Beispiele: Internetauftritte von Künstlern

Elvira Bach (*www.elvira-bach.de*)
Biografie I Einzelausstellungen I Texte über Elvira Bach I Partner I Impressum I Malerei I Objekte I Skizzenbücher

Ihre kraftvollen Frauenfiguren leben auf den Seiten. Sehr gelungenes Corporate Design.

Pipilotti Rist (*www.pipilottirist.net*)
Home I Welcome I Map I Projects I Publications I Music I Videos I Bibliography I Biography I Guestbook

Pipilotti Rists »Swiss Himalaya« lädt in eine animierte Themenwelt ein.

Maria Best (*www.zukunst.de*)
news & shows I body of work I information I running I maria best I contact I kunstdeli I impressum

Motto auf der Eingangsseite: »You don't have to be crazy to do this, but it helps.«

Bananensprayer (*www.bananensprayer.de*)
aktuelles I aktionen I ausstellungen I bananaworld I bibliografie I biografie I editionen I home I impressum I kontakt I kunstorte I konzept I links I literatur I pressespiegel I projekte I werke

Außerordentliche Informationsfülle.

E.N.O. Wieland (*www.enowieland.de*)
products I endloss I energie I low I box I high I bla bla I w.t.c. I snowdome I idiot I guestebook I home too

Wie wenig die Seitennamen über die Informationen verraten müssen, zeigen diese Seiten.

Michael Jastram (*www.jastramart.de*)
Kontakt I Häuser & Treppen I Zeichnungen I Maya I Fischer I Lebenslauf & Ausstellungen

Jede Seite ist zweisprachig und dennoch minimalistisch gestaltet.

Silvia Dzubas (*www.dzubas.de*)
Main I Werke I Gedichte I Vita I Aktuelles I Kontakt I Impressum

Dzubas' Künstlerwelt wird über eine individuelle Verbindung aus Malerei und Gedichten erfahrbar.

Welche Elemente können für die Kommunikation mit Zielgruppen eingebaut werden?

- Gästebuch
- Feedbackformular
- Eintragfeld für E-Mail-Einladungsverteiler

Wie wird auf den Verkauf von Werken/Leistungen hingewiesen? Werden Preise ins Netz gesetzt? In aller Regel werden keine Preise unter die Werke gesetzt, sondern es wird um eine Anfrage gebeten oder auf ein speziell abrufbares Dokument verwiesen. In einer professionellen »realen« Ausstellung ist es ebenso unüblich, Preise direkt an den Werken zu vermerken.

Zielgruppen: Wie kann man die Menschen beschreiben, die Sie mit Ihrem Auftritt ansprechen möchten? Die Hauptzielgruppe des Internet-Marketings orientiert sich am übergeordneten Marketingziel, an der Vision. Wenn sie den »internationalen Durchbruch« beinhaltet, sollten die Seiten mehrsprachig angelegt werden. Wenn das visionäre Ziel heißt »von der Kunst leben können«, dann wird sich die Sprachgestaltung an Ihrem Lebens- und Arbeitsmittelpunkt orientieren. Wer in Deutschland und Spanien lebt, wird eine zweisprachige Struktur wählen. Aber bei einem Teil der Künstler können die Seiten möglicherweise zunächst (aus Kostengründen) in deutscher Sprache gestaltet werden. Um die Möglichkeiten des weltweiten Netzes auszuschöpfen, kann eine englischsprachige Version Gegenstand langfristiger Planung sein.

Ressourcen und Kosten: Wie bei einer Katalogproduktion Experten zu Rate gezogen werden, wird auch bei der Web-Präsenz ihr Rat benötigt. Bevor Sie zu einem Experten gehen, sollten Sie sich jedoch über den »roten Faden« Ihres Internetauftritts und die Inhalte im Klaren sein. Sie müssen vorgeben, wo das Schiff hinsteuern soll – der Webdesigner kann letztlich Ihre Ideen ergänzen und umsetzen. Webdesigner finden Sie in den »Gelben Seiten« oder über das Web. Wenn es kostengünstig sein soll, fragen Sie bei den Ausbildungsstätten der Webdesigner nach, ob Projekte für Abschlussarbeiten in der Ausbildung gesucht werden. Nach Erstellung der Seiten muss es zudem einen Ansprechpartner für Sie geben, der Änderungen und Ausstellungsaktualisierungen realisiert. Eine andere Möglichkeit: Sie lernen elementare Fähigkeiten selbst, um zumindest die aktuellen Ausstellungen zu verändern und Texte, wie die Vita, zu ergänzen. Checken Sie auch, ob Ihre Computerausstattung internettauglich ist. Auch hier kann ein Fachmann helfen.

Infos mit Zusatznutzen (*added value*): Das Internet hat sich inzwischen als wichtiges Medium für (tages-)aktuelle Informationen etabliert. Diesen Fakt nutzen auch Unternehmen der Kunstbranche und bieten Informationen der Kunstwelt an, die mit ihrer eigenen Kunst und den Künstlern wenig zu tun haben. Es handelt sich hierbei um Informationen mit einem zusätzlichen Nutzen für die User. Die Strategie beinhaltet die Idee, durch Wörter im Content wie »MoMA«, »Staatsgalerie Stuttgart«, »Andy Warhol«, »Jeff Koons« etc. zahlreiche Zufallssurfer auf die Seiten zu locken und so Ihr Angebot kennenlernen zu lassen. Die mehrfach prämierte Internetgalerie *BigArt* (*www.bigart.de*) bietet z.b. Infos über Großereignisse in Museen wie *K21 Düsseldorf, Pinakothek der Moderne, Kunsthalle Bielefeld, Nationalgalerie Berlin*, aber auch Infos und Links zu Kunstmessen wie der *Art Basel*. Der Bildende Künstler Bernd Mattiebe (*www.mattiebe.de*) nutzt ebenfalls die Kommunikation mittels News aus der Kunstwelt, um möglichst viele Zugriffe auf seine Seiten zu erzielen. Er bietet in seinem »Kulturfenster« Kunstweltereignisse an, z.B. aus der *Schirn*, dem *Museum Würth,* der *Neuen Nationalgalerie,* der *Staatsgalerie Stuttgart* etc. Außerdem führt er auf seinen Seiten ein Kunstverzeichnis mit Galerie-, Kunsthallen- und Künstleradressen, in die sich jeder eintragen kann. Die gezeigten Beispiele assoziieren auf den ersten Blick einen erhöhten Arbeits- und Pflegeaufwand der Website. Dieser ist nicht zu unterschätzen. Jedoch lässt sich über die Statistik der Seitenzugriffe schnell feststellen, dass diese Maßnahmen durchaus Sinn machen und Erfolg garantieren.

Aktualität: Nur Seiten, die regelmäßig aktualisiert werden, sind gute Seiten. Nichts ist unattraktiver als eine Website, die Ausstellungstermine vom Vorjahr unter der Rubrik »Aktuelle Ausstellung« listet. User sind nur motiviert, immer erneut vorbeizusurfen, wenn es stets neue Informationen auf den Seiten gibt.

Übersichtlichkeit: Im Internet kann man von jedem Punkt aus überall hin gelangen. Eine gut durchdachte und übersichtliche Führung der Besucher besitzt oberste Priorität. Es muss stets ersichtlich sein, auf welcher Seite und Ebene ihrer Website man sich befindet. Die Verbindung zur Startseite muss ebenfalls leicht wahrnehmbar sein.

Aufmerksamkeitsbindung: Die durchschnittliche Verweildauer von Usern auf einer Seite beträgt drei Sekunden. Was muss also in der drei-Sekunden-Wahrnehmung passieren, damit der User interessiert ist, in Unterseiten vorzudringen und weitere Informationen abzurufen? Wichtig ist, dass die Seiten sich schnell aufbauen, denn Geduld werden die wenigsten User dieses schnellen Mediums mitbringen. Das, was sich aufbaut, kann durch verschiedenste Strategien Irritationen auslösen und Aufmerksamkeit binden.

Prägnanz: Informationen müssen auf wesentliche Aussagen reduziert werden. Die Darstellung muss aussagekräftig und schnell zu erfassen sein.

Kontaktmöglichkeit: Es sollte eine unkomplizierte Kommunikationsmöglichkeit angeboten werden. Eine durch Anklicken aktivierbare E-Mail-Adresse oder ein Kontaktformular bieten sich an. Im Impressum müssen zudem Adresse und Telefonnummer des Herausgebers der Website veröffentlicht werden.

Networking: Eine Verlinkung mit Kollegen oder anderen Partnern macht Sinn und bringt zusätzliche Besucher.

Suchbegriffe: Die Seiten werden von Zufallsnutzern vor allem über programmierte Suchbegriffe gefunden. Es muss Klarheit darüber herrschen, welche Suchbegriffe für Ihre Arbeit Relevanz besitzen. Außerdem gilt es, den Rat eines Experten einzuholen, der weiteres Know-how für ein geschicktes Verknüpfen mit Suchbegriffen einbringt.

Checkliste: Planung der eigenen Website

Ziele

• Was soll mit der Website erreicht werden?
• Welche Informationen sollen auf Ihren Seiten angeboten werden?
• Welche Interaktionsinstrumente werden verwendet?
• Wie wird auf den Verkauf von Leistungen/Werken hingewiesen?

Zielgruppe
Beschreiben Sie die User, die Sie mit Ihrem Auftritt ansprechen möchten!

Ressourcen/Kosten

• Was benötigen Sie, um den Auftritt zu planen, zu realisieren und zu pflegen? Wie groß ist der zu erwartende finanzielle und zeitliche Aufwand?
• Benötigen Sie Hilfe bei der Entwicklung der »Philosophie« der Seiten und Inhalte?
• Benötigen Sie Hilfe bei technischer Erstellung der Seiten und Pflege der Seiten?
• Verfügen Sie über geeignete Hard- und Software?

- Verfügen Sie über einen Internet-Zugang?
- Bei welchem Anbieter soll der *web space* gemietet werden (siehe Adressen auf S. 285)?
  Welchen Domain-Namen favorisieren Sie? Checken Sie bei *www. denic.de*, ob der Wunschname frei ist – suchen Sie gegebenenfalls nach Alternativen.

Layout, Struktur, Inhalt
Beachten Sie (in Zusammenarbeit mit dem Experten) unterschiedliche Bildschirmauflösungen und Browser-Interpretationen sowie ein Corporate Design, das einen überzeugenden Bezug zu Ihrem Alleinstellungsmerkmal herstellt (siehe z.B. *www.elvira-bach.de*). Für die Gestaltung gilt: Weniger ist mehr!

Entscheiden Sie, ob Sie News aus der Kunstwelt in Ihre Präsentation integrieren wollen. Welche sollen es dann sein?

Programmierung, Test, Upload
Bevor die programmierten Seiten ins Netz gestellt werden, werden sie getestet!

Bekanntmachung
Entwerfen Sie ein Strategiepapier, das die Schnittstellen der Offline- und Online-Bekanntmachung der Internet-Adresse plant, z.B. offline auf Briefbögen, Visitenkarten, Flyern, Broschüren, Anzeigen, Pressemitteilungen; z.B. online durch Einträge in Suchmaschinen, Webverzeichnisse, Portale, Citynetze ...

Recherchieren Sie, welche Schnittstellen online für Sie in Frage kommen!

Planen Sie auch wie Sie die Offline-Integration in bereits bestehende Medien realisieren!

Erfolgskontrolle
Besteht die Möglichkeit einer Besucher-Befragung, z.B. über Ästhetik der Seiten, wichtiger aber über die Weise, wie der Besucher auf Ihre Website gefunden hat.

Wenn Sie sich für den Anbieter *1und1AG* entschieden haben, dann ist eine tägliche Server-Log-auswertung möglich, die Mitteilungen über tägliche Zugriffe liefert.

> *Pflege*
> Klären Sie, wie die Seiten regelmäßig aktualisiert werden. Überprüfen
> Sie auch in festen Zeitabständen, z.B. vierteljährlich, ob Hyperlinks zu
> Kollegen funktionieren.

E-Mail-Kontakte/Newsletter

Mithilfe von E-Mails kann kostengünstig und gezielt mit den verschiedenen
Zielgruppen kommuniziert werden. Es sollten E-Mail-Verteiler zu den definierten Zielgruppen bzw. Teilöffentlichkeiten angelegt werden. An das Ende jeder
zu sendenden Nachricht wird eine Signatur mit Künstlernamen und allen Kontaktdaten eingefügt. Große Dateianhänge dürfen niemals ungefragt versandt
werden, da sie Computereingänge blockieren können und dem Empfänger
beim Abrufen bares Geld kosten. Die Aktualität des Netzes ist von großem
Vorteil, bringt jedoch die Verpflichtung mit sich, Posteingänge schnellstmöglich zu beantworten. Als Regel gilt: Beantwortung innerhalb von 24 Stunden.

Das Internet ist ein Pull-Public-Relations-Medium, das heißt, Informationen müssen von den Zielgruppen gefunden und abgerufen werden. Wie lässt
sich nun aber eine Push-Wirkung erzielen? Z.B. mit einem E-Mail-Newsletter,
der von Interessenten abonniert wird und in regelmäßigen Abständen neueste Informationen über den Künstler und weitere Themen liefert. Grundlage
dafür ist das Permission-Marketing.

Permission-Marketing

Permission-Marketing ist »Erlaubnis-Marketing«. Dabei gibt der Kunde sein
Einverständnis, die Kommunikationsaktivitäten des Anbieters zu erhalten:
z.B. handelt es sich um Permission-Marketing beim Newsletter-Versand via
E-Mail. Diese Werbeform eignet sich zur Realisierung folgender Marketingziele:

- Imagegestaltung und Neukundengewinnung,
- Bindung und Reaktivierung von Kunden.

Permission-Marketing basiert nach einer Theorie von Seth Godin (2001) auf
drei grundlegenden Eigenschaften von Werbung. Die Botschaften müssen für
die Kunden

- erwartet sein (Kunden sollen sich auf die Infos freuen),

KATHREIN WEINHOLD
270   Selbstmanagement im Kunstbetrieb

- persönlich sein (Kunden sollen nach Möglichkeit persönlich angesprochen werden),
- relevant sein (Infos müssen für Kunden von Bedeutung sein und einen Nutzen haben).

Um diesen Anforderungen gerecht zu werden, ist ein erhöhter Aufwand im Forschen um die Kunden und deren Bedürfnisse gefordert. Nur wer viel über seine Zielgruppen weiß, wird erkennen, welche Infos für sie relevant und von Nutzen sein können.

Durch die *permission*, Erlaubniseinräumung zur Werbung, wird ein erstes Vertrauensverhältnis geschaffen, das für den weiteren Aufbau der Kundenbeziehung von Vorteil ist. Aber auch die Möglichkeit der Interaktivität bietet Chancen für eine intensive Kundenbeziehung. Permission-Marketing muss jedoch immer unter dem Aspekt langfristiger Ziele und Kontexte gesehen werden.

Newsletter als Online-Marketing-Instrument

Die E-Mail hat sich ihren festen Platz im Geschäftsleben erobert, auch in der Kunstbranche. E-Mails in Form von Newslettern sind jedoch im Bereich der Selbstvermarktung von Künstlern noch nicht weit verbreitet. Da es sich um eine kosteneffiziente Kommunikationsform handelt, die zudem über die bereits genannten Vorteile des Permission-Marketings verfügt, soll der elektronische Künstler-Newsletter als Marketinginstrument detailliert betrachtet werden.

Ziele des Künstler-Newsletters können sein:

- Imagegestaltung,
- Erhöhung des Bekanntheitsgrades,
- Neukunden- und Interessentengewinnung,
- Bindung, Reaktivierung von Kunden,
- Kommunikation mit (potenziellen) Vertriebspartnern und
- Kommunikation mit weiteren Partnern, z.B. Networking-Partnern.

Grundlage für die Herausgabe von elektronischen Künstler-Newslettern ist Ihr Internetauftritt. Der Newsletter dient der Bindung von (potenziellen) Kunden an Ihren Internetauftritt und ist eine besondere Dialogform desselben. Besonderer Wert ist auf das Vorliegen einer Erlaubnis bzw. persönlichen Anmeldung zu legen.

Die **Vorteile** liegen auf der Hand:

- Kosteneffizienz,
- direkte Zielgruppenansprache,
- regelmäßige Zielgruppenansprache,
- Produkt- bzw. Dienstleistungsbezogenheit,
- Unterhaltungswert,
- optional: Interaktivität,
- optional: Werbeeinnahmequelle.

Interaktive Elemente wie »Zuschrift«, »Diskussionen« etc. ermöglichen eine besondere Form des Dialogs. Der Leser wird einbezogen, erhält eigene Gestaltungsmöglichkeiten am Newsletter. Der wachsende Dialog der Leser untereinander bringt deutlichen Mehrwert und erhöht das eigene Angebot. Die besondere Form des Dialogs wird zum Bindungselement der Leser an den Newsletter und damit auch wichtig für eine langfristige Bindung an das Internetangebot.

Es ist möglich, wenn auch in der Dimension von Künstler-Newslettern ungewöhnlich, Fremdwerbung als Einnahmequelle in die Briefe einzubauen. Werbung in Textanzeigenform ist allgemein akzeptiert. Allerdings sind nur bei entsprechend hoher Leserzahl und vor allen Dingen entsprechenden inhaltlichen Verknüpfungspunkten und hoher inhaltlicher Qualität TKPs (Tausender Kontaktpreise) von 2,– bis 5,– € realistisch.

Gut gemachte Newsletter lenken zu den Hits des Internetangebotes. Allerdings geht die Herausgabe eines Newsletters mit der Verpflichtung einher, eine entsprechend hohe Qualität fortzusetzen und die anfangs angekündigte Frequenz der Herausgabe einzuhalten, ansonsten schadet sich der Künstler. Für den Künstler-Newsletter, der stark themenspezifisch ausgerichtet ist, empfiehlt sich eine monatliche Erscheinungsfrequenz. Es ist jedoch auch möglich, einen noch größeren Erscheinungsturnus einzurichten, z.B. einen vierteljährlichen wie das Praxisbeispiel im Weiteren zeigen wird. Einige Autoren und Praktiker favorisieren das Erscheinen des Newsletters in unregelmäßigen Abständen, immer dann, wenn etwas Neues erscheint, über das es zu berichten gilt. Dies ist gerechtfertigt, wenn wirklich wenig Inhalt zum Werben und »Umwerben« gegeben ist. In aller Regel werden sich mit zunehmenden Vermarktungsgedanken die Inhalte von allein ergeben. Die Inhalte, auch *contents* genannt, sind die Herzstücke des Newsletters. Durch den Informationsbezug zur Kunst ist eine erfolgreiche und werbewirksame Kommunikation mit dem Leser erleichtert.

Woher kommen die **Contents**? Neben der eigenen Produkt- und/oder Leistungswerbung, dem Erzählen persönlicher Storys oder Begegnungen können auch Entwicklungen und gesellschaftliche Ereignisse zum Gegenstand werden. Zur Recherche und Vorbereitung der Erstellung eigener Newsletter-Inhalte können wiederum die Möglichkeiten des Internets genutzt werden.

Content-Quellen

Ein Presseverteiler ist *na-newsaktuell* (*www.newsaktuell.de*) Er liefert kostenfrei Informationen. In seinem Archiv kann frei recherchiert werden. Für den Nutzer ist es auch möglich, selektiv einzelne Themenbereiche zu abonnieren und kostenfrei Pressemitteilungen via E-Mail zugeschickt zu bekommen. Grundlage hierfür ist die Einstellung eines subtilen Rechercheprofils, damit das Postfach nicht mit ungewünschten Infos überquillt. Es versteht sich, dass man die Presseinfos nicht einfach übernehmen darf, sondern sie Impulsgeber sein lässt. Wer auf die *MoMA*-Ausstellung hinweist, entwirft dafür einen selbst verfassten Text, der die eigene Künstlerpersönlichkeit und Haltung mittransportiert. Eine Übernahme des Pressetextes der *Nationalgalerie* wäre unprofessionell. Zitate sind hingegen professionell. Sie müssen als solche gekennzeichnet werden, und eine ausreichende Quellenangabe darf nicht fehlen. Zudem kann man beispielsweise eine Rubrik »In aller Kürze« einführen, in der man Infos zusammenfasst und einen kleinen Hinweis erstellt. Neben der Internetadresse ist in diesem Fall maximal ein Zweizeiler angebracht, sodass der interessierte Leser direkt auf das kurz vorgestellte Internetangebot surfen kann. Neben *newsaktuell* und ähnlichen Seiten kann man auch auf kunstspezifischen Seiten Inhalte akquirieren, z.B. *www.art-info.de, www. artfacts.net, www.kunstaspekte.de.*

Eine Teilnahme an *Newsgroups und Foren* ist eine Möglichkeit, *up-to-date* zu sein. Zahlreiche Themen der Branche werden in Newsgroups oder entsprechenden Foren thematisiert. Sammeln Sie Impulse. Nehmen Sie diese zum Anlass zu einer Vertiefung im eigenen Newsletter.

Fachzeitschriften liefern den Überblick zur Branche und Impulse für Newsletter-Themen.

Sammeln Sie *Kunst-Newsletter aus der Branche*, v.a. von Ihren Künstlerkollegen. Abonnieren Sie diese und lesen Sie sie mit kritischem Augenmerk, bewerten Sie und lernen Sie dabei für Ihren eigenen Newsletter.

Bei stark heterogenen Zielgruppen, z.B. bei Versand des Newsletters sowohl an Käufer als auch an Galeristen, ist eine Differenzierung der *contents* möglich und gegebenenfalls notwendig.

Newsletter sollten auch archiviert werden. Ein Newsletter-Archiv kann in den Internetauftritt integriert werden. Von Vorteil ist dieses Modul, um neu hinzugekommenen Lesern ältere Ausgaben zugänglich zu machen, größeres Verständnis, aber auch größeres Interesse für die eigene Arbeit zu wecken.

Konzept/Struktur: Wie bei jedem Marketingbaustein ist auch beim Newsletter das Konzept die Arbeitsgrundlage. Innere, logische Struktur und äußere, formale Struktur sollen aufeinander abgestimmt sein; sie bedingen sich wechselseitig. Eine allgemein anerkannte innere Struktur ist: Auf ein einstimmendes Vorwort folgt der Hauptartikel, dem sich wiederkehrende Rubriken anschließen, an die sich ein weiteres, meist wiederkehrendes zweites Highligt anfügt. Wesentlich bei der Strukturierung ist die Beibehaltung der entwickelten inneren Struktur zur besseren Orientierung des Lesers. Die Entwicklung »Ständige Rubriken« ist eine wichtige Aufgabe der Leserbindung, z.B. können Linklisten, Kurzmeldungen oder auch Serien zu dieser Instanz gemacht werden. Die Kreation eigener Rubriknamen ist von Bedeutung und erhöht den Wiedererkennungseffekt.

Beispiel für eine innere Newsletter-Struktur

Kopfteil	Titel des Newsletters/Ausgabe-Nr./Jahrgangsnummer/(ISSN Nummer)/Inhaltsangabe
	Orientierungsfunktion
Vorwort	Ansprache und Einstimmung der Leser
Hauptthema der Ausgabe	wichtigstes Highlight des Newsletters
Rubriken	Kurzmeldungen/Link des Monats/ etc.
Highlight	Leserzuschriften/Glosse des Monats/etc.
Sitelinks	Rubriken des Internetangebotes, kurz beschrieben und direkt anklickbar
Impressum	Kontaktmöglichkeiten für den Leser

Dieses Beispiel ist ein Impuls für einen umfangreichen Newsletter, der sich im Künstler-Unternehmen nur selten realisieren lässt. Eine Verkürzung der Struktur ist möglich. Die wichtigsten Elemente sollen nun noch einmal beleuchtet werden.

Hauptelemente des Newsletters

Der **Hauptartikel** trägt die Kernbotschaft und ist das Herzstück des Newsletters. Von der enthaltenen Information sollte ein konkreter Nutzwert für den Leser ausgehen. Fakten, Fakten und nochmals Fakten sollen für diese Rubrik bestimmend sein.

Serienelement und Rubriken geben dem Brief über mehrere Ausgaben sein unverwechselbares, individuelles Gesicht. Als Serie kann z.b. der Aufbau des eigenen Künstlernetzwerkes kommuniziert werden. Der Stoff muss dann über eine begrenzte Anzahl von Ausgaben »tragen«. Immer wiederkehrende Rubriken können beispielsweise sein: »Kurzmeldungen«, »Lesersitevorstellungen«, »Link der Woche«, »Webseitenvorstellung« (hier stellen Leser, Freunde oder Ihre persönlichen Netzwerkkontakte ihr Internetangebot vor). Die Rubriken sind eher kurze Schlaglichter.

Ein zweites Highlight ist eine Nachricht über etwas Einmaliges, die in der Regel kürzer als der Haupttext ist und von der Bedeutung hinter den Haupttext tritt, jedoch im Vergleich zum Serienelement und den Rubriken ein kleines aber deutliches »Wow!« zulässt. Es kann sich beispielsweise um die Vorstellung einer Leserzuschrift mit Kommentar und positiver Besprechung handeln. Auch eine »Glosse des Monats« kann ein zweites Highlight sein. In der Glosse können aktuelle Trends und Entwicklungen des Kunstmarktes oder der Region des Künstlers mit augenzwinkernden Kommentierungen charmant kritisiert werden. Mit dem richtigen Gespür und ein wenig Schreibtalent kann mit der Glosse ein weiteres Element der Leserbindung kreiert werden.

Das Sitelink kann in den einzelnen Ausgaben annähernd gleichbleibend gestaltet werden. Es handelt sich um Links zu eigenen Unterseiten, dem eigenen Newsletter-Archiv (so vorhanden) und inhaltlichen Angeboten, die dem Leser weitere Informationen bezugnehmend auf die Newsletter-Inhalte bieten können.

Das Impressum wird als notwendige Angabe vom Gesetzgeber verlangt. Zudem ist es eine abschließende förmliche Notwendigkeit einer solchen Publikation. Der Leser erhält Informationen über den verantwortlichen Herausgeber des Mediums und wichtige Kontaktdaten. Oft ist auch ein ergänzender Hinweis zu finden: »Das Kopieren der hier vorliegenden Beiträge ist nur mit schriftlicher Genehmigung gestattet!« Standardangaben sind: V.i.S.d.P. (Name, Anschrift), fon & fax, E-Mail.

> Die **International Standard Serial Number (ISSN)** ist eine »international verbindliche Standardnummer«. Sie hat die Aufgabe, Publikationen zu kennzeichnen bzw. eine »unverwechselbare Identifikation« von Publikationen herzustellen. Dies gilt ausschließlich für »fortlaufende« Publikationen. Die ISSN sowie die bibliografischen Angabe der Publikation, werden dann in der »Deutschen Nationalbibliographie« verzeichnet. Außerdem werden diese Daten an das Internationale ISSN-Zentrum in Paris weitergegeben. Dort werden sie in einem internationalen Datenpool gespeichert, auf den weitere nationale Datenbanken zugreifen. Außer den allgemeinen Portokosten entstehen für Beantragung und Zuteilung einer ISSN keine nennenswerten Kosten. Eine ISSN-Nummer eröffnet Möglichkeiten der Erhöhung des Bekanntheitsgrades, weil man über Bibliotheksdatenbanken gefunden werden kann. Außerdem steht sie für Professionalität. Die Beantragung einer ISSN-Nummer kann empfohlen werden (Adresse siehe *Literatur und Service*, S. 285).

Nachdem die innere Struktur durchdacht ist, muss sie verpackt werden. Soll der Newsletter im **HTML-Format** oder als **Nur-Text-Mail** zum Empfänger gelangen? Mittels des HTML-Formates eröffnen sich vielfältige Möglichkeiten, den Brief zu gestalten und Beiträge voneinander abzuheben (farbige Gestaltung, Schriftgrößen, -farben, -arten, Bildeinbindungen etc.). Dennoch überwiegen die Argumente für den Einsatz des Nur-Text-Formates. HTML-Newsletter können nicht auf allen Computern in der Art und Weise betrachtet werden, wie der Autor es programmiert hat. Außerdem ist die Downloadzeit mitunter relativ hoch, das HTML-Format benötigt mehr Speicherplatz als das Nur-Text-Format und trägt eine erhöhte Virengefahr in sich. Es ist demnach abzuwägen, ob das Text-Format, das eben wirklich den Text sprechen lässt, zu favorisieren ist.

Die **Größe** des Newsletters hängt im Künstler-Unternehmen von der noch zur Verfügung stehenden Zeit nach all den anderen Aufgaben ab. Newsletter haben weltweit erstaunliche Ausmaße im Textumfang angenommen (14 bis 18 DIN-A4-Seiten sind in der Wirtschaft keine Seltenheit). Aber wer hat wirklich Zeit und Muße, diesen Umfang zu bewältigen, sowohl in der Herstellung als auch in der Rezeption? »Weniger ist mehr« – dies gilt auch für den Künstler-Newsletter. Das dargestellte Praxisbeispiel von Maria Best untermauert diese Auffassung.

Die einfachste aller **Gestaltungsmöglichkeiten** ist die, eine Überschrift zu vergeben und nach jedem Beitrag eine Leerzeile zu formatieren. Aber mit dem kreativen Potenzial des Künstlers ist mehr möglich. Mit bescheidenen Mitteln ist in Nur-Text-Mails jede Menge kreativer Spielraum, über den es nachzudenken gilt. Die **Artikelüberschrift** ist dabei das wichtigste »Spielelement«. Sie soll Lust machen, den ihr folgenden Artikel zu lesen.

Beispiele für Artikelüberschriften im Newsletter

02:Kunstszene Berlin 30

(((02:Kunstszene Berlin)))

02:Kunstszene Berlin

[[[02:Kunstszene Berlin]]]

____/02:Kunstszene Berlin

_____ 02:Kunstszene Berlin _____

==

02: Kunstszene Berlin
==

* * * * * * * * * * * * * * * 02: Kunstszene Berlin

Dem **Ziel der formalen Struktur**, Artikel voneinander abzugrenzen sowie Artikel und Inhalte schnell identifizieren zu können, werden die vorgestellten Beispiele gerecht. Vor Überladung und vor zu großem Mix mit Abgrenzungselementen ist zu warnen. Wenn das Auge lang nach den eigentlichen Daten suchen muss, ist die formale Gestaltung nicht gelungen. Zu beachten ist weiterhin die Beibehaltung der kreierten äußeren Form innerhalb der gesamten Newsletterausgabe.

Als Orientierung für die **Zeilenlänge** des Newsletters gilt: maximal 70 Zeichen pro Zeile. Ein Zeilenumbruch mittels Eingabetaste ist ratsam, sodass nicht nur die neuesten und gängigsten Programme den Letter so bekommen wie er gedacht ist. Auf die Verwendung der **Umlaute**, ä,ö,ü, und ß sollte verzichtet werden, da sie nicht in allen Programmen dargestellt werden können. Zwischen den Artikeln und auch zwischen Artikel und einem Werbeblock sollte ein **Leerzeilenblock** von mindesten vier Leerzeilen eingefügt werden. Optische Trennungen über die Leerzeilen hinaus, beispielsweise **Trennlinien**, sind nicht unüblich, aber eigentlich nicht notwendig. Beim Einbinden von Werbeblöcken verlangt der Gesetzgeber eine klare Kennzeichnung des Werbeblocks als solchen.

Struktur und Organisation des **Versandes** sollen nun beleuchtet werden. Die Wortwahl der Betreffzeile stellt eine wichtige Entscheidung hierbei dar. Sinnvoll ist es, an diesem zentralen Kommunikationsknoten, den eigenen Markennamen und den kreierten Newsletter-Namen zu transportieren. Es spricht nichts dagegen, dass die Betreffzeile dadurch monatlich im Posteingang gleich aussieht – ganz im Gegenteil: ein hoher Wiedererkennungswert auf den ersten Blick ist garantiert. Von langen Themenauszügen in der Betreffzeile ist abzuraten, obwohl dies in der Praxis häufig anzutreffen ist. Im Anschriftsfeld des Versandprogrammes soll ein direkter Empfänger des Newsletters angegeben werden. Englischsprachige Anschriften wie »undisclosed recipients« sind zu vermeiden. Eine gängige Variante des Versandes ist das Kopieren der Empfängeradressen aus einer Liste heraus in das »BCC-Feld« des Versandprogrammes. Das Blind-Carbon-Copy-Feld ermöglicht einen diskreten und juristisch einwandfreien Versand ohne das unerwünschte Veröffentlichen von E-Mail-Adressen Dritter. Das weit verbreitete Programm *Outlook* erlaubt es, einige hundert E-Mail-Adressen gleichzeitig über dieses Verfahren ins »BCC-Feld« einzutragen. Ein Kopieren von Adressen mehrerer Empfänger ins »An-« oder »CC«-Feld ist zu unterlassen.

Eine professionelle, aber auch kostenintensivere Versandvariante ist der Versand mit einem Mailmanager. Dieser übernimmt in der Regel aus einer Datei die Adressen und verschickt einen vorbereiteten Newsletter-Text einzeln an jeden Adressaten. Mit einem Mailmanager ist die Personalisierung eines Newsletters möglich; individualisierte Ansprachen oder weitere empfängerbezogene Elemente können eingebaut werden. Ein solches Programm ist z.B. *WorldMerge* von ColoradoSoft (*www.coloradosoft.com*).

Neben der Gestaltung muss die **Vermarktung** des Newsletters geplant werden. Es ist rechtlich nicht einwandfrei, Adressen zur Newsletter-Versendung aus dem Netz einzusammeln und den Newsletter ungefragt über diesen Pool zu versenden.[31]

---

31 In der Internet-Fachwelt wird bei der massenweisen Versendung von Werbung per E-Mail von *spamming* gesprochen. E-Mail-Werbung ist zwar auf den ersten Blick für Werbetreibende attraktiv, da eine große Anzahl von Empfängern (nahezu) kostenlos erreichbar ist. Die Empfänger von unverlangt zugesandten Werbe-E-Mails sind dagegen jedoch meist alles andere als erbaut. Ihr Briefkasten wird verstopft; zu-

Professionelle Lesergenerierung erfolgt über Linkangebote zum Abonnieren des Newsletters auf der eigenen Internetseite oder auf externen Seiten. Auch Hinweise auf eigenen Drucksachen schaffen Aufmerksamkeit. Ein Link, der auf den Newsletter und die Abonnement-Möglichkeit hinweist, kann auch in die allgemeine E-Mail-Signatur eingebunden werden und damit bei jedem einzelnen E-Mail-Kontakt wirken.

Auch mit dem eigenen Newsletter können neue Leser generiert werden. Mittels Empfehlungs-Links kann man die vorhandenen Leser bitten, den Newsletter weiter zu empfehlen. Bannerwerbung ist eine weitere, jedoch kostenintensive, Werbevariante. Zudem ist Werbung in anderen Newslettern möglich oder auch die Initiierung eines Gewinnspiels im Zusammenhang mit einer Presseaktion. Bei den Möglichkeiten, über externe Kanäle Leser zu finden, ist jedoch eine hohe Leserfluktuation zu beobachten. Ca. ein Fünftel bleibt nur dabei.

Mit folgenden Elementen gelingt es, Leser zu binden:

- Leserbefragungen zu aktuellen Themen,
- Personalisierung, durch direkte namentliche Ansprache,
- Gewinnspiele, Verlosungen,
- Special-Einladungen, Special-Offers nur für Leser des Newsletters: z.B. Preview-Einladungen für Vernissagen.

Um auf den Newsletter und die eigenen Seiten aufmerksam zu machen, gibt es die Möglichkeit zum kostenlosen Eintrag in Newsletter-Verzeichnisse. Jedoch sollte im Rahmen von Medienarbeit auch immer versucht werden, in Kunstmagazinen online und offline einen redaktionellen Beitrag, in dem auf den Newsletter hingewiesen wird, zu platzieren.

Bei der Abonnementmöglichkeit ist darauf zu achten, dass eine alleinige Formulareintragung der E-Mail-Adresse des Abonnenten nicht ausreicht. Es sollte auf jeden Fall via E-Mail um Rückbestätigung des Anfordernden mit einer E-Mail gebeten werden. In der E-Mail an den Abonnenten kann z.B. folgende Formulierung Anwendung finden: »Sollten Sie die Abo-E-Mail nicht verfasst haben oder den Newsletter nicht wünschen, so reicht es, wenn Sie

---

dem ist das Aussortieren von Werbung aus den »richtigen« Mails lästig und zeitintensiv. Außerdem steigen durch die Zustellung der E-Mails mit der Werbung die Online-Zeiten und damit die Kosten. Bei *spamming* lässt also der Werbende seine Werbung durch den Beworbenen und die gesamte Internet-Gemeinschaft bezahlen. Daher wird *spamming* von seriösen Unternehmen so gut wie nie angewandt. Es kann zudem juristisch verfolgt werden.

eine E-Mail an unsubscribe@xyz.de schicken und Sie werden dann aus dem Verteiler herausgenommen.« Die Bestätigungsmail ist zu archivieren. Nur so kann eine rechtliche Absicherung geschaffen werden.

In der Betrachtung der Künstler-Newsletter ist zusammenfassend hervorzuheben: Der Newsletter stellt für Künstler ein kostengünstiges Marketinginstrument dar. Es stellt den Herausgeber jedoch auch vor Probleme; neben zeitlichen Schwierigkeiten bei der Informationsrecherche und beim Versand gibt es neben der rechtlichen Hürde auch noch die der formalen zu meistern. Außerdem verlangt die Herausgabe Disziplin. Nur ein regelmäßig, korrekt recherchierter, ordentlich präsentierter Newsletter wird sich am Markt behaupten und die Vorteile ausschöpfen: Kundenbindung, Site-Mehrwert und nicht zuletzt »Stolz« auf die gebrachte Leistung. Etwa ein Jahr kontinuierlichen Erscheinens bedarf es, um die Anfangsprobleme zu meistern und einen ersten Abonnentenkreis aufgebaut zu haben. Die Herausgabe des Briefes wird dann zunehmend einfacher und professioneller. Ein Newsletter kann eine Bereicherung für den gesamten Internetauftritt sein und diesen lebendig und attraktiv machen.

Checkliste für die Einführung eines Newsletters

- Welchen **Namen** soll der Brief tragen?
- Legen Sie die **Erscheinungsperiode** fest (monatlich, vierteljährlich etc).
- Welche **Inhalte und Themen** sollen transportiert werden? Wo können Themen, die über die eigene Arbeit hinausgehen, recherchiert werden? Welche langfristige inhaltliche Gliederung soll der Newsletter aufweisen? Wird ein Newsletter-Archiv auf der Homepage eingebaut? Gibt es Geschäftspartner oder persönliche Kontakte, die kurz- oder langfristig als Werbekunden für den Brief akquiriert werden können? Welche Vorteile und welcher Nutzen kann sie überzeugen, eine Werbeblockeinbindung in Auftrag zu geben?
- Ist ein professionelles **Versandprogramm** vorhanden? Soll ein Mailmanager-Programm mit Personalisierungsfunktion erworben werden?
- **Lesergenerierung und -bindung:** Wird eine ISSN beantragt? Ist ein Newsletter- An- und Abmeldeformular auf der Homepage gut platziert? Auf welchen Geschäftsdrucksachen (Visitenkarte, Briefkopf, Flyer, Einladungskarten etc.) kann ein Hinweis für den Newsletter erscheinen? Ist der Newsletter-Hinweis in die E-Mail-Signatur eingebunden? Welche Künstlerkollegen und -kolleginnen sind bereit, einen Hinweis auf den Newsletter in die Homepage oder ihre eige-

nen Newsletter einzubauen? In welche Netzverzeichnisse kann der Newsletter eingetragen werden? Gibt es erste Ideen für Leserbefragungen, die in späteren Briefen durchgeführt werden können? Welche *specials* können den Newsletter-Lesern offeriert werden (z.B. exklusive Termine wie Preview-Einladungen)? Sollen zu einem späteren Zeitpunkt Gewinnspiele/Verlosungen als Mittel der Leserbindung eingesetzt werden?

- In welchem **Layout** soll der Letter erscheinen? Welche wiederkehrenden Gestaltungsmittel sollen zur Abgrenzung der Artikel eingesetzt werden?

Newsletterbeispiel von Maria Best: Der »kunstdeli«

Maria Best (*www.zukunst.de*) ist eine Künstlerin, die konsequent und erfolgreich mit dem Newsletter kommuniziert und an dessen Weiterentwicklung arbeitet. Die in Berlin arbeitende und lebende Künstlerin hat ihre künstlerischen Wurzeln in der Bildhauerei, seit 1998 arbeitet sie darüber hinaus mit digitalen Medien.

Maria Best gibt einen Newsletter heraus, der professionelle Alleinstellungsmerkmale verbunden mit einem hohen Einprägungswert aufweist. Für

Der »kunstdeli«-Newsletter von Maria Best[32]

\-

kunstdeli 007: up we go! – blaues gold – sommerfrische

\-

up we go!
»Wie ein Fisch im Wasser« ist der Titel der aktuellen Ausstellung des Kunstvereins Bad Salzdetfurth, in der die Arbeit »up we go!« gezeigt wird. Die Ausstellung bildet den Abschluss des Themenzyklus »Tiere in der zeitgenössischen Kunst«. Wie die vorhergegangenen Ausstellungen wird sie begleitet von einem reichhaltigen Katalog, der statt Künstlerhuldigungen vielfältige Hintergrundtexte bietet zum Thema »Fisch und Wasser«.

---

32 *Sitelinks* und Impressum nicht dargestellt.

Kunstgebäude Schloss Bodenburg bei Hildesheim, 28.06. – 21.08.2003
www.kunstverein-bad-salzdetfurth.de; Eindrücke der Eröffnung und der
Ausstellung finden Sie auf *www.zukunst.de*
Eine gelungene Umwidmung im Sinne des folgenden Beitrags ist das
Kunstgebäude selbst, 1998 eröffnet in einem ehemaligen Bullenstall.

----

blaues gold
Das Jahr 2003 wurde von der UNO zum Internationalen Jahr des Wassers
erklärt.
In Deutschland wird nicht nur fleissig Müll getrennt, sondern auch mit
Begeisterung Wasser gespart. Und wie bei der Mülltrennung kann man
auch hier an der Sinnhaftigkeit dieses Tuns zweifeln. Hans-Jürgen Leist
wies schon im März 2002 in der *Frankfurter Rundschau* auf folgenden
Aspekt hin: Der hohe Fleischkonsum mit seiner intensiven Viehzucht in
Deutschland erfordert die Einfuhr von Futtermitteln – die auch in wasser-
armen Ländern hergestellt werden. Das dortige Wasser wird »mitexpor-
tiert«, die Ressource zusätzlich verknappt. In Deutschland wiederum
führt die Viehzucht der Fleischproduktion zu einer übermäßigen Gülle-
produktion – die über das Ausbringen auf Felder dann die eigene Was-
serqualität beeinträchtigt. Also: Mehr Ställe für die Kunst!

----

sommerfrische
Aufenthalt an einem anderen Ort als dem Wohnsitz – mit epidemiehaf-
tem anfallartigen Auftreten starker H^2O-Affinität. Der *kunstdeli* wünscht
Ihnen einen schönen Sommer und erfolgreiche Projektideen für die
nächste Saison!

P.S. Meerwasser enthält pro Kubikmeter 1-2 Mikrogramm Gold.

die Herausgabe des Briefes hat sie einen einprägsamen Eigennamen kreiert;
die Künstlerin nennt ihre News-Veröffentlichungen *kunstdeli*. Der Name of-
fenbart die Absicht, in Anlehnung an den englischen Begriff »deli«, persönliche Delikatessen aus Kunst und Kultur zu den Empfängern zu transportieren.
Das Arbeiten mit Texten hat für sie einen besonderen Stellenwert und ist Bestandteil der künstlerischen Arbeit. Sowohl ihre künstlerische Entwicklung
als auch Öffentlichkeitsarbeit partizipieren dabei voneinander und beeinflussen sich wechselseitig positiv über die Herausgabe des *kunstdelis*. Es finden
klassische Synergieeffekte statt. Die Künstlerin selbst sagt über ihre Newsletter:

KATHREIN WEINHOLD

Selbstmanagement im Kunstbetrieb

»In Einheit mit meinen Arbeiten ist der *kunstdeli* für mich eine weitere Form der Kommunikation, die bewusst sehr persönlich gehalten ist. Der Leser soll Neues und Anregendes erfahren, das seine gewohnten Denkbahnen aufbricht.«

Sie sieht in dem Medium »Internet« eine wichtige Informations- und Präsentationsplattform für Künstler, möchte jedoch mit ihrem *kunstdeli* über reine Ausstellungseinladungen und Projekthinweise per E-Mail hinausgehen. Der *kunstdeli* ermöglicht es ihr nun – über den Bereich der Bildenden Kunst hinaus – den Lesern Einblicke in vielfältige Dimensionen ihrer Künstlerpersönlichkeit zu geben: in persönliches Erleben, ihr Sehen, in die Arbeit und ihre Hintergründe. In den Newslettern wird ein breites Spektrum abgetastet: poetische Beobachtungen, Ausstellungserlebnisse, Buchhinweise, Filme, Anregungen aus dem Alltagsleben. Der Künstlerin gelingt damit, die Kommunikation, Kunst und Künstlersein immer auch als Möglichkeit »weit zu denken« und »weit zu arbeiten« zu begreifen und zu realisieren. Die Praxis zeigt, dass der *kunstdeli* von Maria Best überwiegend via E-Mail versandt wird. Den Weg via Briefpost setzt sie ein, wenn es im Rahmen einer Ausstellung einen Flyer gibt oder sie eine neue Serie von Arbeiten vorstellen möchte. Der Newsletter erscheint unregelmäßig, jedoch etwa viermal pro Jahr. Auch über die Zukunst-Website kommen Abonnenten, allerdings hat die Künstlerin die Zahlen nicht im Einzelnen erfasst. Um die E-Mails benutzerfreundlich zu gestalten und virenfrei durchs Web zu senden, verwendet sie das einfache Nur-Text-Format. Die Bildlosigkeit erfordert kurze prägnante Texte, die sie auch als »Destillate« bezeichnet. Im Vergleich zu den recht komplexen Newsletter-Strukturen der bisherigen Ausführungen ist Maria Bests *kunstdeli* sowohl von der inneren als auch von der äußeren Struktur her elementar. Das Wesentliche ist seine Wirkung. Die Künstlerin zieht zum Einsatz des Newsletters eine positive Bilanz:

»Was der Ausgangskatalysator einer Ausstellungseinladung war, lässt sich zwar oft nicht feststellen, denn Beziehungen entwickeln sich immer dynamisch über längere Zeiträume. Aber es werden durch den Newsletter Kontakte wieder erneuert oder auch neue Kontakte geknüpft. Allerdings ist dafür Kontinuität nötig – und es bedarf eigener Inhalte.«

Das Newsletter-Beispiel schließt die Ausführungen zur Kommunikationspolitik ab.

Marketing-Mix: Die Kunst und große Leistung des Einzelnen besteht nun darin, die Instrumente Produkt-, Preis-, Distributions- und Kommunikationspolitik individuell so zu kombinieren, dass für die Marketing-Planung ein optimaler Marketing-Mix entsteht.

Das volle Potenzial einzelner Elemente kann erst im Zusammenspiel aller Instrumente ausgeschöpft werden. Es ergeben sich so Synergieeffekte.

Marketingkontrolle: Der Realisierung der im Marketing-Mix festgelegten Maßnahmen muss – als letzte Phase des Marketing-Prozesses – eine systematische Kontrolle folgen. Die Kontrolle setzt an beim Vergleich der tatsächlich erreichten mit den gewünschten Ergebnissen (Ergebniskontrolle als Soll-Ist-Vergleich). Voraussetzung für diesen Vergleich ist das Vorhandensein messbarer Größen. Man darf daher bei der Formulierung der Marketingziele nicht versäumt haben, geeignete Indikatoren zu benennen, anhand derer nun das Ausmaß der Zielerfüllung bestimmt werden kann.

Das Controlling kann den Marketing-Management-Prozess abschließen und gleichzeitig Impuls für einen erneuten Prozessdurchlauf sein.

→ LITERATUR UND SERVICE

LITERATUR

Jonathan Meese
Ahne, Petra (2004): »Der Verstörer«, in: Berliner Zeitung, 29.01.2004.

Ahrens, Carsten (2004): »Jonathan Meese«, in: *www.schlossneuhardenberg.de.*

Appel, Stefanie (2004): »Genie oder Scharlatan? Der Künstler Jonathan Meese in Frankfurt«, in: *http://static.hr-online.de/fs/hauptsachekultur/themen/040117thema2.html.*

Heine, Matthias (2004): »Es ist schon ein Kreuz mit den Drogen«, in: Die Welt, 02.02.2004.

Knöfel, Ulrike (2004): »Siegeszug der Krautart«, in: Der Spiegel 15/2004, 05.04.2004.

Lampe, Angela (2003): »Der Wille zur Staatskunst: ›Ich bin bereit, mich weiter zu verstricken‹, Jonathan Meese im Gespräch mit Angela Lampe«, in: Kunstforum International, Bd. 164, März bis Mai 2003.

Lowtzow, Dirk von (2004): »Die schwarze Leinwand – Ein Besuch bei Jonathan Meese in Berlin« in: *Texte zur Kunst 49*, März 2003.

Richter, Peter (2004): »Freies Radikal des Kunstbetriebs«, Frankfurter Allgemeine Sonntagszeitung, 11.01.2004.

Schlüter, Ralf (2004): »Der Erzkünstler«, in: *Art Magazin*, März 2004.

Walde, Gabriela (2004): »Kunst ist Krieg«, in: Berliner Morgenpost, 26.01.2004.

Wildermann, Patrick (2004): »Kunst kommt von Conan. Ein Porträt über Jonathan Meese«, in: *www. portalkunstgeschichte.de.*

Kult-Marketing/Inszenierung
Bolz, Norbert (1995): *Kult-Marketing*, München.

Früchtl, Josef/Zimmermann, Jörg (2001): *Ästhetik der Inszenierung. Dimensionen eines künstlerischen, kulturellen und gesellschaftlichen Phänomens*, Frankfurt a.M.

Kreutz, Bernd (2003): *The Art of Branding*, Ostfildern-Ruit.

Kunstforum International (1998): *Lebenskunstwerke*, Bd. 142, Köln.

Schulz, Ilka (2000): *Die Überlagerung von Realität und Inszenierung*, Diplomarbeit an der *Kunsthochschule Berlin*.

Schulze, Gerhard (2000): *Kulissen des Glücks. Streifzüge durch die Eventkultur*, Frankfurt a.M./New York.

Seel, Martin (2001): »Inszenieren als Erscheinenlassen«, in: Früchtl, Josef/Zimmermann, Jörg (Hg.): *Ästhetik der Inszenierung. Dimensionen eines künstlerischen, kulturellen und gesellschaftlichen Phänomens*, Frankfurt a.M.

Siebenhaar, Klaus (2002): »›Beziehungszauber‹ oder Vom Unternehmen Kunst in der Entertainment-Gesellschaft«, in: Jörn-Axel Meyer/Ralf Even (Hg.): *Die Zukunft des Kunstmarktes: zu Sinn und Wegen des Managements für Kunst*, Köln.

Tetzlaff, Reinhild (2004): *Dreigestirn der Moderne*, Dresden.

Corporate Identity, Marketing, Kommunikation

Asgodom, Sabine (1999) *Eigenlob stimmt. Erfolg durch Selbst-PR*, München.

Birkigt, Klaus/Stalder, Marinus M./Funck, Hans J. (2002): *Corporate Identity*, Landsberg/Lech.

Godin, Seth (2001): *Permission Marketing*, München.

Hausmann, Andrea (2001): »Das Internet als Marketinginstrument für Galerien?!«, in: Bernd Fesel/Heike Holzweißig (Hg.): *Neue Chancen für Galerien im Internet*, Köln.

Harris, Godfrey (2002): *Empfehlen Sie uns weiter*, Seedorf.

Herbst, Dieter (2003): *Public Relations*, 2. Aufl., Berlin.

Herbst, Dieter (2003): *Corporate Identity*, 2. Aufl., Berlin.

Hirsch, Marion (2001): *Selbstvermarktung von bildenden Künstlern*, Diplomarbeit Hochschule der Künste, Berlin.

Klein, Armin (2001): *Kulturmarketing. Das Marketingkonzept für Kulturbetriebe*, München.

Kotler, Philip/Bliemel, Friedhelm (2001): *Marketing-Management*, Stuttgart.

Kroll, Jens M. (Hg.): *Presse-Taschenbuch Kunst, Architektur, Design*, Seefeld (erscheint zweijährlich).

Kulak, Artur/Gößl, Sybille (1997): *Mit Kunst zum Dialog. Zeitgenössische Kunst im Unternehmen. Ein Ratgeber*, Stuttgart.

Levermann, Thomas (1995): *Expertensystem zur Beurteilung von Werbestrategien*, Wiesbaden.

Lynch, Patrick J./Horton, Sarah/Rosdale, Ray Mary (1999): *Erfolgreiches Web-Design*, Planegg.

Mandel, Birgit (2004): *PR für Kunst und Kultur*, Frankfurt a.M.

Matejcek, Karina (2000): *Newsletter und Mailinglisten*, Wien/Frankfurt a.M.

Merten, Klaus (2000): *Handwörterbuch der PR*, 2 Bde., Frankfurt a.M.

Oeckl, Albert (Hg.): *Taschenbuch des öffentlichen Lebens – Europa und internationale Zusammenschlüsse 2001/2002*, Bonn (erscheint jährlich).

Omlin, Sibylle (2003): »Werte schöpfen. Indices, Ratings, geschlossene Systeme«, in: Passagen. Pro Helvetia Kulturmagazin: *Kunstmarkt Schweiz: Zwischen Kreativität und Kalkül* 35, Zürich.

Röbke, Thomas (2000): *Kunst und Arbeit. Künstler zwischen Autonomie und sozialer Unsicherheit*, Essen.

KATHREIN WEINHOLD
→ Selbstmanagement im Geschäft mit der Kunst 285

Rodowski, Ilona (1995): *HdK – und dann? Informationen und Hinweise für Absolventin-nen und Absolventen künstlerischer Studiengänge – insbesondere der Bildenden Kunst*, Berlin.

Wagner, Elisabeth (1999): *Kunstszenarien im Unternehmen*, Berlin.

Zimmermann, Olaf (1995): *Medienarbeit und Marketing*, Köln.

INTERNETADRESSEN

Zu den Kapitelstichwörtern

»Ausstellungshonorare«: *www.mediafon.net*

»Contentrecherche«: *www.art-info.de*, *www.artfacts.net*, *www.newsaktuell.de*

»Domainnamen checken«: *www.denic.de*

»E-Brand«: *www.BigArt.de*

»Focus-Medialexikon«: *medialine.focus.de/PM1D/PM1DB/PM1DBF/pm1dbf.htm?snr=6008*

»Infos mit Zusatznutzen« (Bsp.): *www.BigArt.de*, *www.mattiebe.de*

»*ISSN*«: *www.ddb.de*

»Mailmanagerprogramm«: *www.coloradosoft.com*

»Merchandising-Shop«: *www.art-2-wear.de*

»Postkartendruck«: *www.pinguindruck.de*

»Public Relations«: *www.pr-guide.de*, *www.prforum.de*

»Presse«: *www.presse.de*

»Pressedatenbank«: *www.genios.de*, *www.pressedatenbank.guj.de*

»Sinus-Milieus«: *www.sinus-milieus.de*

»Webspace«: *www.1und1.de*, *www.webhostlist.de*

Zu Künstlern und Galerien

Elvira Bach: *www.elvira-bach.de*

Bananensprayer: *www.bananensprayer.de*

Maria Best: *www.zukunst.de*

Kathrin Bräuer: *www.kathrinbraeuer.de*

Alina Brunner: *www.alina-brunner.com*

Sandra Doldinger: *www.doldinger.com*

Silvia Dzubas: *www.dzubas.de*

Anna Holldorf: *www.anna-holldorf.de*

Michael Jastram: *www.jastramart.de*

Judith Ostermeyer: *www.ostermeyer-kunst.de*

Pipilotti Rist: *www.pipilottirist.net*

Stefan Szczesny: *www.szczesny-online.com*

E.N.O. Wieland: *www.enowieland.de*

Contemporary Fine Arts: *www.cfa-berlin.com*

Zu Medien

Fachpublikationen Kunst

Atelier: *www.atelier-verlag.de*

art. Das Kunstmagazin: *www.art-magazin.de*

Art Forum: *www.artforum.com*
Art in Amerika: *www.absolutemagazines.com*
Artist Kunstmagazin: *www.artist-kunstmagazin.de*
Artnet News: *www.artnet.com*
Artnews online: *www.artnewsonline.com*
Belser Kunstquartal: *www.belserkunstquartal.com*
Berliner Gazette: *www.berlinergazette.de*
Du: *www.dumag.ch*
Flash Art: *www.flashartonline.com*
Frame: *www.frame.co.at*
Frieze: *www.frieze.com*
Junge Kunst: *www.jungekunst-magazin.de*
Kultur-Kanal: *www.kultur-kanal.de*
Kunst-Bulletin: *www.kunstbulletin.ch*
Kunstforum International: *www.kunstforum.de*
Kunstmarkt.com: *www.kunstmarkt.com*
Kunsttermine: *www.kunsttermine.de*
Kunstzeitung: *www.kunstzeitung.de*
Lettre International: *www.lettre.de*
Monopol: *www.monopol-magazin.de*
Parkett: *www.parkettart.com*
Photonews: *www.photonews.net*
Springerin: *www.springerin.at*
Texte zur Kunst: *www.textezurkunst.de*
The Art News Paper: *www.theartnewspaper.com*

Zu Zeitungen und Feuilletons
Arts & Letters Daily: *www.aldaily.com*
Der Standard: *www.standard.at*
Der Tagesspiegel: *www.tagesspiegel.de*
Die Zeit: *www.zeit.de*
Financial Times: *www.financial-times.de*
Frankfurter Allgemeine Zeitung: *www.faz.de*
Frankfurter Allgemeine Sonntagszeitung: *www.faz.de*
Neue Zürcher Zeitung: *www.nzz.ch*
Süddeutsche Zeitung: *www.sueddeutsche.de*
Die Tageszeitung: *www.taz.de*
Perlentaucher: *www.perlentaucher.de* (täglicher Überblick über Feuilletons)

Zu Radiomagazinen
Bayern 2: *www.br-online.de*
Deutschlandfunk und Deutschlandradio (*Kultur heute, Fazit*): *www.dradio.de*
NDR (Texte und Zeichen, Kultur heute): *www.ndr.de*
RBB (Kultur-Journal): *www.rbb.de*
SWR2 (Forum): *www.swr.de*
WDR3 (*Mosaik, Zeitzeichen*): *www.wdr.de/radio/wdr3*

Zu Fernsehmagazinen

3sat (Kulturzeit): *www.3sat.de*
ARD (Titel Thesen Temperamente, Kulturweltspiegel, Kulturreport): *www.das-erste.de*
arte (Metropolis): *www.arte-tv.com*
SWR (Bilderstreit): *www.swr.de/bilderstreit*
WDR (Kultur): *www.wdr.de*
ZDF (Aspekte): *www.aspekte.de*
DCTP-Prime Time: *www.dctp.de/formate-primetime.shtml*

Zu Kunstportale online

www.absolutearts.com
www.action.at
www.artfacts.net
www.ArtFair24.com
www.art-in.de
www.artincontext.org
www.artists-info.com
www.artnet.com
www.artnews.de
www.basis-wien.at
www.Deutsche-Kultur-international.de
www.european-art.net
www.heimat.de
www.jetztkunst.de
www.kulturpolitik.de
www.kulturportal-deutschland.de
www.kulturserver.de
www.Kunst-und-Kultur.de
www.kunstNET.at
www.kunstvereine.de
www.Universes-in-Universe.de

→4. Der Business-Plan fürs Künstler-Unternehmen. Mit einem Fahrplan in die Zukunft

4.1 Business-Plan – was, wie, warum?

Woran scheitern Gründungen? In → Kapitel 5 (*Selbstorganisations*-Know-how) werden die häufigsten Ursachen für scheiternde Existenzgründungen und Starts vorgestellt: Informationsdefizite. Deshalb ist der Business-Plan als Instrument geeignet, den Künstler unter »Zugzwang« zu setzen. In der Erstellung des Business-Planes muss er all die Fragen klären, vor denen er sich ansonsten gerne verschließt.

Business-Pläne sind in der Vorbereitung einer Unternehmensgründung im 21. Jahrhundert unabdingbare Instrumente. Sie helfen nicht nur in Gründungsphasen, sondern sind auch ein professionelles Instrument für (Neu-) Orientierungsphasen, um einen klaren Zukunftskurs festzulegen. Sie waren im Kontext von Kunstmarkt, Kunstbetrieb und Künstlerkarrieren bislang kein Thema. Das wird sich ändern. Künstler sollen ebenso wie andere Gründer »ihren Fahrplan« in die Selbstständigkeit intensiv durchdenken und schriftlich niederschreiben. Die schriftliche Darstellung und Visualisierung des Vorhabens ermöglicht eine systematische und professionelle Planung, vertieft den eigenen Dialog mit der Idee und dient als Diskussionsgrundlage mit Freunden, Förderern, Kollegen und Allianzpartnern. In anderen Branchen werden Businesspläne insbesondere zur Akquise finanziellen Kapitals erarbeitet. Aufgrund des wirtschaftlich schwierigen Befundes der Branche – insbesondere der Produzentensituation – ist dem Künstler von einer Kreditaufnahme und der Auslegung des Business-Planes auf diesen Zweck abzuraten.

Was genau ist ein Business-Plan?

> Ein Business-Plan ist ein schriftliches Unternehmenskonzept mit allen Zielvorstellungen. Er enthält die Vision des künftigen Künstler-Unternehmers für die Gründungsphase und die ersten drei Jahre in knapper, präziser Darstellung.

Er stellt die wichtigsten wirtschaftlichen, oft funktionellen Zusammenhänge im Künstler-Unternehmen dar. Er ist Instrument der Visionierung und des Controllings. Vergleicht man den Künstler mit dem Steuermann eines Schiffes, dann ist der Business-Plan, das Werkzeug, das den Kapitän laufend über den Kurs und die wesentlichen Daten informiert (vgl. Vockel 2001: 9).

Aufbau

Ein Business-Plan ist mehr als ein Geschäftsplan. In ihm werden neben vielen anderen Aspekten auch Chancen und Risiken eingeschätzt. Er soll übersichtlich aufgebaut sein und in verständlicher Sprache abgefasst werden. Bezüglich Form und Inhalt stellen sich Anforderungen, die noch näher beleuchtet werden sollen.

Aufgaben

Der Business-Plan fungiert intern und extern. Er soll Chancen und Risiken für den Unternehmer, aber auch für den Kreis, bei dem er sich Rat holt, also für Freunde, Kollegen, Förderer, aufzeigen. Die schriftliche Fixierung und Visualisierung zahlreicher Fragestellungen soll das Unternehmenskonzept verbessern. Die Erfolgschancen vergrößern sich mit intensiver Auseinandersetzung. Der Kurs wird klarer.

Kennzeichen

Ein solider Business-Plan wird durch Klarheit, professionelle Sachlichkeit, Verständlichkeit charakterisiert. Er ist eine Art erste Visitenkarte des Unternehmens (bei Neugründungen), mit der das geschäftliche Vorhaben mit Außenstehenden besprochen wird. Neben der Gründungsvorbereitung ist er ein betriebswirtschaftliches Instrument, das begrenzt aktuell ist und sich je nach den Entwicklungsgegebenheiten verändern lassen sollte (Kurskorrektur). Ein Business-Plan entwickelt und verändert sich mit dem Unternehmen.

Inhalt

Ein *executive summary* soll die W-Fragen beantworten. Wer macht was warum mit welchem Wow? In einer Darstellung des Künstler-Unternehmens sollen Vision, Erfolgsfaktoren und Schritte aufgezeigt werden. Außerdem sollen Sie Ihre Produkte oder Leistungen so genau wie möglich beschreiben. Sie sollen weiterhin mit dem Wissen aus den vorangegangenen Kapiteln Ihre Branche (Kunstmarkt) realisitisch einschätzen. Beginnen Sie auch mit Zahlen zu arbeiten; schreiben Sie neben Ihrem Marketing-Vertriebskonzept Ihre voraussichtlichen Ausgaben auf. Werden Sie sich über die Organisation Ihres Unternehmens und die Vielzahl Ihrer Aufgaben klar.

Zusammenfassung

- Was wollen Sie machen?
- Wie machen Sie das?
- Worin liegen Vorteile für den Kunden?

- Welchen Nutzen/Vorteil hat das?
- Welchen Markt wollen Sie bedienen?
- Wer macht das? Was macht Ihre Person aus und befähigt Sie zu diesem Vorhaben?
- Wer bezahlt bzw. finanziert das?

4.2 MODELL »KÜNSTLER-BUSINESS-PLAN«

Titelblatt

Business-Plan Künstler: Mac Muster

Adresse: Musterweg 99, 9999 Musterhausen
Telefon: xxx xxx xx xx I Fax: yyy yyy yy yy
E-Mail: jjjjjjjjjjjjjjjjjjjjj I www.macmuster.de

Verfasser: Mac Muster, Datum: tt.mm.jjjj

© Mac Muster

---

1. »executive summary«

Schreiben Sie diesen Abschnitt, das *executive summary*, zum Schluss. Es beinhaltet eine Zusammenfassung des Business-Planes und beschreibt Ihre Ausgangslage und Grundidee sowie Ihre Zielsetzungen.

Wer macht was warum mit welchem Wow?

1.1 Name und Vision	Unter welchem Namen werden Sie tätig sein? Welche Marktposition wollen Sie in fünf bis zehn Jahren erreicht haben?	Beschreibung:
1.2 Angebote	Welche Produkte und/oder Dienstleistungen werden angeboten?	Beschreibung:
1.3 Argumente	Was ist das Einzigartige an Ihren Angeboten? Was spricht besonders für Sie?	Beschreibung:
1.4 Kunden	Welche potenziellen Kunden kommen für Ihr Angebot in Frage?	Beschreibung:
1.5 Akquise	Wie soll Ihr Angebot Ihre potenziellen Kunden erreichen?	Beschreibung:
1.6 Kapitalbedarf	Welchen Gesamtkapitalbedarf benötigen Sie für Ihr Vorhaben?	Beschreibung:

1.7 Start	Wann wollen Sie mit Ihrem Künstler-Unternehmen starten?	Beschreibung:
1.8 Umsatzziele	Welche kurz- und langfristigen Umsatzziele stellen Sie sich?	Beschreibung:
1.9 Großkunden	Werden Sie von wenigen Großkunden/-auftraggebern abhängig sein?	Beschreibung:
1.10 Kundenbedürfnisse/-erwartungen	Welche Bedürfnisse und Nutzenerwartungen haben Ihre Kunden?	Beschreibung:

2. Darstellung des Künstler-Unternehmens bzw. der Künstler-Person

Als Anhang sind beigefügt:

- Künstler-Vita,
- Künstler-Mappe u.a. Präsentationsmaterial, gegebenenfalls Katalog,
- Referenzen,
- Medienberichte (Pressespiegel).

3. Produkt und/oder Leistung

3.1 Branche	In welcher Branche sind Sie tätig? Wie lautet Ihre Geschäftsidee? Welches ist Ihr wichtigstes Angebot, und welches ist Ihre wichtigste Kundengruppe?	Branche/ Geschäftsidee:	Wichtigstes Angebot:	Wichtigste Kundengruppe:
3.2 Alleinstellungsmerkmal	Was ist das Besondere an Ihrem Angebot?	Alleinstellungsmerkmal des Produktes oder der Leistung:		
3.3 Voraussetzungen	Welche Voraussetzungen müssen bis zum Start noch erfüllt werden?	Beschreibung:		
3.4 Entwicklung/ Standort	Wie wird sich Ihr Standort zukünftig entwickeln?	Beschreibung:		

4. Markt/Zukunftsaussichten

4.1 Markt heute	Welches sind Ihre aktuellen Angebote und Kundengruppen?	Angebot:	Kundengruppe:	Anzahl Kunden:
		1		
		2		

		3		
		4		
4.2 **Markt in** **drei Jahren**	Welches sind Ihre ge- planten Angebote und Kundengruppen in drei Jahren?	Angebot:	Kunden- gruppe:	Anzahl Kunden:
		1		
		2		
		3		
		4		
4.3 **Kunden**	Welches sind die wich- tigsten Kundengruppen der Geschäftsfelder?	1	2	
		3	4	
4.4 **Kundenbe-** **dürfnisse**	Welches sind die wich- tigsten Kundenbedürf- nisse der Geschäftsfel- der?	1	2	
		3	4	
4.5 **Produkte/** **Leistungen**	Welches sind die wich- tigsten Produkte/Leis- tungen pro Geschäfts- feld?	1	2	
		3	4	
4.6 **Distribu-** **tions-Kanäle**	Welches sind die Ver- triebskanäle pro Ge- schäftsfeld?	1	2	
		3	4	
4.7 **Regionen**	Welches sind die rele- vanten Regionen bzw. Länder pro Geschäfts- feld?	1	2	
		3	4	

4.8 Marktsituation	Mit welchen Punkten können Sie die wichtigsten Elemente/Merkmale des von Ihnen bearbeiteten Marktes kurz umschreiben? (Trends, Volumen, Preisniveau, Wachstum, Marktanteile)	Beschreibung:		
4.9 Konkurrenz	Welches sind die drei wichtigsten Konkurrenten?	Name: Konkurrent 1	Stärken	Schwächen
		Name: Konkurrent 2	Stärken	Schwächen
		Name: Konkurrent 3	Stärken	Schwächen
4.10 Gefahren/ Chancen	Welches sind die drei größten Gefahren für Ihr Unternehmen?	1	2	3
4.11 Stärken	Welches sind die drei herausragenden Stärken Ihres Unternehmens, z.B. gegenüber der Konkurrenz?	1	2	3

5. Marketingplanung: Produkt, Preis, Distribution, Kommunikation

5.1 Referenzkunden	Wer sind Ihre Referenzkunden und warum sind sie von Ihnen begeistert?	Name:	Grund für Begeisterung:
5.2 Kundenbindung	Was unternehmen Sie, um bestehende Kunden zu binden?	Beschreibung:	
5.3 Preis	Welche Preisstrategie verfolgen Sie und warum?	Beschreibung:	
5.4 Verkauf	Wie gehen Sie bei der Gewinnung von neuen Kunden und Aufträgen vor?	Beschreibung:	
5.5 Werbung/ Öffentlichkeitsarbeit	Wie machen Sie Ihr Unternehmen bekannt? Welche konkreten Maßnahmen sind geplant? Betreiben Sie auch Onlinekommunikation? Wie?	Beschreibung:	
5.6 Partner	Wer sind Ihre wichtigsten Vertriebs-/Kooperationspartner?	Beschreibung:	

KATHREIN WEINHOLD
→ Der Business-Plan fürs »Künstler-Unternehmen« 295

5.7 Marketing-maßnahmen	Welches sind die drei wichtigsten Marketingmaßnahmen in den nächsten Jahren? Mit welchen Instrumenten wollen Sie Ihre Ziele erreichen?	Beschreibung:
5.8 Markenmaß-nahmen, Kult-Marketing & und Inszenierung	Welche Maßnahmen zur Entwicklung eines Markenbegriffs wollen Sie durchführen? Welche Elemente der Inszenierung und des Kult-Marketings haben Sie geplant?	Beschreibung:
5.8 Infrastruktur	Welche neue Infrastruktur ist für das Erreichen der Ziele geplant (Internet, Büro, Atelier, Galerie, Laden ...)?	Beschreibung:
5.9 Benchmarking	Welche Strategien zum »Lernen von den Besten« sind geplant?	Beschreibung:

6. Management/Gründerpersönlichkeit

6.1 Qualifikation	Welche Qualifikationen und Berufserfahrungen haben Sie?	Beschreibung:
6.2 Kunstmarkt-kenntnisse	Verfügen Sie über ausreichende Branchenkenntnisse?	Beschreibung:
6.3 betriebswirt. Kenntnisse	Verfügen Sie über betriebswirtschaftliche Kenntnisse oder Vertriebserfahrungen?	Beschreibung:
6.4 besondere Stärken	Welche besonderen Stärken gibt es?	Beschreibung:
6.5 besondere Ressourcen	Welche besonderen Ressourcen besitzen Sie?	Beschreibung:
6.6 Defizite	Welche Defizite gibt es? Wie werden sie ausgeglichen?	Beschreibung:

7. Organisation

7.1 Rechtsform	Auf welcher Rechtsform-Basis arbeiten Sie?	Beschreibung:
7.2 Formalitäten	Welche gesetzlichen Formalitäten sind zu erledigen? Welche Versicherungen werden benötigt?	Beschreibung:

7.3 Dreifacher Arbeitstag	Wie organisieren Sie Ihren dreifachen Arbeitstag?	Beschreibung:
7.4 Steuern/ Buchführung	Wer erledigt Ihre Buchführung und Steuererklärungen?	Beschreibung:

8. Chancen und Risiken

8.1 Chancen	Welches sind die drei größten Chancen, die die Entwicklung des Unternehmens beeinflussen könnten?	Beschreibung:
8.2 Probleme	Welches sind die drei größten Risiken, die die Entwicklung des Unternehmens gefährden könnten?	Beschreibung:
8.3 Bewältigung	Wie wollen Sie eventuellen Risiken/Problemen begegnen?	Beschreibung:

9. Finanzierung

Investitionsplan		
9.1 Kapitalbedarf sechs Monate	Wie hoch ist der Gesamtkapitalbedarf für Anschaffungen und Vorlaufkosten für eine Anlaufphase von sechs Monaten?	Beschreibung:
9.2 Kapitalbedarf zwei Jahre	Wie hoch ist der Gesamtkapitalbedarf für eine Einstiegsphase von zwei Jahren?	Beschreibung:
Finanzierungsplan		
9.3 Eigenkapitalanteil	Wie hoch ist Ihr Eigenkapitalanteil?	Beschreibung:
9.4 Fremdkapitalbedarf	Wie hoch ist Ihr Fremdkapitalbedarf? Gibt es Kapitalgeber?	Beschreibung:
Liquiditätsplan		
9.5 Einzahlungen	Wie hoch schätzen Sie die monatlichen Einzahlungen (verteilt auf drei Jahre)?	Beschreibung:
9.6 Kosten	Wie hoch schätzen Sie die monatl. Kosten (Material, Personal, Miete, Nebenkosten)?	Beschreibung:

9.7 Investitionen	Wie hoch schätzen Sie die Investitionskosten (verteilt auf die ersten zwölf Monate)?	Beschreibung:
9.8 Liquiditätsreserve	Mit welcher monatlichen Liquiditätsreserve (z.B. aufgrund von Jobs oder Rücklagen) können Sie rechnen?	Beschreibung:

Rentabilitätsrechnung

9.9 Umsatzprognose	Wie hoch schätzen Sie den Umsatz für die kommenden drei Jahre?	Beschreibung:
9.10 Kostenprognose	Wie hoch schätzen Sie die Kosten für die kommenden drei Jahre?	Beschreibung:
9.11 Gewinnprognose	Wie hoch schätzen Sie den Gewinn für die kommenden drei Jahre?	Beschreibung:

Nutzen Sie für Ihre Schätzungen die Zahlen der Künstlersozialkasse und des Berufsverbandes Bildender Künstler!

→ LITERATUR UND SERVICE

LITERATUR

Bundesministerium für Wirtschaft und Arbeit, Referat Kommunikation und Internet (2003): *Softwarepaket für Gründer und junge Unternehmen*, Bonn, *www.bmwi-software-paket.de*

Bundesministerium für Wirtschaft und Arbeit, Referat Kommunikation und Internet (2003, 20. Auflage): *Starthilfe. Der erfolgreiche Weg in die Selbstständigkeit*, Bonn.

Collrepp, Friedrich von (2004): *Handbuch Existenzgründung*, 4. erw. u. aktual. Aufl., Stuttgart.

Klandt, Heinz/Finke-Schürmann, Tanja (2000): *Existenzgründung für Hochschulabsolventen. So erstellen Sie einen überzeugenden Business-Plan*, Frankfurt a.M.

Vockel, Joachim (2001): *Der Business Plan*, Köln.

INTERNETADRESSEN

www.bmwi.de
www.existenz-gruender-institut.de
www.business-angels.de
www.careercenter.udk-berlin.de

→ 5. Selbstorganisations-Know-how

Starten und Durchstarten

Persönlichkeit

Um als Freiberufler erfolgreich zu sein, bedarf es bestimmter Fähigkeiten: Kommunikationsstärke, Motivation, Flexibilität. Sie müssen von sich aus nach außen in Erscheinung treten können, je öfter und prägnanter, desto besser. Die Motivation ist Motor Ihres Vorhabens. Wer in Ihrem Umfeld steht ohne Wenn und Aber hinter Ihnen und kann Ihnen in schweren Zeiten Kraft geben? Flexibiliät ist ein weiterer, unerlässlicher Erfolgsfaktor. Sie müssen schnell Alternativen denken und leben können. Nur so können Sie neue Wege beschreiten und besser als Ihre Konkurrenz sein.

Um mit Ihrer Persönlichkeit zu wirken, müssen Sie aktiv am Kunstleben teilnehmen – auf Vernissagen und anderen Veranstaltungen werden die besten persönlichen Kontakte geknüpft.

Persönliche Berufseignung

Bearbeiten Sie den Fragenkatalog, um Ihre Eignung für den Künstlerberuf zu klären:

- Haben Sie genügend praktische Kenntnisse für Ihre künstlerische Arbeit gesammelt?[1]
- Besitzen Sie kaufmännische/betriebswirtschaftliche oder Vertriebserfahrungen?
- Sind Sie bereit, in den ersten Jahren 60 (+ mehr) Stunden pro Woche zu arbeiten?
- Wollen Sie riskieren, mit der Selbstvermarktung zunächst kein regelmäßiges Einkommen zu erzielen?
- Sind Sie bereit, sich der Herausforderung des dreifachen Arbeitstages (künstlerische Arbeit, Selbstvermarktung, Tätigkeit zur Existenzsicherung) zu stellen?
- Verfügen Sie über eine Einkommensquelle zur Existenzsicherung?
- Wird Ihre Familie Ihr Vorhaben unterstützen?
- Bewältigen Sie Stresssituationen auch auf Dauer?

---

1 Diese Frage richtet sich insbesondere an Quereinsteiger und Autodidakten.

> - Sind Sie gewohnt, sich selbst Ziele zu stecken, diese zu verfolgen und zu kontrollieren?
> - Können Sie sich selbst motivieren?
> - Verfügen Sie über eine kleine vier- bis fünfstellige finanzielle Ressource, die in Krisenzeiten zur Überbrückung hilft?

Sprechen Sie vor Ihrem eigenen Start intensiv mit Künstlerkollegen, die bereits erste Berufserfahrungen sammeln konnten. Versuchen Sie auch Gesprächsaudienzen bei »VIP-Künstlern«, bei Vorbildern, zu bekommen (Benchmarking).

Kaufmännische Qualifikationen

> - Besitzen Sie ausreichend Kenntnisse des Marketing-Managements?
> - Wollen Sie diese gegebenenfalls vertiefen?
> - Haben Sie Kenntnisse zum Zahlungsverkehr?
> - Wissen Sie ausreichend über die rechtlichen Grundlagen Ihrer unternehmerischen Tätigkeit, z.B. Vertragsschließung?
> - Verfügen Sie über grundlegendes Wissen zu den Steuerarten?
> - Kennen Sie die einfache Buchführung?
> - Wissen Sie, welche Versicherungen Sie benötigen werden?

Gründe, warum andere scheitern

Informationsdefizite sind der häufigste Scheiterungsgrund bei Unternehmensgründungen von Künstlern. Weitere Probleme, die in Startphasen von Künstlern eine Rolle spielen, sind:

1. Es ist nicht ausreichend, einfach nur »gute« Kunst zu machen. Das Selbstmanagement benötigt viel Zeit. Der Aufwand darf nicht unterschätzt werden.
2. Unregelmäßige Einkünfte oder Krankheit können zu wirtschaftlichen Turbulenzen führen. Mit dem frühzeitigen Aufbau von Rücklagen kann dem entgegengewirkt werden. Auch familiärer »Rückhalt« kann diese Funktion erfüllen.
3. Es kann ein langer Zeitraum vergehen, bis regelmäßige Einkünfte aus der künstlerischen Tätigkeit erzielt werden und sich der Künstler etabliert hat. Hartnäckigkeit, Disziplin, Selbstvertrauen gehören zu Startern und Durchstartern. Weitere Probleme, die Künstler bei der Existenzgründung

erkannt haben (vgl. Bundesministerium für Wirtschaft 2003: 5): Unkenntnis über Honorarsätze/keine Infos über geeignete Versicherung/ fehlende Aufträge/fehlende Beratungsangebote/Unkenntnis über Beratungsangebote/Schwierigkeiten mit Behörden/mangelhafte Unternehmerqualifikation (vgl. Hirsch 2001: 83f.): ungenügendes Startkapital/ Selbstzweifel und ungenügendes Selbstbewusstsein/geringe Wertschätzung von Kunst in der Gesellschaft/Starsystem/Unvereinbarkeit von Familiengründung und Künstlerberuf.

Beratungsmöglichkeiten

Neben allgemeinen Existenzgründungsberatungen und -veranstaltungen sind Angebote, die dem besonderen Beratungsbedarf von Künstlern gerecht werden, zu favorisieren (→ *Literatur und Service*, S. 314). In Betracht zu ziehen sind jedoch auch Gespräche mit Künstlerkollegen, die empirisches Wissen weitergeben können. Suchen Sie sich Ihre persönlichen *business angels*.

Fördermöglichkeiten einer Existenzgründung

Auf dem Papier existieren einige Fördermöglichkeiten für Bildende Künstler. Es gibt verschiedene Darlehensformen, die beantragt werden könnten. Branchenbedingt wäre ein solcher Antrag jedoch ein risikoreiches und wenig erfolgversprechendes Unterfangen – und sicher wäre keine Bank bereit, einem solchen Antrag zuzustimmen.

Fördermöglichkeiten sind für arbeitslos gemeldete Künstler das »Überbrückungsgeld« oder die »Ich-AG«. Nähere Informationen dazu erteilen die Arbeitsämter.

Status »Freiberufler«

Bildende Künstler üben ihren Beruf in der Regel mit dem Status des Freiberuflers aus.[2] Das heißt, sie erbringen ihre Leistungen persönlich, eigenverantwortlich und fachlich unabhängig. Konfliktpotenzial beim Berufsstatus kann entstehen, sobald kunsthandwerkliche oder kunstgewerbliche Produkte in die Arbeit einfließen. Auch bei Bildhauern und Fotografen, die häufig Auftragskunst abliefern, ist die Abgrenzung freier Beruf und Gewerbe nicht immer eindeutig. Deshalb ist es ratsam, in Zweifelsfällen, den Steuerberater oder das zuständige Finanzamt, den Berufsverband oder gegebenenfalls die

---

2 Siehe § 18 Einkommensteuergesetz

Künstlersozialversicherung zu diesen Fragen individuell zu konsultieren
(→ *Literatur und Service*, S. 314).

Der freiberufliche Künstler

- zahlt Einkommensteuer,
- ermittelt seinen Gewinn aus einer einfachen Gegenüberstellung von Einnahmen und Ausgaben,
- führt in der Regel 7 (statt 16) Prozent Mehrwertsteuer ab,
- muss sich in der Künstlersozialkasse versichern.

Den Unterschied zum gewerbetreibenden Künstler machen insbesondere folgende Faktoren aus:

- Es wird kein Gewerbeschein benötigt.
- Es wird keine Veranlagung zur Gewerbesteuer erforderlich.
- Es muss keine Genehmigung zur unternehmerischen Tätigkeit gestellt werden.
- Es müssen dem Finanzamt keine Bilanzen vorgelegt werden.

Es besteht lediglich die Pflicht, bis vier Wochen nach Aufnahme der haupt- oder nebenberuflichen Tätigkeit beim Finanzamt eine Steuernummer zu beantragen.[3] Damit ist die Registrierung beim Finanzamt erfolgt.

Unabhängig von einer Registrierung beim Finanzamt betrachtet es jeden als Unternehmer, der sein Kunstschaffen selbstständig und mit einer gewissen Dauerhaftigkeit ausübt und eine Gewinnerzielungsabsicht damit verbindet. Die Gewinnerzielungsabsicht muss bei allen Gewerbetreibenden und Freiberuflern nach drei bis fünf Jahren Erfolg in Zahlen nachgewiesen werden. Beim Künstlerberuf arbeiten die Finanzämter in der Regel kulanter. Es wird von einer längeren Startphase ausgegangen. Jedoch der Nachweis einer Präsenz in Galerien und Ausstellungen (in denen die Werke zumindest theoretisch hätten verkauft werden können) muss gegeben sein, ansonsten droht eine Feststellung der »Liebhaberei« seitens des Finanzamtes. Die Folgen: Es können z.B. keine Betriebsausgaben mehr geltend gemacht werden. Außerdem werden die Steuerbescheide in den ersten Berufsjahren »unter Vorbehalt« erteilt. Wenn also aus der künstlerischen Tätigkeit über Jahre verteilt Ausgaben entstehen, die auf das zu versteuernde Einkommen (aus anderen Tätigkeiten) Gewinn mindernd wirken, kann das Finanzamt später die Be-

---

3 Zuständig ist das Finanzamt am Ort der Ausübung der künstlerischen Tätigkeit (Geschäftssitz).

scheide aufrollen und bisher eingesparte Einkommensteuern zurückverlangen. Auch wenn diese Handhabung von Künstlern schwer zu verstehen ist, so ist sie doch gängige Praxis.

Soziale Absicherung

Krankenversicherung

Am Anfang jeder Karriere stellt sich die Frage, wie soll man sich versichern. Nutzen Sie an dieser Stelle das Förderinstrument für Künstler und Publizisten in Deutschland – die Künstlersozialkasse (KSK). Es werden für Sie 50 Prozent der Beiträge für die Renten-, Kranken- und Pflegeversicherung bezahlt. Sie bleiben in einer Kasse Ihrer Wahl.

Auch wenn es sich um ein recht bürokratisches Antragsverfahren handelt – der Antrag umfasst ca. sechs Seiten –, prüfen Sie unbedingt, ob eine Versicherung in Frage kommt.

Das Finanzierungssystem der Künstlersozialkasse

Säulen der Künstlersozialkasse

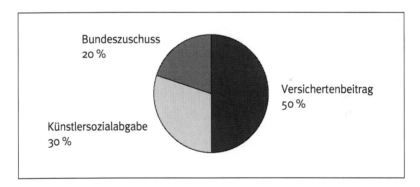

Die vom Künstlersozialversicherungsgesetz erfassten selbstständigen Künstler und Publizisten nehmen unter den Freiberuflern eine Sonderstellung ein. Sie haben den Vorteil, nur die Hälfte der Beiträge zur gesetzlichen Sozialversicherung aufbringen zu müssen. Ihre Beitragslast entspricht damit der eines Arbeitnehmers. Die andere Häfte wird von den zur Künstlersozialabgabe Verpflichteten und vom Bund aufgebracht. Die Last ist also dreigeteilt. Zur Gruppe der Verwerter (Künstlersozialabgabe 30 Prozent) gehören Unternehmen, die Werke und Leistungen selbstständiger Künstler und Publizisten gegen Entgelt in Anspruch nehmen. Sie führen die Künstlersozialabgabe in den KSK-Topf ab, denn in der Regel können erst durch das Zusammenwirken von selbstständigen Künstlern und Publizisten einerseits und den Verwertern andererseits die Werke und Leistungen dem Endabnehmer zugänglich gemacht werden. Das Verhältnis zwischen den Verwertern und selbstständigen Kunstschaffenden ist deshalb vergleichbar mit dem zwischen Arbeitgebern und Arbeitnehmern.

Beitragssätze des Künstlers

Der Beitragssatz zur gesetzlichen Rentenversicherung im Jahr 2004 beträgt 19,5 Prozent.

Der Beitragssatz zur sozialen Pflegeversicherung im Jahr 2004 beträgt 1,7 Prozent.

Für die Berechnung des Krankenversicherungsbeitrages ist der allgemeine Beitragssatz der Krankenkasse maßgebend, bei der die Krankenversicherung besteht.

Der Versicherte zahlt jedoch nur seinen Beitrag nach der Hälfte dieser Sätze.

Berechnungsbeispiel für die Sozialversicherungskosten für das Jahr 2004

Das voraussichtliche Jahresarbeitseinkommen des Künstlers beträgt 10.000 €.

Rentenversicherung
Beitragssatz in der Rentenversicherung: 19,5 Prozent

Rentenversicherungsbeitrag = Anteil des Versicherten 9,75 Prozent von 10.000 € = 975 € jährlich : 12 = 81,25 € monatlich

Krankenversicherung
Beitragssatz der zuständigen Krankenkasse (z.B.): 13,5 Prozent

Krankenversicherungsbeitrag = Anteil des Versicherten 6,75 Prozent von 10.000 € = 675 € jährlich : 12 = 56,25 € monatlich

Pflegeversicherung
Beitragssatz in der Pflegeversicherung 1,7 Prozent

Pflegeversicherungsbeitrag = Anteil des Versicherten 0,85 Prozent von 10.000 € = 85 € jährlich : 12 = 7,08 € monatlich

Die Berechnungsgrundlage ist die persönliche **Schätzung des Jahresarbeitseinkommens**. Sie erfolgt jeweils am Jahresende für das kommende Jahr. Sie wird in der Regel auf Erfahrungswerten der Vorjahre aufbauen und auf den Auftragserwartungen für das Folgejahr beruhen. Geschätzt werden soll der Gewinn aus der selbstständigen künstlerischen Tätigkeit, der aus der Differenz zwischen Betriebseinnahmen und Betriebsausgaben ermittelt wird. Eine KSK-Versicherung ist nur möglich, wenn das geschätzte Mindestarbeitseinkommen 3.900 € beträgt; Mindestbeitragsberechnungsgrundlage für die Rentenversicherung ist ebenfalls der Mindestwert von 3.900 € (Stand 06/2004).

Betriebseinnahmen sind alle Einnahmen in Geld oder Geldeswert, die unmittelbar mit der selbstständigen künstlerischen oder publizistischen Tätigkeit zusammenhängen (z.B. Honorare, Tantiemen, Gagen). Dazu gehören auch alle urheberrechtlichen Vergütungen, auch solche, die über Verwertungsgesellschaften bezogen werden (GEMA, GVL, Verwertungsgesellschaft Wort, Verwertungsgesellschaft Bild-Kunst etc.).

Betriebsausgaben sind alle Ausgaben oder Kosten, die mit der selbstständigen künstlerischen oder publizistischen Tätigkeit zusammenhängen. Darunter sind alle Aufwendungen zu verstehen, die durch die versicherungspflichtige selbstständige Tätigkeit während des Versicherungszeitraumes entstanden sind. Zu den Ausgaben gehören insbesondere Aufwendungen für Betriebsräume (Miete, Beleuchtung, Heizung, Reinigung), Aufwendungen für Hilfskräfte (Lohn, Sozialversicherungsbeiträge), Aufwendungen, die sonst als Werbungskosten von den Einkünften aus nicht selbstständiger Arbeit abgezogen werden, soweit sie bei der Ausübung der versicherungspflichtigen selbstständigen Tätigkeit entstanden sind, Beiträge zu Berufsverbänden sowie Abschreibungen.

Nicht abzugsfähig sind Sonderausgaben nach dem Einkommensteuergesetz (wie z.B. Beiträge zur Künstlersozialversicherung oder Prämien zur privaten Kranken- oder Lebensversicherung).

Voraussetzungen der Versicherungspflicht

Nach § 1 KSVG ist Voraussetzung für die Versicherungspflicht, dass eine künstlerische oder publizistische Tätigkeit erwerbsmäßig und nicht nur vorübergehend ausgeübt wird. Im Einzelnen müssen folgende Merkmale im Bereich Bildende Kunst/Design vorliegen. Der Betroffene muss

- Künstler sein und den folgenden Berufen zugehörig: Aktionskünstler, Bildhauer, Comiczeichner, Designer, Emailleur, Experimenteller Künstler, Formgestalter, Fotodesigner, Fotograf (künstlerisch), Glasgestalter, Gold- und Silberschmied, Grafiker (künstlerisch), Graveur, Holzgestalter, Illustrator, Karikaturist, Keramiker, Layouter, Lichtbildner, Maler, Metallgestalter, Objektemacher, Pädagoge, Ausbilder in Bildender Kunst/Design, Performancekünstler, Textilgestalter, Trickzeichner, Videokünstler, Werbefotograf, Zeichner,

- selbstständig erwerbstätig sein, und zwar nicht nur vorübergehend[4],
- im Wesentlichen im Inland tätig sein.

Nicht versichert ist in der Regel, wer

- wie ein Unternehmer mehr als einen Arbeitnehmer beschäftigt (Ziffer 3.4)[5],
- gewisse Mindestverdienstgrenzen nicht erreicht (Ziffer 3.3)[6], zu den versicherungsfreien Personen nach §§ 4 und 5 KSVG gehört (→ *Ausnahmeregelungen* auf S. 308).

Wer gilt als Künstler?
Künstler ist, wer Musik, darstellende oder bildende Kunst schafft, ausübt oder lehrt (§ 2 KSVG). Die KSK überprüft anhand des Fragebogens und einzureichender Nachweise (Künstlermappe, Ausstellungsnachweise, Aufträge ...) die Künstlereigenschaft. Der Fragebogen kann samt Informationsschrift und weiteren Hinweisen im Service-/Download-Bereich heruntergeladen werden. Es gilt: Wer den Fragebogen von der KSK erhält, sollte ihn möglichst bald ausgefüllt an die KSK zurücksenden. Anderenfalls besteht die Gefahr, dass Rechtsvorteile der Künstlersozialversicherung verschenkt werden. Die Versicherung kann rückwirkend zum Tag der Antragstellung inkrafttreten.

---

4 Erwerbsmäßig ist jede nachhaltige, auf Dauer angelegte Tätigkeit zur Erzielung von Einnahmen. Selbstständig ist die künstlerische Tätigkeit nur, wenn sie keine abhängige Beschäftigung im Rahmen eines Arbeitsverhältnisses darstellt.

5 Wer im Zusammenhang mit der künstlerischen Tätigkeit mehr als einen Arbeitnehmer beschäftigt, wird nicht nach dem KSVG versichert, es sei denn, die Beschäftigung erfolgt zur Berufsausbildung oder ist geringfügig im Sinne des § 8 SGB IV. Geringfügig ist eine Beschäftigung, wenn das Entgelt 400 € monatlich nicht übersteigt.

6 Erzielt ein selbstständiger Künstler oder Publizist nicht mindestens ein voraussichtliches Jahresarbeitseinkommen, das über der gesetzlich festgelegten Grenze liegt, so ist er versicherungsfrei. Das bedeutet, dass weder eine Versicherungspflicht in der gesetzlichen Kranken- und Pflegeversicherung noch in der Rentenversicherung besteht. Diese Grenze liegt seit 2004 bei 3.900 € jährlich bzw. 325 € monatlich. Eine Ausnahme bildet der Berufsanfängerstatus (in den ersten drei Jahren gültig).

Der Versicherungsschutz

Das am 01.01.1983 in Kraft getretene Künstlersozialversicherungsgesetz (KSVG) bietet selbstständigen Künstlern und Publizisten sozialen Schutz in der gesetzlichen Renten-, Kranken- und Pflegeversicherung. Wie Arbeitnehmer zahlen Sie nur eine Hälfte der Versicherungsbeiträge, die andere Beitragshälfte trägt die KSK. Für die Durchführung der Renten-, Kranken-, und Pflegeversicherung ist die KSK aber nicht zuständig. Sie meldet die versicherten Künstler und Publizisten lediglich bei den Kranken- und Pflegekassen (Allgemeine Ortskrankenkassen, Ersatzkassen, Betriebs- und Innungskrankenkassen) und bei dem Rentenversicherungsträger (*Bundesversicherungsanstalt für Angestellte*) an und leitet die Beiträge dorthin weiter. Leistungen aus dem Versicherungsverhältnis (Rente, Krankengeld, Pflegegeld etc.) erbringen ausschließlich die *Bundesversicherungsanstalt für Angestellte* als Rentenversicherungträger und die gesetzlichen Kranken- und Pflegekassen.

Vorgezogenes Krankengeld

Selbstständige Künstler, die in der gesetzlichen Krankenversicherung versichert sind, haben die Möglichkeit, gegenüber der KSK zu erklären, dass das Krankengeld nicht erst mit Beginn der siebten Woche der Arbeitsunfähigkeit, sondern bereits zu einem früheren Zeitpunkt beginnen soll. Der Zeitpunkt einer früheren Krankengeldzahlung wird durch die Satzung der jeweiligen Krankenkasse festgesetzt und ist spätestens der 15. Tag der Arbeitsunfähigkeit. Für den vorzeitigen Beginn des Krankengeldbezuges ist ein *Erhöhungsbetrag* zu zahlen, den der Versicherte *allein* tragen muss.[7]

Altersvermögensgesetz

Mit dem Altersvermögensgesetz hat der Gesetzgeber einige grundlegende Änderungen in der gesetzlichen Rentenversicherung vorgesehen. U.a. wird der Gedanke der Eigenvorsorge durch das Gesetz besonders hervorgehoben. Seit 2002 soll möglichst jeder Versicherte zusätzlich zu seinem Rentenversicherungsbeitrag Geld in eine Form der privaten oder betrieblichen Altersvorsorge einzahlen. Der Staat fördert die ergänzende private Altersvorsorge mit Zulagen und der Möglichkeit des steuerlichen Sonderausgabenabzuges, wenn der Versicherte selbst in bestimmter Höhe Beiträge zahlt. Anspruch auf Zulagenförderung haben alle Personen, die Pflichtbeiträge zur gesetzlichen Rentenversicherung zahlen. Dazu gehören auch die nach dem KSVG versicherten Künstler.

---

7 Die Höhe der Beitragssätze (allgemeiner und erhöhter) erfahren Sie bei Ihrer Krankenkasse.

Ausnahmeregelungen

Für besondere Sachverhalte trifft das KSVG besondere Regelungen. Diese Ausnahmen sind im § 5 geregelt: Es handelt sich dabei um einen Beitragszuschuss zur privaten Krankenversicherung sowie um Sonderregelungen für Berufsanfänger und Höherverdienende.

Keine KSK für Studenten: Studenten werden nicht mehr in die Künstlersozialkasse aufgenommen.

Mutterschafts- und Erziehungsgeld

Frauen, die selbstständig arbeiten, können Anspruch auf Mutterschafts- und Erziehungsgeld haben: Erziehungsgeld steht allen Freien – Frauen wie Männern – innerhalb der üblichen Einkommensgrenzen zu; Mutterschaftsgeld bekommen alle freien Frauen, die am 42. Tag vor der voraussichtlichen Entbindung »mit Anspruch auf Krankengeld gesetzlich krankenversichert waren«.

Wer also zu diesen Terminen über die Künstlersozialkasse in einer *gesetzlichen* Krankenkasse versichert war, bekommt 14 Wochen lang – sechs Wochen vor und acht Wochen nach der Entbindung – von seiner Krankenkasse ein Mutterschaftsgeld in Höhe von 70 Prozent des Einkommens, das sie der KSK in Durchschnitt der letzten zwölf Monate gemeldet hatte. Wer in einer privaten Krankenkasse – auch über die KSK! – versichert ist, hat keinen Anspruch auf Mutterschaftsgeld. Außerdem besteht in der Zeit des Mutterschaftsgeldbezuges Beitragsfreiheit in der KSK. Weitere Infos zum Thema *www.mediafon.net.*

Private Krankenzusatzversicherungen

Auf der Website des *Newszentrum Freie* wird ein Überblick über private Zusatzversicherungen gegeben. Generell ist hierfür die *Stiftung Warentest* auch eine gute Informationsquelle.

Riester-Rente

Alle über die KSK gesetzlich Rentenversicherten haben Anspruch auf Zuschüsse zur »Riester-Rente«. Ein Papier mit den Details zur gesetzlichen Regelung und zur Höhe der Zuschüsse ist auf *www.mediafon.net/download/ riester_rente_freie.pdf* herunterzuladen.

Zur Frage, welche Sparform – klassische Renteversicherung, Bankensparplan oder Fondssparplan – die richtige ist, gibt das Sonderheft »Riester-Rente« der Zeitschrift *Finanztest* Hilfestellung. Die Antwort hängt vor allem vom Alter bei Vertragsabschluss, der Lebensplanung (Immobilienkauf geplant?) und der eigenen Risikobereitschaft bzw. dem Sicherheitsbedürfnis ab. Wer diese Entscheidung getroffen hat, findet im *Finanztest*-Sonderheft alle Vergleichstests, die die *Stiftung Warentest* im Sommer für eine Vielzahl von »Riester-Produkten« vorgenommen hat. Wem das zu viel Aufwand ist, der ist mit dem *RentenPlus* der DGB-Gewerkschaften mit Sicherheit gut bedient. Genauere Angaben und Beispielrechnungen findet man auf *www.das-rentenplus. de*, wo man auch gleich einen Beratungstermin anfragen kann (vgl. *Stiftung Warentest*: Finanztest Spezial 2002 »Riester-Rente«, *www.finanztest.de*).

Arbeitslosenversicherung für Selbstständige

Mit Einführung der Änderungen im Bereich Arbeitslosenversicherung können sich ab 2006 auch Selbstständige unter bestimmten Voraussetzungen in der gesetzlichen Arbeitslosenversicherung freiwillig absichern. Allerdings bietet dieser gesetzliche Schutz bei einem Monatsbeitrag von ca. 40 € im Monat lediglich ein Arbeitslosengeld, das auf Höhe der Sozialhilfe liegt. Hier ist fraglich, ob das Preis-Leistungsverhältnis stimmt.

Interessant dürfte es vor allem für Existenzgründer sein, wenn die Ausführungsbestimmungen eine zeitliche Befristung vorsehen. Dann könnte das Arbeitslosengeld für Selbstständige eine kleine Rückversicherung für den Fall der Fälle angesehen werden.

Berufsunfähigkeitsabsicherung

Berufsunfähigkeit ist ein Thema, das oft unterschätzt wird. Gerade nach den diversen Änderungen des Gesetzgebers (zum Nachteil der Versicherten) kann der Eintritt in die Berufsunfähigkeit den sozialen Absturz bedeuten. Auch Berufsanfänger, selbst wenn sie über die KSK versichert sind, unterschätzen die finanziellen Risiken, die entstehen können. Eine Berufsunfähigkeitsabsicherung gehört deshalb zu den elementaren Absicherungen, die man benötigt.

Die Zeitschrift *Finanztest* der *Stiftung Warentest* hat 95 Angebote in ihrer Ausgabe 8/03 getestet. Die Stiftung stellte dabei fest, dass Versicherer Antragsteller oft aufgrund von Krankheiten ausschließen oder nur geringen Schutz bieten. Die meisten Versicherer böten die Absicherung zudem kombiniert mit einer Risikolebensversicherung an. Im Schnitt seien Einzelpolicen jedoch preiswerter als das Kombiprodukt; wer keine Angehörigen versorgen müsse, könne gut auf die angehängte Risiko-Lebensversicherung verzichten. Entscheidend seien auch die konkreten Bedingungen. So sollten Versicherte darauf achten, dass im Vertrag auf die so genannte *abstrakte Verweisung* verzichtet wird, mit der Versicherer die Rentenzahlung mit der Begründung verweigern können, der oder die Betroffene könnte theoretisch noch in einem anderen Beruf arbeiten – egal ob er dort einen Job findet oder nicht. Weitere Hinweise und ein Download der Testergebnisse finden sich auf *www.waren test.de*.

Steuern

Künstler-Sein oder Nicht-Sein?

Nach dem Umsatzsteuergesetz wird ein Künstler sehr schnell zu einem Unternehmer. Der Gesetzgeber sagt: Unternehmer ist, wer eine gewerbliche oder berufliche Tätigkeit selbstständig ausübt. Im Sinne des Gesetzes genügt ein Umsatz mit Wiederholungsabsicht, um den Künstler zum Unternehmer zu machen. Eine Gewinnerzielungsabsicht ist nicht zwingend notwendig. Die Abgrenzung der selbstständigen künstlerischen Tätigkeit von der gewerblichen Tätigkeit stellt einen weiteren Diskurspunkt dar. Wer definiert, wo Gewerbe endet und freie Kunst beginnt? Für den Begriff der künstlerischen Tätigkeit ist das Vorliegen einer eigenschöpferischen Leistung maßgeblich. Zudem ist die künstlerische Tätigkeit stark persönlichkeitsbezogen und erfordert eine persönliche Prägung bzw. Gestaltung durch den Künstler. Die Anerkennungsdefinition eröffnet einen gewissen Spielraum, der z.B. traditionell künstlerisch ausgeübten Berufen wie Kunstmalern ebenfalls eine Einordnung nach § 18 des Umsatzsteuergesetzes ermöglicht. Sobald ein praktischer Nützlichkeits- und Gebrauchszweck im Spiel ist, z.B. bei Gebrauchsgrafikern, Modezeichnern, Werbefotografen, erfolgt eine Einordnung in Gebrauchskunst bzw. Kunsthandwerk. In Zweifelsfällen ist eine Konsultation des zuständigen Finanzamtes oder eines Steuerberaters zu empfehlen, um eine Arbeitsgrundlage für den Einzelnen zu schaffen.

Einkommensteuer

Sie wird nach § 2 Einkommensteuergesetz erhoben auf Einkünfte aus Land- und Forstwirtschaft, Gewerbebetrieb, selbstständiger Arbeit, nichtselbstständiger Arbeit, Kapitalvermögen, Vermietung und Verpachtung oder sonstige Einkünfte, z.B. Renten. Die positiven Einkünfte werden mit den negativen Einkünften gegengerechnet, sodass sich ein Gesamtbetrag der Einkünfte ergibt, der vermindert um Sonderausgaben, Kinderfreibeträge, Haushaltsfreibeträge etc. schließlich zum zu versteuernden Einkommen führt.

Umsatzsteuer – Mehrwertsteuer – Regelsatz – ermäßigter Steuersatz

Das Umsatzsteuerrecht gilt auch für Künstler. Es regelt, dass Lieferungen, die im Inland gegen Entgelt im Rahmen des Unternehmens ausgeführt werden, der Umsatzsteuer unterliegen. Auch wenn der Künstler sich in den seltensten Fällen als Unternehmer begreift und sein Kunstatelier nicht als Unternehmen sieht, so ist dennoch das deutsche Steuerrecht anwendbar. Es gelten zwei Steuersätze. Gemäß § 12 des Umsatzsteuergesetzes beträgt die Steuer für jeden steuerpflichtigen Umsatz 16 Prozent. Neben dem Regelsteuersatz in Höhe von 16 Prozent kennt das Steuerrecht den ermäßigten Steuersatz in

Höhe von 7 Prozent. Er wird anwendbar bei allen Umsätzen, die in § 12 Abs. 2 in den Ziffern 1 bis 10 des Umsatzsteuergesetzes aufgeführt sind. Erwähnung finden darin auch Kunstgegenstände. Im Einzelnen handelt es sich um Gemälde und Zeichnungen, vollständig mit der Hand geschaffen, sowie um Collagen, Originalstiche, -schnitte und -steindrucke, Originalerzeugnisse der Bildhauerkunst aus Stoffen aller Art. Es geht dem Gesetzgeber nicht um eine allgemeine Begünstigung des Kulturschaffens, sondern er nimmt eine Abgrenzung begünstigter und nicht begünstigter Kunstgegenstände streng nach Zolltarif vor. Kunstfotografen und Siebdrucker werden nicht begünstigt. Da eine korrekte Zuordnung von großer wirtschaftlicher Bedeutung für den Einzelnen sein kann, ist eine Konsultation des zuständigen Finanzamtes oder eines Steuerberaters zu empfehlen, um eine Arbeitsgrundlage für den Einzelnen zu schaffen.

Künstler, die am Anfang ihrer Tätigkeit stehen und geringe Umsätze realisieren, können nach § 19 des Umsatzsteuergesetzesauf das bisher dargestellte Umsatzsteuer-Erhebungsverfahren verzichten, wenn ihr Umsatz im vorangegangenen Kalenderjahr 16.620 € nicht überschritten hat und voraussichtlich im laufenden Kalenderjahr 50.000 € nicht übersteigen wird. Mit der Anwendung von § 19 des Umsatzsteuergesetzesgeht allerdings auch der Vorsteuerabzug verloren. Es sollte vom Künstler deshalb genauestens abgewägt werden, welcher Besteuerungsmodus für seine konkrete Situation am günstigsten ist. In der Regel rechnet sich die Regelbesteuerung bei höherer Investition als Einkommen.

> **Tipp:** Das Finanzamt unterliegt einer Beratungs- und Auskunftspflicht. Nach Telefonaten oder persönlichen Terminen stets schriftliche Gesprächsnotizen mit Datum, Inhalt, Ansprechpartner anfertigen.

Freiberufliche Nebentätigkeit bis 614 €

Viele Existenzgründer starten erst einmal aus der sicheren Anstellung heraus ihre selbstständige, freiberufliche Tätigkeit. Wer im künstlerischen Bereich eine solche Nebentätigkeit ausübt hat die Möglichkeit eine vereinfachte Buchführung zur Einnahme-Überschussrechnung zu erstellen.

Personen, die eine freiberufliche Tätigkeit in den oben aufgeführten Tätigkeitsbereichen ausüben, können pauschal 25 Prozent der erzielten Einnahmen in der Einnahme-Überschussrechnung als Betriebsausgaben deklarieren. Allerdings ist zu beachten, dass der Gesetzgeber hier die Grenze bei jährlichen 614 € gesetzt hat. Auch wer Vorträge hält oder einer Lehr- und Prüftätigkeit nachgeht, kann diese Pauschale in Anspruch nehmen.

Gewinnermittlung

Die Einkünfte aus selbstständiger Arbeit können in einer Einnahme-Ausgabe-Überschussrechnung ermittelt werden. Bei der Einordnung nach § 18 des Umsatzsteuergesetzes ist keine Buchführungspflicht vorhanden. Bei der Überschussermittlung gilt das Ist-Prinzip, d.h., die tatsächlich erzielten Einnahmen und Ausgaben innerhalb des Jahres sind maßgeblich. Gewissenhaftes Aufzeichnen ist notwendig, bei Feststellen von Unregelmäßigkeiten durch die Finanzverwaltung sind Zuschätzungen in aller Regel die Folge.

Steuern/Buchführung

Vorbereitung der Steuererklärung

Rechnungen und Belege sollten in einem Ordner nach folgenden Kategorien strukturiert, abgelegt werden:

- Einnahmen
- offene Rechnungen
- bezahlte Rechnungen
- Künstlerbedarf, Materialien
- Foto- und Kopierkosten
- Atelier (Miete, Strom, Heizung)
- Telefon, Porto, Fachliteratur, Mitgliedsbeiträge
- Fremdarbeiten
- Beratungskosten
- Bewirtung, Repräsentation
- KFZ-Kosten
- Reisekosten
- abzuschreibende Anschaffungen bis 410 € Netto
- abzuschreibende Anschaffungen ab 410 € Netto

Steuererklärung: Experte oder Software

Nicht jeder Künstler sieht sich dem Steuerdschungel gewachsen. Professionelle Hilfe eines Steuerberaters ist in jedem Fall ratsam. Vielleicht lässt sich ein kunstliebender oder kunstsammelnder Experte finden, der anfangs mit Kunstwerken »entlohnt« werden kann.

Rechnungen richtig erstellen

Auf einem korrekten Rechnungsformular müssen ausgewiesen werden:

- fortlaufende Rechnungsnummer,
- Steuernummer oder Umsatzsteuer-Identifikationsnummer,

- Name und Anschrift des leistenden Unternehmens (Künstler-Unternehmen),
- Name und Anschrift des Leistungsempfängers (Kunde oder Auftraggeber),
- Menge und Bezeichnung des gelieferten Gegenstandes, der Ware oder der Dienstleistung,
- Zeitpunkt oder Ausführungszeitraum der Lieferung oder Dienstleistung,
- der Preis für den Gegenstand, den Artikel oder die Dienstleistung (ohne Mehrwertsteuer),
- der Gesamtpreis ohne Umsatzsteuer,
- der Steuersatz und Betrag der Umsatzsteuer bzw.
- gegebenenfalls Hinweis auf die Umsatzsteuerbefreiung.

Da eine falsch ausgestellte Rechnung zur Zahlungsverweigerung oder das Versagen des Vorsteuerabzuges führen kann, sollten Ausgangs- und Eingangsrechnungen entsprechend kontrolliert werden.

Büro-Organisation

Bürotag einplanen
Wenn der Wochenablauf es ermöglicht, planen Sie mindestens einen festen Tag wöchentlich ein, an dem Sie Ihr Selbstmanagement in die Hand nehmen.

Aufbau und Pflege von Verteilern
Um Ihre persönlichen Kontakte nutzen zu können, müssen diese verwaltet werden. Der Klassiker hierfür ist ein Karteikartensystem – die moderne, zeitgemäße Variante ist ein Computerprogramm, das in einer Datenbank, z.B. *Act, Lotus Works, Star Office*, diese Möglichkeit bietet. Neben dem Notieren von Adressen sollten auch alle weiteren Informationen über den Kontakt erfasst werden: Zu welcher Zielgruppe gehört er? Was haben Sie in einem persönlichen Gespräch über ihn erfahren? Wo fand das Gespräch statt?

Zum Aufbau eines Publikumsverteilers sollten Sie ein Gästebuch bei jeder Veranstaltung auslegen. Dort können sich Interessenten mit Adresse einschließlich E-Mail eintragen. Möglicherweise kann auch das örtliche Kulturamt mit Adressen beim Verteileraufbau helfen.

Als Grunddaten können erfasst werden: Name, Adresse, Geschlecht, Telefon, Fax, E-Mail, Web-Adresse, Info zum Erstkontakt; wenn bekannt auch Alter, Familienstand, Beruf, Hobbys. Weiterhin werden die Reaktionsdaten erfasst: z.B. Beschwerde, Lob; aber auch die Aktionsdaten: ihre Aktivitäten, z.B. Einladungskartenversand oder Telefonate mit der Person.

Schriftliche Vereinbarungen
Sie wissen, die Kunstbranche arbeitet mit Handschlag. Das sollte Sie aber

KATHREIN WEINHOLD
314 Selbstmanagement im Kunstbetrieb

nicht davon abhalten, stets schriftliche Vereinbarungen zu treffen. Sammeln
Sie Vertragsmuster. Einen reichen Fundus liefert *ProKunst* (vgl. Bundesverband Bildender Künstler 2002). Allerdings eignen sich die dort abgebildeten
Vertragsmuster nicht, um sie einer Galerie anzubieten. Das wäre für das Geschäft nicht förderlich. Machen Sie sich aber eine Checkliste, welche Punkte
mit der Galerie angesprochen werden sollen. Senden Sie unmittelbar nach
Ihrem Gespräch ein Schreiben, das Ihre Zusammenarbeit und die besprochenen Konditionen bestätigt. Schreiben Sie, dass Sie davon ausgehen, auf dieser Grundlage zusammenzuarbeiten, wenn Sie innerhalb von sieben Tagen
nichts Gegenteiliges von der Galerie hören. Wenn kein Widerspruch an Sie
gesandt wird, bietet ein solches Schreiben eine rechtliche Grundlage für Sie.

→ **LITERATUR UND SERVICE**

LITERATUR

Buchholz, Goetz (2002): *Ratgeber Freie*, 6. erw. Aufl., Hamburg.
Bundesministerium für Wirtschaft und Arbeit, Referat Kommunikation und
    Internet (2003): *Softwarepaket für Gründer und junge Unternehmen*, Bonn.
    www.bmwi-softwarepaket.de
Bundesministerium für Wirtschaft und Arbeit, Referat Kommunikation und
    Internet (2003): *Starthilfe. Der erfolgreiche Weg in die Selbstständigkeit*, 20.
    Aufl., Bonn.
Bundesverband Bildender Künstler (2002): Pro Kunst 3, 2. Aufl., Bonn.
Collrepp, Friedrich von (2004.): *Handbuch Existenzgründung*, 4. erw. u. aktu-
    al. Aufl., Stuttgart.
Jürgensen, Andri (2001): *Ratgeber Künstlersozialversicherung*, München.

ADRESSEN

Künstlersozialkasse (KSK)
Gökerstraße 14 – 26384 Wilhelmshaven –
Fon: (0 44 21) 7543-9
auskunft@kuenstlersozialkasse.de
www.kuenstlersozialkasse.de

mediafon.net
0180-5754444 (gebührenpflichtig) oder
www.mediafon.net

KSK-Beratung
www.bmkb.de

www.ksk-consulting.de
www.newszentrum.free-cms.de

Allgemeine Existenzgründungsinfos
www.bmwi.de
www.gruenderstadt.de
www.akdemie.de
www.focus.de
www.keim-online.de (Unternehmertest)
www.bmwi.de

Spezialinfos

Berufsverband Bildender Künstler	*www.bbk-bundesverband.de*
VG Bildkunst (Urheberrecht)	*www.bildkunst.de*
Künstlersozialkasse	*www.kuenstlersozialkasse.de*
Ver.di	*www.imk.verdi.de*
Ver.di – Mediafon	*www.mediafon.net*
Stiftung Warentest	
(Soziale Absicherung)	*www.warentest.de*
VG Bildkunst	*www.bildkunst.de*

Treffen, Stammtische, Veranstaltungen

»die patinnen« an der	
Kunsthochschule für Medien, Köln	*www.gleichstellung.khm.de/patinnen*
ver.di – bundesweite Termine	*www.mediafon.net/termine.php3*

Kurse zur Existenzgründung und Professionalisierung
a) Tages-/Wochenendmaßnahmen

Hochschulen	(siehe Internet – Stichwort »*carreer center*«)
Industrie- und Handelskammern	(siehe Internet)
Berufsverband Bildender Künstler	*www.bbk-bundesverband.de*
Kathrein Weinhold	*www.kathrein-weinhold.de*
ver.di	*www.mediafon.net/seminare.php3*
Akademie im Frauenmuseum Bonn	*www.frauenmuseum.de/akademie/*
Kunstvereine, z.B.	*www.kulturofen.com*

b) Mehrwöchige Maßnahmen

Bundesakademie für kulturelle	
Bildung Wolfenbüttel	*www.bundesakademie.de*
Projekt Goldrausch für Künstlerinnen	*www.goldrausch-kuenstlerinnen.de*
Akademie für Kultur und Bildung	
Berlin/Künstler-Trainee	*www.akb-berlin.de/trainee.html*

→ Zu den Autorinnen

Kathrein Weinhold (geb. 1972) seit 1997 als (Jung-)Galeristin, Kunstmanagerin und Künstlerberaterin in Berlin tätig. 1992 bis 1997 Studium Bildende Kunst/Germanistik an der *Universität der Künste* und *Humboldt-Universität* in Berlin; Interessenschwerpunkt: Kunst und Wirtschaft; seit 1999 Lehrbeauftragte und Dozentin; Seminare u.a. an der *Kunsthochschule Burg Giebichenstein*, Halle sowie im Auftrag der *Bundesregierung – Der Behindertenbeauftragte*. In zahlreichen eigenen Seminaren vermittelt sie Know-how für den Kunstmarkt und die Vermarktung von zeitgenössischer Kunst. Sie ist Mitglied im *Verein der Freunde der Nationalgalerie*.

Bettina Rech (geb. 1976) arbeitete von 2003 bis 2004 als Galerieassistentin in der *Galerie Storkower Bogen* in Berlin. Zuvor studierte sie in London am *Goldsmiths College der University of London* (Master of Arts in Cultural Studies & Bachelor of Arts in Communications and Sociology). Seit 2004 arbeitet sie in der *Galerie Fahnemann* in Berlin.

Feedback an die Autorinnen
Leser des Buches sind eingeladen, durch ihr Feedback die Weiterentwicklung dieses Buches zu beeinflussen, damit in nachfolgenden Auflagen ihre Wünsche und Bedürfnisse berücksichtigt werden können. Wir freuen uns über Kommentare und Wünsche der Leser z.B. zum sachlichen Gehalt, zur Gewichtung von Themen und Textteilen, zur Darstellung von Zusammenhängen sowie zu sonstigen Anliegen, die das Buch betreffen. Feedback wird als Brief oder als E-Mail erbeten an:

Galerie Storkower Bogen
Storkower Str. 207a
10369 Berlin
Fon: (+ 49) 30-97607411
Fax: (+ 49) 30-97607413
seminar@galeriestb.de

Auch ein Feedback über die Verwendung des Buches, sei es als Nachschlagewerk, als Basisbuch zum Lehren und Lernen, als Instrument zur Anregung u.a.m. ist wünschenswert.

→ **Seminare und Künstlerberatung mit Kathrein Weinhold**

Es findet jährlich eine begrenzte Anzahl an Wochenendseminaren »Kunstmanagement« mit Kathrein Weinhold statt. Seminare in Deutschland und in der Schweiz sind in Vorbereitung, u.a. in Wien, Zürich, Berlin, Köln/Bonn, Stuttgart, München und Hamburg.
Aktuelle Termine sowie neue Seminarthemen und Workshops entnehmen Sie bitte den Homepages

- *www.galeriestb.de*,
- *www.kathrein-weinhold.de*.

Oder erfragen Sie die Termine unter o.g. Kontaktdaten.

Selbstverständlich steht Ihnen Kathrein Weinhold auch für eine individuelle **Künstlerberatung** in Ihrem Atelier oder an einem anderen Ort zur Verfügung. Bitte vereinbaren Sie einen Termin.

HANDBUCH
KULTURSTIFTUNGEN

Ein Ratgeber für die Praxis

Hrsg. von: Bundesverband Deutscher Stiftungen, die Beauftragte der Bundesregierung für Kultur und Medien, Deutscher Kulturrat

Die Tatsache, dass die Erstauflage binnen kurzer Zeit nahezu vergriffen war, bestätigt die Herausgeber in der Notwendigkeit einer aktualisierten Neuauflage.

Im Kapitel „**Gründung und Leitung einer Kulturstiftung**" informieren Praktiker über das „Wesen", die Vorzüge und Eigenarten der Stiftung in Abgrenzung zu anderen Rechtsformen.

Stiftungsvertreter aus allen Bundesländern zeichnen im Kapitel „**Kulturstiftungen in der Praxis**" ihre Überlegungen im Vorfeld und ihre Erfahrungen im Rückblick der Stiftungsgründung nach.

Das entstandene Bild macht das bunte Spektrum der Möglichkeiten kulturellen Engagements in Stiftungsform deutlich. Der Leser gewinnt Einblick in die manchmal sehr persönlichen und biografischen Motive von Stiftern, einen Teil ihres Geldes und ihrer Zeit einer Kulturstiftung zu widmen.

Beschrieben wird der Variantenreichtum, eine Stiftung mit Kapital auszustatten: Die überwiegend privaten Stiftungen werden mit der öffentlich geförderten Stiftung, unter anderen am Beispiel der Stiftung Rheinland-Pfalz für Kultur, kontrastiert. Die Stiftung museum kunst palast zeigt unter dem Stichwort Public Private Partnership, wie sich Unternehmen dauerhaft finanzielles für eine Stiftung einsetzen können. Die Bürgerstiftung Blankenhain steht in diesem Wegweiser für die Potenziale, die entstehen, wenn sich Bürger einer gemeinsamen Sache verschreiben.

Einige Autoren haben sich darüber hinaus ausdrücklich bereit erklärt, für Rückfragen zur Verfügung zu stehen.

Ein **Serviceteil** verweist auf Literatur zu Datailfragen, auf Beratungs- und Weiterbildungsmöglichkeiten im Stiftungsbereich.

Schließlich sollen **Mustertexte** für das Stiftungsgeschäft im „Anhang" die Schwellenängste des gewillten Stifters gegenüber der Bürokratie dämpfen.

Bestellung per Fax: **030 - 89 79 47 11**
oder unter: **www. stiftungsverlag.de**

Berlin 2004 · **ISBN 3-927645-81-8** · Preis: **14,90 €**
(zzgl. 3 Euro Versandpauschale für Interessenten, die nicht Mitglied im Bundesverband Deutscher Stiftungen sind)

Praxisguides bei transcript:

Kathrein Weinhold
Selbstmanagement im Kunstbetrieb
Handbuch für Kunstschaffende
März 2005, 320 Seiten,
kart., 25,80 €,
ISBN: 3-89942-144-2

Ralf Laumer (Hg.)
Verlags-PR
Ein Praxisleitfaden
2003, 202 Seiten,
kart., 19,80 €,
ISBN: 3-89942-139-6

Joachim Huber,
Karin von Lerber
Handhabung und Lagerung von mobilem Kulturgut
Ein Handbuch für Museen,
kirchliche Institutionen,
Sammler und Archive
2003, 194 Seiten,
kart., 25,80 €,
ISBN: 3-89942-140-X

Alexander Schug
History Marketing
Ein Leitfaden zum Umgang mit
Geschichte in Unternehmen
2003, 220 Seiten,
kart., 25,80 €,
ISBN: 3-89942-161-2

Vera Schlemm
Database Marketing im Kulturbetrieb
Wege zu einer
individualisierten
Besucherbindung im
Theater
2003, 122 Seiten,
kart., 17,80 €,
ISBN: 3-89942-152-3

Petra Schneidewind,
Martin Tröndle (Hg.)
Selbstmanagement im Musikbetrieb
Handbuch für Musikschaffende
2003, 310 Seiten,
kart., 26,80 €,
ISBN: 3-89942-133-7

Evelyn Dawid, Robert
Schlesinger (Hg.)
Texte in Museen und Ausstellungen
Ein Praxisleitfaden
2002, 172 Seiten,
kart., 25,80 €,
ISBN: 3-89942-107-8

Hans H. Clemens
Inventur im Museum
Rekonstruktion und
Modernisierung traditioneller
Sammlungsverwaltung
Ein Praxisleitfaden
2001, 188 Seiten,
kart., 21,00 €,
ISBN: 3-933127-73-4

Hans Scheurer (Hg.)
Presse- und Öffentlichkeitsarbeit für Kultureinrichtungen
Ein Praxisführer
2001, 180 Seiten,
kart., 25,80 €,
ISBN: 3-933127-67-X

Leseproben und weitere Informationen finden Sie unter:
www.transcript-verlag.de